永定县志

（道　光）

［清］方履篯　巫宜福　　修纂

福建省地方志编纂委员会　整理

厦门大学出版社　国家一级出版社
XIAMEN UNIVERSITY PRESS　全国百佳图书出版单位

总　叙

　　编修地方志是中国优良的文化传统，几千年来持续不断，代代相沿。福建编修地方志历史甚早，最早见诸记载的有《瓯闽传》一卷，书已早佚，作者及年代均无考。东晋太元十九年（394年），晋安郡守陶夔在任上修纂的《闽中记》，则是已知最早有确切年代与作者的地方志，可惜书亦不存。其后见于记载的地方志，还有南朝梁萧子开撰《建安记》、梁顾野王撰《建安地记》、唐大中五年（851年）林諝撰《闽中记》、唐黄璞撰《闽川名士传》、宋林世程重修《闽中记》、宋陈傅撰《瓯冶拾遗》、宋佚名纂《福建地理图》和《福建路图经》，然而皆已散佚，或仅存后人辑本，无以得窥全豹。

　　福建存世最早的地方志，当推南宋淳熙九年（1182年）梁克家撰《三山志》，因系名家手笔，且存全帙，故世人视同拱璧。南宋所修尚有《仙溪志》、《临汀志》，皆以时代甚早受人珍视；但文有散佚，自难与梁志比肩。虽然，亦可见福建修志传统历朝不坠，诚为文坛盛事，史界福音。据不完全统计，全省自古及近（中华人民共和国成立前），共编纂有省、府（州）、县三级志书637种，现存287种（其中省志8种，府州志42种，县志237种），蔚为大观，成绩卓著。其中不乏佳作精品，有的堪称名志。著称者如：明黄仲昭纂《八闽通志》，

1

王应山纂《闽大记》、《闽都记》，何乔远撰《闽书》，周瑛、黄仲昭纂《兴化府志》，叶春及主纂《惠安政书》，冯梦龙撰《寿宁待志》，清陈寿祺纂《福建通志》，徐铣纂《龙岩州志》，李世熊纂《宁化县志》，周学曾等纂《晋江县志》，民国陈衍等纂《福建通志》，李驹主纂《长乐县志》，吴栻主修《南平县志》，丘复纂《武平县志》等。

20 世纪 80 年代以来，福建省按照全国统一部署，开展三级（省、市、县）新志编纂。各地广泛采用历史上所修方志，取得显著效益。事实证明，编修志书的确功在当代，利及千秋。为了保护优秀文化遗产，充分发挥志书存史、资治、教化的社会功能，经省政府批准，福建省地方志编委会从历代各级所修地方志中选择部分富有历史和文化价值者重新点校（或加注释）出版，以方便社会各界人士的阅读与使用。由于工程浩大，任务艰巨，而人力（特别是专业人才）尤显不足，虽得各地同仁大力支持，但疏误在所难免，望读者谅解并赐教。

福建省地方志编纂委员会

2012 年 3 月

点 校 凡 例

一、本书在点校时，选择清道光十年《永定县志》抄本作为底本。

二、本书在点校时，对原刊本文字按现代汉语习惯予以分段；并按现代汉语规范加标点符号。原文中的繁体字、古今字、异体字均改用简化字，个别易引起歧义的人名、地名等除外。

三、原刊本中因涉及古代帝王、国朝、诏令等字样，有作抬头、空格或断码等编排的，重排时一律取消，统按现代文版式紧排。

四、原刊本中夹注一般改用楷体字，以别于正文。

五、凡遇缺字而无法以他校、理校增补者，用"□"号表示。

六、原刊本中遇有错字、别字者，予以更正，正字加方括弧〔 〕；遇有漏字者，予以补上，并加尖括弧〈 〉表示；有衍字者，加圆括弧（ ）表示；通假字照旧。

七、原刊本中凡属刊误或原纂辑、抄录者有笔误之处，点校时尽量征引他书校正；无他书参校者则以理校，并加注说明。

八、原刊本中遇有大段重复、遗漏或史实不明之处，尽量征引、参照不同时期的版本予以补充、校正、删削，并加注说明。

　　九、原刊本的目录与正文往往出入颇大，为便于查阅，点校后的目录以正文为依据重新加以整理。

目　　录

永定县志卷首

修《永定县志》叙

《周礼》："小史，掌邦国之志。"注："志犹记也。如《左传》所称《周志》、《国语》所称《郑书》之属。"又，"外史掌四方之志"。注谓："若晋之《乘》、楚之《梼杌》、鲁之《春秋》。"然则，志即史也。今直省、郡、县之有志，犹古列国之有史，以贰于王朝者也。

余自通籍后，忝居史职，窃研究于治乱之理，谓纬人伦、经世道，端于是乎！在仅及十载①，遍观秘籍，未就其绪。遂膺简命，出典外郡。二十年来，扬②历封疆，以迄于持节闽浙，惭无建树。然而操笔赤墀之心终未忘也。计余所莅治于闽最久，道光己丑，爰有修辑闽省通志之举，檄郡、县各上其书。粗立条例，即延聘名流，亦欲驰骋古今，讥正得失，以集其成。越明年，摄永定方令履钱上所修邑志，质证请序。适③永定隶于汀，余曾典是邦，备悉其山川之美、人物之秀、风俗之厚。近又两次行部过之，诸父老迎谒道途，皆有亲上敬长之思，拳拳不能舍。邑虽小，知必有恭敬宽平之宰，与夫俊义老成之选，相激以义，相劝以情，渐摩荡涤，而其风

---

① 载，原文为"戴"。
② 扬，原文为"剔"。
③ 适，原文为"失"。

始蒸蒸日上，而进于古若此。

今阅其书，整理核实，规仿马、班，分图、表、志、传四纲三十二目。其中删削《星野》、《大吏》、《刑法》之冗长以归简要，附载有明一代之赋役以验时政。他如《表章》、《循吏》、《名贤》、《节义》诸传志，有善必录，无微不至。始之以《地图》、《沿革》，而终之以《叙传》。论断山川道里，远近如掌；时势迁移，今昔异辙；宽猛刚柔，通变咸宜。凡此分参合校，损益斟酌，深得体裁。文中子云："述史有三：其述《书》也，帝王之道备；其述《诗》也，兴衰之由显；其述《春秋》也，邪正之迹明。"贤邑宰因时立效，其殆先得我心乎！即上此书于朝，岂不足备柱下之掌故、信今而传后乎？爰首登之志局，以采取而叙之。

道光十一年辛卯初夏

总督闽浙使者、金匮孙尔准撰

叙

　　余向与大兴方明府履篯以文字相知，为忘年之交。以彼穿综百家，佃渔六学，博闻深洽，著述篇章，富于班、马，孜孜搜讨者久之。

　　戊子冬，余奉命视学闽中，明府适以己丑来宰是邦，摄符汀之永定。邮筒往返，辨难质证，复无虚日。越明年，明府政绩著闻，量移会垣剧邑，携所修《永定县志》全稿来谒，且属为序。余披览其目，读其文，真所谓比良迁董、兼丽乡云，非徒貌为仿古也。余谓明府："才、学、识固足过人，成一家言。而仅及一载，何以风俗淳漓，人物美恶，时势之变，因革之宜，阐发无遗，评骘悉当如是。"明府应声曰："昔[①]班固作《汉书》，凡往来名流，皆罗致而咨询之。左思作《三都赋》亦然。履篯下车，即躬礼贤士大夫，得亲在籍内翰巫君宜福，详来利弊与政事之所宜先，转移之当何术。而内翰又推引其所与游老成文士，相与讲明切究，皆以修邑志寓劝惩彰瘅之旨为治理所急务，因请之幕府。而诸君日夜助勤，不遗余力，是以文质事核而成之速也。"夫明府文石在胸，锦机在手，使入承明著作之庭，五总之龟，千古之镜，不得专美于前。昔王涣有云："百里岂大贤之路，以补衮之才为制锦之事乎？"虽然牛刀小试，自古文学之彦，学道爱人，固自异于俗吏之为之也。

---

　　① 昔，原文为"普"。

明府虽未尝濡笔螭头，而是书之成，不愧彤管记事之义，使后之人读其书而知为治之要、从宜之方。其所裨益于世道者，岂浅鲜哉！余喜其治剧有垂帘之风，而择交取友，勒成一书，深不负其平日淹雅之学也。于是乎书。

道光十年庚寅秋

督学使者、新城陈用光撰

凡　例

一、永定旧志修于乾隆乙亥，迄今道光十年，阅七十六载，人文事迹，关劝惩者，无不具载。搜采所及，有前志遗漏而足备考榷者，概行补登。

一、旧志并详星野，但历代言天文者，以闽属扬，其星斗、牛、女。而大明、清类天文分野书："自江南淮安入牛分，尽浙江、福建、广东及广西梧州之四县，皆属牛、女。"则一邑之地，不及星之半度也。兹故不赘。

一、旧志无表，今本马、班史例，为《沿革》、《职官》、《选举》三表。其《沿革表》中，并胪纪事，则仿景定《建康志》之例，以便观览。

一、各志并详祥①异，永定甚鲜。间有一二，并入《纪事表》中，不复分载。

一、旧志职官并详大吏，兹表惟列邑中之令长僚属。至大吏有功绩于县者，只叙入《纪事表》中，余概从删，以符体例。

一、《选举表》惟列正途，其他途出仕、入贡、职监及封赠、荫袭，另编一册附于后，其类也。

一、旧志合兵部一条，但兵关防御，各邑不同，而刑律非一邑之制也。兹特省之，而详《营汛志》。

一、赋役遵现在《赋役全书》，具载其有。明赋役烦碎，亦自开邑以后，悉胪于编。昔苦苌楚，今利秉穗，有由然也。至蠲免惠政，又特国朝恩泽，亟为查明补载。其余悉依旧志。

一、各乡书院、义塾、课社，所以助流教化也，并依旧志，附《学校志》后，以昭钦式。

————

① 祥，原文为"详"。

　　一、邑中寺观，既无唐、宋旧刹，而亦无裨政要，今但附存其名于《祠庙志》中。

　　一、邑中古迹甚罕，其坊表、丘垄，例得载者，悉附其后。

　　一、史有艺文，仅存书目，弗录词章也。而后人志乘，窃其名而滥登之，其来旧矣。兹则列书目为《艺文志》上卷。其记序咏歌，有裨一邑之故实者，采录为《艺文志》下卷。若人现存者，诗篇概不登载。

　　一、旧志于人物，但分闽传、汀传，旧编新其间，名贤、宦迹、文学、忠义、孝友、惇行、艺术、隐逸、列女，漫无区别。今分类编载，其有已祀乡贤、忠义、节孝祠，及闽传、汀传，悉依旧志注明，具列于各编之首。

　　一、史法善，善从长，有一二端在人口者，悉行采登，以摩世厉俗。至耆寿，为圣朝人瑞，例得附载。

　　一、孀妇守志二十年，例准请旌。其无力请旌者，取县邻①族结报，无论存殁②，悉行登载，以阐幽光，编列于已旌之后。其现存者，又列于已故之后，而末仍附以淑媛、寿妇，以征瑞应。

　　一、创志、修志年月、名字，并存其源流于叙传，以昭往式。

---

①　邻，原文为"憐"。
②　殁，原文为"役"。

修志姓氏

鉴①　定

太子少保、兵部尚书兼都察院右都御史、总督闽浙等处地方、提督军务兼理粮饷加三级孙尔准，字②平叔，江苏金匮县人。己丑。

兵部侍郎兼都察院右副都御史、巡抚福建等处地方、提督军务兼理粮饷加三级韩克均，字云舫，山西汾阳县人。丙辰。

内阁学士兼礼部侍郎、提督福建全省学政加三级陈用光，字硕士，江西新城县人。辛酉。

福建等处承宣布政使加三级魏元烺，字丽泉，直隶昌黎县人。戊辰。

福建等处提刑按察使司按察使、总辖全省驿传、军务加三级惠吉，满洲镶③黄旗人。

署福建等处提刑按察使司盐法道兼理福建船工事务加三级胡祖福，浙江仁和县人。

前汀漳龙兵备道，今任台湾等处地方兵备道兼管学政、按察使衔加三级平度，满洲镶黄旗人。

署汀漳龙兵备道、漳州④府知府加三级戴嘉谷，字崑圃，江西大庾县人。荫生。

分巡巡海汀漳龙等驿传兵备道兼理漳厂船工事务加三级春

---

① 鉴，原文为"监"。
② 原文人物的名与字之间，无"字"字，下同。
③ 镶，原文为"厢"，下同。
④ 州，原文为"洲"。

林，满洲正白旗人。

监　修

汀州府知府、署兴泉永兵备道加三级觉罗诚善，字止齐，满洲镶黄旗人。

署汀州府知府加三级陈大榕，字春舫，江苏娄县人。

汀州府同知加三级陈继曾，字莲峰，浙江钱塘县人。

署汀州府同知加三级张仪盛，字鹤汀，浙江平湖县人。

纂　辑

署永定县事调署闽县知县方履篯，字彦闻，顺天大兴县人。戊寅。

翰林院编修、国史馆纂修、告养在籍巫宜福，字鞠坡，永定县人。己卯。

参　订

署永定县知县徐煌，字竹庄，四川宜宾县人。丙戌。

分　编

生员冯　栻，字彦孳，江苏阳湖县人。

乾隆乙卯恩科举人 廖审幾，字鉴塘，永定县人。

嘉庆庚午科举人、浦城县教谕 马攸德，字石坡，永定县人。

嘉庆丙子科举人、莁①田县教谕 巫廷弼，字讽甫，永定县人。

道光壬午科举人 沈汝亨，字雨亭，永定县人。

道光乙酉科举人 赖廷燮，字逊斋，永定县人。

---

① 莁，原文为"甫"。

协　修

署永定县教谕 黄逢隆，南安县人。廪贡。

永定县教谕 陈绍康，字留余，同安县人。举人。

永定县训导 游全通，字豁然，顺昌县人。举人。

协　理

永定县典史 沈　成，字母梯，顺天大兴县人。

监　刊

前发江西按察使司知事 赖受书，字献卿，永定县人。监生。

总　校

生　员 江清照，字香雪，永定县人。

采　访

廪贡生候选训导 赖琴坛，字静庵，永定县人。

岁贡生 熊鸣高，永定县人。

岁贡生 王从观，字宾苑，永定县人。

岁贡生 王道均，字鉴湖，永定县人。

增贡生、原任贵州盘石司巡检 郑赐彤，字晋予，永定县人。

廪膳生 刘选青，永定县人。

廪膳生 卢道正，永定县人。

廪膳生 林蔚如，永定县人。

生　员 赖　凌，永定县人。

生　员 赖华美，永定县人。

生　员 卢震川，永定县人。

生　员 李腾海，永定县人。

生　员 林琼章，永定县人。

誊　录

监　生 沈秉钺，字春淇，顺天大兴县人。
生　员 廖鹭丹，永定县人。
童　生 赖炳辉，永定县人。
童　生 李会梧，永定县人。
童　生 黄万青，永定县人。

襄　事

生　员 张　枢，永定县人。
生　员 王　镇，永定县人。
监　生 郑际尧，字凤轩，永定县人。
廪膳生 赖云衢，永定县人。
生　员 沈建中，永定县人。
生　员 熊嗣升，永定县人。
生　员 吴　筌，永定县人。

署永定县知县调署闽县事
嘉庆戊寅恩科举人、大兴　　　　　　方履篯
翰林院编修、国史馆协修
告养在籍嘉庆己卯恩科进士、邑人　　巫宜福
　　　　　　　　　　　　　　　　　　　同纂辑

永定县志卷一

圣　　制

　　圣哲之懿训，如日星之昭丽如天，虽幽岩穷谷，无不被其光耀。洪惟我朝，膺中天之景运，列圣缵承，德驾百王，学隆三古。诏令之深醇尔雅①，足以正情范俗者，较唐虞典诰之词，尤肫切而易感人心。其刊布于郡邑学校中者，士庶拜跽钦诵，有司夙夜宝护，如凛天威于咫尺焉。是以近览纂修志乘，必敬录圣制于首篇，不特为一方之宠②荣，亦臣子宣上德、敷鸿参诚敬之意也。小臣暗浅，属从事于《永定县志》之一役，谨援斯义，登载卷首，以永夫金石之传云。

　　署永定县知县、臣方履篯，翰林院编修、臣巫宜福谨述。

世祖章皇③帝训饬士子④卧碑文

　　朝廷建立学校，选取生员，免其丁粮，厚以廪膳，设⑤学院、学道、学官以教之，各衙门官以礼相待，全要养成贤才，以供朝廷之司。诸生皆当上报国恩，下立人品。所有教条⑥，开列

---

① 雅，原文为"疋"，同"雅"。
② 宠，原文为"笼"。
③ 原文缺"皇"字。
④ 子，原文为"予"，下同。
⑤ 原文缺"设"字，校补。
⑥ 条，原文为"后"。

于后。

一、生员之家，父母贤智者，子当受教；父母愚鲁，或有非为者，子既读书明理，当再三恳告，使父母不陷于危亡。

一、生员立志，当学为忠臣、清官。书史所载忠清事迹，务须互相讲究。凡利国爱民之事，更宜①留心。

一、生员居心忠厚正直，读书方有实用，出仕必作良吏。若心术邪刻，读书必无成就，为官必遭祸患。行害人之事者，往往自杀其身，常宜思省。

一、生员不可干求官长，交结势要，希图进身。若果心善德全，上天知之，必加以福。

一、生员当爱身忍性。凡有司官衙门，不可轻入。即有切己之事，止许家人代告。不许干预他人词讼，他人亦不许牵连生员作证。

一、为学当尊敬先生。若讲说，皆须诚心听受。如有未明，从容再问，毋妄行辨难。为师长者，亦当尽心教训，勿致怠惰。

一、军民一切利病②，不许生员上书陈言。如有一言建白，以违制论，黜③革治罪。

一、生员不许纠党多人立盟结社，把持④官府，武断乡曲。所作文字，不许妄行刊刻，违者听⑤提调官治罪。

---

① 原文缺"宜"字。
② 病，原文为"满"。
③ 黜，原文为"点"。
④ 持，原文为"特"。
⑤ 原文衍"官"字。

圣 制 纪

圣祖仁皇帝御制至圣先师①孔子赞（并序）

盖自三才建，而天地不居其功。一中传而圣人，代宣其蕴。有行道之圣，得位以绥猷；有明道之圣，立言以垂宪。此正学所以常明，人心所以不泯也。粤稽往绪，仰溯前徽，尧、舜、禹、汤、文、武，达而在上，兼君师之寄，行道之圣人也。孔子不得位，穷而在下，秉删述之权，明道之圣人也。行道者，勋业炳于一朝；明道者，教思周于百世。尧、舜、文、武之后，不有孔子，则②学术纷淆，仁义湮塞。斯道之失传也久矣。后之人而欲探二帝三王之心法，以为治国平天下之准，其奚所取衷焉？然则，先子之为万古一人也，审矣。朕巡省东国，谒祀阙里，景企滋深，敬摛笔而为之赞曰：

清浊有气，刚柔有质。圣人参之，人极以立。行著③习察，舍道莫由。惟皇建极，惟后绥猷。作君作④师，垂统万古，曰惟尧舜禹汤文武。五百余岁，至圣挺生。声金振玉，集厥大成。序《书》删《诗》，定礼正乐。既穷象系，亦严笔削。上绍德绪，下采来型。道不终晦，秩然大经。百家纷纭，殊途异趣。日月无逾，羹墙可晤。孔子之道，惟中与庸。此心此理，千圣所同。孔子之德，仁义中正。秉彝之好，根本天性。庶几夙夜，勖哉令图，溯源洙泗，景躅唐虞。载历庭除，式观礼器。摛毫仰赞，心

---

① 原文缺"师"字。

② 则，原文为"明"。

③ 著，原文为"者"。

④ 原文缺"作"字，校补。

焉遐企。百世而上，以圣为归；百世而下，以圣为师。非师夫子，惟师于道。统天御世，惟道为宝。泰山岩岩，东海泱泱。墙高万仞，夫子之堂。□□□□，孰窥其径。道不远人，克念作圣。

康熙二十五年七月初四日，户①部尚书、文华殿大学士臣张玉书奉敕敬书。

颜子赞

圣道早闻，天资独粹。约礼博文，不迁不贰。一善服膺，高德来萃。能化而齐，其乐一致。礼乐四代，治法兼备。用行舍藏，王佐之才。

曾子②赞

洙泗之传，鲁以得之。一贯曰唯，圣学在兹。明德新民，止善为期。格致诚正，均平以推。至德要道，百行所基。纂承统绪，修明训辞。

子思子赞

于穆天命，道之③大原。静养动察，庸德庸言。以育万物，以赞乾坤。九经三重，大法是存。笃恭慎独，成德之门。卷之藏密，扩之无垠。

孟子赞

哲人既萎，杨墨昌炽。子舆辟之，曰仁曰义。性善独阐，知

---

① 原文缺"户"字。
② 子，原文为"不"。
③ 原文衍"三"字。

言养气。道称尧舜，学屏功利。煌煌七篇，并垂六艺。孔学攸传，禹功作配。

康熙二十八年闰三月十六日，户部尚书、文华殿大学士臣张玉书奉敕书。

圣祖仁皇帝圣谕十六条

敦孝弟以重人伦	笃宗族以昭雍睦
和乡党以息争端	重农桑以足衣食
尚节俭以惜财用	隆学校以端士习
黜异端以崇正学	讲法律以儆愚顽
明礼让以厚风俗	务本业以定民志
训子弟以禁非为	息诬告以全善良
诫①匿逃以免株连	完钱②粮以省催科
联保甲以弭盗贼	解仇忿以重身命

高宗纯皇帝御制平定准噶尔告成太学碑文

辽矣山戎，薰粥狝裘，毳幕之人，界以龙沙，畜其骒奘。虽无恒业，厥有分部。盖自玄黄剖判，万物芸生，东夷③西夷，各依其地。谬举淳维，未为理据，皇古莫纪。其见之书史者，自周宣太原之伐，秦政亘海之筑，莫不畏其侵轶猾夏是虞。自是厥后，一二奋发之君，慨然思挫其锋而纳之宥。然事不中机，材不副用，加以地远无定处，故尝劳众费财，十损一得。缙绅之儒守和亲，介胄之士言征伐。征伐则民力竭，和亲则国威丧，于是有

---

① 诫，原文为"诚"。
② 钱，原文为"全"。
③ 原文衍"四"字。

"守在^①四夷，羁縻不绝，地不可耕，民不可臣"之言兴矣。然此以论，汉、唐、宋、明之中夏，而非谓我皇清之中夏也。

皇清荷天之休，龙兴东海，抚御华区。有元之裔，久属版章，岁朝贡从，征狩执役。惟谨准噶尔厄鲁特者，本有元之臣仆，叛出据西海，终明世为边患。至噶尔丹而稍强，吞噬邻蕃，阑入北塞。我皇祖三临朔漠^②，用火^③破其师，元恶伏冥诛，胁从远遁迹，毋俾遗种于我喀尔喀。厥侄策妄阿拉布坦，收其遗孽，仅保伊犁。故尝索俘取地，无敢不共逮。夫部落滋聚，乃以计袭哈密，入西藏，准夷之势于是而复张。两朝命将问罪，虽屡获捷，而庚戌之役，逆子噶尔丹策凌，能用其父旧人，乘我师怠，掠畜于巴里坤，捣营于和卜多，于是而准夷之势大张。然地既险远，主^④客异焉。此劳往而无利，彼亦如之故。额尔德尼招之败彼，亦以彼贪利而深入也。皇考谓"我武既扬，不可以玩。允其请和，以息我众"。予小子敬奉先志，无越思焉。

既而噶尔丹策凌死，子策妄多尔济那木扎尔暴残，喇嘛达尔扎篡夺之，达瓦齐又篡夺喇嘛达尔扎，而酗酒虐下尤甚焉。癸酉冬，都尔伯特台吉策凌等率数万人又来归。越明年秋，辉特台吉阿睦尔撒纳和硕特台吉班珠尔又率数万人来归。朕谓：来者不可以不抚，而抚之莫若^⑤因其地其俗而善循之，且^⑥毋令滋方来之患于我喀尔喀也。于是议进两路之师，问彼罪魁，安我新附。凡运饷筹驮，行利我之事，悉^⑦备议之。始熟经于庚戌之艰者，咸

---

① 原文缺"在"字。
② 漠，原文为"汉"。
③ 火，原文为"大"。
④ 主，原文为"生"。
⑤ 若，原文为"苦"。
⑥ 且，原文为"日"。
⑦ 悉，原文为"番"。

惧蹈辙。惟大学士忠勇公傅恒，见与朕同。而新附诸台吉，则求之甚①力。朕谓：犁庭扫穴，即不敢必然。喀尔喀之地，必不可以久居。若而入，毋宁用其锋而观厥成。即不如志，亦非所悔也。故凡祃旗、命将之典，概未举行，亦云偏师尝试为之耳。

塞上用兵必以秋，而阿睦尔撒纳玛木特请以春月，欲乘彼马未②肥则不能遁。朕谓其言良当，遂从之。北路以二月丙辰，西路以二月己巳，各起行。哈密③瀚海向无雨，今春乃大雨，咸以为时雨之师。入贼境，凡所遇之鄂拓克，携羊酒糗糒，迎恐后。五月乙④亥，至伊犁，亦如之。达瓦齐于格登山麓结营以待，兵近万。我两将军议，以兵取则伤彼必众，彼众皆我众，多伤非所以体上慈也。丁亥，以阿玉锡等二十五人，夜斫营，觇贼向。贼兵大溃，相⑤蹂躏死者不可胜数，来降者七千余。我二十五人，无一人受伤者。达瓦齐以百余骑窜。六月庚戌，阿奇木、霍集、斯伯克等四人，执达瓦齐来献军门。准噶尔平。

是役也，定议不过二人，筹事不过一年，兵行不过五月，无亡矢遗镞之费，大勋以集，遐壤以定，岂人力哉？天也。然天垂佑而授之事机，设不奉行之，以致坐失者多矣。可与乐成，不可与谋始，亦谓蚩蚩之众云尔，岂其卿大夫之谓？既克集事，则又曰："苟知其易，将劝为之。"夫明于事后者，必将昧于几先。朕用是寒心。且准⑥噶尔一小部落耳，一二有能为之长，而其树也固焉；一二暴失德之长，而其亡也忽焉。朕用是知惧。武成而

---

① 甚，原文为"其"。
② 未，原文为"米"。
③ 密，原文为"蜜"。
④ 乙，原文为"之"。
⑤ 相，原文为"用"。
⑥ 准，原文为"淮"。

勒碑文庙，例也。礼臣以为请，故据实书之。其辞曰：

茫茫伊犁，大幹之西。匪今伊昔，化外羁縻。条支之东，大宛以南。随①畜猎兽，蚁聚狼贪。乃世其恶，乃恃其远。或激我攻，而乘我缓。其计在斯，其长可穷。止戈靖边，化日薰风。不侵不距，不来其那。款关求市，亦不禁诃。始慕希珍，终居奇货。吏喜无事，迁就斯憪。渐不可长，我岂惧其？岂如宋明，和市之为？既知其然，饬我边吏。弗纵弗严，示之节制。不仁之守，再世斯斩。篡夺相仍，飘忽荏苒。风沙革面，煎巩披忧。集泮飞鸮，食葚怀音。锡之爵位，荣以华裾。膝前面请，愿效前驱。兵分两路，雪甲霜锋。先导中坚，如晁错攻。益以后劲，蒙古旧属。八旗弟子，其心允笃。二月卜吉，牙旗飘摇。我骑斯腾，无待折胶。泉涌于碛，芜茁于路。我众欢跃，谓有天助。匪啻我众，新附亦云。黄发未睹，水草富春。乌鲁木齐，波罗搭拉，台吉宰桑，纷纷款纳。牵其肥羊，及马潼酒。献其屠耆，合掌双手。予有前谕②，所禁侵陵。以茶交易，大愉众情。众情既愉，来者日继。蠢达瓦齐，拥兵自卫。依山据淖，惟旦夕延。有近万人，其心十千。勇不目逃，论二十五。曰阿玉锡，率往贼所。衔枚夜袭，直入其郭。挥戈拍马，大声疾呼。彼人既离，我志斯合。突将无前，纵横鞚鞳。按角鹿埵，陇种东笼。自相狼藉，孰敢撄锋？狐窜鼠逃，将往异域。回部遮之，凶渠斯得。露布既至，告庙受俘。凡此葳功，荷天之衢。在古周宣，二年乙亥。准夷是平，常武诗载。越我皇祖，征噶尔丹。命将祃旗，亦乙亥年。既符岁德，允协师贞。兵不血刃，漠无王庭。昔时准夷，弗恭弗谦，今随师行，为师侯尉。昔时准夷，日战夜征。今也偃卧，知乐人生。曰匪准夷，曰我臣仆。自今伊始，安尔游

---

① 原文衍"书"字。

② 谕，原文为"论"。

牧。尔牧尔耕，长尔孙子。曰无向非，岂有今是。两朝志竟，亿载基成。侧席不皇，保泰持盈。

乾隆二十年岁次乙亥夏五月之吉御笔

御制平定回部告成大学碑文

建非常之功者，以举非常之事。举非常之事者，以藉非常之人。然亦有不藉非常①之人，而举非常之事，终建非常之功者，则赖是苍笃贶，神运幹②旋。事若祸而移福，机似逆而转顺。顺天者昌，逆天者亡。故犁准夷之庭，扫回部之穴，五年之间，两勋并集。始迟疑犹未敢信，终劼劬以底有成。荷天之宠在兹，畏天之鉴亦在兹。爰叙其事如左。

达瓦齐之就俘也，伊犁已大矣，无何而阿睦尔撒纳叛，彼其志本欲藉我力以成己事。时也，人心未定，佐饔者尝一蜮肆狂，万狙应响，蜂屯蚁杂，不可爬梳。畏难者群谓不出所料，准夷终不可取，并有欲弃巴里坤③为退守谋。然予计其众志不齐，将有归正倒戈者，于是督策将帅之臣，整师亟进。既而伊犁诸台吉④宰桑，果悔过勤王，思讨逆贼以自赎。此天恩助顺者一也。

二酋大、小和卓木⑤者，以回部望族，久为准噶尔所拘于阿巴噶斯鄂拓者也。我师既定伊犁，乃释其囚，以兵送大和卓木波罗泥都归去尔奇木，俾统其旧属。而令小和卓木霍集占居于伊犁，抚其在伊犁众回。乃小和卓木助阿逆攻勤王之台吉宰桑等，阿逆赖以苟延。及师再入，阿逆遂逃入哈萨克，而霍集占亦即收

---

① "非常"二字校补。

② 幹，原文为"翰"。

③ 巴里坤，原文为"己里坤"。

④ 台吉，原文为"台舌"。下同。

⑤ 和卓木，原文为"和草木"。下同。

其余众，窜归旧穴。此天恩助顺者二也。

准夷之事，前纪略见梗概，兹不复纪。纪兴师讨回之由，则以我将军兆惠，在伊犁时，曾遣副都统阿敏道往回议事，小和卓木乃以计诱阿敏道而拘之。及我师抵库车问罪，彼携阿敏道以来援，至中途害之，及从行百人。彼犹逞其狂悖，抗我师颜，且敢冒死入库车城，乃雅尔哈善略无纪律，至彼出入自由。然我满洲索伦众兵士，无不念国家之恩，效疆场之力，故能以少胜众，逆渠惧而兔脱。此天恩助顺者三也。

知偾辕之无济，抡干才之可任，时将军兆惠以搜剿准夷余党，至布鲁特部落，已款服其众。因命旋师，定回部。于是克库车，存沙雅尔，定阿克苏，略乌什，收和阗。师之所至，降者望风，直至叶尔奇木城下。而我军人马周行万有余里，亦犹强弩①之末矣。二酋以其逸待之力，统数万人与我三千余人战。我师之过河者才四百余，犹能斩将搴旗，退而筑堡黑水，固守以待。此天恩助顺者四也。

万里之外，抱木救火，其何能济？乃予以去年六月，即降旨派兵拨马，欲以更易，久在行间②者耳。故兵马率早在途，一趱进而各争先恐后，人人有敌忾之愤。此天恩助顺者五也。

副将军富德及参赞舒赫德辈，率师进援以速，行戈壁中，马力复疲。值狂回据险坐俟，颇有难进之势。夫援军不能进，则固守以待者危矣。而参赞阿里衮驱后队之马适至，夜捣战营。我师内外夹攻，彼不知我军凡有几万，渥炭流汤之途，自相蹂躏，顾命不暇。于是解黑水之围，鹿骇獐惊，遁而保窟。我之两军，合队全旅以回阿克苏。此天恩助顺者六也。

---

① 弩，原文为"努"。
② 间，原文为"问"。

既而，彼料①我必再入，泰山之压难当，乃于我师未进之先，携其部落，载其重器，逃②而远去。而叶尔奇木、哈什哈尔二城之旧伯克等，遂献城以降。参赞明瑞一邀之于霍斯库鲁克，副将军富德再陷之于阿尔楚尔。于是离心者、面向③前涂④者反旆，二酋惟挈其妻孥反⑤，旧仆近三百人入拔达克山境。此天恩助顺者七也。

人迹不通之境，语言不同之国，既已雀殴，宁不狼顾？其授我与否，固未可定也。然一闻将军之檄，莫不援旗请奋，整旅前遮。遂得凶渠函首，露布遥传。此天恩助顺者八也。

夷考西师之役，非予夙愿之图，何则？实以国家幅员不为不广，属国不为不多，惟仅守成之志，无希开创之名。兼以承平日久，人习于逸。既无非常之人，安能举非常之事，而建非常之功⑥哉？然则辗转辐辏，每以难而获易，视若失而反得。故自缔始，以逮定功，虽予自问，亦将有所不解其故，而不敢期其必然者。故曰非人力也，天也。夫天如是显佑国家者，以祖宗之敬天爱民，蒙眷顾者深也。则我后世子孙，其何以心上苍之心，志列祖之志，勉维绳于有永保丕基于无穷乎？系以铭曰：

二酋偕德，始乱为贼。是兴王师，报怨以直。伊犁既平，蕞尔奚屑。徐议耕辟，徐议戍设。以噢以咻，伊余本怀。岂其弗戢，图彼貌回。彼回不量，怒臂当车。戕我王臣，助彼狂狙。始攻库车，偾辕败事。用人弗当，至今为愧。悖逆罪重，我武宜

---

① 料，原文为"科"。
② 逃，原文为"跳"。
③ 向，原文为"内"。
④ 涂，通"途"。
⑤ 反，同"返"。
⑥ 功，原文为"攻"。

扬。易将整师，直压彼疆。阿苏乌什，玉陇和阗。传檄以定，肉
祖羊牵。二酋孽深，知不可活。狼狈相顾，固守其穴。桓桓我
师，周行万里。马不进焉，强弩末矣。以四百人，战万余虏。退
犹能守，黑水筑堡。闻信达都，为之伤悼。所幸后军，早行在
道。督敕速援，人同怒心。曾不两月，贼境逼临。彼复微隙，马
继以进。贼营夜所，出其不意。贼乃大惊，谓自天降。孰敢撄
锋①？大鞔大膊，如虎搏兔。案角陇种，谁敢回顾？黑水围解，
合军暂旋。整旅三路，期并进焉。贼侦军威，信不可支。挈其妻
孥，遁投所依。所依亦回，岂不自谋？岂伊庇护？而受林忧。利
厥辎重，无遗尽掠。遣其都凡，遂来献馘。讵惟献馘，并以称
臣？捧赏表章，将诸都门。奏凯班师，前歌后舞。尸遂染锷，温
禺衅鼓。露布至都，正逮初阳。慈宁称庆，亚岁迎祥。郊庙告
成，诸典并举。皇皇大学，丰碑丹树。丰碑丹树，敢予喜功。用
不得已，天眷屡蒙。始之以武，终之以文。戡乱惟义，抚众惟
仁。布惠施恩，寰宇共喜。古不羁縻，今为臣子。疆辟两万，兵
出五年。据实书事，永矢乾乾。

南巡幸苏州紫阳书院
赐掌教翰林院检讨廖鸿章诗

书院邻泮宫，讲学兴贤俊。斯惟储材地，董率尤当慎。
潜老鸿章继，相让如廉蔺。章更闽中人，紫阳道应振。
性理无奇言，躬行敦至训。人已审所为，改过要不吝。
去华以就实，素位惟守分。克己苟弗力，外染将乘衅。
适因礼至圣，宫墙仰数仞。过兹接诸生，为诵勖②新进。

---

① 撄锋，原文为"锋撄"。
② 勖，原文为"最"。

暇当伏剡藤，挥毫意以运。

附：翰林院检讨掌教紫阳书院①臣廖鸿章恭和

幸学礼先师，瞻天率群俊。衿风来彬彬，伏拜同恪慎。
恩光照葵藿，薄植惭党蔄。正学师紫阳，勖②以前修振。
微臣从屡劣，敢勿祗明训。鹿洞有遗规，敦行去疵吝。
煌煌御书额，学古贵循分。自炫与自媒，一失丛百衅。
兹当共③讲习，美富窥数仞。先后读④赐诗，谆复励后进。
愿言日切磋，上应文明运。

钦颁詹天颜赐谥忠节文

征天节于临危，义传授命；发幽光于易代，典备尊名。风教
攸关，念遗徽⑤之未泯；阐扬式逮，斯真品之丕彰。尔故明巡抚
四川北等处、提督军务都察院右佥都御史詹天颜，矢志不渝，立
身有素。际艰屯之运，力本难支；完精白之名，心堪共谅。朕轸
怀义烈，扶植纲常。核事迹之流传，久孚定论；举彝章之奖恤，
克协芳称。象厥生平，谥为"忠节"。呜呼！丹诚可揭，如传殉
国之苦⑥衷；碧血长埋⑦，重示表微之公道。赍馨香而具礼，慰
重泉赍恨之留；标史策⑧以垂声，作万祀笃忠之劝。幽灵不泯，
令闻为昭。

---

① 原文缺"院"字。
② 勖，原文为"最"。
③ 共，原文为"兵"。
④ "赐诗……明运"原文缺，据民国《闽粤赣武威廖氏族谱》校补。
⑤ 徽，原文为"微"。
⑥ 苦，原文为"若"。
⑦ 埋，原文为"理"。
⑧ 策，通"册"。

永定县志卷二

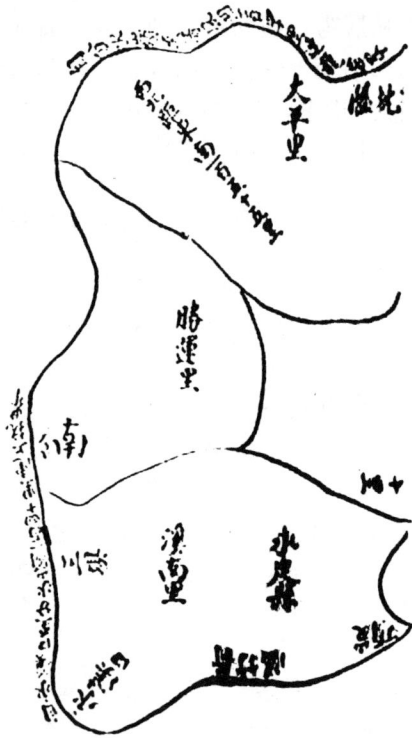

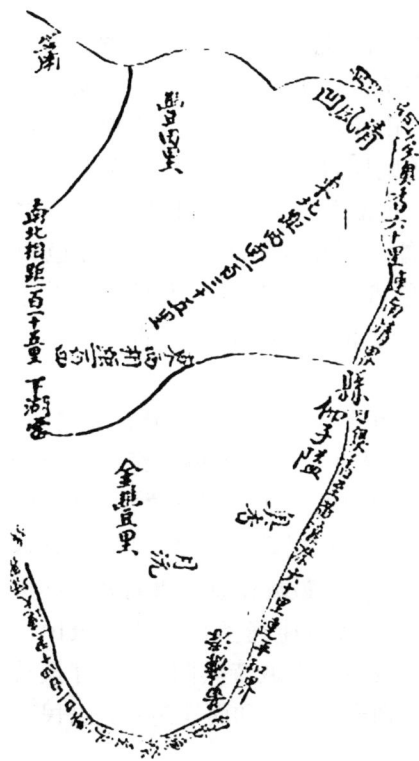

四境全图

永定县志卷四

纪事沿革表

志之要，莫先于疆场之更置，治乱之纷乘。详此二者，则大纲已具，可以溯千百载而秩然不紊也。永定之为县，始于明。史叶前，此则由新罗而析为龙岩，由龙岩而析为上杭，史册尚有可征。自唐以上，愈远而难稽。盖闽地启于汉代，所设僅数与视如羁縻荒裔之陬，载籍戩备，例此偏隅溪峒，安能剖析详究之耶①？故《沿革》但举其所统属，而事实亦从其略。至建邑以后，则搜采遗闻。凡有关于考鉴者，莫不登载。仿旁行斜上之例，为表一卷，使《沿革》与《纪事》，参互以见，古今无不昭著矣。虽然，余窃因之有感焉。

明成化至思宗之季，不及百五十年，汀、赣、漳、潮之间，寇盗数起，兹土累②遭蹂躏，生民陷于锋镝，不可殚纪。延至我朝定鼎之初，犹有煽乱之徒。久而始靖。逮沐列圣之深仁厚泽，休养煦呕将三百年，老稚不见金革。加以政平律调，风雨以时，无疠疫之灾，少旱涝之困，元元之众，鼓舞作息于康衢者，亦可谓厚幸矣。宜亟思先民之愁苦、垫隘及生逢圣世之乐，服田力穑，尊君敬长，孝悌恺愿，怡怡没齿，毋敢恃其罔③念，夺攘矫虔，贪冒干纪，为圣王之弃民，则庶可迓天和而答鸿庥，吾民其

---

① 耶，原文为"耻"。
② 累，原文为"垒"。
③ 罔，原文为"冈"。

知之否乎？余盖编辑此志，而不胜其勤恳之怀也。

朝代		纪　事	统　隶	府郡	县
夏			扬州		
殷			扬州　按：夏殷三代，闽地未入版图，而旧省志以为扬州之域。今姑仍之。		
周			七闽地　《周礼·职方氏》："掌邦国都鄙及七闽、九貉［貊］之人。"《郑注》："闽，蛮之别也。熊渠之后叔熊，自濮入蛮，子孙分七种，故谓之'七闽'。"		
秦				闽中郡	
汉			闽越国		冶县
东　汉			会稽南郡		
三国　吴			会稽南郡	建安郡	
晋			扬州 江州	晋安郡	新罗县
南北朝	宋			晋平郡	
	齐			晋安郡	
	梁			晋安郡	
	陈		闽州　见《隋书·地理志》。	晋安郡	

续表

朝代		纪　事	统　隶	府郡	县
隋			泉州　隋平陈，改闽州曰"泉州"。见《隋书·地理志》。闽州　大业初，仍改为"闽州"。见同上。	建安郡	
唐朝			岭南道采访使《旧唐书·地理志》。		
	睿宗景云二年		改泉州曰"闽州"，置都督府。泉州乃贞观时所置。见同上。		
	玄宗开元十三年		改闽州为"福州"，依旧都督府，仍置经略使。		
	开元二十二年		罢都督府所属漳、潮二州，令督福、建、泉、汀四州。		
	玄宗开元二十四年	开福、抚二州山洞置汀州，治新罗。《旧唐书·地理志》。		汀州	始置龙岩县，隶汀州。按：永定乃龙岩县地。
	玄宗天宝元年		改属江南东道	改汀州曰"临汀郡"。	
	肃宗乾元元年			复为"汀州"。	

续表

朝代		纪　事	统　　隶	府郡	县
唐朝	代宗大历四年	析龙岩湖雷下堡置上杭场 即今县属湖雷乡地，。见旧省志。		汀州	上杭场
	代宗大历十二年	改龙岩属漳州，《唐书·地理志》。上杭场仍隶于汀。见旧志。			
	僖宗广明元年	王绪自南康攻掠，转至闽中，入于汀郡。见《旧五代史》。			
	昭宗大顺中	王潮使弟审知攻福州，范晖死，城降。由是王氏尽有闽岭五州之地。见同上。昭宗建威武军于福州，以潮为节度福建管内观察使，审知为副。同上。			
五代	后梁	封王审知为闽王。		汀州	上杭场
	后唐长兴三年	王延钧自称帝，国号"大闽"，改元"龙启"。		汀州	上杭场
	清泰元年	王延钧遇弑，子昶嗣，朝廷授昶福建节度使。同上。		汀州	上杭场

续表

朝代		纪　事	统　　隶	府郡	县
五 代	后晋 天福 三年	封昶为闽王，改元 "通大"。		汀州	上杭场
	开运 三年	南唐李璟灭闽，尽 有其地。		汀州	上杭场
	后汉		南唐	汀州	上杭场
	后周 显德 元年 南唐 保大 十三 年	南唐徙上杭场于艺 梓堡，即今太平里 北山乡。旧志。	南唐	汀州	上杭场
宋 朝	太宗 淳化 五年	以上杭、武平二场 并为县。《宋史》。	福建路	汀州 临汀 郡	上杭县
	太宗 至道 二年	徙上杭县治于白沙。 府志。	同上	同上	同上
	端宗 景炎 二年	元兵克汀州，黄去 疾以城降。府志。	同上	同上	同上
	元世祖至 元十五年	升为汀州路，隶福 建中书省。《元史》。	福建行中书省		上杭县

续表

朝代		纪　　事	统　　隶	府郡	县
明	太祖洪武元年	擒元行省参知政事陈有定，改汀州路为府，属福建布政使司。	福建布政使司	汀州府	上杭县
	洪武五年	设兴化巡检司于溪南里古镇。			
	英宗正统十四年	乡宦范金以太平里虎冈盗寇出没，奏徙兴化司于虎冈，改名太平巡检司。建司之处，今名司前。开邑后，其地属上杭，为杭、永接界之地。			
朝	天顺六年	胜运里人李宗政招诱流亡阙永华等作乱，自号"白眉"。破县治，杀都阃丁泉。旧志。			
	天顺七年	巡按御史伍骥擒剿之。天顺间，寇发于南，有司请添设巡检于古镇，仍名兴化司。			
	宪宗成化十三年	溪南里人钟三、黎仲端等啸聚劫掠，御史戴用剿之，勿克。			

续表

朝代		纪　　事	统　　隶	府郡	县
明 朝	成化十四年	诏起右金都御史高明巡抚福建捕治。乃授副使刘城方略，擒斩仲端等十一人，平其余党。遂奏析上杭所属之溪南、金丰、丰田、太平、胜运五里十九图，添设一县，取名"永定"。又于三层岭设巡检司一员。	福建布政使司	汀州府	始置永定县

明

宪宗成化十五年　迁兴化司于丰稔寺之右，与太平司同隶永定。

成化二十年　知县王环、教谕谢弼创辑《永定县志》。

成化二十一年　大水坏田、庐，人畜溺死无算。

成化二十三年　漳南道金事伍希闵奏，委武平千户所官一员，领兵六十二名，驻防箭竹隘。

孝宗弘治七年　始筑永定城。

弘治九年　巡检金泽奏汀属每县添设主簿一员。

弘治十年　城工竣。

弘治十七年　复裁主簿，缺。

世宗嘉靖十三年　大霖雨。

嘉靖二十一年　十二月，大埔小靖贼傅大满、谢相寇县。典史莫住追击，死之。次年，大埔知县曾广翰擒二贼，送军门斩之。

嘉靖三十七年　流寇千余人劫掠湖雷，乡民吴岐峰及从弟岸山，率乡兵追至县南，入贼巢，岐峰被杀，岸山复奋斗，贼始遁。是时，闽苦倭寇，山贼乘乱而起，汀、赣、惠、潮之间，莫非盗窟。

迁兴化司于硿头，隶上杭。

七月，大水漂去高陂、深溪二桥。

嘉靖三十八年　大埔铲坑贼温祖源、刘元球等五百余人劫县，至南城外，夜杀三十余人。府通判郭子进、知县许文献督兵擒灭之。

许文献申减箭竹隘守御兵三十名。

许文献重修城守，复辑志乘。

嘉靖四十年　二月，上杭李占春倡乱，溪南里人饶表、萧碧，太平黄九叶、游仙等应之。放火劫掠，杀万余人遁。道金浙督武平、永定、上杭三县兵合剿。

饥，署知县同知黄震昌发粟赈济。

嘉靖四十二年　叛兵李铁拐、韦高等至县攻城。诸生郑仁济等集金沙乡兵擒斩其酋，贼溃。

饶平贼罗袍五千余人，由箭竹隘突至，杀城外及乡落男妇七百余人。因溪涨，不及攻城而去。

秋，饶平贼李亚甫、薛封等，劫掠金丰。高头民江宽山统乡勇追击，死之。

嘉靖四十五年　水。

神宗万历二年　六月二十六日夜，电光异常，大水沿溪冲坏田二百余亩，漂没十六家，溺死七百人。诏加赈恤。

复迁兴化司于丰稔寺，隶永定。

万历十四年　大水坏田庐。

万历四十六年　五月，大水，人多溺死，冲坏田亩无算。饥。

　　庄烈帝崇祯十年　正月，流寇陈缺口，由南靖入永定界。署道潘阳春率民剿之。四月，乃罢兵。

　　崇祯十七年　二月，流寇数千围大埔，不克。遂从金丰至城下，放火焚东门桥及东南城外民屋。城中严备，贼退，至①湖雷村掳掠。六日，邑士王芝兰、民童傅一率乡兵追击。伏发，被害。

国　朝

　　世祖章皇帝顺治三年　六月，程乡贼张大祥数千人袭破县城。杀掠无算，掳去妇女千余人。旧志误载在崇祯十七年，今改正。

　　顺治五年　四月，巨寇十三营共扶伪藩，由延平至永定，围县城。知县赵廷标，间道请兵援救。

　　秋，大饥。发粟以赈。

　　十月，大埔贼江龙率万余人攻城三阅月，知县赵廷标誓众死守。贼遁，遣兵及乡勇击败之。

　　顺治六年　金丰里苏荣，一名逢霖，伪称"招讨大将军"，沿乡送伪札。湖坑李天成亦倡乱，杀戮②乡民。

　　顺治七年　拨汀州镇左营千总一员，驻永定县城。

　　顺治八年　兵巡道赵映乘，会三省兵剿苏荣。荣降，死漳州狱。擒李天成，伏诛。

　　顺治十四年　金丰里岩背村民罗郎子、温丹初，聚众掳掠男妇，挖掘棺骸勒赎。兵巡道卫绍芳擒诛之。

　　顺治十六年　添设把总一员，分防苦竹汛。

　　岁祲，邑义监生郑永大发粟赈饥。

------

　　①　至，原文为"五"。

　　②　戮，原文为"戳"。

圣祖仁皇帝康熙二年　大水坏田庐、桥道。

岁饥，知府孟熊臣至县发赈。

康熙十四年　十月初四日，尚之信率师援漳州，过永定时，耿逆伪将军刘应麟部将石满库，据永抗师。初六日，士民冲城出迎大军。尚之信怒其出迟，焚南城楼、县署鼓楼及民居数百间，杀戮男妇数千人，拘系者亦如之。十七年后，郑九畴等呈知府颜佐，通详总督郎公廷相、姚公启圣，叠咨广东巡抚，释回所拘男妇。其兵旅携至直隶各省者，列疏具题，奉恩诏查明，发回原籍。

康熙三十三年　饥，民食树萌、草根殆尽。

康熙三十五年　上杭溪南三图贼郑德敬，聚众千人来欲破县。渡河至大院寺，为锦峰乡民所邀击，遁回上杭，人杀之。

连岁饥，邑义监生郑永大发粟以赈。

康熙三十六年　大饥。

康熙三十八年　南靖寇至青山峡劫夺，乡兵追获解报。

康熙四十年　添设把总一员，分防博平汛。

六月，大水坏田庐无算。

康熙四十五年　浙民黄宜加、曹昌隆，流入永境案山，聚徒劫掠。

康熙四十九年　游击沙永祥奉檄会漳、潮兵搜捕黄宜加等七十余人，戮之。

修北城楼。

康熙五十七年　五月，大水漂圮民房，卧龙桥冲废。

秋，大疫，死者千余人。

世宗宪皇帝雍正元年　升永定县学为大学，广生员额五名。

雍正四年　大饥。

雍正五年　五月，大水溺死百余人，漂圮民房无算。

大饥。

雍正六年　三营汛各添设协防一员。

雍正八年　知县顾炳文重修西城楼。

高宗纯皇帝乾隆五年　六月，大水坏田庐无算。奉恩诏发帑赈恤，豁免冲陷田粮。

乾隆十三年　自春至夏不雨，知县潘汝龙详请平粜。

乾隆十四年　七月，丰田、太平二里大水，坏田庐。

乾隆十九年　有虎灾，金丰里死者八十余人。

以上俱见旧志。

乾隆三十四年　大饥。

乾隆四十四年　知县吴永潮通修城垣、垛眼并南城楼。

乾隆五十一年　旱，岁饥。

乾隆五十二年　饥，多疫。

乾隆五十三年　二月，大雪。

乾隆五十六年　二月，地震。

乾隆六十年　大饥，斗米钱至千四五百。

仁宗睿皇帝嘉庆五年　七月，大水冲坏南堤。

嘉庆七年　太平里会匪张佩昌等聚党千余人，名"天地会"，肆掠乡里。举人王起凤、优贡陈梦莲等，集乡勇擒贼十余人，解省究办，匪徒乃散。

嘉庆九年　淫雨，自正月至五月。盐价每斤昂至百文。

是岁三月初九日，南堤渡船覆，溺死二十余人。

闰五月，地震。

嘉庆十一年　湖雷市居民詹立长窝藏漳州贼匪二百余人，欲行劫掠。事露，乡众杀贼六人，并杀窝主詹立长。贼败逃，沿途死者十余人。本街铺户被贼杀二人。

是秋，大疫，溪南尤甚。

嘉庆十三年　金丰里多虎，伤数十人，丰田伤数人。

十一月二十二日夜，县东城外大洲，前漳州贼四十余人劫客船四只，掳去银千余。邑令霍大光募乡民追击，擒贼四人。后陆续擒贼卢五满等数人。

嘉庆十四年　饥。

六月七日，大风雹。

嘉庆十五年　二月，多豺伤牛。

四月六日，大水。

嘉庆十六年　淫雨，自正月至三月。

二月，地震。

知县霍大光重建东城楼。

嘉庆十八年　太平里大雨。

禾实如枳椇子。

嘉庆二十年　九月，地震。

嘉庆二十四年　八月，金丰里大水。民有死者。

嘉庆二十五年　秋，多疫。

道光五年　七月，大水冲断南堤，漂去田庐。

秋，大旱，晚稻罕收。

道光六年　饥。

永定县志卷五

职 官 表

永定自明成化间分县以后，所置官僚，惟主簿一员，暂设而复裁，余皆无所更易。昔人每有厅壁题名之记，所以"叙交替，别贤否"，使莅其职者有劝戒，而知其名之不可以轻厕于其间也。今既无之，但就旧志所载，见闻所及，集为斯表。虽无彰瘅之意，亦庶免乎遗佚焉。旧志列载大吏之名，以一邑而缀通省，以卑统尊，皆非体例之所宜。今特删之，以就正于识者。

明 朝

知 县

王　环　新昌人，举人，成化十五年任。

颜　韶　青田人，岁贡，成化二十一年任。

陈　礼　鄞县人，举人，弘治三年任。

张　缙　琼山人，举人，弘治五年任。

陈　悦　吴县人，岁贡，弘治六年任。

吴　俊　弘治八年署。

宋　澄　建德人，举人，弘治九年任。

闻　璇　海盐人，举人，弘治十年任。

杨　宗　高安人，举人，弘治间任。

梁　善　临川人，弘治间任。

陈　济　保昌人，岁贡，弘治十五年任。

叶　珵　本县，典史，正德元年署。

曾　显　泰顺人，岁贡，正德三年任。

戴彝心　房县人，岁贡，正德间任。

邢　瑄　文昌人，举人，正德十三年任。

刘文绍　安福人，举人，嘉靖四年任。

毛　凤　临桂人，举人，嘉靖十年任。

孙　铦　丰城人，例贡，嘉靖十五年任。

唐　灿　临桂人，举人，嘉靖十七年任。

何文经　郁林人，举人，嘉靖二十二年任。

胡大武　贵池人，岁贡，嘉靖二十六年任。

莫惟宾　马平人，举人，嘉靖二十八年任。

罗世庆　吉水人，举人，嘉靖二十九年任。

洪良弼　揭阳人，举人，嘉靖三十年任。

许文献　长洲①人，选贡，嘉靖三十四年任。

黄震昌　安义人，嘉靖四十年署。

李　滨　嘉靖四十一年署。

周　珊　龙虎卫人，举人，嘉靖四十二年任。

龙尧达　顺德人，举人，嘉靖四十四年任。

陈　翡　南昌人，举人，隆庆二年任。

谢良任　番禺人，举人，隆庆五年任。

何守成　分水人，举人，万历二年任。

闵一鹤　乌程人，贡生，万历间任。

姚　朴　慈溪人，贡生，万历间任。

花　偕　弋阳人，贡生，万历间任。

叶祖尧　临安人，进士，万历间任。

---

① 洲，原文为"湖"。

姜子贞　余姚人，举人，万历间任。

郭　埸　赣县人，贡生，万历间任。

张正蒙　柳州人，贡生，万历间任。

许　堂　宜黄人，贡生，万历间任。

何　檀　富阳人，贡生，万历间任。

谢元贺　瑞金人，举人，万历间任。

危　言　新建人，举人，万历间任。

龙应亮　浙江桐城人，贡生，万历间任。

吴殿邦　海阳人，进士，万历间任。

沈　遁　仁和人，举人，万历间任。

熊茂松　高安人，万历间署。

钱养民　余姚人，举人，万历间任。

周　齐　宜山人，举人，天启间任。

霍蒙拯　南海人，举人，崇祯二年署。

朱梦魁　饶平人，举人，崇祯间任。

陈天佑　长兴人，偏桥籍，贡生，崇祯间任。

徐承烈　鄞县人，举人，崇祯七年任。

马伯升　寻①甸府人，选贡，崇祯十二年任。

伍耀孙　石门人，选贡，崇祯十五年任。

徐可久　赣榆人，贡生，崇祯末年任。

赵硕来　泾县人，崇祯间署。

林逢春　南海人，进士，崇祯间署。

教　谕

谢　弻　安福人，成化十五年任。

廖观海　碣石卫人，举人，弘治二年任。

---

① 寻，原文为"浔"。

梁　镈　　弘治十年署。

李　桢　　南城人，岁贡，弘治十一年任。

黄　诚　　番禺人，举人，正德三年任。

廖　翔　　顺德人，举人，正德九年任。

江　奎　　贵溪人，岁贡，正德十二年任。

李繁昌　　宜山人，岁贡，正德十六年任。

雷　裕　　丰城人，举人，嘉靖五年任。

罗　正　　高安人，岁贡，嘉靖十年任。

冼　谟　　南海人，举人，嘉靖十一年任。

董　昱　　黄冈人，岁贡，嘉靖二十年任。

宋　村①　　歙县人，选贡，嘉靖十三年任。

郭永达　　四会人，选贡，嘉靖二十五年任。

陈希中　　揭阳人，岁贡，嘉靖三十三年任。

萧曰学　　永宁人，岁贡，嘉靖四十二年任。

陈大本　　分水人，岁贡，嘉靖四十四年任。

叶允明　　河源人，岁贡，隆庆三年任。

李应选　　归善人，岁贡，隆庆五年任。

温　理　　始兴人，贡生，万历间任。

沈应鹗　　奉化人，贡生，万历间任。

罗　泮　　新城人，贡生，万历间任。

严光翰　　莆田人，贡生，万历间任。

张廷相　　同安人，举人，万历间任。

江良宾　　常山人，贡生，万历间任。

杨继秀　　建安人，贡生，万历间任。

周　桐　　德化人，举人，万历间任。

刘　达　　南平人，贡生，万历间任。

---

① 宋村，康熙志为"朱材"，乾隆志为"宋材"。

陈用举　晋江人，举人，万历间任。

李茂桢　茂名人，贡生，万历间任。

余应中　龙溪人，贡生，万历间任。

黄良杞　松溪人，贡生，万历间任。

米文洪　莆田人，贡生，万历间任。

熊会奇　临川人，贡生，天启间任。

陈士利　邵武人，贡生，天启间任。

陈　濂　仙游人，贡生，天启间任。

李从云　建宁人，贡生，崇祯间任。

黎元德　高明人，贡生，崇祯间任。

潘文鼎①　崑山人，贡生，崇祯间任。

张治本　邵武人，贡生，崇祯间任。

林　宣②　泉州人，贡生，崇祯间任。

刘耀廷③　龙溪人，崇祯间任。

训　导

雷域中　建安人，贡生，万历间任。

刘廷华　安福人，贡生，万历间任。

吴伯汪　连州人，贡生，万历间任。

马应龙　铅山人，贡生，万历间任。

余应中　龙溪人，贡生，万历间任。

钟大务　东莞人，贡生，万历间任。

向秉元　巴东人，贡生，万历间任。

王尚宾　龙溪人，贡生，万历间任。

---

① 潘文鼎，康熙志为"潘大鼎"。

② 林宣，康熙志为"林宣化"。

③ 刘耀廷，康熙志为"刘廷耀"。

张　拱　光泽人，贡生，万历间任。

吴愈曾　临高人，贡生，天启间任。

林日馥　晋江人，贡生，天启间任。

陈念祖　连江人，贡生，天启间任。

林在宸　惠来人，贡生，崇祯间任。

胡希祖　淳安人，贡生，崇祯间任。

吴鼎臣　福清人，贡生，崇祯间任。

武尚德　辰州府人，贡生，崇祯间任

主　簿

陈正仁　贵州人，例贡，弘治九年任。

李　振　番禺人，吏员，弘治十四年任。

弘治十七年，缺裁。

兴化乡巡检

胡　裕　奉化人，成化十三年任。

宋　清　舒城人，成化十七年任。

段　铎　萍乡人，成化二十年任。

李　兴　怀远人，弘治四年任。

许　谅　繁昌人，弘治四年任。

钱　贵　仁和人，弘治十六年任。

洪　绶　铅山人，正德五年任。

高　鹤　正德间任。

邢　义　桃源人，嘉靖二十八年任。

李　真　苏州人，嘉靖三十一年任。

罗　亲　上虞人，嘉靖三十四年任。

周文郁　丰城人，嘉靖三十八年任。

晏文德① 　新喻人，嘉靖四十二年任。

熊　谅　丹徒人，嘉靖四十五年任。

严守敬　新喻人，隆庆三年任。

戴景辰　萧山人，隆庆五年任。

周曰仁　三水人，万历二年任。

陈嘉兆　兴宁人，万历间任。

杨　纯　程乡人，万历间任。

苏上明　石门人，万历间任。

傅　鼎　万历十五年任。

曹三畏　芜湖人，万历间任。

吴　铉　芜湖人，万历间任。

李　升　钱塘人，万历间任。

萧钦若　太和人，万历间任。

陈奇龙　饶平人，万历间任。

鲜于禄　平和人，万历间任。

沈尚朴　吴县人，万历间任。

李　湖　长洲人，天启间任。

刘　冕　庐陵人，天启间任。

潘士极　攸县人，天启间任。

应　阶　会稽人，崇祯间任。

赵善社② 　芜湖人，崇祯间任。

丁思致　仁和人，崇祯间任。

黄树茂③ 　吴县人，崇祯间任。

杜居益　秀水人，崇祯间任。

----

① 　晏文德，康熙志为"晏文宪"。

② 　赵善社，康熙志为"赵善仕"。

③ 　黄树茂，康熙志为"叶树茂"。

唐尚士① 　宛平人，崇祯间任。

太平寨巡检

韩　亮 　弋阳人，成化十三年任。

陈　荣 　饶平人，成化十七年任。

朱　显 　清江人，成化二十年任。

蔡惟盛 　南海人，弘治元年任。

戴　俊 　蒙城人，弘治四年任。

张　凤 　宿迁人，弘治七年任。

董　永 　巨鹿人，弘治十六年任。

杨　壁 　长洲人，正德四年任。

潘仲和 　新会人，正德七年任。

吴　琪 　铅山人，正德十年任。

陈　耀 　宁波人。

赵　冕 　云梦人。

朱　蹐 　鄞县人。

刘　仕 　赣县人，嘉靖十四年任。

唐　彬

邢　端

高　洁 　朝邑人，嘉靖三十年任。

梁　满 　南海人，嘉靖三十三年任。

裘　镛 　鄞县人，嘉靖三十七年任。

方　云 　武康人，嘉靖四十二年任。

章甫臣 　西安人，嘉靖四十三年任。

麦　蓬 　新会人，隆庆元年任。

陈　鸾 　山阴人，隆庆四年任。

---

① 　唐尚士，康熙志为"唐尚仕"。

周　凭　山阴人，万历元年任。

杜乔岁　安远人，万历三年任。

徐宗礼　临川人。

朱应元　武进人。

李名试　嘉兴人。

张宗仁　杭州人。

赵友善　上元人。

张德明　杭州人。

杨明达　开化人。

刘三省　华亭人。

张文轩　杭州人。

祈大义　雷州人。

林茂春　仁和人。

三层岭巡检

孙　昶　新城人，成化十五年任。

陈　隆　饶平人，成化十七年任。

汪　源　乐平人，成化二十年任。

邱　裘①　寿州人，弘治元年任。

赵　瓒　沛县人，弘治四年任。

杨　贵　寿州人，弘治七年任。

汪　彬　玉山人，弘治十年任。

杨　钺　元城人，正德六年任。

闻人珙　浙江人。

王　继　直隶人。

周　銮　浙江人。

① 邱裘，康熙志为"丘表"。

雷　旸　丰城人，嘉靖四年任。

曾　和　丰城人，嘉靖七年任。

丁　宪　浙江人，嘉靖十年任。

蔡　山　丰城人，嘉靖十四年任。

饶　炡　进贤人，嘉靖十七年任。

王　禄　舒城人，嘉靖二十七年任。

李　谦　永嘉人，嘉靖三十一年任。

桂　弼　清河人，嘉靖三十九年任。

彭　泗　大庾人，嘉靖四十二年任。

王　袍　无锡人，嘉靖四十五年任。

沈　学　山阴人，隆庆三年任。

徐孟仪　建德人，隆庆六年任。

祝大顺　会稽人，万历三年任。

黄绍芳　博罗人。

朱应聪　绍兴人。

缪　瑚　山阴人。

李　瑚　丰城人。

刘　冕　吉安人。

项廷辉　歙县人。

傅汝经　铅山人。

陈汝政　青阳人。

倪思震　祁门人。

赵善遂　泾县人。

熊极如　星子人。

孙一鸾　浙江永康人。

项旭阳　履历无考，旧志《祠碑篇》有"代捕去思神"，而《秩官篇》不列其名，不知何故。

典　史

张明贤　余干人，成化十五年任。

胡　浩　黄陂人，成化十八年任。

林　秀　松兹人，弘治元年任。

朱　麒　嘉兴人，弘治九年任。

赵　得　仪征人，弘治十年任。

陈　佳　上虞人，弘治十三年任。

叶　理　上虞人，弘治十六年任。

陈　森　慈溪人，正德间任。

梁　演　番禺人，正德十一年任。

谢　德　黄岩人，嘉靖二年任。

陈　绫　电白人，嘉靖六年任。

李　钟　丰城人，嘉靖十三年任。

莫　住　苍梧人，嘉靖二十一年任。

李　镗　来安人，嘉靖二十二年任。

方大正　淳安人，嘉靖三十年任。

钱　述　庐陵人，嘉靖三十五年任。

张　宰　会稽人，嘉靖三十六年任。

戴　谟　鄞县人，嘉靖四十一年任。

李　迪①　海阳人，嘉靖四十二年任。

唐世盛　顺德人，隆庆二年任。

李　钥　山阴人，万历间任。

吴光祖　顺德人，万历间任。

况汝登　万历十五年任。

袁成美　宜春人，万历间任。

---

①　李迪，康熙志为"李一迪"。

巫之祥　余干人，万历间任。

张图南　陕西人，天启间任。

丁时隆　汾阳人，天启间任。

陆宗臣　余姚人，天启间任。

姚继论[①]　休宁人，天启间任。

李三汲　南城人，崇祯间任。

汤九思　山阳人，崇祯间任。

张宪臣　嵊县人，崇祯间任。

唐世伦　涉县人，崇祯间任。

程可远　高淳人，崇祯间任。

徐德骍　山阴人，崇祯间任。

高国用　浙江人，崇祯间任。

陆衷赤　不知历何任，从旧志《祠碑篇》寻载。

国　　朝

知　县

赵廷标　钱塘人，选贡，顺治三年任。

沈在湄　无锡人，进士，顺治七年任。

岳钟淑　武进人，进士，顺治十五年任。

任名成　陕西人，贡生，顺治十七年任。

卢裕砺　三河人，拔贡，顺治十七年署任。

洪天开　歙县人，举人，康熙元年任。

申传芳　延津人，贡生，康熙十六年署任。

潘翊清　义州人，贡生，康熙七年任。

---

① 姚继论，康熙志为"姚继谕"。

颜　佐　河内人，武举，康熙十六年任。

胡以涣　奉天人，康熙二十二年署任。

徐印祖　奉天人，恩生，康熙二十三年任。

孔兴谟　曲阜人，康熙二十七年署任。

吕坊之　曲阜人，贡生，康熙二十八年任。

杨　岱　新繁人，举人，康熙三十一年署任。

吴　琪　大兴人，进士，康熙三十二年任。

赵良生　泰兴人，康熙三十六年署任。

吴　梁　许州人，康熙三十七年任。

张其岱　镶白旗人，康熙四十二年署任。

邸　仲　顺天人，监贡，康熙四十五年署任。

李　栻　富平人，进士，康熙四十六年任。

曾九寿　监利人，举人，康熙四十六年任。

徐上达　顺天人，监贡，康熙五十年署任。

康仁德　衡山人，举人，康熙五十一年任。

寿运焻　诸暨人，岁贡，康熙五十三年署任。

叶思华　闻喜人，进士，康熙五十四年任。

靳乾亨　天津人，岁贡，康熙五十九年署任。

潘开基　上虞人，贡生，康熙六十一年任。

冯　盐　振武卫人，贡生，康熙六十一年署任。

唐得鹏　全州人，举人，雍正元年任。

刘经邦　宛平人，岁贡，雍正二年署任。

樊泽遥　宜宾人，举人，雍正三年任。

顾炳文　吴江人，举人，雍正五年署，六年实授。旋奉委卸
事，七年复任。

裘树荣　宛平人，进士，雍正六年署任。

徐　林　钱塘人，雍正十年署任。

丁　荃　长兴人，副贡，雍正十二年任。

长　庚　镶黄旗人，举人，雍正十二年署任。

程　芳　休宁人，贡生，雍正十三年任。

周缉敬　新会人，举人，乾隆三年任。

许齐卓　合肥人，选贡，乾隆六年任。

林　焱　永福人，举人，乾隆八年任。

赵　燮　上元人，举人，乾隆十年任。

高　琦　武进人，举人，乾隆十三年署任。

潘汝龙　归安人，进士，乾隆十三年任。

方南潏　桐城人，监生，乾隆十四年署任。

吴　栋　连州人，举人，乾隆十五年任。

王定国　江宁人，举人，乾隆十六年署任。

孙容光　揭阳人，举人，乾隆十六年任。

伍　炜　安福人，进士，乾隆十七年任。

贺世骏　安福人，举人，乾隆二十年署任。

许元善　鲁山人，进士，乾隆二十一年署任。

卫克堉　凤台人，举人，乾隆二十一年任。

张所受　灵山人，附贡生，乾隆二十五年任。

赵由俶　南丰人，乾隆二十八年任。

胡建伟　三水人，进士，乾隆二十八年任。

朱　堂　潜江人，乾隆二十九年署任。

彭光斗　溧阳人，举人，乾隆三十年任。

赵　爱　铁岭人，乾隆三十一年署任。

曹永植　长洲人，监生，乾隆三十二年署任。

张永祥　静海人，进士，乾隆三十二年任。

谢天相　安仁人，举人，乾隆三十三年署任。

尹贵彪　嘉鱼人，举人，乾隆三十五年署任。

侯大成　兴安人，举人，乾隆三十五年署任。

张于屏　醴陵人，举人，乾隆三十八年署任。

沈　恪　德清人，举人，乾隆三十九年署任。

姚士湖　常山人，举人，乾隆三十九年任。

吴永潮　嘉兴人，举人，乾隆四十一年任。

陆肇隆　乌程人，监生，乾隆四十二年任。

鲁　卓　新城人，监生，乾隆四十五年署任。

顾沈璇　秀水人，举人，乾隆四十八年署任。

梁孔珍　北流人，进士，乾隆四十九年任。

苏登莱　江阴人，附监生，乾隆五十一年署任。

金见龙　汉军镶白旗人，监生，乾隆五十三年署任。

杨　瑚　安乡人，监生，乾隆五十四年署任。

戴朝琛　上元人，附监生，乾隆五十六年署任。

黄吉芬　定南厅人，进士，乾隆五十七年任。

徐大椿　宜兴人，乾隆五十九年署任。

吴　濬　泾县人，举人，乾隆五十九年署任。

陈寅旭　楚雄人，廪贡生，乾隆五十九年署任。

杨秉镛　天津人，拔贡生，乾隆五十九年署任。

李治亮　北流人，举人，嘉庆元年任。

蒋式增　天津人，附生，充四库馆誊录，嘉庆三年署任。

萧　颖　晋宁州人，举人，嘉庆四年署任。

姚　杰　会稽人，进士，嘉庆四年任。

金忠洺　休宁人，监生，嘉庆四年署任。

顾杏章　无锡人，举人，嘉庆五年任。

张智莹　长洲人，举人，嘉庆八年署任。

余金斗　上元人，监生，嘉庆十年署任。

邓万皆　广东永安人，拔贡生，嘉庆十一年署任。

霍大光　介休人，监生，嘉庆十二年任。

沈士煌　天津人，进士，嘉庆十七年署任。

孙企宗　介休人，举人，嘉庆十七年署任。

姚　樟　归安人，进士，嘉庆十七年任。

汪德先　巴县人，嘉庆十八年署任。

龚　懋　宁州人，举人，嘉庆十八年署任。

欧阳墅　江夏人，举人，嘉庆十八年任。

沈仕恒　承德人，监生，嘉庆二十一年署任。

张曰瑶　顺德人，举人，嘉庆二十三年任。

夏侯谦　吉水人，嘉庆二十三年署任。

龙光辅　临桂人，举人，道光元年署任。

张维甲　蓬莱人，进士，道光三年任。

张　埪　江都人，监生，道光五年署任。

陈泰青　掖县人，举人，道光七年署任。

方履篯　大兴人，举人，道光九年署任。

徐　煌　四川宜宾人，进士，道光十年署任。

教　谕

张　期　闽县人，贡生，顺治间任。

吴佺鼎　晋江人，举人，顺治间任。

张天华　建阳人，贡生，顺治间任。

郭万完　龙溪人，举人①，顺治间任。

黄甲先　罗源人，贡生，康熙九年任。

翁　瑚　龙岩人，监生，康熙十七年署任。

郭亨都　龙溪人，贡生，康熙十八年任。

廖南彦　宁洋人，岁贡，康熙二十二年任。

李基益　海澄人，举人，康熙三十一年任。

林嘉告　侯官人，举人，康熙四十一年任。

李世茂　惠安人，举人，康熙四十七年任。

---

① "举人"二字据康熙志补。

谢师孔　瓯宁人，举人，康熙五十二年任。

谢允登　永春人，举人，康熙五十八年任。

何宾春　莆田人，举人，雍正十一年任。

陈嘉猷　泰宁人，选贡，乾隆五年任。

钱王臣　松溪人，举人，乾隆六年任。

萧大捷　顺昌人，举人，乾隆十三年任。

赵　磐　同安人，举人，乾隆十四年任。

陈凤举　连江人，举人，乾隆二十一年任。

杨鸣鹤　履历未详。

张名标　邵武人，举人，乾隆二十五年任。

陈　普　侯官人，举人，乾隆三十六年任。

郑梦兰　侯官人，举人，乾隆三十七年任。

吴道南　晋江人，举人，乾隆三十八年任。

陈登斗　侯官人，举人，乾隆四十九年兼署任。

孙钟源　连江人，举人，乾隆五十一年任。

魏朝选　平和人，附贡，乾隆五十七年署任。

林瑞凤　福清人，举人，乾隆五十八年任。

姚宗元　侯官人，举人，嘉庆四年任。

王定国　寿宁人，举人，嘉庆二十年署任。

黄金鉴　侯官人，举人，嘉庆二十一年任。

黄逢龙　南安人，廪贡生，道光十年署任。

陈绍康　同安人，举人，道光十年任。

训　导

陈启明　连江人，贡生，顺治间任。

乐维清　大田人，贡生，顺治间任。

伍明伟　宁化人，附贡，康熙十八年署任。

蔡祚周　漳浦人，附贡，康熙十八年署任。

徐光鼎　浦城人，岁贡，康熙二十二年任。

吴道嵩　诏安人，岁贡，康熙二十八年任。

陈道法　松溪人，岁贡，康熙三十三年任。

张　升　福安人，贡生，康熙三十七年署任。

薛　容　福清人，岁贡，康熙三十七年任。

林荃佩　闽县人，贡生，康熙四十七年署任。

林永泰　侯官人，岁贡，康熙四十五年任。

吴　霏　莆田人，岁贡，康熙四十七年任。

陈永器　宁洋人，附贡，康熙五十年任。

倪　震　龙岩人，附贡，康熙五十五年任。

孙　柽　连江人，例贡，康熙六十一年任。

张　瑞　未详。

魏嗣骥　大田人，岁贡，雍正六年任。

江　誉　漳浦人，岁贡，雍正十一年任。

林玮行　侯官人，岁贡，雍正十二年任。

曾源昌　同安人，岁贡，乾隆二年任。

黄稚俊　将乐人，岁贡，乾隆二年任。

郭　安　侯官人，廪生捐贡，乾隆十二年任。

黄　诗　古田人，岁贡，乾隆十三年任。

黄世仪　光泽人，岁贡，乾隆十七年任。

黄　硕　宁德人，岁贡，乾隆二十一年任。

林天民　连江人，乾隆二十四年任。

陈　泫　惠安人，乾隆二十六年任。

陈　德　永春州人，附贡，乾隆三十七年任。

陈国琛　晋江人，举人，乾隆三十八年任。

朱　玑　安溪人，举人，乾隆四十九年署任。

陈登斗　侯官人，举人，乾隆四十九年任。

陈鸿猷　永安人，拔贡，乾隆五十六年署任。

柯　辂　晋江人，举人，乾隆五十六年署任。

李　苞　晋江人，举人，嘉庆二年署任。

叶长清　建宁人，岁贡，嘉庆二年任。

陈仁钧　顺昌人，拔贡生，嘉庆五年署任。

杨　梅　同安人，嘉庆六年任。

陈奇铠　长乐人，举人，嘉庆八年署任。

何锡麟　光泽人，廪贡生，嘉庆八年任。

庄芳碧　平和人，举人，嘉庆十三年任。

季肇文　浦城人，廪生，嘉庆十九年署任。

齐　英　侯官人，举人，嘉庆十九年任。

郑　翀　永春州人，廪生，嘉庆二十年署任。

吴廷祺　同安人，廪贡生，嘉庆二十一年署任。

颜登标　永春州人，举人，嘉庆二十二年任。

许　濂　侯官人，副贡，道光六年署任。

吴文林　漳浦人，岁贡，道光七年任。

黄际盛　晋江人，廪生，上杭训导，道光七年兼署。

黄步初　闽县人，举人，道光七年署任。

游全通　顺昌人，举人，道光八年任。

兴化乡巡检

刘士奇　上元人，顺治间任。

李仲杰　大兴人，顺治间任。

程　捷　江宁人，顺治间任。

蔡文在　南昌人，顺治间任。

胡天爵　宛平人，顺治间任。

侯嘉祉　富平人，康熙间任。

刘　杰　山阴人，康熙间任。

陈永锡　会稽人，康熙十八年任。

陈隆遇　隆平人，康熙二十年任。

朱得元　吴县人，康熙三十三年任。

柳杨枝　宁洋人，康熙五十五年任。

姚初稚　玉田人，康熙六十年任。

吴泰灵　青阳人，雍正元年任。

王朝槐　天津人，乾隆元年任。

沈　培　山阴人，乾隆十六年任。

卢廷梁　海宁人，乾隆二十年署任。

万廷模　江夏人，乾隆二十一年任。

朱兆燕　汉军镶红旗人，乾隆三十八年任。

韩兴祖　成都人，乾隆四十五年任。

张保模　太湖厅人，乾隆四十六年署任。

朱兆燕　委办东硝，差竣回任。

危显声　江夏人，乾隆四十七年署任。

朱兆燕　委办白铅，差竣回任。

张　豫　直隶通州人，乾隆五十四年署任。

高　沾　贵池人，乾隆五十四年任。

夏建寅　余姚人，乾隆五十六年兼任。

谢玉庭　历城人，乾隆五十六年任。

萧楚庚　汉阳人，乾隆五十九年署任。

史衡标　丹徒人，乾隆六十年署任。

斯　芳　山阴人，嘉庆元年署任。

李飞鹏　新宁人，嘉庆二年署任。

陈圣阶　会稽人，嘉庆二年任。

汪士纪　祁门人，嘉庆五年署任。

黄　瑚　新城人，嘉庆六年署任。

金　江　山阴人，嘉庆六年任。

邵新绪　余姚人，嘉庆十六年署任。

梁秉忠　程乡人，嘉庆十六年任。

张元傃　桐城人，嘉庆二十一年署任。

张安邦　浮山人，道光二年署任。

马　骥　大兴人，道光三年兼理。

董庆申　华亭人，道光三年任。

徐　鉴　会稽人，道光六年署任。

叶蕴辉　归安人，道光六年兼署。

沈士峨　山阴人，道光七年署任。

危原晋　江夏人，道光八年署任。

金文彪　休宁人，道光九年署任。

叶蕴辉　道光十年兼署。

裴金相　山西夏县人，道光十年任。

太平寨巡检

徐汝弼　建平人，顺治间任。

胡以仁　秀水人，顺治间任。

朱廷宣　山阳人，顺治间任。

郭天福　咸宁人，顺治间任。

郝思鸣　文水人，康熙十八年任。

倪佳印　大兴人，康熙二十一年任。

范世芳　会稽人，康熙三十五年任。

荣士英　河津人，康熙五十二年任。

董正学　大兴人，雍正元年任。

王锡辂　大兴人，雍正十年任。

孙必模　娄县人，乾隆二十四年署任。

史纪年　丹徒人，乾隆二十七年任。

高　科　新繁人，乾隆四十六年署任。

徐师涞　武义人，乾隆四十六年任。

俞　涛　山阴人，乾隆四十七年署任。

谢应麟　召门人，乾隆四十八年署任。

范承祖　丰城人，乾隆四十九年任。

汪廷璋　江陵人，乾隆五十一年署任。

范承祖　委署上杭县丞，卸事回任。

夏建寅　余姚人，乾隆五十九年署任。

江瞻云　广安人，乾隆五十九年署任。

章瑞书　大兴人，乾隆五十九年署任。

夏建寅　乾隆六十年兼理。

章瑞书　委署武平典史，嘉庆元年回任。

黄　瑚　新城人，嘉庆七年署任。

魏立纲　邵阳人，嘉庆七年署任。

金在镕　南汇人，嘉庆七年署任。

安肇基　梓潼人，嘉庆十一年署任。

阎芳桂　宁夏人，嘉庆十二年任。

胡智尧　山阴人，嘉庆十六年兼署。

牛金城　沂水人，嘉庆十六年署任。

金　相　顺天府人，嘉庆十七年署任。

公廷辉　蒙阴人，嘉庆十九年署任。

魏立纲　邵阳人，嘉庆十九年任。

海蓬瀛　郑州人，嘉庆二十一年署任。

梅　增　钱塘人，嘉庆二十一年署任。

钱　锁　贵溪人，嘉庆二十一年署任。

刘鸿文　嘉庆二十二年署任。

张　谦　大兴人，嘉庆二十二年任。

张元傃　桐城人，道光三年署任。

张　谦　俸满验看复任。

董霈霖　会稽人，道光七年兼署。

张　谦　差竣复任。

陈英发　汉阳人，道光九年署任。

张　谦　俸满验看复任。

三层岭巡检

陈加庆　山阴人，顺治间任。

林应元　山阴人，顺治间任。

罗一麟　大兴人，顺治间任。

蒋世爵　山阴人，顺治间任。

陈可绪　华阴人，顺治间任。

沈渐陆　东安人，康熙十八年任。

丁乙大　无锡人，康熙二十三年任。

胡凝道　杞县人，康熙二十五年任。

冯世泰　真定人，康熙三十五年任。

贾良遇　浙江永康人，康熙四十四年任。

姚廷瑚　昌平州人，康熙五十二年任。

萧文法　贵筑人，乾隆元年任。

刘宏庆　旌德人，乾隆三年任。

杨　略　正阳人，乾隆十四年任。

曾　瀚　武冈州人，乾隆十八年任。

孙必模　娄县人，乾隆二十三年任。

徐　坦　天长人，乾隆二十六年任。

沈复锦　宛平人，乾隆二十八年署任。

魏赐爵　巨野人，乾隆三十三年任。

袁　愫　分宜人，乾隆四十年署任。

夏建寅　余姚人，乾隆四十年任。

吴师埠　藤县人，乾隆四十七年署任。

夏建寅　解纸进京，差竣回任。

朱浩申　钱塘人，嘉庆八年署任。

甘蕴纯　宜春人，嘉庆八年署任。

宋松龄　介休人，嘉庆十一年署任。

胡智尧　山阴人，嘉庆十二年署任。

金　江　山阴人，嘉庆十四年兼署任。

胡智尧　验看复任。

邵新绪　嘉庆二十年署任。

海蓬瀛　河南郑州人，嘉庆二十年任。

梁秉忠　嘉应州人，嘉庆二十三年兼理。

梅　增　钱塘人，嘉庆二十四年署任。

王之潘　富平人，嘉庆二十五年任。

马　骥　大兴人，道光三年署任。

董庆申　华亭人，道光三年兼署。

宗觐庭　常熟人，道光四年署任。

陈　桓　石隶人，道光六年兼署。

杨承中　平远人，道光六年署任。

叶蕴辉　归安人，道光六年任。

典　史

马奕勋　钱塘人，顺治间任。

赵国玺　华州人，顺治间任。

王文才　北直人，顺治间任。

杨廷楹　富平人，康熙元年任。

刘自清　富平人，康熙十一年任。

沈一龙　会稽人，康熙十八年任。

叶之花　三原人，康熙二十五年任。

王士奇　大兴人，康熙三十一年任。

顾　俊　直隶通州人，康熙四十七年任。

王　泽　　大兴人，康熙五十二年任。

赵　筠　　大兴人，康熙五十六年任。

徐　求　　武清人，康熙六十一年任。

朱汉臣　　顺义人，雍正二年任。

夏召棠　　丹徒人，雍正九年任。

靳希圣　　武清人，乾隆六年任。

陈　益　　钱塘人，乾隆十五年任。

王本浩　　山阴人，乾隆十九年任。

李　骥　　长洲人，乾隆二十一年任。

王廷对　　万州人。

沈国崇　　大兴人。

杨四聪　　韩城人。

魏嗣业　　元和人。

以上四人，何年历任未详，从《续通志》补入。

伍　涣　　山阴人，乾隆二十九年任。

史纪年　　丹徒人，乾隆三十九年兼任。

周应超　　山阴人，乾隆四十年署任。

顾孔昭　　绍兴人，乾隆四十年任。

夏建寅　　乾隆五十五年兼任。

孙　期　　盐城人，乾隆五十五年署任。

潘玉堂　　上海人，乾隆五十六年任。

吴世亨　　高安人，乾隆五十六年署任。

邹　谟　　新建人，乾隆五十七年任。

汪士纪　　祁门人，嘉庆七年署任。

严士鈫　　归安人，嘉庆七年署任。

刘树本　　大兴人，嘉庆八年任。

何上聘　　广东长乐人，嘉庆十二年署任。

陈思文　　太平人，嘉庆十四年署任。

李思晋　大兴人，嘉庆十七年任。

张元傣　桐城人，嘉庆二十三年署任。

俞　珍　大兴人，嘉庆二十三年署任。

杜捷元　保宁人，嘉庆二十四年任。

祁泰绍　山阴人，嘉庆二十五年署任。

俞昌瑞　山阴人，道光二年署任。

董霈霖　会稽人，道光二年任。

金文彪　道光八年署任。

沈　成　大兴人，道光九年任。

永定县志卷六

选 举 表

　　国家专设科举，以起怀才抱德之士，务在经明行修，博通古今，文质得中，名实相称。自汉唐迄今，取士之制不一，而所愿望，莫不若是。即士之束躬待用者，亦孰不当勉为上选，而岂徒以弋获为心哉！

　　永定置县，在明成化间。其时，已专尚四书帖括之文，阅二百余年，无所变易。然文体之淳漓奇正，则数年辄一变。凡通都大邑之士，闻见易染，多揣摩风气者，其变为尤速。而其变也，未能胜于昔时，则每况而愈下，未知其所终极也。惟兹邑简僻，人情敦愿。学者专志师古，其文多朴茂之风，不以浮靡弋猎为事，而登贤书、擢甲第者，接踵而兴，冠于数郡。以此见作人之化方隆。求名者，惟思穷经习艺，以待甄拔，毋为徇时尚，冀幸进，则庶可副吁俊之意，不愧为明体达用之儒矣。

明 朝

辟 荐

林秀山 洪武初，以孝廉荐。官金华府同知。
胡 时 字子俊。洪武初，以经明行修荐。官上杭训导。

邱[1]德馨　以字行，名子瞻。洪武初，以经明行修荐。官武平训导。

阙思温　永乐甲午年，以孝廉荐。官芜湖知县。

江源远　字南基。明初荐辟，任南京户部主事。

以上五人，未分邑前由上杭荐辟。分邑后，拨入永籍。

赖懿德　字以德。以经明行修荐，官宜都知县。

卢德芳　以人材荐，官湖口县知县。

廖子忠　以人材荐，官徽州府知事。

王友智　以人材荐，官阳春县巡检。

詹甘棠　以才略荐，历官鸿胪寺寺丞。

卢金锭　字东潭。由都察院耿楚侗荐授医学训科，委理县事。

进　士

赖　先　字伯启，弘治三年庚戌科钱福榜。

中第四十八名，殿试二甲。历官常德府知府。

张　僖　字凤山，嘉靖十七年戊戌科茅瓒榜，中第九十三名，殿试二甲。官中书科舍人。

沈孟化　字观瀛，隆庆五年辛未科张元忭榜，中第二百四十名。旋丁父忧。万历二年甲戌，补殿试孙继皋榜三甲。历官广西布政司左参政。

吴煌甲　字愉之，崇祯十六年癸未科杨廷鉴榜，中第六十七名，殿试三甲。官揭阳县知县，行取兵科给事中。

熊兴麟　字石儿，崇祯十六年癸未科杨廷鉴榜，中第二百四十四名，殿试三甲。历官湖广道监察御史。

---

① 邱，康熙志为“丘”。雍正帝诏避孔丘讳后，“丘”便一律改为“邱”。下同。

举　人

阙　和　字以忠，永乐二十一年癸卯科，以《诗经》中式三十七名。

邱　岩　字公望，正统六年辛酉科，以《易经》中式十二名，官归善县训导。

张　宏①　字克载，景泰元年庚午科，由府学，中式十七名。历官宁国府同知，署府道篆。

以上三人，未分邑前，由上杭学中式。分邑后，拨入永籍。

赖　先　弘治二年己酉科，由县学廪生，以《书经》中式十三名。

李　益　弘治十一年戊午科，由县学，以《易经》中式三十四名。官太仓州训导。

赖守正　字小峰，弘治十一年戊午科，由县学廪生，以《书经》中式五十一名。

孔庭训　字东溪，弘治十四年辛酉科，由县学，以《诗经》中式五十八名。历官刑部员外郎。

梁　仁　弘治十七年甲子科，由县学，以《易经》中式五十七名。

赖守方　字石潭，正德八年癸酉科，由县学廪生，以《书经》中式二十九名。

张　僖　嘉靖十三年甲午科，由恩贡，以《书经》中应天榜四十五名。

赖希道　字龙泉，嘉靖二十二年癸卯科，由县学，以《书经》中式六十八名。官建昌县知县。

黄益纯　字健峰，嘉靖三十七年戊午科，由府学，以《诗

---

①　宏，康熙志为"弘"。下同。

经》中式十五名。官睢宁知县。

沈孟化　嘉靖四十年辛酉科，由府学，以《诗经》中式四十二名。

卢　贯　字鲁斋，万历七年己卯科，由县学，以《礼记》中式四十四名。

赖朝选　字显我，万历三十一年癸卯科，由县学，以《书经》中式八十四名。官长沙县知县。

赖维岳　字峦宗，万历三十四年丙午科，由府学，以《春秋》中式六十七名。官兴宁知县，加衔兵部职方司主事。

赖明选　字缙所，万历三十七年己酉科，由县学，以《易经》中式七十二名。历官常州府通判，署府事。

吴日修　字海门，万历四十六年戊午科，由府学，以《诗经》中式二十九名。历官睢州知州。

林钟桂　字丛岩，万历四十六年戊午科，由府学，以《诗经》中式八十七名。官如皋知县。

张尧中　字如初，天启元年辛酉科，由县学，以《春秋》中式第四名。官汜水县教谕。

卢乾亨　字柱公，天启七年丁卯科，由县学，以《诗经》中式六十六名。官庄浪知县。

阙和衷　字泰交，崇祯六年癸酉科，由府学，以《诗经》中式五十六名。

卢日就　字斗孺，崇祯六年癸酉科，由训导①，以《诗经》中式六十三名。历官刑部主事。

吴煌甲　崇祯十二年己卯科，由县学，以《书经》中式四十三名。

赖即亨　字会侯，崇祯十五年壬午科，由县学，以《书经》

①　训导，康熙志为"教谕"。

中式九十名。官青田知县。

熊兴麟　崇祯十五年壬午科，由县学，以《诗经》中式九十五名。

吴宾王　字燕衍，明季丙戌科，由县学，以《诗经》中式三十二名。署普宁教谕。

陈上升　字乔文，明季丙戌科，由县学，以《诗经》中式四十六名。

是时，唐王驻闽延平。六月开科，照两都国子监例，各直省俱得应试，故江浙、江西俱有中式，共二百一十九名。

副　榜

赖朝选　万历甲辰科会试副榜。

张尧中　天启壬戌科会试副榜。

吴大栋　字吉轩，由邑廪生，中嘉靖间两次副榜[①]。

林继宗　字梦奎，由县学，中万历辛卯科副榜。

郑日益　字冲字，万历庚子副榜，仍应崇祯已巳贡。

卢日就　由县学，中万历丙午科副榜，仍应崇祯辛未贡。

自天启元年，乡试副榜，廪、监方准贡。崇祯十二年，副榜始皆准贡。以前已中副榜，仍就科岁试应贡也。福建额准二十名。

吴人经　字台御，由郡廪生，中万历丙午副榜。

赖登元　字润欧，中万历丙午副榜。

吴　诚　字箭泉，由郡廪生，中万历壬子副榜。

卢俊心　由廪生，中天启丁卯副榜。

熊　祝　字信符，崇祯癸酉副榜。

赖进章　字二河，由廪生，中崇祯癸酉副榜。

---

①　两次副榜，原文为"两副榜次"。

卢奇选　中崇祯癸酉副榜，仍应丁丑贡。

林光翰　由岁贡，中崇祯己卯副榜。

选 贡 生

赖　洽　字杲泉，嘉靖十四年乙未，由府学贡。历官蜀王府长史。

孔庭诏　字东源，嘉靖十四年乙未贡。历官宾州知州。

吴　诰　字溧泉，嘉靖十五年丙申，由府学贡。官程乡知县。

沈玉璋　字九山，嘉靖十五年丙申贡。

卢士吉　字还初，万历间贡。

熊铨元　字祥人，崇祯八年乙亥，由府学贡。

林文聚　字复庵，崇祯八年乙亥贡。官宁都知县，加衔兵部主事。文聚原以"廖凤聚"名入贡，后呈文选司，改今姓名。

阙桂开　字□□，明季丙戌贡。

恩 贡 生

熊　浩　嘉靖八年贡生。

张　僖　嘉靖十三年贡。

赖　泗　字虚谷，嘉靖十九年贡。官盐山训导。

赖　霖　字仁宇，隆庆元年贡。官安仁知县。

赖一鲤　字云吾，万历间贡。官归善县丞，升阳山知县。

卢嘉会　字两溪，万历间贡。官王府长史。

赖昌祚　字蒙著，泰昌元年贡。官旌德知县。

郑维明　字庆一，天启元年贡。官邳州州判。

詹天颜　字邻五，崇祯元年贡。历官四川巡抚佥都御史。

张鼎焯　字聚九，明季乙酉贡。

江奋龙　字际云，明季乙酉贡。官武平训导。

熊　塓　明季丙戌贡。

岁 贡 生

吴　蒙　洪武间贡，官富阳知县。

陈　新　洪武间贡，官广东布政使照磨。

郑仕达　洪武间贡，官分宜主簿。

王　和　永乐间贡，官光禄寺监事。

赖祖隆　永乐间贡，官国子监学录。

邱　陵　宣德间贡，官浙江布政司经历。

吴　宽　字复仁，宣德间贡。官巴东教谕。

谢　肃　字敬夫，正统间贡。官阳山教谕。

赖　政　字惟正，正统间贡。

李　勉　字克修，正统间贡。官靖江王府典仪。

刘　龙　字纳言，正统间贡。官新会县丞。

沈　穆　字彦和，景泰间贡。

张　铎　字文振，景泰间贡，吉安府训导，署饶平知县。

赖　瑁　字文玉，天顺间贡。官安顺州州判。

赖　迪　字允吉，天顺间贡。官建宁县主簿。

卢　章　字文显，天顺间贡。官武陵县主簿。

江　沂　字文渊，天顺间贡。官合肥县主簿。

廖廷才　字公器，成化间贡。

范　升　字朝阳，成化间贡。官荣府奉祠。

以上十九人，未开邑前，由上杭县学贡。开邑后，拨入永籍。

简　重　成化十八年贡，官乐昌县训导。

李　瑜　成化二十年贡，官余干县主簿。

吴　明　成化二十二年贡，官严州府经历。

赖　高　字伯高，弘治元年贡。

赖　绍　字南轩，弘治三年贡。历官山阴教谕。

赖　金　弘治五年贡，官淮安府经历。

廖益夫　弘治七年，由府学贡。

陈　广　弘治七年贡，官松江府经历。

郑　绅　字直庵，弘治九年贡。

赖廷用　字子器，弘治十年贡。历官会同知县。

罗　珍　弘治十一年贡，历官澄迈知县。

卢　聪　子景聪，弘治十二年贡。官揭阳知县。

沈　源　弘治十三年贡，官蠡县训导。

郑　絪　字介庵，弘治十五年贡。

林　靖　弘治十七年贡，官新兴县丞。

刘　福　正德元年贡，官潮州府照磨。

郑廷芳　正德三年贡，官琼州卫知事。

吴世瑛　正德五年贡，官嵩明州同知。

赖　玉　子高山，正德七年贡。历官容县知县。

郑　质　字憨斋，正德九年贡。官寻甸府通判。

郑　策　字竹斋，正德十一年贡。官广西太平府通判。

卢　金　字拙翁，正德十三年贡。官蒙化府经历。

赖　宪　字沂峰，正德十五年贡。官贵县知县。

谢　贵　正德十六年贡，历官新都知县。

赖　锦　字南沂，嘉靖元年贡。官万州知州。

郑　厚　字密斋，嘉靖二年贡。官澄江府通判。

赖守端　字介斋，嘉靖三年贡。

赖守严　字南湖，嘉靖五年贡。官淳安县主簿。

熊　春　嘉靖七年贡，官赣县教谕。

郑　道　字月湖，嘉靖十一年贡。历官浔州府教谕。

是年，令停岁贡，行选贡，至十七年复旧。

罗恒信　嘉靖十八年贡，历官鲁府教授。

张大显　嘉靖十九年，由府学贡。官徐闻县丞。

赖　津　字津湖，嘉靖十九年贡。历官青州府教授。

郑世绣　字南溪，嘉靖二十年贡。历官泰兴知县。

郑　周　字西泉，嘉靖二十一年贡。官溧水县主簿。

卢　新　字少溪，嘉靖二十二年贡。官嘉兴府训导。

刘　燊①　嘉靖二十四年，由府学贡。官惠州府通判。

赖　璞　字南嵩，嘉靖二十五年贡，历官宾州学正。

简　策　嘉靖二十七年贡，官锦州②同知，升王府审理。

熊　楗　嘉靖二十八年，由府学贡。

吴　岳　嘉靖二十九年贡，官香山训导。

赖守愚　字晏湖，嘉靖三十一年，由府学贡。官六安州判。

沈　肇　嘉靖三十一年贡，官赣州府训导。

赖希昌　字西峰，嘉靖三十二年，由府学贡。历官剑州州判。

赖　瀹　字复庵，嘉靖三十三年贡。官浔州府经历。

张　珂　嘉靖三十四年，由府学贡。历官苍梧③教谕。

曹宗佑　嘉靖三十五年贡，官鹿邑训导。

吴祖昌　字岐峰，嘉靖三十七年贡。官琼山县主簿。

孔庭谕　字东涯，嘉靖三十九年贡。

赖　瀚　字龙门，嘉靖四十一年贡。历官吉府教授。

赖希乔　字塔冈，嘉靖四十三年贡。历官遂溪教谕。

熊　慎　字子敬，嘉靖四十五年贡。官荆州府训导。

曹宗佐　隆庆二年贡，官吉安府训导。

赖希仍　字南川，隆庆三年，由府学贡。

---

①　刘燊，康熙志为"刘荣"。

②　锦州，康熙志为"绵州"。

③　苍梧，原文为"梧苍"。

赖一龙　字云峰，隆庆四年贡。官福清训导。

沈一麟　　隆庆六年贡，历官上思州学正。

张一渶　字育我，万历二年贡。历官观海卫经历。

李思庄　字官田，万历间贡。历官南宁府经历。

卢一松　字念潭，万历间贡。官吉府教授。

郑惟梓　字丹吾，万历间由府学贡。历官饶州府教授。

沈孟似　字昆阳，万历间由府学贡。

沈孟作　字心宇，万历间贡。历官阳江教谕，署县事，升南雄府教授。

卢士志　字宏斋，万历间由府学贡。历官大田教谕。

赖　桓　字肃轩，万历间贡。历官兰溪训导，署兰溪、义乌二县事。

赖有则　字元峰，万历十三年由府学贡。官建宁府训导。

张一澜　字景山，万历十六年由府学贡。官同安训导。

赖有缘　字梅溪，万历十六年贡。历官揭阳教谕。

陈应峰　字子仲，万历二十五年贡。

陈应岐　字名山，万历间贡。官泰宁教谕。

赖　堂　字质斋，万历间贡。

邱复恒　字一轩，万历间贡。

李思谨　字淑静，万历间由府学贡。

吴茂梧　字继泉，万历间贡。

卢允衡　字儆平，万历间贡。官兴化府训导。

卢世宁　字康衢，万历间贡。官封川教谕。

赖一麟　字端寰，万历间贡。官归善训导。

曾子毅　万历二十九年贡。

赖可大　字怀宇，万历三十一年贡。历官益府教授。

卢　宝　字信吾，万历三十四年贡。

张尧采　字揆宇，万历间贡。官安溪训导。

郑洪道　字毅斋，万历三十五年贡。历官雷州、建昌二府教授。

张希文　字瞻渠，万历三十九年贡。

赖作辅　字莐台，万历间贡。

徐　灿　万历十一年贡。

郑国卿　字弼元，万历间贡。历官德庆州学正，署开建县事，升福州府教授。

卢士举　字宾麓，万历间贡。官金华府训导。

沈元轼　字瞻宇，万历四十五年贡。官晋江训导。

张拱应　万历间贡。

卢自可　字履寰，天启元年贡。

卢士迥　字卓夷，天启三年贡。官嘉兴府经历，署桐乡县事。

林际春　字桃瀼，天启五年贡。官乐清训导，升泉州府教授。

赖裔周　字康姬，天启七年贡。历官南安教谕、潮州府教授。

郑日益　字坤宇，崇祯二年贡。

卢日就　崇祯四年贡。

熊国兴　字日楼，崇祯六年贡。官饶平训导。

赖　善　字兼宇，崇祯八年，由府学贡。

林光瀚　字韩玉，崇祯八年贡。历官福清教谕。

卢奇选　字众优，崇祯十年贡。

阙应桢　字明瑞，崇祯十二年贡。官揭阳训导。

邱与宪　字耻谷，崇祯十四年贡。官莆田训导。

赖锡爵　字贞一，崇祯十六年贡。

沈元范　明季乙酉由府学贡。

阙锡衮　明季乙酉贡。

卢士遴　字荣我，明季丙戌贡。

国　　朝

进　士

萧熙桢　字瞿亭，顺治十六年己亥科徐元文榜，中第八十五名，殿试二甲，官长沙县知县。

黄日焕　字愧莪，顺治十八年辛丑科马世俊榜，中一百九十二名，殿试三甲，官至淮安府同知。

郑　宜　字赓三，雍正二年甲辰科陈德华榜，中第一百零①一名，殿试三甲，官龙泉县知县。

卢　铨　字省非，雍正五年丁未科彭启丰榜，中第一百八十名，殿试三甲，官铁岭县知县。

王见川　字道存，雍正十一年癸丑科陈倓榜，中第一百六十六名。乾隆元年丙辰补殿试金德瑛榜二甲，选翰林院庶吉士，改授歙县知县。

沈光渭　字石偶，雍正十一年癸丑科陈倓榜，中第二百八十三名，殿试三甲，官灵石县知县。

廖鸿章　字南崖，乾隆二年丁巳恩科于敏中榜，中第二百五十七名，殿试二甲，选清书庶吉士，授翰林院检讨。

廖　瑛　字璞完，乾隆二年丁巳恩科于敏中榜，中第二百八十六名，殿试三甲，官至江西按察使。

阙　文　字蔚湖，乾隆二年丁巳恩科于敏中榜，中第三百一十三名，殿试三甲，官乐陵县知县。

廖连三　字岳云，乾隆十七年壬申恩科秦大士榜，中第一百

---

①　原文无"零"字。

九十名，殿试三甲，官分水县知县。

沈鸿儒　字谈圃，乾隆三十四年己丑科陈初哲榜，中第一百四十名，殿试三甲，官兴业、桂平知县，改延平、台湾教授。

廖怀清　字芬堂，乾隆四十九年甲辰科茹棻榜，中第三十八名，殿试三甲，官开建、感恩知县。

巫绳咸　字佑堂，嘉庆十三年戊辰科吴信中榜，中第一百二十二名，殿试三甲，官赣榆县知县。

廖文锦　字邵庵，嘉庆十六年辛未科蒋立镛榜，中一百一十七名，殿试二甲，选①翰林院编修。现官江南南阳卫挥知府，署南汝光道。

巫宜禊　字雨池，嘉庆二十二年丁丑科吴其濬榜，中第一百五十四名，殿试二甲，选翰林院庶吉士。现官礼部主事。

巫宜福　字鞠坡，嘉庆二十四年己卯科陈沆榜，中第一百六十一名，殿试二甲。现官翰林院编修。

举　人

阚　振　字羽公，顺治十一年甲午科，由县学，以《诗经》中式五十八名，官嘉善县知县。

吴祖馨　字升客，顺治十四年丁酉科，由副榜，以《诗经》中式五十名。

萧熙桢　顺治十四年丁酉科，由县学廪生，以《诗经》中式六十六名。

黄日焕　顺治十七年庚子科，由县学廪生，以《诗经》中式十三名。

孔煌猷　字二伊，康熙八年己酉科，由县学廪生，以《诗经》中式三十六名，官峡江县知县。

---

①　原文无"选"字。

卢　化　字鲲浪，康熙十一年壬子科，由府学廪生，以《诗经》中式二十四名，官繁昌、永寿县知县。

卢　清　字裕堂，康熙十九年庚申补科，由县学，以《诗经》中式二名，官雄县知县。

吴利见　字圣瞻，康熙二十年辛酉科，由县学廪生，以《诗经》中式三十五名，官贵州新贵县知县。

卢为骥　字归亭，康熙二十年辛酉科，由县学，以《易经》中式四十九名。

熊昭应　字晖音，康熙二十年辛酉科，由县学廪生，以《诗经》中式五十三名，官奉化、常山县知县。

吴廷芝　字卉长，康熙二十六年丁卯科，由府学廪生，以《诗经》中式四十名，官德清、郐县知县。

詹　捷　字蔚伊，康熙二十九年庚午科，由府学，以《诗经》中式九名。

廖冀亨　字瀛海，康熙二十九年庚午科，由县学，以《诗经》中式二十三名，官吴县知县，署苏州府同知。

林馥春　字豫兹，康熙三十二年癸酉科，由府学，以《诗经》中式二十三名。

赖际可　字征庵，康熙三十二年癸酉科，由府学，以《书经》中式五十二名。

黄策麟　字汉阁，康熙三十五年丙子科，由县学廪生，以《诗经》中式四十名，官合水县知县。

王芬露　字建斋，康熙三十八年己卯科，由县学，以《礼记》中式四十名，官峨眉县知县。

熊孙鹤　字授栖，康熙三十八年己卯科，由县学廪生，以《春秋》中式四十六名。

张成章　字简亭，康熙三十八年己卯科，由县学，以《诗经》中式五十名，官万安县知县。

熊孙兰　字霞扶，康熙三十八年己卯科，由县学，以《礼记》中式七十一名。

吴挺峰　字逾平，康熙四十四年乙酉科，由拔贡，以《礼记》中式顺天榜十六名。

江　淇　字蓼劬，康熙四十四年乙酉科，由府学廪生，以《诗经》中式六十九名，官安溪、侯官县教谕。

卢祖熺　字瞻岵，康熙四十七年戊子科，由县学廪生，以《礼记》中式二十名，官仙游县教谕。

张月攀　字千龄，康熙四十七年戊子科，由县学廪生，以《诗经》中式二十五名，官南平县教谕。

胡楼生　字更庵，康熙四十七年戊子科，由县学廪生，以《礼记》中式三十二名，官商水县知县。

吴莱峰　字沧嵋，康熙四十七年戊子科，由府学廪生，以《礼记》中式七十四名。授晋江县教谕，未抵任，卒。

郑　宜　康熙五十年辛卯科，由府学廪生，以《诗经》中式九名。

江联辉　字简符，康熙五十二年癸巳恩科，由县学增生，以《春秋》中式二十四名，官合江县知县，署直隶泸州事。

林　桢　字行焕，康熙五十三年甲午科，由县学，以《诗经》中式八十名。

沈光渭　康熙五十六年丁酉科，由县学廪生，以《春秋》中式三十二名。

萧廷玮　字荆玉，康熙五十六年丁酉科，由县学增生，以《书经》中式五十八名，官含山县知县。

熊光炜　字次藜，康熙五十六年丁酉科，由县学廪生，以《诗经》中式七十一名，官崇义县知县。

王钦文　字鼎周，康熙五十九年庚子科，由县学，以《书经》中式二十四名。

卢宏文　字武逊，康熙五十九年庚子科，由县学，以《诗经》中式五十四名。

王绍三　字植庭，康熙五十九年庚子科，由府学，以《诗经》中式八十三名，官灵宝县知县。

卢　铨　雍正四年丙午科，由拔贡，以《诗经》中式二名。

王子鉴　字容斋，雍正四年丙午科，由县学增生，以《诗经》中式七十名，官连江县教谕。

王见川　雍正十年壬子科，由县学廪生，以《易经》中式十九名。

郑　枢　字惕存，雍正十年壬子科，由县学，以《诗经》中式六十六名。授永安县教谕，未抵任，卒。

阙　文　雍正十年壬子科，由县学廪生，以《礼记》中式八十四名。

廖　瑛　雍正十三年乙卯科，由县学，以《诗经》中式六十三名。

游贡赞　字登岸，雍正十三年乙卯科，由县学，以《易经》中式七十七名。

廖鸿章　乾隆元年丙辰恩科，由县学廪生，以《易经》中式二十名。

赖霁堂　字霞辉，乾隆元年丙辰恩科，由县学，以《诗经》中式三十一名。以明通，官寿宁县教谕，选通渭县知县。

江龙池　字方渭，乾隆元年丙辰恩科，由县学，以《春秋》中式五十名。

卢　钧　字牧堂，乾隆元年丙辰恩科，由县学，以《诗经》中式六十六名。

廖翼汉　字凤翥，乾隆元年丙辰恩科，由县学，以《诗经》中式七十七名。以明通，授泰宁县教谕。未抵任，卒。

江风清　字希甫。乾隆元年丙辰恩科，由拔贡，以《礼记》

中式一百名，以明通官侯官县教谕。

张国梁 字辅裔，乾隆六年辛酉科，由县学，以《易经》中式二十三名。

廖 琦 字如石，乾隆六年辛酉科，由县学，以《春秋》中式四十八名。

熊 山 字仰圃，乾隆六年辛酉科，由县学，以《诗经》中式七十四名。以明通，官松溪县教谕，升邵武府学教授。

卢九云 字廷汉，乾隆九年甲子科，由府学廪生，以《诗经》中式六十九名。官鄜县、巴陵、城步、辰溪知县。

廖连三 乾隆十五年庚午科，由府学廪生，以《易经》中式十九名。

卢尔谷 字庶一，乾隆十五年庚午科，由拔贡，以《礼记》中式三十二名。

赖世芳 字畹九，乾隆十七年壬申恩科，由县学，以《诗经》中式十四名。授将乐县教谕，未抵任，卒。

卢观源 字千畴，乾隆十七年壬申恩科，由县学廪生，以《诗经》中式十八名。以明通，官平和县教谕，选白河县知县。

张金堡 字书牧，乾隆十七年壬申恩科，由县学廪生，以《书经》中式四十三名。

张鹏南 字梅方，乾隆二十一年丙子科，由县学增生，以《诗经》中式八十五名，官益阳县知县，署黄州分府。

郑 辉 字岱峰，乾隆二十五年庚辰恩科，由县学增生，以《易经》中式四十名，官闽清教谕。

沈揆熙 字宅崖，乾隆二十五年庚辰恩科，由县学，以《诗经》中式四十九名。

卢守道 字润昆，乾隆二十七年壬午科，由县学增生，以《易经》中式三十六名。

张 撰 字修亭，乾隆二十七年壬午科，由拔贡，以《诗经》中式五十四名，官宁阳知县。

　　江　焕　字虹斗，乾隆二十七年壬午科，由县学□生，以《春秋》中式五十五名，官光泽教谕。

　　沈鸿儒　字谈圃，乾隆三十年乙酉科，由县学廪生，以《春秋》中式四十九名。

　　黄裳吉　字含斋，乾隆三十年乙酉科，由县学，以《诗经》中式五十七名。

　　熊　辂　字梁溪，乾隆三十三年戊子科，由副榜，以《诗经》中式七十七名。

　　熊江润　字述轩，乾隆三十五年庚寅恩科，由副榜，中式十一名。

　　郑命新　字又堂，乾隆三十五年庚寅恩科，由县学廪生，以《易经》中式二十五名，官盐源县知县，署天全州知州。

　　阙恩诏　字丹崖，乾隆三十五年庚寅恩科，由副榜，以《易经》中式四十名。

　　王希彦　字含斋，乾隆三十五年庚寅恩科，由县学廪贡，中式五十一名，官晋江训导，加教谕衔。

　　胡大年　字椿园，乾隆三十五年庚寅恩科，由县学附生，以《诗经》中式八十五名，官乐亭知县。

　　赖世琛　字瑞安，乾隆三十六年辛卯科，由县学廪生，以《诗经》中式十七名。

　　郑命三　字锡堂，乾隆三十六年辛卯科，由府学廪生，以《诗经》中式三十二名，官松滋、潜江知县，署荆州府同知。

　　郑天禄　字燃藜，乾隆三十六年辛卯科，由县学，以《诗经》中式六十五名。

　　郑　易　字养亭，乾隆三十九年甲午科，由县学，以《易经》中式十八名。

　　卢巨琳　字昆亭，乾隆三十九年甲午科，由县学增生，以

《易经》中式三十三名。

温　泰　字益堂，乾隆三十九年甲午科，由府学廪生，以《诗经》中式四十四名，官高阳、青浦知县，署宣化府同知。

赖文豹　字南山，乾隆三十九年甲午科，由县学廪生，以《诗经》中式五十二名，官漳浦、建宁教谕。

王锡貂　字槐衍，乾隆三十九年甲午科，由县学，以《诗经》中式六十九名，官平南知县，改南平教谕。

卢联标　字霞川，乾隆四十三年丁酉科，由府学廪生，以《诗经》中式十三名。

卢履谦　字牧亭，乾隆四十三年丁酉科，由县学，以《易经》中式二十一名，官仙游教谕。

郑命成　字实堂，乾隆四十三年丁酉科，由县学，以《春秋》中式二十五名，官确山、武陟知县，署信阳州知州。

李　杜　字诗山，乾隆四十三年丁酉科，由县学附生，以《书经》中式三十四名。

赖鉴辉　字藻湖，乾隆四十三年丁酉科，由县学，以《易经》中式四十七名，官馆陶知县。

张九华　字羽园，乾隆四十三年丁酉科，由县学廪生，以《易经》中式五十一名。

廖怀清　乾隆四十三年丁酉科，由郡廪生，以《诗经》中式七十名。

吴登瀛　字书渔，乾隆四十四年己亥恩科，由县学，以《春秋》中式十五名。

巫少白　字虚轩，乾隆四十四年己亥恩科，由县学，以《易经》中式六十五名，官襄城、汲县、永城知县。

陈畴思　字作轩，乾隆四十四年己亥恩科，由县学廪生，以《书经》中式七十七名。

巫维咸　字又轩，乾隆四十五年庚子科，由邑廪生，以《书经》中式三十五名，官新郑知县，改选建宁、晋江、仙游教谕。

王廷钧 字牧堂，乾隆四十五年庚子科，由县学，以《礼记》中式四十三名。

卢德龙 字见亭，乾隆四十五年庚子科，由府学廪生，以《易经》中式六十五名。

卢绍徽 字荫毫，乾隆四十八年癸卯科，由县学廪生，以《诗经》中式三十五名。

王起凤 字桐冈，乾隆四十八年癸卯科，由县学廪生，以《诗经》中式六十三名。

吴绍祁 字又京，乾隆五十三年戊申科，由县学廪生，以《诗经》中式七十□名，官顺昌教谕。

廖守谦 字晓岑，乾隆五十四年己酉恩科，由监生，以《易经》中式顺天榜三十七名，官政和教谕。

黄如带 字晴河，乾隆五十四年己酉恩科，由县学廪生，以《易经》中式八十四名。

卢 绂 字苏皋，乾隆五十七年壬子科，由副贡，中式顺天榜一百七十六名，官永福教谕。

陈之驹 字渥川，乾隆五十七年壬子科，由①邑增生，以《春秋》中式七十三名，官屏南教谕、望江知县。

王祈三 字槐圃，乾隆五十七年壬子科，由广西籍，中式第十名，官宁海知县。

自甲寅科后，乡会以五经试士。

廖审幾 字鉴堂，乾隆六十年乙卯恩科，由县学廪生，中式十一名。

巫宜福 乾隆六十年乙卯恩科，由县学廪生，中式五十六名。

---

① 原文缺"由"字。

赖丹魁　字又沂，乾隆六十年乙卯恩科，由府学廪生，中式七十二名。

戴　文　字厘轩，乾隆六十年乙卯恩科，由县学，中式八十名。

卢　燮　字晴川，乾隆六十年乙卯恩科，由县学，钦赐举人。嘉庆丙辰会试，钦赐翰林院检讨。

巫绳咸　嘉庆三年戊午科，由县学廪生，中式十五名。

郑赐兰　字穆如，嘉庆三年戊午科，由县学增生，中式二十八名。现官兴安知县，署左川知州。

郑龙观　字体乾，嘉庆三年戊午科，由县学，钦赐举人。辛酉会试，钦赐翰林院检讨。

江桂兰　字芬园，嘉庆五年庚申恩科，由优贡，中式第四名。

黄　云　字蔼亭，嘉庆六年辛酉科，由县学增生，钦赐举人。壬戌会试，钦赐翰林院检讨。

卢宏寅　字贰陪，嘉庆九年甲子科，由岁贡，钦赐举人。乙丑会试，钦赐国子监学正。

胡　城　字廷瑞，嘉庆十二年丁卯科，由钦赐副榜，钦赐举人。

卢蔚文　字云冈，嘉庆十三年戊辰恩科，由县学廪生，中式三十七名。

廖文锦　嘉庆十三年戊辰恩科，由增生，中式江南榜二十四名。

胡苏理　字灿锦，嘉庆十三年戊辰恩科，由钦赐副榜，钦赐举人。

马攸德　原名攸苾，字石玻，嘉庆十五年庚午科，由县学廪生，中式五十九名，现官浦城教谕。

沈载熙　字南畯，嘉庆十五年庚午科，由钦赐副榜，钦赐举人。

张奏成　字董南，嘉庆十八年癸酉科，由县学增生，中式三十八名，现官延平府学训导。

卢诜荣　字桂堂，嘉庆十八年癸酉科，由府学廪生，中式八十六名。

江盈科　字笠人，嘉庆十八年癸酉科，由监生寄籍大兴，中顺天榜二十名，现分发教谕。

田公时　字□□，嘉庆十八年癸酉科，由钦赐副榜，钦赐举人。

巫宜禊　嘉庆二十一年丙子科，由县学，中式八十四名。

巫廷弼　原名初试，字纳甫，嘉庆二十一年丙子科，由县学，中式八十六名，考取教习，选莆田教谕。

简潜德　字克夫，嘉庆二十四年乙卯科，由县学，中式四十五名。

沈汝亨　字钟溪，道光二年壬午科，由县学，中式六十九名。

赖廷燮　原名照，字逊斋，道光五年乙酉科，由县学廪生，中式九名。

郑师侨　字次东，道光五年乙酉科，由县学，中式六十七名。

武进士

卢宏佐　字昂卿，雍正二年甲辰科，中式五十六名，选蓝翎侍卫。

马　琳　字兰贵，乾隆十三年戊辰科，中式三十二名，官至香山、春江、澄海协镇，署南澳[①]总兵。

---

① 南澳，原文为"南奥"。

廖瑞开　字茂亭，道光二年壬午恩科，中式四十七名，丙戌补殿试营用，分发浙江水师守备，现署严州府都□。

武举人

卢化熊　字安山，康熙八年己酉科，由县学，中式五十五名。

罗肇声　字开生，康熙十一年壬子科，由县学，中式二十八名。

沈青麒　字问渠，康熙二十一年壬戌补科，由县学，中式五十名。由巡抚吴召用题叙，奉旨给札，功如左都督。

卢龙纪　字弼皇，康熙二十三年甲子科，由县学，中式三十六名。

卢三品　字乃联，康熙二十六年丁卯①科，由县学，中式三十一名。

李国范　字泰先，康熙二十九年庚午科，由县学，中式二十四名。

卢伟猷　字蔼亭，康熙三十二年癸酉科，由县学，中式三名。

卢彦亮　字如九，康熙三十二年癸酉科，由县学，中式二十九名。

张天一　字非俦，康熙三十八年己卯科，由县学，中式三十三名。

陈大鲲　字卓儒，康熙四十一年壬子科，由府学，中式二十名。

卢郁骖　字杏里，康熙四十四年乙酉科，由府学，中式二十九名。

---

① 丁卯，原文为"乙卯"。

郑廷凤 字骧首，康熙四十七年戊子科，由县学，中式六名。

赖 安 字联璧，康熙四十七年戊子科，由县学，中式十四名，官江西建昌守御所千总。

张圣遴 字殿元，康熙四十七年戊子科，由县学，中式二十三名。

张廷瑞 字殿英，康熙四十七年戊子科，由县学，中式二十八名。

郑 燮 字奋伯，康熙四十七年戊子科，由县学，中式三十九名。

江犹龙 字紫峰，康熙五十二年癸巳恩科，由县学，中式十二名，官温州卫运粮千总，升都司金书。

卢宏佐 康熙五十二年癸巳恩科，由府学，中式十四名。

陈乃璋 字如亭，康熙五十三年甲午科，由府学，中式十名，官江南凤阳、常州帮卫千总。

卢国佐 字逊及，康熙五十六年丁酉科，由县学，中式三十二名。

赖崇俭 字纯冠，康熙五十九年庚子科，由县学，中式十六名。

王世纶 字绍曾，康熙五十九年庚子科，由县学，中式十八名。

江映奎 字泗龄，康熙五十九年庚子科，由府学，中式四十名。

卢欣椿 字仰干，雍正元年癸卯恩科，由县学，中式四十六名，官浙江温州卫帮运千总，署处州府守备。二十六年特升都司，未抵任，卒。

赖光青 字联霄，雍正二年甲辰科，由县学，中式五名。

江震川 字友基，雍正二年甲辰科，由县学，中式二十四名。

卢熙毅　字履寅，雍正四年丙午科，由县学，中式解元。

戴皇铨　字朝襄，雍正四年丙午科，由县学，中式八名。

郑天枢　字象辰，雍正四年丙午科，由县学，中式十六名。

卢熙屏　字彦宾，雍正四年丙午科，由县学，中式二十名。

王色灿　字柯斋，雍正四年丙午科，由县学，中式二十七名。

沈致和　字万育，雍正四年丙午科，由府学，中式三十九名，官福建海坛县右营守备，署游击事。

林士皋　字步渠，雍正四年丙午科，由县学，中式四十五名。

郑　雄　字飞亭，雍正七年己酉科，由县学，中式十一名。

林魁拔　字廷辅，雍正十三年乙卯科，由县学，中式三十名，官广东潮州镇饶平营千总。

苏文华　字宁来，乾隆元年丙辰恩科，由县学，中式三名。

简如朱　字嗣闽，乾隆元年丙辰恩科，由县学，中式二十名。

王奇七　字位三，乾隆三年戊午科，由府学，中式四名。

郑道绍　字灼华，乾隆六年辛酉科，由县学，中式二十二名。

郑　岐　字凤山，乾隆六年辛酉科，由县学，中式三十二名，官广东增城县千总。

廖建勋　字联召，乾隆六年辛酉科，由县学，中式三十七名，官广州府虎头门水师千总，升海门守[1]备，署崖州参将。

胡鸿远　字邦殿，乾隆九年甲子科，由县学，中式二十六名。

────────

[1]　守，原文为"寺"。

胡抡华　字勋才，乾隆九年甲子科，由府学，中式二十七名。

马　琳　乾隆九年甲子科，由县学，中式四十二名。

郑　超　字荣膺，乾隆十二年丁卯科，由县学，中式七名，官花县千总。

李德士　字京斋，乾隆十五年庚午科，由县学，中式四名。

郑命嶷　字学敏，乾隆二十一年丙子科，由县学，中式三十四名，官镇江卫掌印守备。

廖光宇　字质斋，乾隆二十五年庚辰恩科，由县学，中式三十七名，官台湾安平协镇、澄海协镇，署南澳总兵。乾隆五十二年，征台湾，以劳瘁卒于军，奉旨着州县护柩回籍。

郑奏猷　字祥麟，乾隆二十五年庚辰恩科，由□学，中式三十九名。

林　球　字文楷，乾隆二十七年壬午科，由□学，中式二名，官至海坛镇游击。

胡国雄　字文超，乾隆二十七年壬午科，由□学，中式五十六名。

林良瑞　字文显，乾隆二十七年壬午科，由□学，中式□□名。

郑　圻　字冈增，乾隆三十三年乙酉科，由县学，中式二十一名，官宁福营都司，升浙江龙泉游击，署金华副将。

胡大昌　字骇奕，乾隆三十三年乙酉科，由县学，中式四十五名。

王之霖　字任斯，乾隆三十五年庚寅恩科，由县学，中式十七名。

赖国彪　字熊庆，乾隆四十四年己亥恩科，由县学，中式四十名，官台湾安平营千总。

林　寅　字东亮，乾隆四十五年庚子科，由县学，中式二十九名。

　　郑熊光　字鸿伟，乾隆五十一年丙午科，由县学，中式四十名，官督①标水师千总。

　　郑上荣　字有闻，乾隆五十三年戊辰科，由县学，中式三十四名，官督标水师千总，福建省驻京提塘。

　　罗　卓　字超亭，乾隆五十四年己酉恩科，由府学，中式五名，官澎湖守备，升游击，署北路副将。

　　赖上霄　字凌云，乾隆五十四年己酉恩科，由县学，中式二十七名，官宁德营千总。

　　马超群　字鸿楷，乾隆五十四年己酉恩科，由府学，中式三十名，官福宁千总，署守备。

　　谌元春　字育庵，乾隆五十四年己酉恩科，由县学，中式三十九名。

　　游祖望　字清湖，乾隆五十七年壬子科，由县学，中式二十六名。

　　王凤诏　字衔飞，乾隆五十九年甲寅科，由府学，中式十六名。

　　王金堂　字玉溪，乾隆五十九年甲寅科，由县学，中式三十九名，官松江府游击。

　　胡赐卿　字云亭，嘉庆三年戊午科，由县学，中式三十六名。

　　戴世英　字超然，嘉庆六年辛酉科，由县学，中式第七名。
　　范世勋　字衣点，嘉庆六年辛酉科，由县学，中式二十八名。

　　戴凤翔　字沏千，嘉庆九年甲子科，由县学，中式四十六名。

---

　　①　督，原文为"贤"。

卢家声　字子圃，嘉庆十五年庚午科，由县学，中式二十名。

戴冠群　字志超，嘉庆十五年庚午科，由府学，中式十一名。

郑步衡　字齐七，嘉庆十八年癸酉科，由县学，中式解元，官诏安千总。

谢金榜　字廷瑶，嘉庆二十一年丙子科，由□学，中式五名，现官千总。

廖瑞开　嘉庆二十一年丙子科，由府学，中式八名，授兵部差官。

陈腾骥　字梯云，嘉庆二十一年丙子科，由县学，中式十五名。

游道凝　字修田，嘉庆二十三年戊寅恩科，由县学，中式二十五名。

王之屏　字取斯，嘉庆二十四年己卯科，由县学，中式五名。

胡　峨　字三峰，嘉庆二十四年己卯科，由县学，中式三十二名，官厦门水师中营千总。

戴长春　字锦兆，道光二年壬申科，由□学，中式五十名。

胡　溶　字晴波，道光五年乙酉科，由县学，中式三十七名，捐授卫千总。

赖之成　字粹堂，道光五年乙酉科，由县学，中式四十四名。

副　榜

吴祖馨　由县学廪生，中顺治辛卯、甲午两科副榜。

沈　会　字宋如，由县学，中康熙辛酉副榜。

自崇祯十二年，副榜准贡。国初相承，或准贡，或不准贡，且无定额。康熙十一年，副榜俱准贡，永为例。福建额取十七名。

　　邱六成　由县学贡生，中康熙间三次副榜。

　　熊卓魁　字瞻三，由县学，中康熙己卯副榜。

　　沈光澧　字董如，由县学廪生，中康熙戊子副榜。考教习，以知县用。

　　吴寅先　字掘生，由县学，中康熙甲午副榜。考教习，以知县用。

　　萧起凤　字集梧，由县学，中雍正癸卯恩科副榜，官安仁县知县。

　　卢彦躬　字厚塾，由府学廪生，中雍正丙午副榜一名。

　　王梅调　字幹元，由县学增生，中雍正丙午副榜。

　　廖鸿学　字希槎，由监生，中乾隆甲子副榜。

　　卢庆云　字廷湛，由县学增生，中乾隆庚午副榜一名。

　　熊江济　字楫川，由县学，中乾隆庚午副榜，官尤溪教谕。

　　熊江润　字述轩，由县学增生，中乾隆壬申恩科副榜一名。

　　张　拔　字省存，由府学增生，中乾隆癸酉副榜。

　　吴修先　由恩贡，中乾隆丙子副榜三名。

　　熊　辀　字梁溪，由县学廪生，中乾隆己卯副榜。

　　阙恩诏　字丹崖，由县学廪生，中乾隆戊子副榜。

　　张荣碗　字伦夫，由县学，中乾隆甲午副榜。

　　胡为高　字登轩，由县学，中乾隆甲午副榜。

　　吴之逵　字凌霄，由县学，中乾隆丁酉副榜。

　　郑梦进　字集思，由县学，中乾隆己亥副榜二名。

　　郑中理　字简齐，由县学廪生，中乾隆己亥副榜。

　　江以成　字璞堂，由县学，中乾隆丙午副榜，拣发湖北州判。

　　卢应鹏　字逵村，由县学廪生，中乾隆戊申副榜，国子监肄业。

卢　绂　由拔贡，中乾隆己酉副榜。

苏南金　字陶轩，由县学廪生，中嘉庆戊午副榜。考教习，以知县用。

张采屏　字铭堂，由县学，嘉庆庚申恩科钦赐副榜。

胡　城　字廷瑞，由县学，嘉庆甲子科钦赐副榜。

□□□①　增生，嘉庆戊辰科钦赐副榜。

郑瑞躬　字燕和，由县学，嘉庆庚午科钦赐副榜。

胡凤羽　字春麟，由县学，嘉庆庚午科钦赐副榜。

卢玉珍　字崑南，由县学，嘉庆庚午科钦赐副榜。

胡公时　字□□，由县学附生，嘉庆庚午科钦赐副榜。

赖　鼎　字文兴，由县学，嘉庆癸酉科钦赐副榜。

王化醇　字维两，由县学，中道光乙酉副榜一名。

选贡生

顺治五年、八年、十一年，皆有选贡，今缺。②

陈上箴　字斌吉，康熙壬子县学拔贡。

熊锡应　字膺三，康熙乙丑县学拔贡，考授正红旗教习。

张月鹿　字宿龄，康熙元年府学拔贡。

吴挺峰　康熙戊寅县学拔贡。

江风清　雍正癸卯府学③拔贡。

简绍雍　字瞻圣，雍正癸卯府学拔贡，选临江府通判。

卢　铨　雍正癸卯县学拔贡。

卢仰圣　字雍上，雍正己酉县学拔贡。

①　此处原文空白，约缺两人。

②　本行原在"陈上箴"条后，现置于前。

③　府学，原文为"府县"。

此后，六年一行选贡，不论廪、增、附，俱得与选。

顾炳文　字启元，雍正乙卯府学拔贡。

赖世膺　字璘轩，附生，雍正乙卯府学拔贡，官安徽泾县县丞。

卢殿人　字蕃揆，雍正乙卯县学拔贡，官监利县县丞。

卢尔毅　乾隆辛酉府学拔贡。

自此，乃令天下十二年一行选贡。

江世春　字骥千，乾隆辛酉县学拔贡，官云南永平知县，调四川署广安州知州，补乐山县知县。

赖世平　字鉴堂，乾隆庚午优行贡，官江西乐平县知县。

张　撰　字质存，乾隆癸酉府学拔贡。

张上腾　字拔其，附生，乾隆癸酉县学拔贡。

卢道衢　字碧泉，乾隆乙酉邑附生拔贡。

廖光阳　字梧琴，乾隆丁酉县学附生拔贡，官贵州布政司经历，署仁怀知县。

卢开鼎　字勉亭，乾隆丁酉邑附生拔贡。

卢　绂　乾隆己酉县学拔贡。

李起丰　乾隆己酉府学拔贡，尤溪教谕。

江桂兰　字芬园，乾隆乙卯县学优行贡。

郑赐图　字伊溪，嘉庆辛酉县学拔贡，官嶂县、荣河知县，署吉州知州。

陈梦莲　字锦湖，嘉庆甲子府学优行贡，现官长武知县。

吴绳祖　字绍香，嘉庆癸酉县学附生拔贡。

巫宜夏　字假甫，道光乙酉府学拔贡。

陈象仪　字白山，道光乙酉县学拔贡。

恩贡生

王铨爵　字揆叙，顺治五年贡。

郑士凤　字于阁，顺治九年贡。考授知县，未任。

徐泰来　字惠生，顺治十一年贡。

卢而爍　字弥区，康熙元年府学贡。

王日中　字际尧，康熙元年贡。

熊捷先　字会真，康熙丁丑年贡。

郑　珏　字子右，康熙五十一年贡。

黄章藻　字绘六，雍正元年府学贡。

吴渊秀　字玉泉，雍正元年贡。

陈长春　字□□，乾隆元年贡。

张龙文　字腾其，乾隆十五年贡。

江念猷　字昌元，乾隆十六年府学贡。

吴修先　字壹堂，乾隆十六年贡。

卢子琪　字遵轩，乾隆二十六年贡。

卢隆训　字念庭，乾隆二十三年府学贡。

廖　元　字庸登，乾隆三十六年贡。

张　卓　字崖峰，乾隆三十六年府学贡。

江流光　字裕干，乾隆四十五年贡。

阙之璠　字怀玉，乾隆五十年贡。

江莫川　字赞弼，乾隆五十年府学贡。

胡大纶　字文山，嘉庆元年贡。

戴道行　字达三，嘉庆四年贡。

廖观化　字敦亭，嘉庆十四年贡。

王起鹏　字次云，嘉庆十四年府学贡。

王深培　字总园，嘉庆二十四年贡。

苏俊三　字任兆，嘉庆二十四年府学贡。

王缵基　字自堂，道光元年贡。

卢苞文　字梧冈，道光元年府学贡。

卢联辉　字聚堂，道光元年贡。

岁贡生

赖朝相　字参宇，顺治五年贡。

卢日新　字又铭，顺治六年贡，官泰宁训导。

吴来凤　字仪明，顺治八年贡。

孔如梁　字□□，顺治十年贡。

熊钟元　字毓奎，顺治十二年贡。

赖昌明　字晋出，顺治十三年府学贡，官泉州府训导。

郑士鸿　字民歌，顺治十四年贡，官永春县训导。

熊日辅　字建伟，顺治十五年府学贡。

廖化龙　字洊飞，顺治十六年贡。

邱民贵　字淑①伯，顺治十八年贡。

卢受和　字吉石，补贡。补五年例，未详。

赖进箴　字彤云②，康熙二年府学贡。

以后奉例停贡生，八年复旧。

阮光周　字赤臣，康熙八年府学贡。

郑绍之　字映碧，康熙八年贡。

陈钧奏　字仲璈，康熙十③年贡。

吴祖芳　字畹仙，康熙十二年府学贡。

熊有翼　字如鹏，康熙十二年贡。

郑应周　字右序，康熙戊午补十四年乙卯贡。时因耿藩之变，至戊午补贡。

沈文楫　字飞渡，康熙十六年贡，官古田训导，署教谕事。

---

① 淑，乾隆志作"牧"。

② 原文模糊，疑为"云"。

③ 原文无"十"字，据康熙志补。

郑孙绶① 字符枚，康熙十八年贡，官武平训导。

赖第元 字梯月，康熙二十年贡。

孔元发 字□□，康熙二十二年贡，官平和训导。

胡逢亭 字贞一，康熙二十四年贡，官平和训导。未抵任，卒。

邱六成 字兼三，康熙二十六年贡。

苏魁甲 字变光，康熙二十八年贡。

陈云行 字沛若，康熙三十年贡，官晋江训导。

吴云芝 字根霄，康熙三十二年府学贡。

阙月卿 字士惟，康熙三十二年贡。

卢 瑛 字骏臣，康熙三十四年府学贡。

邱经传 字拟琼，康熙三十四年贡。

陈 绍 字侍传，康熙三十六年贡。

赖九功 字虞歌，康熙三十八年贡，官莆田训导。

卢杰一 字在郊，康熙四十年贡。

朱 笏 字揎思，康熙四十二年贡。

欧阳暄 字逊庵，康熙四十三年府学贡。

熊友骝② 字宗虞，安溪四十四年贡。

简兆先 字德斋，康熙四十五年府学贡。

沈腾虬 字困亭，康熙四十六年贡。

熊龙其 字毓水，康熙四十八年府学贡。

熊贞应 字讯庵，康熙四十八年贡。

沈 敦 字敷五，康熙五十年贡，官光泽训导。

简兆璜 字吕庵，康熙五十二年贡，官闽清训导。

卢奏平 字斯任，康熙五十二年贡，官罗源训导。

---

① 孙绶，原文为"孙缓"，据康熙志校改。

② 友骝，乾隆志为"友骀"。

熊九梅　字□□，康熙五十四年贡。

陈绥猷　字□□，康熙五十六年府学贡。

沈士鹏　字□□，康熙五十六年贡。

萧廷璠　字绍嘉，康熙五十八年贡，官诏安县训导。

胡震生　字又寅，康熙五十九年府学贡。

熊孙莲　字大千，康熙六十年贡，官龙岩州训导。

李翘楚　字友梅，雍正元年贡。

林震𡐛　字唐笔，雍正二年府学贡。

陈聘观　字珍若，雍正三年府学贡。

卢闵中　字晦岩，雍正三年贡。

吴匡峰　字砥南，雍正四年府学贡。

卢　拔　字丽窗，雍正五年贡，官晋江训导。

胡檀生　字旐乡，雍正七年贡，官安溪、彰化训导，升闽县教谕。

张月峰　字寿山，雍正八年府学贡。

张丁显　字东冈，雍正九年贡，官龙岩州训导。

卢　复　字亨七，雍正十年府学贡。

林　亭　字雅韵，雍正十一年贡。

赖　昭　字瑞轩，雍正十三年贡，官海澄训导，署教谕事。

廖有光　字慕莲，乾隆二年府学贡。

孔　进　字礼门，乾隆二年贡。

卢超宗　字亮卿，由广东廪生拨回原籍，应乾隆四年贡，官松溪训导。

严路成　字□□，乾隆五年府学贡。

沈光淇　字萃如，乾隆六年府学贡。

赖振文　字扶风，乾隆六年贡。

萧作霖　字印溪，乾隆七年府学贡，官罗源训导。

张如鹏　字□□，乾隆八年府学贡。

吴奉璋　字畹亭，乾隆八年贡。

吴秉诚　字确八，乾隆九年府学贡。

阙　镛　字□□，乾隆十年贡。

吴起华　字志伊，乾隆十一年府学贡。

王鹏搏　字锡万，由诸罗县廪生拨回原籍，应乾隆十二年贡，官政和训导。

陈鹏南　字学举，乾隆十三年府学贡。

戴龙光　字次昌，乾隆十四年贡，官龙溪训导。

胡占梅　字旭搏，乾隆十六年府学贡。

卢　致　字迩其，乾隆十六年贡。

赖占龙　字梦云，乾隆十八年贡。

赖奋龙　字联其，乾隆二十年贡。

吴岳秀　字傃堂，乾隆二十一年府学贡。

卢欣松　字仰翘，乾隆二十二年府学贡。

邱三成　字配斋，乾隆二十二年□学贡。

沈遇升　字□□，乾隆二十三年府学贡。

陈美琪　字森庭，乾隆二十四年贡。

卢欣松　字仰乔，乾隆二十六年贡。①

陈成文　字□□，乾隆二十七年府学贡。

巫能敏　字鲁潭，乾隆二十八年贡。

沈掌笺　字藤溪，乾隆二十八年府学贡，官建宁府训导。

熊江风　字怡亭，乾隆二十九年府学贡。

陈鹏南　字适奚，乾隆二十九年府学贡，官闽清训导。

吴昌睹　字仰五，乾隆三十年贡。

张金锐　字实夫，乾隆三十一年府学贡。

陈玉灿　字孚堂，乾隆三十二年府学贡，官顺昌训导。

------

①　与前面四行中的"卢欣松"疑为同一人。

江　河　字应龄，乾隆三十三年府学贡。

王熙载　字文鹿，乾隆三十四年贡。

卢声抡　字懋迁，乾隆三十六年贡。

苏上达　字仰溪，乾隆三十八年贡，选永福训导。未抵任，卒。

杨辉英　字植三，乾隆四十年贡。

胡景荪　字达中，乾隆四十年府学贡。

胡守敬　字□□，乾隆四十二年贡。

卢昌仪　字晓亭，乾隆四十二年府学贡。选安溪训导，未任，卒。

郑辉煌　字宏度，乾隆四十三年府学贡。

巫应秋　字桂苑，乾隆四十四年贡。

阙　堂　字学升，乾隆四十五年府学贡。

温鸿文　字健庵，乾隆四十六年贡，官福清训导。

郑际清　字乾上，乾隆四十八年府学贡。

赖惇庸　字秋齐，乾隆四十八年贡。

胡　青　字选采，乾隆四十九年府学贡。

赖恩来　字文渊，乾隆五十年贡。

阙道传　字里选，乾隆五十年府学贡。

熊江浚　字幹兆，乾隆五十二年贡。

简　隽　字上溪，乾隆五十二年府学贡，选漳平训导。未任，卒。

陈复旦　字思诚，乾隆五十四年府学贡。

阙履中　字奕发，乾隆五十四年府学贡。

简承丰　字抱贞，乾隆五十四年贡。

赖梦登　字梯云，乾隆五十五年府学贡。

陈德良　字琢岩，乾隆五十六年贡。

赖之凤　字鲁三，乾隆五十八年贡。

江赞飏　字彰廷，乾隆五十九年府学贡。

王菁华　字苞山，乾隆六十年贡，官南平训导。

熊　业　字敏功，乾隆六十年府学贡。

赖梦元　字希梁，嘉庆二年贡。

卢宏寅　字掌卿，嘉庆三年府学贡。

卢良育　字善亭，嘉庆四年贡。

赖天华　字宝亭，嘉庆五年府学贡。

卢万椿　字灵圃，嘉庆六年贡。

赖冲霄　字就日，嘉庆六年府学贡。

张作和　字燮堂，嘉庆七年府学贡。

陈登瀛　字蓬山，嘉庆八年贡。

陈汝衡　字星传，嘉庆十年贡。

吴　贤　字雪门，嘉庆十二年贡。

张赓韶　字又善，嘉庆十四年贡。

简应魁　字廷佑，嘉庆十六年贡。

沈堂纶　字广丝，嘉庆十八年贡。

林长青　字元善，嘉庆二十年贡。

黄维谨　字觐颜，嘉庆二十年府学贡。

沈钟联　字这斋，嘉庆二十一年府学贡。

张　益　字裕堂，嘉庆二十二年贡。

熊鸣高　字运昌，嘉庆二十四年贡。

王从观　字宾苑，道光元年贡。

胡际治　字才龙，道光三年贡。

王道均　字鉴湖，道光五年贡。

郑位熊　字佐辰，道光七年府学贡。

王家骏　字穆堂，道光七年贡。

沈飞腾　字云衢，道光七年贡。

黄维璋　字特峰，道光十一年贡。

选举表 _附

廪　贡

明

　　郑恒富　字清塘，廪生纳贡。

国　朝

　　卢殿诏　字蕃宪，雍正九年廪生纳贡，官兴化府训导。

　　赖洪图　字范亭，雍正十年廪生纳贡，官漳平学训导。

　　郑　开　字次侯，雍正十年廪生纳贡，官晋江学训导。

　　郑　堂　字云昆，雍正十一年廪生纳贡，官□□□□。

　　王之机　字士上，乾隆十九年廪生纳贡，官莆田学训导，调台湾府学训导。

　　以上旧志。

　　简际隆　字映霞，乾隆二十五年廪生纳贡，官南安、平和、台湾学训导。

　　赖于亮　字明所，乾隆三十九年廪生纳贡，官建宁府学训导。

　　卢应鹏　字洁堂，乾隆四十年廪生纳贡，官南安、平和、台湾、侯官训导。

　　卢　杰　字轶凡，乾隆四十三年廪生纳贡，国子监肄业，官安溪、南靖、顺昌、南平、龙溪学训导，升漳平学教谕。

　　巫宜耀　字远斋，嘉庆二年廪生纳贡，候选训导。

　　赖步衢　字价洲，嘉庆四年廪生纳贡，国子监肄业，官福鼎学训导。

　　赖　篇　字简亭，嘉庆五年廪生纳贡，国子监肄业，官候官学训导，署教谕事。

　　郑赐圻　字匹鱼，嘉庆七年廪生纳贡，官惠安学训导，署建宁学教谕。

　　赖印川　字金波，嘉庆九年廪生纳贡，国子监肄业，候补训导。

　　赖琴坛　字静庵，嘉庆十九年廪生纳贡，国子监肄业，候选训导。

儒　官

明

　　万历三年，令各处应贡生员年力衰迈者，授以儒官，不准起送。

王积瑀	熊学伊	赖希传	熊　滋	赖有荣	熊学懋
胡世清	卢启东	林　耀	廖　汉	张一元	郑显通
吴　讷	廖　灿	张华先	廖　宇	卢日升	赖华祖
阙寅衷	吴煌春				

儒　士

明

　　詹甘霁　光禄寺监事。

恩赐职衔

明

阮福兴　钦赐七品散官。

国　朝

乾隆元年，查现在会试举人，年七十以上者，给衔中书；八十以上者，给衔检讨。凡天下监生、生员，八十以上者，给正八品修职郎冠带。

熊光炜　举人，授衔中书。

熊孙鹏　字传千，邑庠生，授修职郎冠带。

王春三　字实亭，监生，授修职郎冠带。

卢克缵　字隆绪，邑庠生，授修职郎冠带。

沈举燕　字□□，监生，授修职郎冠带。

赖及三　字更亭，邑庠生，授修职郎冠带。

简兆枢　字□□，郡庠生，授修职郎冠带。

廖朝佐　字弼升，监生，授修职郎冠带。

吴亦进　字滨野，郡庠生，授修职郎冠带。

戴文在　字兹焕，监生。嘉庆十九年，以江苏捐赈，恩赐登仕郎。

援例①出仕

明

卢　春　字东峰，庠贡生，任丽江府照磨。

吴　钦　字三峰，庠贡，任扬州教授。

赖廷穆　字亭池，庠贡，任湖广宣慰司经历。

陈　昂　字□□，庠贡，任剑川州吏目。

郑　迅　字半塘，庠贡，任临高县主簿，升荆州府奉祠副。

吴文绘　字素斋，庠贡，任韶州府知事。

廖　潜　字□□，庠贡，任归善县县丞，升永安县知县。

卢九经　字肖崖，庠贡，任淳安县主簿。

陈　晏　字□□，庠贡，任遂溪县主簿。

卢　穆　字念梧，增贡，任平和县主簿。

孔　登　字筠塘，庠贡，任仪真②县主簿。

卢中熙　字□□，庠贡，任云南镇南州知州。

赖文会　字伯元，庠监，任国子监学录。

张登俊　字九如，庠监，任临江府碣石卫经历，署长县县事。

王腾龙　字升汉，庠监，任桂林府通判，升全州知州。

赖天佑　字寅元，庠监，任衡山县训导。

阙　椿　字会溪，例贡，任广东都司都事。

吴　谏　字碧淽，例监，任蜀府典膳，升光禄寺典簿。

赖丕显　字石窝，例监，任德府典礼。

---

① 援例，原文为"授例"。下同。

② 仪真，明县名，清改作"仪征"。

巫仲爵　字□□，例监，任荆州府典仪副。

赖一夔　字翠渠，例监，任蜀府典膳。

邱与闵　字阆如，例监，任泰安州同知。

阙宏衷　字□□，例监，任工部所提举。

邱与若　字嘉生，例监，任罗定州知州。

林滋大　字□□，例监，鸿胪寺序班。

卢坎亨　字□□，例监，光禄寺署丞。

阙献珂　字□□，例监，鸿胪寺署丞。

赖天祚　字□□，例监，鸿胪寺署丞。

孔宗瑞　字□□，例监，吏科供事。

国　　朝

沈涧宗　字芹如，庠贡，任建阳学训导。历升临川、清江、贵溪县丞，署县事。

卢震行　字原子，庠监，署清流县训导，加捐州同。

熊见龙　字概瞻。由武学捐监，署浦城县教谕。

卢之凤　字淑苞，庠监，署顺昌县训导。

陈奏诏　字仲西，庠监，署龙岩训导。

黄秦盛　字□□。由武学捐监，署武平县训导。

张士英　字建卿，例监，河工效力。历任仪封、郯城、峄县县丞，署沂州府同知印务四次。

吴昭上　字曦中，例监，任泰兴知县。

吴红上　字晴东，例监，任钟祥县县丞，署沔阳州同知。

江天灼　字毅堂，例监，选县丞。

苏映中　字敬旃，例监，任武强县典史。

胡宗远　字邦辅，例监，任交河县驿丞，升永平府巡检。

以上旧志。

郑　乔　字三峰，监生，任临清州税课大使。

郑命功　字观兰，监生，授例吏目，任贵州余庆县典史、辽阳州吏目。

江日照　字有堂，监生，任陆丰县典史，升按察司经历。

赖受文　字奎垣，监生，拣授江西布政司理问。历任九江、远州二府同知，南昌府通判事。

郑赐彤　字晋予，增贡生，任铜仁府盘石巡检，署铜仁、贵阳府经历。

郑赐簪　字碧园，监生，任广宗县、怀安县典史。

郑赐奎　字文园，监生，任太康县典史。

郑位垣　字曜亭，监生，候补四川典史，署重庆照磨。

郑位台　字聚坪，监生，任陆川县、西林县典史，思陇巡检，署西隆州、八阳州州同。

郑位枢　字纽庵，监生，候补安徽典史，署怀宁县县丞。

郑　钰　字雪舲，监生，任景宁县典史。

卢耀光　字蕴山，监生，任安东县主簿，兼理粮务。

赖育千　字巽堂，监生，捐授文林郎，署长芦批验所大使。

赖际云　字鹏高，监生，捐从九品，拣发四川候补典史。

赖受图　字序东，监生，任浙江海盐县典史。

胡定远　字邦柱，邑庠生，任河南新郑县郭店驿分司。

刘史光　字鉴泉，增贡生，国子监肄业，例授兵马司正指挥。

赖受书　字献卿，监生，选授江西按察使司知事，在籍候缺。

江治国　字攀堂，监生，任浙江仁和县典史。

胡月盛　字献斯，乾隆九年捐任乳源县典史。

援例捐职

国　朝

赖文禧　字介繁。康熙四十八年，由监考选府经历。

郑天池　字秉清，雍正十年庠贡，加捐州同。

郑英华　字中裕，乾隆九年庠贡，加捐州判。

卢宏谋　字毓崑，乾隆十年例贡，加捐州同。

萧怀堂　字纪园，乾隆十一年例贡，加捐按察司经历。

以上旧志。

赖廷章　字秉衡，乾隆三十六年，由监捐州同。

郑国宝　字萃芳，乾隆四十年，由武生捐千总。

郑裕光　字文溪，乾隆四十三年，由监捐按察司经历。

赖霁升　字允斋，乾隆五十五年，由贡生捐州同。

郑冠三　字玉壶，乾隆五十六年，由武生捐千总。

卢声和　字文仪，乾隆五十七年，由监捐卫千总。

卢　箕　字衍畴，乾隆五十七年，由监捐州同。

卢国宝　字善堂，乾隆五十七年，由监捐州同。

林崑桂　字玉枝，乾隆五十九年，由例贡捐布政司理问。

卢祥庆　字艺园，嘉庆二年，由监捐州同。

卢　翎　字嵩轩，嘉庆二年，由监捐卫千总。

卢纪万　字灵椿，嘉庆四年，由监捐州同。

范仰高　字钟岑，嘉庆四年，由监捐州同。

刘占梅　字锦园，嘉庆五年，由监捐布政司经历。

张尔炽　字双期，嘉庆六年，由监捐卫千总。

卢通志　字怀庭，嘉庆六年，由监捐州同。

张乔亨　字来应，嘉庆七年，由监捐州同。

张仕俊　字云轩，嘉庆七年，由监捐州同。

赖焕旺　字荣璋，嘉庆七年，由监捐卫千总。

林国兴　字诚斋，嘉庆十年，由监捐州同。

赖华琳　字玉琅，嘉庆十二年，由监捐卫千总。

赖华球　字玉玗，嘉庆十二年，由监捐州同。

吴学崇　字在中，嘉庆十四年，由监捐县丞。

赖乾英　字贞如，嘉庆十四年，由监捐州同。

罗海云　字鳌远，嘉庆十四年，由监捐卫千总。

卢卓梧　字凤青，嘉庆十五年，由监捐州同。

范金兰　字先声，嘉庆十七年，由监捐布政司理问。

卢青杰　字俊兰，嘉庆十七年，由监捐州同。

卢青纫　字标兰，嘉庆十七年，由监捐布政司理问。

卢奎光　字顺君，嘉庆十七年，由监捐州同。

卢九皋　字载堂，嘉庆十七年，由监捐州同。

王青筠　字文斐，嘉庆十八年，由监捐县丞。

赖腾千　字广龙，嘉庆十八年，由监捐州同。

廖尚贞　字荣波，嘉庆十九年，由武生捐授都司。

卢玉标　字麟书，嘉庆十九年，由监捐州同。

卢得攀　字跻陵，嘉庆十九年，由监捐主簿。

黄文英　字贵龙，嘉庆十九年，由监捐州同。

赖受谦　字吉皆，嘉庆十九年，由武生捐卫千总。

张敦仁　字兼山，嘉庆二十一年，由监捐布政司理问。

陈建纶　字衍经，嘉庆二十一年，由监捐州同，加二级。

王周绪　字硕丰，嘉庆二十二年，由监捐州同。

刘史书　字序东，嘉庆二十三年，由监捐州同。

徐有邦　字接亮，嘉庆二十四年，由监捐县丞。

张鸣冈　字德泰，嘉庆二十五年，由监捐州同。①

刘史华　字照池，嘉庆二十五年，由监捐县丞。

赖羽千　字仰仪，道光元年，由监捐布政司理问。

林滋锦　字葵秀，道光元年，由监捐按察司知事。

卢国光　字柏溪，道光元年，由监捐布政司经历。

刘史荣　字华圃，道光二年，由武生捐卫千总。

郑　璋　字聘亭，道光三年，由例贡捐布政司理问。

卢　鉉　字允庄，道光四年，由监捐州同。

卢世超　字南亭，道光五年，由监捐州同。

赖翼云　字万标，道光六年，由监捐按察司知事。

张　光　字廷瑜，道光七年，由监捐州同。

徐锦嵩　字锦福，道光七年，由监捐州同。

张致攀　字咸孚，道光九年，由监捐卫千总。

卢右斌　字宗溪，道光九年，由监捐州同。

黄汝科　字永赓，道光十年，由监捐卫千总。

沈鸣谦　字贞吉，道光十年，由监捐按察司经历。

赖　富　字赉田，由监捐按察司经历。

胡　陵　字志堂，由□捐卫御所守府。

卢耀珠　字丽东，由□捐卫守府。

江廷选　字瑞杨，由监捐州同。

赖斐英　字竹峰，由监捐州同。

张瑞麟　字宗泗，由监捐州同。

林必照　字容光，由监捐按察司照磨。

张青云　字竹轩，由监捐州同。

赖奎玉　字光廷，由监捐州同。

戴群鸿　字幹斯，由监捐州同。

---

① 原文"张鸣冈"条放在"徐有邦"条之前。

陈奏超　字□□，由监捐州同。
魏起莺　字春苑，由监捐州同。

援例贡监

明

　吴　经　字南畴，庠贡。
　赖主恩　字明峰，嘉靖壬子庠贡。
　张鼎辉　字陶九，明季乙酉庠贡。
　吴来献　字憬夷，明季庠贡。
　张鼎耀　字治九，明季庠贡。
　沈一焜　字壹逸，明季庠贡。
　简其文　字友穆，明季庠贡。
　邱应景　字三阳，由增生捐监。

国　朝①

　阙　魁　字星源，康熙十七年增贡，考选直隶州同。
　吴世崧　字□□，康熙二十年庠监。
　吴一峰　字□□，康熙二十四年庠贡。
　吴维甸　字□□，康熙三十一年庠监。
　陈六计　字愧平，康熙四十五年庠贡。
　熊光贤　字愚真，康熙四十五年增贡。
　苏二美　字明行，康熙四十七年庠贡。
　苏二由　字怀颖，康熙四十七年庠贡。
　胡杏生　字又芳，康熙四十七年增生。

---

　①　此节部分人物次序按时间先后作了调整。

廖鸿誉　字永斋，康熙四十九年例贡。

沈鸿勋　字□□，康熙五十年庠生。

卢　涛　字文修，康熙五十四年庠生。

阙中标　字希增，雍正元年增贡。

吴希禹　字□□，雍正二年庠贡。

胡鹏程　字九云，雍正六年庠生。

王光佐　字升基，雍正八年例贡。

李凤仪　字露沅，雍正九年例贡。

郑占鳌　字子良，雍正十年庠贡。

陈辉璧　字怀光，雍正十一年例贡。

陈映朝　字国光，雍正十一年例贡。

王钦祖　字述中，雍正十一年例贡。

赖　檀　字廛三，雍正十一年庠贡。

廖为东　字究伯，雍正十二年例贡。

赖纶匡　字千襄，雍正十二年庠贡。

李缵裕　字立庭，乾隆元年例贡。

卢天任　字仰辰，乾隆元年例贡。

赖纶绪　字念台，乾隆九年例贡。

郑光祖　字燕宗，乾隆九年例贡。

郑彤云　字霞昭，乾隆九年例贡。

沈拱平　字□□，乾隆九年庠贡。

江宏魁　字□□，乾隆十年例贡。

吴来瞻　字□□，乾隆十年例贡。

王钦和　字怡堂，乾隆十年增贡。

王　楷　字贡庭，乾隆十年庠贡。

卢万象　字历标，乾隆十年庠贡。

苏　洁　字宏锦，乾隆十年庠贡。

苏映华　字春园，乾隆十年庠贡。

沈应兴　字□□，乾隆十年庠贡。

卢万象　字历标，乾隆十年庠贡。

胡嗣昌　字迡骏，乾隆十七年例贡。

谌　标　字鸿图，乾隆十八年例贡。

卢国任　字逊尹，乾隆十八年例贡。

陈宏策　字槐舒，乾隆十八年例贡。

卢天叙　字逊钦，乾隆十九年例贡。

赖德懋　字诰臣，乾隆十九年例贡。

赖登庠　字穆轩，乾隆十九年例贡。

卢经文　字文炳，乾隆十九年例贡。

李芳春　字睿蕃，乾隆十九年庠贡。

赖光弼　字殿标，乾隆十九年增贡。

谢清华　字又琅，乾隆二十年例贡。

郑昌绪　字钟书，乾隆二十年例贡。

卢澄元　字熙臣，乾隆二十一年庠贡。

卢锦兰　字蕙庭，乾隆二十一年例贡。

郑　珩　字贤行，乾隆二十一年例贡。

郑国瑞　字方泰，乾隆二十一年例贡。

胡焯猷　字瑞铨，乾隆二十一年例贡。

郑良璧　字维崑，乾隆二十一年例贡。

以上旧志。

廖文洲　字翰渊，乾隆三十二年例贡。

郑观光　字上亭，乾隆四十年例贡。

赖荣膺　字德隆，乾隆四十一年例贡。

赖健存　字康远，乾隆戊□年捐例贡。

廖道明　字融上，乾隆四十五年例贡。

吴士钟　字育堂，乾隆四十七年庠贡。

王希谋　字作轩，乾隆五十二年例贡。

郑赐书　字传经，乾隆五十四年庠贡。

苏正笏　字槐斋，乾隆□□年庠贡。

张肃宾　字作亭，乾隆六十年庠贡。

赖　豪　字勉亭，乾隆六十年庠贡。

沈梦宰　字素堂，嘉庆五年例贡。

游天衡　字湘上，嘉庆五年例贡。

张光腾　字瑜璧，嘉庆七年例贡。

吴瑞图　字则堂，嘉庆八年例贡。

赖　鸣　号于冈，嘉庆九年庠贡。

卢怡恭　字恕堂，嘉庆九年例贡。

卢　琏　字勷庭，嘉庆九年庠贡。

翁大馨　字元兰，嘉庆九年例贡。

阮作屏　字翰藩，嘉庆十年例贡。

林邦光　字奎飏，嘉庆十年例贡。

廖际华　字情渠，嘉庆十一年例贡。

赖　碧　字锦琮，嘉庆十一年例贡。

赖国馨　字汝秀，嘉庆十一年例贡。

卢作梅　字和轩，嘉庆十一年庠贡。

卢　愈　字中葆，嘉庆十二年例贡。

黄国恩　字恒斌，嘉庆十三年例贡。

阙国瑚　字彤云，嘉庆十三年例贡。

林奎光　字灿飏，嘉庆十三年例贡。

廖益荣　字宗义，嘉庆十四年例贡。

郑兰青　字香堂，嘉庆十四年例贡。

卢　点　字梅竹，嘉庆十四年增贡。

郑日麟　字瑞亭，嘉庆十五年例贡。

熊道亨　字礼堂，嘉庆十五年例贡。

李成彩　字华声，嘉庆十六年例贡。

黄凤朝　　字太禄，嘉庆十六年例贡。

张联九　　字盘轩，嘉庆十七年庠贡。

王文蔚　　字巽堂，嘉庆十八年例贡。

游志中　　字顺锦，嘉庆十八年例贡。

杨以善　　字官富，嘉庆十八年例贡。

简德章　　字懋斋，嘉庆十九年例贡。

王丰绪　　字西崖，嘉庆十九年庠贡。

赖鸣皋　　字九如，嘉庆十九年庠贡。

林秀南　　字慕周，嘉庆二十一年例贡。

张受仁　　字永昌，嘉庆二十一年例贡。

赖恒光　　字如照，嘉庆二十二年例贡。

王凤翔　　字振辉，嘉庆二十五年例贡。

李培进　　字中先，道光元年例贡。

徐汝松　　字松兆，道光元年例贡。

翁超群　　字元超，道光元年例贡。

陈大德　　字舜森，道光元年例贡。

谢步高　　字灿云，道光二年例贡。

简焕章　　字文普，道光三年例贡。

沈卿兰　　字长佑，道光三年例贡。

简　廉　　字介夫，道光四年庠贡。

卢凤彩　　字秋蘋，道光五年例贡。

卢青莲　　字毓兰，道光五年例贡。

黄步墀　　字赞敏，道光六年例贡。

卢以牧　　字德谦，道光六年例贡。

卢期亨　　字裕珍，道光六年例贡。

张良球　　字璿德，道光六年例贡。

赖秀芳　　字毓亭，道光六年例贡。

徐汝杭　　字武兆，道光六年例贡。

王允勤　字问山，道光七年例贡。

卢期灿　字明庭，道光七年例贡。

张翔偕　字乃凤，道光八年例贡。

赖　新　字盛养，道光九年庠贡。

戴士翘　字冠春，道光十年庠贡。

沈清鉴　字镜堂，庠贡。

沈鸣冈　字桐干，庠贡。

赖朝斌　字学茂，道光十年例贡。

李　焕　字兆槐，例贡。

谌德一　字达三，例贡。

饶茂儒　字道珍，例贡。

吴跃龙　字辉廷，例贡。

魏起凤　字悟同，例贡。

吴存榜　字裕堂，例贡。

范国钧　字汝华，例贡。

萧联标　字举元，例贡。

江熊飞　字渭川，例贡。

廖礼忠　字捷光，例贡。

赖廷钦　字启昌，例贡。

赖珊坛　字崇谦，例贡。

简丰裕　字□□，例贡。

简　纶　字□□，例贡。

陈明儒　字□□，例贡。

陈占春　字魁亭，例贡。

陈怀恩　字光泽，例贡。

阮峰青　字茂畅，例贡。

赖成展　字冠南，例贡。

赖奎旺　字庚兴，例贡。

赖明珠　　字佑珍，例贡。

张大川　　字中益，例贡。

赖华馨　　字作屏，例贡。

卢笃志　　字近思，例贡。

戴　辉　　字苞庆，例贡。

赖　调　　字存燮，例贡。

黄文义　　字盛良，例贡。

赖宏达　　字钦远，例贡。

吏员出仕

明

沈荣忠　　藤县县丞，升卫经历。

张均义　　贵溪县县丞。

范善卿　　南京丁字库大吏。

江李茂　　乐清县馆头司巡检。

邱子厚　　辰州府高岩司巡检。

陈　亨　　阳山县铜台司巡检。

曾　辉　　龙川县和平司巡检。

郑宗辉　　直隶徐州税课局大使。

汪　弼　　武邑县典史。

张　瑄　　汉川县河泊所官。

王　琮　　浙江大嵩场盐大使。

林　洧　　河源县税课局，署嘉鱼知县。

罗　征　　儋州安海司巡检。

黎　献　　怀庆府仓副使。

罗　贤　　南雄府税课局大使。

何　远　凤阳府仓副使。

廖　敞　宿州仓大使。

廖成德　饶平县主簿。

邱时俊　淇县①洪门驿驿丞。

以上十九人，俱未开邑前由上杭籍入仕，开邑后拨入永籍。

罗得福　宣化县典史。

邱　瑛　龙川县通衢司巡检。

苏　谋　勇义中卫仓大使。

林　崇　荆州府仓大使。

苏永松　衡州府仓大使。

严　清　南京中军都督府草场大使。

卢景祥　广东水口驿驿丞。

俞　鸾　海丰县河泊所官。

戴文选　广东新宁巡检，升新安县主簿。

简　要　南昌县广积仓大使。

邱文升　肇庆卫经历。

邓　科　南宁府南乡司巡检。

罗世祥　吴江县盐大使。

邱　亮　东莞县盐大使。

邱文绘　贵州大龙畲长官司吏目。

黄　瀚　龙里卫平伐长官司吏目。

邓　梓　化州梁家沙巡检。

邱仲山　枇杷仓大使。

罗宗棻　大平县巡检。

周碧昌　乐清县巡检。

邹文钟　宁国府典史，升兴宁县主簿。

---

① 淇县，康熙志为"洪门县"。

卢应卿　字少龙，河州卫经历，署华亭知县。

詹　爵　字龙溪，松兹县典史，升都昌县主簿，署县事。升香山县知县。

曾廷职　感恩县典史，升芜湖县后藩司巡检。

吴承先　字衡邑，东莞县典史。未抵任，卒。

戴　禧　华亭县典史。

陈　伸　字荣轩，新会县县丞，署县事。

张国臣　凤阳县典史，转高邮州仓大使。

周维能　字凤助，济南府陵县典史。

陈　隆　字敬潭，广西宣化县县丞，署县事。

王育才　字燮寰，天河县典史。

陈希圣　字若愚，北京武功中卫经历，升云南都使司经历。

张应鸾　字鸣轩，将乐县仓官，升瑞金县瑞林司巡检。

林　棠　桂林县县丞，署县事。升柳州府经历。

萧天叙　字敦彝，北京内黄县典史。

徐朝首　字魁奎，萧山县县丞，升处州卫经历。

巫应龙　字云野，芜湖县典史。

张奇猷　上津县典史，署县事。

刘　瑰　益府典①仪所礼官。

刘伯麟　潮州府仓大使，转南城县蓝田司巡检。

赖一镇　字实湖，任库官。

郑经纶　字成吾，新兴县典史，转南雄府仓大使，升严州府知事。

巫山泽　字梅川，嘉靖二十四年任江南广德州金山卫经历，升徐州州判。

卢九龄　字思崖，驿丞。

---

① 典，原文为"奠"。

廖显扬　字榕溪，大使。

赖长泰　字活泉，仓大使。

林　叶　字乔松，龙川县典史，升海丰鹅埠司巡检。

卢梦龙　字思湖，同安县嘉平仓大使，升婺源县主簿。

顾大伦　字兰江，仓大使。

巫山峻　字仰峰，南宁县乌恋驿丞，升程乡县典史。

林正炯　字西野，巡检。

林日新　字九峰，巡检。

卢士望　字瞻吾，山东洛口县批验所大使。

郑　益　字受轩，典史。

廖　淳　字盛泉，邵武府仓大使。

范陈任　字孚宇，南京横海仓大使。

陈元玺　字允宇，瑞州仓大使，转吴县木渎司巡检。

卢梦鳌　字继湖，河泊所官。

国　　朝

胡治菁　字习宣，景宁县典史。

卢楚元　字芳亭，援例补授广东琼山县丞。历署乐昌典史，五斗、太平、水尾分司。

刘庭兰　字蕊升，理藩院则例馆供事，议叙任陕西洽阳县典史。

温　轩　字□□，方略馆供事，藏叙任安徽黟县①典史。

吏员省祭

按明制，凡吏给假有省亲、祭祖等例，谓之"省祭"。此旧

---

① 原文为"安岳骆县"。

志所载，今仍之。

明

　　廖黄中　字正湖，万历三年吏。

　　简廷璋　**卢　镛**　**邓　楠**　**赖克明**　**江　泗**　**黄　淑**
　　阙　宠　**张一淳**　**郑　侃**　**戴大恩**　**林继祖**　**卢士学**
　　廖定柱

　　王朝藩　字贵吾。

　　郑仕先

　　以上旧志。

武　　职

明

　　邓　兴　洪武间，任通州卫正千户，调福建镇东卫所正
千户。

　　郑　纲　永乐元年，授所百户。

　　以上二人，未开邑前由上杭籍起家，开邑后拨入永籍。

　　许　泉　北京锦衣卫指挥。

　　张士釪　庠生，选将材，授广州府守备。

　　郑友信　南京卫千户。

　　简淑赞　功授守备。

　　苏　京　弘治元年授卷帘将军。

　　廖　鹏　北京锦衣卫指挥使。

　　许　综　北京锦衣卫千户。

　　许　乔　北京锦衣卫百户。

　　郑　嘉　授名邑千户。

郑恒通　惠州府平山把总。

黄一化　惠州府罗经营守备，升梧州府游击。

徐　烶　惠州府白云营守备。

以上旧志。

廖　凯　北京锦衣卫百户。

林斗华　明宣德七年，以军功任①赣州左营游击。

廖文万　字永廷。崇祯间，以军功官赣州镇游击。从征李自成，卒于阵。

国　朝

王　筹　字胜千，广州协标中军都司签书。

罗文举　功授广西梧州府守备。

罗应兆　草②泽投诚，授赣州镇标守备。升广东黄冈副将，未抵任，卒。

苏　德　字克俊，历官潮州镇标左营游击。

吴友功　字瞻彼，贵州守备。

苏　吉　字方蔼，随军功，历官温州副将。前署四川成都总兵官，又署成都提督。

吴　先　字振益，汀州镇标中营千总。

林詹登　字云阁，汀州镇标中营千总。

廖　勇　字荣凤，广东碣石卫镇标左营守备。

黄信攀　诏南右翼镇标中营把总。

卢廷贵　字梦熊，历官陕西归德堡都司。初任广西千总。生子现彩，字鼎云，隶籍广西，任甘肃抚标右营游击。

余星武　历官署南澳总兵官，实授台湾安平镇协标左营游

---

① 任，原文为"在"。
② 草，原文为"革"。

击。荫一子思成，厦门水师提标把总。

　　刘　青　本姓苏，汀州镇标左营守备。

　　简　正　松江提标川沙营参将，署南澳总兵。

　　吴　升　浙江太湖营游击，升乍浦水师营参将。未抵任，卒。

　　吴廷桂　延平协标右营千总。

　　林　生　字集佩，广州镇标左营守备。

　　以上旧志。

　　卢现彩　字鼎云，历任甘肃抚标参将，升顺天霸州协镇。

　　吴　昌　字毓昌，顺治四年，应知县赵廷标募。守御永邑城池有功，授汀州镇[①]标中营守备。

　　翁文妙　字汉臣，顺治十二年选江西吉安府游击。

　　苏介臣　字如日，康熙二年任福州左营千总。

　　张振伊　字人最，康熙十七年，以军功，历任广西随征总兵。殉难。

　　张　顺　字□□，振伊子，以难荫广西随军副将。

　　赖清柱　字其祥，康熙二十三年，以军功授广西抚蛮将军，前锋镇抚总兵官。

　　郑如岐　字□□，武生，康熙间任广州千总，升南雄守备。

　　吴尚功　字思永，雍正二年，以军功授延平府右营千总。

　　林陈蕃　字云翔，乾隆五年，以军功授台湾府千总。

　　阙　鹏　字口口，乾隆六年，由监生援例任浙江乍浦千总。

　　刘成伍　字琼明，乾隆二十年，由行伍任海门营把总，署本营千总。

　　张彩云　字上瑜，乾隆五十三年，以军功任金门及永定城守千总。

---

　　①　原文缺"镇"。

廖裔彩　字孕光，乾隆五十三年，以军功赏给七品冠带。

邱鹏飞　字汝翼，由行伍，任广西柳州马平营把总，署右营千总。

苏景河　字□□，由行伍，任泉州提标把总，升云南临元镇千总。

赖大有　字□□，任江西瑞州府中营千总。

陈辉升　字日高，由行伍，现任宁化汛把总。

罗瑞凤　字华堂，监生。道光元年，由监生任浙江湖州所领运千总。

江大群　字庆发，道光二年，由行伍拔补汀州右营把总，任上杭峰汛外委。

覃恩封赠

明

赖宗茂　字□□，以子瑨官，赠征仕郎、贵州安顺府州判。配曾氏，赠七品孺人。

赖　缙　授征仕郎、贵州安顺府州判。配游氏，赠七品孺人；王氏，封七品孺人。

赖　恒　字朴斋，以子先官，赠承德郎、户部山东清吏司主事。配李氏，赠安人；蓝氏，封太安人。

赖　先　授承德郎、户部山东清吏司主事。配阙氏，封安人。

孔　瓒　子静庵，以子庭训官，赠奉政大夫、浙江绍兴府同知。配温氏，封太宜人。

孔庭训　授奉政大夫、浙江绍兴府同知。配梁氏，封宜人。

郑廷杰　字□□，以子质官，封①承德郎、云南浔甸府通判。配熊氏，赠安人。

郑　质　授承德郎、云南浔甸府通判。配张氏，封安人。

沈玉璋　以子孟化官，累赠中宪大夫、广西按察司副使，兼布政司参议。配卢氏，累赠恭人；林氏，累封恭人。

沈孟化　累授中宪大夫、广西按察司副使，兼布政司左参议。配郑氏，累封恭人。

王　珍　字仲宇，以子腾龙官，赠奉政大夫、全州知州。配邱氏，赠宜人，崇祀节孝。

陈　位　子□□，以子希圣官，赠征仕郎、云南都使司经历。配游氏，赠七品孺人。

陈希圣　授征仕郎、云南都使司经历。配李氏，封七品孺人。

赖一召　子景棠，庠生。以子昌祚官，赠文林郎、江南宁国府旌德县知县。配林氏，赠七品孺人。

赖昌祚　授文林郎、江南宁国府旌德县知县。配孔氏，封七品孺人。

林继旺　字南泉，以子钟桂官，赠文林郎、江南扬州府如皋县知县。配陈氏，赠七品孺人。

林钟桂　授文林郎、江南扬州府如皋县知县。配赖氏，赠七品孺人；王氏，封七品孺人。

吴茂葵　字□□，以子日修官，赠奉训大夫、河南归德府睢州知州。配张氏、郑氏，赠宜人。

吴日修　授奉训大夫、河南归德府睢州知州。配郑氏，封宜人。

熊彦恒　子复吾，以子兴麟官，累封承德郎、礼部主客司主

---

① 封，原文为"判"。

事。配吴氏，累赠安人；郑氏，累封安人。

熊兴麟　累授承德郎、礼部主客司主事。配郑氏，累封安人。

林廷绅　子□□，以子文聚官，封文林郎、江西赣州府宁都县知县。配郑氏，封七品孺人。

林文聚　授文林郎、江西赣州府宁都县知县。配巫氏，封七品孺人。

卢　宝　以子日就官，赠承德郎、兵马司指挥。配吴氏，封太安人。

卢日就　授承德郎、兵马司指挥。配吴氏，赠安人；罗氏，封安人。以子化贵，各加赠。余氏，封七品太孺人。

卢宗珣　以子聪官，赠文林郎、揭阳县知县。

赖伯瑛　字柏斋，冠带大宾。以子锦官，赠奉训大夫、万州知州。配李氏，封宜人。

巫仲芳　字□□，以子山泽官，封征仕郎、金山卫经历。配游氏，封孺人。

巫山泽　字梅川，授征仕郎、金山卫经历。配吕氏，封孺人；继配黄氏，封孺人。

国　朝

黄孟淑　字□□，以子日焕官，赠文林郎、广西郁林州兴业县知县①。配罗氏，赠七品孺人。

黄日焕　授文林郎、广西郁林州兴业县知县。配张氏，封七品孺人。

卢　化　授文林郎、江西太平府繁昌县知县。配饶氏，赠七品孺人；林氏，封七品孺人。

---

①　原文缺"知县"二字。

吴阶泰　字在邦，以子利见官，赠修职郎、陕西西安府泾阳县县丞。配郑氏，赠八品孺人。

吴利见　授修职郎、陕西西安府泾阳县县丞。以子廷芝官，晋赠文林郎、陕西西安府鄠县知县。配王氏，赠八品孺人，晋赠七品①孺人。

吴廷芝　授文林郎、陕西西安府鄠县知县。配卢氏，封七品孺人。

苏　吉　累授荣禄大夫、提督四川全省军务，署都督同知。配□□氏，封夫人。

林孙彪　字□□，以子詹登官，赠昭信校尉汀州镇标②中营千总。以孙魁拔贵，晋赠武略将军、潮③州镇饶平营千总。配阮氏，赠安人，晋赠宜人。

林詹登　授昭信校尉、汀州镇标中营千总；以子魁拔官，晋赠武略将军、潮州镇饶平营千总。以孙球贵，赠武德骑尉、台湾中营守备。配张氏，封安人，晋赠太宜人。

黄启中　字义刚，以子策麟官，赠文林郎、陕西庆阳府合水县知县。配温氏，赠七品孺人。

黄策麟　授文林郎、陕西庆阳府合水县知县。配刘氏，封七品孺人。

王禹昉　字恭庵，以子分露④官，赠文林郎、四川峨眉县知县。配章氏，封七品孺人。

王分露　授文林郎、四川峨眉县知县。配陈氏，封七品孺人。

①　原文缺"七品"二字。
②　原文缺"标"字，校补。下同。
③　潮，原文为"湖"。下同。
④　分露，乾隆志为"芬露"。

张凤彩　字羽苞，庠生。以子成章官，赠文林郎、江西吉安府万安县知县。配廖氏、傅氏，赠七品孺人。

张成章　授①文林郎、江西吉安府万安县知县。配赖氏，封七品孺人。

江绣来　字简轩，以子淇官，赠修职郎、福州府侯官县儒学教谕。配邱氏、张氏，赠八品孺人。

卢瑞苞　字伙休，邑庠生。以孙宏佐官，赠奉政大夫、蓝翎侍卫。配傅氏，赠宜人。

卢伟猷　以子宏佐官，封奉政大夫、蓝翎侍卫。配赖氏，赠宜人；继配郑氏，封宜人。

张日埙　字吹友，增生。以子月攀官，赠修职郎、延平府南平县儒学教谕。配沈氏，赠八品孺人。

廖玉桂　字□□，以孙勇官，赠武德将军、广东碣石卫右营守备。配罗氏、黄氏，赠宜人。

廖益章　字□□，以子勇官，赠武德将军、广东碣石卫右营守备。配马氏，赠宜人。

简　琏　字□□，以孙正官，赠怀远将军、江南狼山镇标右营游击。配游氏，赠淑人。

简贤纪　字□□，以子正官，赠怀远将军、江南狼山镇标右营游击。配张氏，赠淑人。

简　正　授怀远将军、江南狼山镇标右营游击。配余氏，封淑人。

沈朝举　字□□，以子涧宗官，赠修职郎、江西抚州府临川县县丞。配陈氏，赠八品孺人。

陈壮行　字正学，以孙乃璋官，赠昭信校尉、江南凤阳卫千总。配王氏，赠安人。

---

①　授，原文为"按"。

陈　英　字任亨，以子乃璋官，赠昭信校尉、江南凤阳卫千总。配马氏，赠安人。

江毓攀　字□□，以孙犹龙官，赠明威将军、都司金书。配王氏，赠恭人。

江兆凤　字□□，以子犹龙官，赠明威将军、都司金书。配赖氏，赠恭人。

萧沅有　字似君，邑庠生。以子廷瑞官，赠修职郎、漳州府诏安县儒学训导。配张氏，赠八品孺人。

王之宾　字嘉友，以孙见川官，赠文林郎、翰林院庶吉士。配卢氏，赠七品孺人。

王命钦　子淡园，以子见川官，赠文林郎、翰林院庶吉士。配吴氏，封七品太孺人。

廖　箕　字本野，邑庠生。以孙鸿章官，赠文林郎、翰林院庶吉士。配林氏，赠七品孺人。

廖冀亨　以子鸿章官，赠文林郎、翰林院庶吉士。以孙瑛官，晋赠朝议大夫、刑部河南司郎中，累赠中宪大夫、云南驿传盐法道。配卢氏，赠七品孺人，晋赠恭人；王氏，封七品太孺人，晋封太恭人。

胡遇亨　字见龙，以子檀生官，赠修职郎、泉州府安溪县儒学训导。配蓝氏，赠八品孺人。

余鼎荣　字□□，以子星武官，赠武德将军、福建水师提标后营游击、中军守备。配洪氏，赠宜人。

沈先甲　字□□，庠生。以孙光渭官，赠文林郎、山西平阳府灵石县知县。配卢氏，赠七品孺人。

沈　敦　以子光渭官，赠文林郎、山西平阳府灵石县知县。配林氏，赠七品孺人。

王　盛　字又槐，以子子鉴官，赠修职郎、福州府连江县儒学教谕。配萧氏，赠八品孺人。

萧沣有　字畹仲，邑庠生。以子廷玮官，赠文林郎、江南和州含山县知县。配饶氏，赠七品孺人。

萧廷玮　授文林郎、江南和州含山县知县。以子起凤贵，加赠。配谢氏，赠七品孺人，加赠宜①人。

江　濬　字宠宾，以子风清官，赠文林郎、候选知县，福州府侯官县儒学教谕。配萧氏，封七品太孺人。

江风清　授文林郎、候选知县，福州府侯官县儒学教谕。配王氏，封七品孺人；杨氏，以子日照贵，驰封宜②人。

张世芳　字光嗣，以子丁显官，赠修职郎、直隶龙岩州儒学训导。配吴氏，赠八品孺人。

廖鸿誉　以子瑛官，封朝议大夫、刑部河南司郎中，累封中宪大夫、云南驿传盐法道。配赖氏，赠恭人。

熊廷干　字啸亭，以子山官，赠修职郎、建宁府松溪县儒学教谕，晋赠文林郎、邵武府学教授。配饶氏封八品太孺人，晋赠七品孺人。

张伯龙　字慈长，以子士英官，赠修职郎、山东沂州府郯城县县丞。配戴氏、叶氏，赠八品孺人。

廖鼎泰　字崇直，以孙建勋官，赠忠显校尉、广东广州府水头门水师千总，晋赠武德郎、达濠营守备。配吴氏，赠安人，晋赠宜人。

廖鸿弼　字国辅，以子建勋官，赠忠显校尉、广东广州府水头门水师千总，晋赠武德郎、达濠营守备。配邱氏，封安人，晋赠宜人。

廖揆扬　字□□，以孙自新官，赠昭勇将军、山东沂州中军掌印都司。配吴氏，赠淑人。

---

① 宜，原文为"孺"。
② 宜，原文为"孺"。

廖毓玺　字□□，以子自新官，赠昭勇将军、山东沂州中军掌印都司。配吴氏，赠淑人。

赖国选　字元园，以子霁堂官，赠修职郎、福宁府寿宁县教谕。以孙富援例，晋赠文林郎。配王氏，赠七品孺人。

江华章　字焕澜，以孙世春官，赠文林郎、云南永昌府永平县知县。配卢氏，封七品太孺人。

江淹如　字建彩，监生。以子世春官，赠文林郎、云南永昌府永平县知县。配卢氏，封七品孺人。

萧起凤　授文林郎、原任浙江绍兴府嵊县知县，又补江西安仁县知县。配赖氏，赠孺人。

王光彩　字启鼎，以子绍三官，赠修职郎、湖广荆州府经历。配谢氏，赠八品孺人。

以上旧志。

卢　英　字骏臣，岁贡生。以子祖熺官，赠修职郎、仙游学教谕。配江氏，赠八品孺人。

卢祖熺　子瞻岵，举人，仙游儒学教谕。以孙九云官，赠文林郎、辰溪知县。配王氏，赠七品孺人。

卢朝楫　字□□，监生。以子九云官，赠文林郎、辰溪知县。配陈氏，赠七品孺人。

卢九云　字□汉，授文林郎、辰溪知县。配阙氏，封七品孺人。

卢彦或　字蔚仲，邑增生。以孙观源官，貤赠修职郎、诸罗儒学教谕，晋赠文林郎、白河知县。配□氏，赠七品孺人。

卢　铨　字省非，进士，任铁岭知县。以子观源官，赠文林郎、白河知县。配□氏，累赠七品孺人。

赖奎亮　太学生，以子勋官，诰赠奉政大夫。妻蓝氏，诰封宜人，晋赠恭人。

马维良　字□□，以曾孙马琳官，貤赠武功大夫、广东香山协副将。配郭氏，赠夫人。

马裔远　字□□，以孙马琳官，貤赠武功大夫、广东香山协副将。配童氏，赠夫人。

马　金　字□□，以子马琳官，赠武①功大夫、广东香山协副将。配许氏，封夫人。

赖予振　字复隆，以孙世平官，貤赠文林郎、乐平知县。配邱氏，赠七品孺人。

赖鼎玑　字其旋，以子世平官，赠文林郎、乐平知县。配吴氏，赠七品孺人。

廖贵球　字得亮，以曾孙光宇官，貤赠武翼大夫、台湾安平中协游击。配张氏，赠淑人。

廖逊周　字毓挺，以孙光宇官，赠武德郎、南澳守备，晋赠武翼大夫、台湾安平中协游击。配赖氏，赠淑人。

廖圣璋　字锦山，以子光宇官，封武德郎、南澳守备，晋赠武翼大夫、台湾安平中协游击。配王氏，封淑人。

廖攀丹　字香亭，以孙连三官，赠文林郎、兴化府学教授。配温氏，赠孺人。

廖象湖　字映井，庠生。以子连三官，赠文林郎、兴化府学教授。配范氏，赠七品孺人。

林魁拔　字廷辅，武举千总。以子球官，赠武德骑尉、台湾中营守备。配张氏、王氏，晋赠宜人。

林　球　字文楷，授武信郎、闽安左营千总。配陈氏、张氏，封安人。

沈为公　字梦松，以孙鸿儒官，赠文林郎、延平府学教授。配熊氏，赠七品孺人。

沈邦殿　字砥柱，以子鸿儒官，赠文林郎、延平府学教授。

---

① 原文缺"武"字。

配吴氏，封七品孺人。

王钦祖 字述中，贡生。以子之机官，赠封修职佐郎、台湾府儒学训导。配陈氏，封八品太孺人。

王 芹 字吉庵，邑庠生。以孙希彦官，貤赠修职郎、晋江儒①学训导。配林氏，赠八品孺人。

王钦和 字怡堂，增贡生。以子希彦官，赠修职郎、晋江儒学训导。配廖氏，赠八品孺人。

王鲲扬 字耀北，邑庠生。以子鹏搏官，貤赠修职佐郎、政和儒学训导。配陈氏，赠八品孺人。

郑 琮 字玉斋，郡增生。以孙命岩官，赠武德骑尉、镇江卫守备。以孙命新、命成、命三官，赠文林郎，盐源、确山、松滋知县。配沈氏，赠宜人。

郑清南 字峻峰，邑庠生。以子命新、命成官，累赠文林郎，盐源、确山知县。配吴氏，累赠七品孺人。

郑 乔 字三峰，原任临清州税课大使。以长子命巇官，赠武德骑尉、镇江卫守备；以次子命三、孙赐图官，累赠文林郎，松滋、偏关知县。配赖氏，赠七品孺人，晋赠宜人。

郑命新 子又堂，授文林郎、盐源知县。配赖氏，封七品孺人。

郑命成 字实堂，授文林郎、确山知县。配吴氏，封七品孺人。

郑天枢 字象辰，武举人。以孙圻官，赠昭武都尉、宁福营都司。配张氏，封恭人。

郑道煌 字□□，庠生。以子圻官，封昭武都尉、宁福营都司。配黄氏，封恭人。

廖孙肤 字仲宸，以孙怀清官，貤赠文林郎、感恩知县。配

---

① 原文缺"儒"字。下同。

卢氏，貤赠七品孺人。

　　廖鸿绥　字益斋，太学生。以子怀清官，赠文林郎、感恩知县。配卢氏，赠七品孺人。

　　卢藜光　字介堂，以子履谦官，封修职郎、仙游儒学教谕。配王氏，封八品孺人。

　　卢宏谋　字毓崑，例授儒林郎。以子应鹏官，赠修职佐郎、侯官儒学训导。配赖氏、戴氏，封八品孺人。

　　赖履云　字尚棠，监生。以子文豹官，赠修职郎、邵武儒学教谕。配阙氏，赠八品孺人。

　　熊显会　字穆斋，以子江济官，赠修职郎、尤溪儒学教谕。配赖氏，赠八品孺人。

　　张金相　字琢章，郡生。以子撰官，赠修职郎、南平儒学教谕。配孔氏、吴氏，赠八品孺人。

　　卢南英　字□□，以子杰官，貤赠修职佐郎，晋赠修职郎。配张氏①，赠八品孺人。

　　温圣乐　字九成，以子鸿文官，赠修职佐郎、福清儒学训导。以孙恭贵，貤赠文林郎、高阳知县。配张氏、王氏，赠七品孺人。

　　温光文　字龙宾，监生。以子恭官，赠文林郎、高阳知县。配王氏、邱氏，赠七品孺人。

　　罗翘祯　字□□，以孙卓官，赠武德骑尉、澎湖守备。配余氏，赠宜人。

　　罗达兴　字宏才，以子卓官，赠武德骑尉、澎湖守备。配蓝氏，赠宜人。

　　王祖翰　字廷英，以孙金堂官，貤赠武德佐骑尉。配廖氏，赠宜人。

———————

　　①　原文缺"氏"字。

　　王臣忠　字嵩瑞，邑庠生。以子金堂官，赠武德佐骑尉。配吴氏、继配吴氏，并赠宜人。

　　巫鼎川　字其彩，以孙少白官加级，赠奉直大夫、襄城知县。配黄氏，赠太宜人。

　　巫应璜　字怀琼，以侄维咸官，貤赠修职郎、仙游学教谕。配徐氏，赠孺人。

　　巫应瑜　字存义，以侄维咸官，貤封文林郎、新郑知县。配游氏，赠七品孺人。

　　巫应秋　字桂苑，以子少白官，赠奉直大夫、襄城知县加三级。以孙宜禊官，晋赠中宪大夫、礼部主事加四级。配游氏，累赠太恭人。

　　巫少白　字虚轩，举人，官永城知县，授文林郎。以长子宜福官，封承德郎、翰林院编修；以次子宜禊官，晋封中宪大夫、礼部主事加四级。配江氏，累封太恭人。

　　巫缉咸　字敬亭，以弟绳咸官，貤赠文林郎、赣榆知县。配卢氏，封孺人。

　　巫绵咸　字瓜洲，邑庠生。例赠修职郎、以侄宜禊官加□级，貤赠奉政大夫、礼部主事。配饶氏，封宜人。

　　巫绳咸　字祐堂，进士，赣榆县知县，授文林郎。配詹氏，赠七品孺人。

　　巫绍咸　字缵亭，监生。以侄宜禊官加级，貤赠奉直大夫、礼部主事。配胡氏封宜人。

　　巫宜耀　字远斋，廪贡生。以弟宜禊官，貤赠儒林郎、翰林院庶吉士。配胡氏，封安人。

　　江临海　字淮川，以外孙巫宜福官，貤赠儒林郎、翰林院编修。配魏氏，赠安人。

　　巫宜福　字鞠坡，官翰林院编修，授承德郎。配胡氏，赠六品安人。

巫宜褉　字雨池，官礼部主事，覃恩加四级，晋授中宪大夫。配胡氏，封恭人。

简　英　字峙南，庠生。以子际隆官，赠修职郎、南安学训导。配廖氏，赠八品孺人。

吴鸿磐　字羽翯，例贡生。以子绍祁官，赠修职郎、顺昌学教谕。配赖氏，赠八品孺人。

赖霁升　字允斋，由例贡捐职州同。以子受文官加级，封奉直大夫、九江府同知。配郑氏，赠宜人；配何氏，以子受书候选江西按察司知事，封正八品孺人。

赖受文　字奎垣，监生，官江西布政使司理问，历任袁州、九江二府同知，加级，授奉政大夫。配吴氏，赠宜人；继配江氏，封宜人。

王郁庭　字亨吉，以孙祁三官，貤赠文林郎、宁海知县。配陈氏，封七品孺人。

王朝锡　字家瓒，以子祁三官，封文林郎、宁海知县。配陈氏、继配□氏，并赠七品孺人。

廖希震　字扬林，以孙龙章官，赠武略骑尉、南澳千总。配林氏，赠安人。

廖名珠　字莲传，以子龙章官，封武略骑尉、南澳千总，晋封武德骑尉、平海营守备。配吴氏，封安人，晋封宜人。

廖龙章　字赓隆，授平海营守备，署本营参将事，封武德骑尉。配黄氏，封宜人。

郑命三　字锡堂，授文林郎、松滋知县。以子赐图官，封文林郎、偏关知县，赠崞县、荣河知县。配赖氏，封孺人。

郑赐莲　字香溪，以弟赐图官，貤封文林郎、荣河知县。配江氏，貤赠七品孺人。

郑赐图　字伊溪，授文林郎、崞县知县。配马氏，封七品孺人。

赖天香　字青园，监生。以孙鉴辉官，貤赠文林郎、馆陶知县。配田氏，赠七品孺人。

赖维纲　字蕃华，监生。以子鉴辉官，赠文林郎、馆陶知县。配黄氏，赠七品孺人。

廖鸿章　字南崖，以本生孙文锦官，貤赠朝议大夫、南阳府知府。配汪氏、黎氏，貤赠恭人。

廖王臣　字瑞百，邑庠生。以孙文锦官，貤赠儒林郎、翰林院编修，晋赠朝议大夫、南阳知府。

廖　堂　字锦庄，以子雯藻官，赠修职郎、房山县县丞。配□氏，赠八品孺人。

廖成裘　字鸿光，以子瑞开官，封武德骑尉、兵部差官。配张氏、葛氏、范氏，赠宜人。

廖成祺　字清光，以侄瑞开官，貤赠武德骑尉、兵部差官。配黄氏，封宜人。

胡继先　字敬中，六合县典史。以子咏官，貤封登仕郎、许州吏目。配张氏，封孺人。

胡缵先　字启中，以侄咏官，貤封登仕郎、许州吏目。配饶氏，封孺人。

胡　谦　字淮瑞，以子国楷官，貤封登仕郎、长山县典史。配饶氏，封孺人。

胡　诏　字洲瑞，以侄国楷官，貤封登仕郎、茌平县典史。配张氏，封孺人。

赖际清　字念蓼，监生。以子篇官，貤赠修职佐郎、侯官学训导。配王氏，赠八品孺人。

许必山　字□□，以孙振超官，赠武略骑尉、广东顺德营千总。配王氏，赠安人。

许甘霖　字□□，以子振超官，封武略骑尉、广东顺德营千总。配刘氏，封安人。

　　罗逢垣　字成斋，例贡生。以子瑞凤官，赠武略骑尉、浙江湖州所领运千总。配王氏，封安人。

　　罗见田　字龙堂，监生。以弟瑞凤官，貤封武略骑尉、浙江湖州所领运千总。配孔氏，貤封安人。

　　郑台观　字亮成，以孙步衡官，貤赠武略骑尉、诏安营千总。配吴氏，貤赠安人。

　　郑搏万　字应隆，监生。以子步衡官，赠武略骑尉、诏安营千总。配赖氏，赠安人。

　　陈映雪　字永春，监生。以子梦莲官加级，赠□□大夫、长武知县。配张氏，赠宜人；继配张氏，封宜人。

　　郑命章　字泉堂，附贡生。以子赐兰官，赠文林郎、兴安知县。配黄氏，赠七品孺人。

援例封赠

国　朝

　　卢震行　以孙宏谋捐州同，貤赠儒林郎。配张氏、阙氏，赠安人。

　　卢成永　以子宏谋捐州同，赠儒林郎。配陈氏、郭氏，赠安人。

　　郑荣周　字嗣碧，以孙英华捐州判，赠征仕郎。配陈氏，赠从七品孺人。

　　郑彤云　字霞昭，以子英华捐州判，封征仕郎。配廖氏，赠从七品孺人。

　　赖德璋　字省园，以孙霁升捐州同，貤赠儒林郎。配陈氏，赠安人。

　　赖秉珪　字怀琳，监生，以子霁升捐州同，赠儒林郎。配邱氏，赠安人。

赖霁明　字述园，以子富捐按察司经历，赠文林郎。配陈氏，赠七品孺人。

卢东佐　字瞻亭，监生，以孙常庆捐州同加二级，貤赠奉直大夫。配沈氏、罗氏，并赠宜人。

卢尔佑　字锡纯，监生，以子常庆捐州同加二级，封奉直大夫。配姜氏，封宜人。

卢焕其　字闇夫，以孙国宝捐州同，貤赠儒林郎。配廖氏，赠安人。

卢孚益　字孚园，以子国宝捐州同，赠儒林郎。配阮氏，赠安人。

卢兆鲲　字翼庭，以孙翎捐千总，貤赠武略佐骑尉。配黄氏，赠安人。

卢汝云　字霁亭，武庠生，以子翎捐千总，封武略佐骑尉。配陈氏，赠安人。

卢国屏　字瞻裕，监生，以孙通志捐州同，貤赠儒林郎。配陈氏，赠安人。

卢日爌　字健绳，监生，以子通志捐州同，赠儒林郎。配沈氏，赠安人。

卢锦钊　字观村，监生，以孙世超捐州同，貤赠儒林郎。配赖氏，赠安人。

卢玉映　字蕴山，监生，以子世超捐州同，赠儒林郎。配包氏，赠安人。

卢绣朝　字彩园，以孙纪万捐州同，貤封儒林郎。配傅氏，赠安人。

卢健飞　字闽显，监生，以子纪万捐州同，封儒林郎。配阙氏，封安人。

王向日　字葵信，以孙周绪捐州同，貤赠儒林郎。配饶氏，赠安人。

王步瀛　字学洲，邑庠生，以子周绪捐州同，赠儒林郎。配□氏，赠安人。

陈文绍　字□□，以孙建纶捐州同加级，貤赠奉直大夫。配江氏，赠宜人。

陈奋庸　字盛发，监生，以子建纶捐州同加级，封奉直大夫。配许氏，封宜人。

卢　乾　字惕愍，监生，以孙九皋捐州同，貤赠儒林郎。配马氏，赠安人。

卢梅羹　字和轩，监生，以子九皋捐州同，封儒林郎。配熊氏，赠安人。

戴亮召　字继光，以孙群鸿捐州同，貤赠儒林郎。配张氏，赠安人。

戴秀实　字蓝华，以子群鸿捐州同，赠儒林郎。配赖氏，封安人。

赖立廷　字存赤，以孙斐英捐州同，貤赠儒林郎。配简氏，赠安人。

赖良士　字□哉，以子斐英捐州同，封儒林郎。配苏氏，封安人。

赖居正　字裔正，以孙奎玉捐州同，貤赠儒林郎。配阮氏，赠安人。

赖青云　字升云，以子奎玉捐州同，封儒林郎。配巫氏，赠安人；卢氏，封安人。

胡　达　字聪林，布政司经历加级，捐封奉直大夫。

张书绅　字玉堂，以子致和捐州同，封儒林郎。配卢氏，封安人

张致和　字位亭，监生，捐州同，授儒林郎。配吴氏，封安人。

苏充美　以孙文澄州同职，贻赠儒林郎。配林氏，赠安人。

苏克孚　以子文澄州同职，捐封儒林郎。配卢氏，封安人。

恩　荫

国　朝

孔传缵　荫袭恩骑尉。顺治三年丙戌，邑人孔念厚代父孔贞乾死于贼。事见《孝义传》。雍正三年，奉旨旌表，崇祀忠义、孝悌祠。乾隆五十七年，蒙上谕赏给恩骑尉，俾念厚子孙世袭。嘉庆六年，抚宪江札催孔念厚玄孙传缵，补恩骑尉世职，分发各标习学，照例支给俸饷。若愿文试者，即以本职顶戴作为文生员；愿武者，作为武生员，准其一体应试。

马瑞征　嘉庆三年，以父马琳荫袭五品。

许朝钟　嘉庆四年，以父振超阵亡，荫袭云偏①尉。

许大鹏　朝钟子。道光元年，荫袭云偏尉。

---

① 偏，原文为"骗"。

永定县志卷七

疆 域 志

　　昔秦改封建为郡县，后世因之。魏晋以来，一郡分为四五，一县割成两三，要其经略所至，莫不询其封域，考其都鄙，告于史氏，著之方册。永定自明中叶析上杭地建县，记里图①之遐迩，详版籍之大小，作《疆域志》，俾咸知永定申画郊圻，慎固封守之意云尔。

县 境

　　永定县，明成化十五年析上杭地建，在汀州府正南三百六十里，距闽省正西一千五十里，北达京师六千里而奇。

　　四至斜方，周五百二十里。

　　自东之南奥杳山至东南隅案山之黄濂礤②六十里，界平和县；

　　自黄濂礤至西南隅之永溪口一百二十里，界广东大埔县；

　　自永溪口至西北隅之分水岭一百四十里，界上杭县；

　　自分水岭至东北隅之清风凹一百四十里，界龙岩州；

　　自清风凹至奥杳山六十里，界南靖县。

　　县治东北至漳州界一百里，曰清风凹；

---

①　图，原文为"侯"。
②　礤，原文为"滦"。下同。

东至南靖县界八十里，曰佛子隘；

东南至平和县界七十里，曰芦溪凹；

南西至大埔县界二十里，曰箭竹隘；

西北至上杭县界六十里，曰官田；

北至龙岩州界百[1]十五里，曰水槽隘。

西北以分水岭为界。昔为汀州孔道，今则太平里往上杭由之。

东南以三层岭为界。金丰里往大埔由之。

西南以大塘头为界。舟行至炉下坝起陆，往大埔由之。

五里一十九图

明制，城中曰坊，近城曰厢，在野曰乡、都，就乡都而画为里图。旧志云："明以一百一十户为里，推十户为里长。余百户为甲，总为一图。本邑十九图，即十九里。又统称五里者，犹五乡、五都云尔。"故今编审解册，尚称本县五都云。

溪南里

领图五。宋名兴化乡，明初编九，后省为六。分县时，析出第三图，溪以西者，仍属上杭。余五图隶本县。在西南境。逾县治而接丰田，山水错互，聚落星繁。乡村大小凡一百而有三。

由县城至瓮窑前、下坑、大洲、铁坑、杭陂（俱近城）、箭滩冈，五里；

箭滩[2]、中坑、黄坑、流畲、下龙门，十里；隔背、窑前，二十里；上龙门，二十五里；竹瓦窑、小平水，三十里；

---

① 原文缺"百"字。

② 原注有"十里"。以下同里数者均予省略。

南漈，二十里；

新彩①，二里；龙漈，三里；南坑、兰地，十里；上下畬，二十里；

古镇，五里；黄竹隔，八里；小坑、大坑，十里；断鉄背，十五里；郑坑、龙安寨，十里；桃坑、大坪，二十里；伯公凹，二十五里；赤竹坪，三十里；

杨梅树下、岭背、车田、蓝冈、务义坪、吴田背、李坊、殿前，二十里；凹下，二十五里；水城寨、仙师宫，三十里；

深塘，二十五里；湖洋里、双井边、茶树下，三十里；恩全，三十五里；黄坑尾，三十里；折滩②、横桥、华峰乡（旧名斜坊）、象牙、河口，四十里；三坝，四十五里；

石鼓坑、锦峰乡、木梓坑、葫芦坪，三十里；占彩窝，三十五里；

倒水里，五里；枫山市、杨桥上、赤竹凹、员坝、半铺、西湖寨、南山下、蕉坑，十里；石陂头，十四里；秀溪背、乌石下（又名玉石坊）、十五里；章塔、古木乡，二十里；卓坑源，二十五里。自枫山市以下，在金沙二十二坊内，旧志以金沙统之。

石乾，二十里；蜡石下，十五里；秀山背，二十五里；坝塘尾、象窟、象东桥、仁梓村（旧名鱼子寨）、西洋乡、书华堂（旧名苎麻塘）、瑞峰村、罗水崬、秀富（旧称小阜）、大阜，三十里；黄屋背，四十里；

礼田，五里；黄柞头、罗坑，十里；小新村、黄泥塘、胡家地，二十里；七桥，二十四里；江坑、萧地、华阁（在三峰崬下），二十五里；赤寨，二十六里；芹菜洋、杉树下，三十里。

---

① 新彩，即今新寨。
② 原在三坝后。

金丰里

　　领图四。宋名乡，明初编十图，后省为四。在县境之东南，四面阻山。乡村大小凡四十有四。

　　由县城至新村，二十里；平水，二十五里；笙竹，三十里；高地、岐岭，四十里；泰溪，五十里；莒溪、黄泥坪、湖坑，六十里；

　　大陂腹，六十五里；塞乾、洪坑，六十六里；大岭下，六十八里；溪口，七十里；苦竹，七十五里；窑下，七十里；岩背，八十五里；高头、南溪，八十里；奥杏，七十里；

　　陈东坑，五十里；圆墩背、蕉坑、茅舌、苦通，六十里；

　　条河，三十五里；双管，三十七里；洋背，四十里；古洋，四十五里；多兴，五十里；月流，五十五里；

　　下洋、太平寨，四十七里；中坑，五十里；下赤坑，五十五里；上赤坑，六十里；大水坑，七十里。界平和，东至深坑里大崠头直下为界，左系上杭山，右系平和山。

　　觉坑，五十五里；磜头，六十里；司边，五十五里；东洋，六十里；增坑，六十五里；翁坑尾、沿田，七十里。

丰田里

　　领图四。宋名安丰乡，明初编十图，后省为四。在县境之东北，贯中而接溪南，支条纡演，乍旷乍僻。乡村大小凡一百一十有七。

　　由县城至桥子头，二十里；罗滩、黄土灌，二十五里；下湖雷、前坊、黄泥前、石坑，三十里；白崠下，三十五里；上湖雷，四十里；增瑞坑，四十五里；尺度村、石城坑，五十里；

　　塘村、华峰崎，四十五里；鸭妈坑，四十里；

　　罗陂，三十五里；深渡，四十里；弼鄱、坪上、莲塘、溪东，四十里；溪口、象牙、潘坑、岭子头，四十五里；堂堡、赤径、塘头、大塘里、水口、宝溪、湖塘里、河坑、倒水坑、鸭妈坑，五十里；黄砂，五十五里；高寨村、马山堡，六十里；上青坑，六十五里；香溪，七十里；

林家山、藕丝村，四十五里；采地、罗斗科、檬林前、洽口，五十里；新田坑、蛟塘里、马寨坑，六十里；洽溪、珠罗坑，七十里；

龙窟，五十里；华峰前、鸦鹊岭，五十五里；鸦鹊坪、杭籍。五十六里；抚溪、社前、井头、仁里、大冈、桥村、寨前、鸭妈坑、中寨、骊龙坑，六十里；水美、大坪，六十五里；杨梅坪、抚溪隔，七十里；

杏坑，六十五里；东安、黄泥湖、背头凹，七十五里；

桃源坑，六十五里；大洋陂，六十里；小横溪（即康公庵），七十五里；塘尾头，七十六里；漳坑，七十八里；

湖洋坑，六十里；畔塘山，六十五里；幽兰山、圆山，七十里；山阁，七十五里；山背，七十里；

东坑，六十三里；大路下、上屋寨，六十五里；下屋寨，六十里；贝溪、东明地，六十八里；

东埔，六十五里；大寨头，七十里；昌福山、莲花石，八十里；

苦竹坑、湖洋坑头，七十五里；

南坂、赖乾、深溪，六十八里；上寨，七十里；西坪，七十五里；背头坪、龙潭、大虞溪、小虞溪，八十里；铜锣坪、田地、枫林下、龙坑源，八十五里；观音桥，九十里；灯心洋，九十五里；

石山头、横磜下，八十五里；西坑、东坑、岭下，一百里。

太平里

领图四。宋名乡，明初编九图，后省为五。置县分四图入永定，其第五图仍属上杭。在县境之北，接连丰田，烟村相望，越岭隔水者，仅数处。乡村大小凡五十有一。

由县城迤北，逾丰田境至青坑，六十里；新罗坑，六十五里；大溪尾，六十七里；大塘坳（一名云川，坎市在焉），七十里；牛眷坑，七十五里；塘下，七十八里；田墩，八十里；北山，八十二里；上洋，八十四里；黄田，八十里；西陂岭，八十五里；石门隔，八十二里；菉竹塘，八十三里；富岭头，八十五里；富坑，八十七里；背头田，八十五里；岈头，八十八里；悠湾（旧名尤蒲），九十五里；半岭畲，一百里；

大隔，八十四里；平寨，九十里；牛路岭，八十六里；山前、礤下，八十七里；拳头岭，八十八里；白沙坑、墩畲，九十里；郑坑、木坑，九十五里；虎冈，一百里；灌洋，一百一十里；纸山前，一百二十里；占坑、坑源，一百里；

大路下，七十五里；文溪，八十里；洪源、老虎陇，八十五里；桥蓬下，八十里；长流，九十里；张坑，九十二里；寨背炉，九十五里；孔夫，九十里；

白土，七十里；南山，七十五里；佛子隔，七十里；许家山（旧名富家山），八十里；

高坑，七十里；大水坑，七十六里；巽坑，七十五里；湖洋坑，六十五里。

胜运里

领图二。宋名乡，明初编十六图，后省为十三。分县时，析出第五、第六两图隶永定，余十一图仍属上杭。在西境，村少平衍，栖谷傍崖，兼杂杭地。凡乡村大小二十有五。

　　由县城至峡头、菜地、筋竹里，三十五里；天丰村（在马石山麓）、调虞、念坑、黄砂铺、白沙炉，四十里；磜角，四十五里；丰稔寺、汤湖、合溪、凤朗、林家庄、坝头、下竹山、渡上、田背、罗围、下渡坪、田螺湖、小户磜，五十里；官田、枫山下、长滩、黎袍山（在黎袍山下）、马子凹，六十里。

廛　　埠

折滩埠　在溪南。陆行十里至仙师宫。

仙师宫　在溪南。水行一百三十里至深溪。

深溪埠　在丰田。凡外货由汀入漳者，折滩保夫至仙师宫，仙师宫保夫至深溪，保夫至南靖水潮；漳货由上出外者，深溪保船至仙师宫，仙师宫保船[①]至折滩，折滩保船至汀州府。

　　以上官埠。

炉下坝　在溪南。潮州盐、米自大埔虎头砂起陆，过半山凹入县境五里至此。船运或上深溪，或上坎市。

坎　市　在太平。船至此止，路通龙岩州。

丰稔寺　在胜运。潮州盐、米自大埔枋子坝起陆，至杭地崆头船运，由县境河口入至此。

墟　　集

东门墟，四、九期，　　　　　大院寺墟，一、六期，
金砂墟，三、八期；
以上溪南。

苦竹墟，二、七期，　　　　　高头墟，三、八期，

---

　　① 船，原文为"夫"。

奥杳墟，五、十期，　　　南溪墟，四、九期，

湖坑墟，一、六期，　　　泰溪墟，四、九期，

下洋墟，三、八期，　　　东洋墟，五、十期，

陈东坑墟，四、九期，　　岐岭墟，五、十期，

新村墟，一、六期；

以上金丰。

田地仙溪墟，一、六期，　龙潭墟，二、七期，

抚洋墟，五日期，　　　　溪口墟，二、八期，

下湖雷墟，五、十期；

以上丰田。

灌洋墟，五日期，　　　　虎冈墟，一、五期，

大排墟，八日期，　　　　大隔墟，四、九 期，

坎头墟，三、七期；

以上太平。

下溪墟，一、六期，　　　汤湖墟，十日期，

丰稔寺墟，二、七期。

以上胜运。

按：析县之初，有南以溪流为界之奏。今官田、枫山下、上渡坪，在丰稔溪之西而隶永定；河头城船篷里，在大溪之东而仍隶上杭。又有地在永而籍隶杭，如鸦鹊坪姜姓、莒溪周姓、古镇赖姓、湖雷杉树下郑姓、下寨孔姓也；有籍隶永而地在杭者，如珠圆乡许姓、望龙乡陈姓、桃源乡萧姓、旱塘里曾姓、刘家庄刘姓也。殆亦犬牙相错、郑假许田之遗意与！

永定县志卷八

山 川 志

　　《山海经》主于叙山，而水多详缀。《水经》专于叙水，亦未尝不兼列夫山。盖山川如筋骨，荣卫自然，连属不可判离。然后世之人，多叙水而不叙山，不独以水之源委易明，山之脉络难见，亦因桑经郦注，争相传诵，好学者或守为专门之业。故言水道者，皆有所本也。

　　闽中固多奇山，而永定尤在层峦叠嶂之内。其崔嵬崛崎，有梯栈所不能至，毫素所不能述者。然而绵亘四周，若引若顾，其气苞育而不泄，涧泉交注，吞吐莘确，有奔雷飞瀑之势。盖地仅一邑，而万峰环列，百川灌输，未易缕指数。旧志于此篇特详。叙山由入境之首，顺其体势，分阴阳向背，断续低昂之道，无不显著。叙水则举三大溪以贯诸水，氾滥无所遗。文章之藻采，亦足以追踪道元。斯诚不巧之作矣。初怪其好言，支干镇翼，类术家龙脉之说。及观其后，有云夫"兴云降雨、蕃财育物以利民生者，山川之力也"，何惑①于青乌②之说？争流侵脉，遂使勺水丈山，莫非厉楷讼始，岂非人自狂蒙之咎哉！嵩岳降神，伊水启圣，申甫阿衡，岂有宅冢可凭耶？持论如此，盖以永人信尚葬术，辄相斗争，故为扶其奥以破其惑，推其全以祛其偏，有深意存焉，未可非也。

----

　　① 惑，原文为"感"。
　　② 乌，原文为"岛"。

余才谢前人，未敢改易，但以其条目未甚明晰，少整齐之，使归于一，如赵一清之治《水经》，可比于班氏功臣耳。其他则补佚正误，仅止数端，皆据今所流峙者审定之，亦非臆说也。

自龙岩之背脊，度峡至大池、小池乡，山势腾踊二十里而为小溪嶂。是为县境之首山。

龙岩大、小池乡，依于峡岬，宅畴漫衍。自此而南，则奇峦突筝，崇嶂隐天。盖地气融散之后，别有结构，如与彼州为关限也。

小溪嶂分为两支。

嶂之右支，逾七里至赤岩头，又分两支：右支二十里入上杭县境；左支落峡复起，约五里许，乃为双股火山，形如开剪，爰有此名，而山骨亦遂截断矣。旧志误以双股叉为首山，盖前人登涉询访未至小溪嶂，而士人妄指双股叉为入境之处，故有此误。今按：双股叉，乃小溪嶂右支之分支，且山势已画断，不可指为邑界群山之祖也。

其左支行八里为大缺凹。大缺凹南北中断，翠峦分披，与嶂相接，而崭岩之势较殊矣。又五里落峡至佛子岭。左有占坑水东流二十里出龙岩之黄坑，右有灌洋水西流二十里出上杭之井隍。由佛子岭迤南，复有崇山蠢起，是为笔架山。是山擘分太清，俯视员峤苍秀之彩，钟灵毓文。山阳磴道名曰田螺磘，山阴磴道名曰猴吊钩。其崎险陡峭，概可想已。旧志云："是山于县境，挨西北于县治，为子位。望若一片排峦，实则中分两条。左条障北，而东、而南、而西，凡漳州、南靖、平和、诏安、大埔、饶平诸郡邑，悉源于此。而邑之左护、面案，皆其支也。"

邑人王色灿诗曰：芙蓉拔地起，群峭断还连。碧入层霄影，青分夕照烟。挥毫谁握管，得句自警天。家近南山下，登临未及巅。

笔架山右条西趋，历崎坑山、灌洋凹，三十里至分水岭，居西北境。是为杭永分界，太平里达上杭之路经此。南折迤东十里，鸿峻而雄峙，是为茫荡洋。茫荡洋为邑之祖山，跨太平、丰田、胜运三里，湿雾层昙，非晴霄、秋霁不可见。脉由中入，顶开三洋，平衍各四五里，围以石垣、石阙，中则水泽淫衍。是有倒生竹，本小末巨，枝叶分拿，有如倒垂。乡人有缚茅垦田于此者，苗而不秀，其地高竦，气寒水冷也。分为三支：

其背出一支，迤二十里至虎冈山而止。

山前之左支，历金竹岭、九魁垒，散为太平、丰田诸山，是为干山之左翼。自九魁垒而下，又分三支，左出北行转东者，为坑源、本坑、西陂岭、黄田、大水坑诸山，至大塘坳、田心而止；中出而东行者，尽于蝴蝶坑；右出而趋东南者，北为许家山诸山，南为上青坑诸山，直至狗①子岭，又分为两支：一为湖洋坑、佛子隔、新罗坑诸山，一为南山、白土、下青坑诸山。以上俱属太平。又南行为江峰隔、新田坑、象牙、赤径诸山，至上溪口而止。以上俱属丰田。

右支南行十里，有雄峰特起，端卓如笏者，曰牛阜涌。其右分支西南行为胜运诸山，是为干山之右翼。涌右支又为黎袍山。

黎袍岩岫层垒，如衣襞积。又分为二：左为马子凹、汤湖诸山，至条宜②而止；右为林家庄、枫朗诸山，至丰稔寺而止。

邑人赖国华《黎袍山》诗曰：乾坤俯仰浩无涯，高入青霄是我家。一壑一丘团骨肉，不雕不琢自风华。远峦晴看清修邑，古树春开得意花。闲日追欢随父老，细听松下话桑麻。

自牛阜涌正为吊钟岌，南行三十里曰双髻凹。左为马山堡、香溪诸村，属丰田；右为白水漈、仰天湖、三跳石、下溪等村，

---

① 狗，原文为"构"。
② 条宜，《疆域志》为"调虞"。

则杂入上杭之胜运里地也。又十里曰黄砂崃。崃之所在，高峰入云，前后数十里，朗然在望。崃之左分支，东北逆行，为堂堡、下溪口、潘坑、莲塘诸山，内有富有崃，尤为高秀。又五里曰菜地凹，又五里曰柞树凹。自牛阜涌至此，山以东皆属丰田，山以西皆属胜运。自凹左右，张翼横展十余里者，桵山嶂也，是为邑之后襟。嶂距县城三十里，登城之北楼遥瞩，状如列屏，故昔人称为八景之一，曰"桵嶂连屏"。

知县王环诗曰：桵山崒嵂势重重，横向天开压四封。树色远笼金翡翠，岚光斜映绣芙蓉。浓云拨黛堆青嶂，急溜垂帘挂碧峰。百里新疆凭作镇，嵩高会见有灵钟。

嶂后西出一支为天空礤，又西曰十二排，遂至丰稔寺。属胜运。又西渡溪六里至官田，为县境正西。东出一支为藕丝寮、林家山、弼鄱坪、上罗陂诸山，至前坊止。属丰田。前为赤竹寨、新村岭、杉树下、芹菜洋诸山。属溪南。

嶂之右拨起者曰马山。山势腾骧九霄，气色苍郁。旧志曰："山有石，状如马①。"谣云："石马鸣，境有兵。"成化十四年，寇乱，太监卢胜遣人击毁之。今石马不复可见，而其山尚似天马之翘首也。溪南诸山，皆发踪于此。

嶂之左拨者曰赖利寨，与马山对峙，若耸②两肩③。寨后分支东南行，左为鸭妈坑，右④为石壁坑，至桥子头止。属丰田。是为县干山、障溪之第三重。中有阴岩、阳岩，皆洞穴幽虚，足资奇赏。其旁又有铁砧崃，铦锐如新发于硎。隔溪即湖雷乡，与

---

① 原文缺"马"。
② 耸，原文为"声"。
③ 肩，原文为"眉"。
④ 右，原文为"石"。

此相对。昔詹中丞天颜故居在湖雷，其^①母梦铁山坠怀而生中丞，是知一峰之灵钟为伟器，可与嵩高降神，踵拟前烈矣。

赖利寨之前，稍东曰银火崅，峻同于寨，广亦如之。又有三峰崅，崅亦有笔架山之称，俚俗象形，不避其复也。崅下左出一支至中坑口止。属溪南。是为县干山、障溪之第二重。崅前曰流畲冈，左出曰箭滩冈，是为县干山、障溪之第一重。

又至矿山凹，而山势大断。万历间，税监妄言此处有矿脉，凿断山根，骚扰为害，实无矿也。盖明季矿税之害几遍天下，虽幽僻山灵，不能避其锋矣。

度峡复起者为五石山。山有五石，曰狮子，曰犀牛，曰砚池，曰幞头，曰朝元，至今具存。

知县刘文诏诗曰：不是神明宰，朝元何处飞。燃犀渐朗照，伏虎愧严威。案牍劳池砚，风尘上幞衣。山头留五石，为吏作褒讥。

五石山之路，逶迤一线，经里许，始拓展为卧龙冈。卧龙冈是为邑之主山。端整舒秀，中有一脊隆起，两翅匀拱，势如翔羽腾骞城周山巅，故号曰凤城。称卧龙冈者，原以山后冈脊蜿蜒得名，今沿以称兹山矣。山势位艮，而脉迤于癸，故县署及学宫，皆坐癸揖丁，符于形象之言也。由北而南，为邑中诸山之经络。

其自马山而西南者，逾十里曰高南竹。

左分一支历太湖山、盘古嶂、分水凹，而至馒头脑。馒头脑，笼葱崒兀^②，欲冠诸岫，是亦一奇境也。其西为金砂东壁诸山，其东为古镇、黄竹隔、龙安寨、桃坑、大坪、车田诸山，皆玉笋瑶篸^③，森列其侧。而古镇尤擅佳名，居人依为乐薮。旧志

---

① 其，原文为"共"。

② 兀，原文为"元"。

③ 篸，同"簪"。

所以有"古镇烽销"之咏也。

邑人孔庭训诗曰：水绕南溪净，山连古镇平。甫余烽火熄，风静路尘清。处处闻弦诵，家家事种耕。提封十九里，老死不知兵。

自馒头脑前倒出一支北行，散为印匣山，以其顶上圆平如匣而名也。与古镇之眠象山尾，附作邑西镇。又趋鸣岐岭至于李田。旧志云："此山乃邑之右护。"

又八里曰寒水凹。凹以西属胜运，以东属溪南。寒水凹旁即通上杭之路。成化十四年，知县王环凿石开道，铭其石曰："千古乾坤，胚胎永定。成化肇分，万年归正。"接于凹者，横起大嶂，东南为章塔、黄蜂寨、赤竹凹诸山，西北为念坑、白[①]沙炉、丰稔寺、小阜礤、田螺围及凉伞嵊诸山。西北诸山，与桳山嶂西出之天空礤、十二排诸山相连。广四十里，袤三十里，层峦垒嶂，人烟绝少，田汝成《改路记》所云"两山之阻，遂为大途者"是也。今虽塘房、驿馆联络布设，实则行丛山间耳。

嶂下五里曰铜钟围，分支为三：左出者，由盐枫凹散为金砂诸山；右出者，由石壁寨散为鬼畲隔、大阜、三坝诸山；中出者，行五里曰高源山。

右分小支为石乾、书华塘诸山。又十里曰石子嵊。右分小支为西洋乡、瑞峰乡、华峰、河口诸山，至折滩而止。又十里曰洋西畲，左分为务义坪、深塘诸山，右分为茶树下、恩全诸山。又十里曰诰轴山。山之两端隆起，中横平直，故有是名。又三里曰大石下。左为锦峰乡，右为石鼓坑。由大石下断峡曰银子凹。通嘉应州大路。凹之左曰介石村，四山环合，中平广数百步，左则三峰矗起，石骨棱棱，山麓蒙泉，流灌千亩。

村人王介石诗曰：水有清与浊，犹人有智愚。水有甘与苦，

---

① 白，原文为"曰"。

犹人有瑕瑜。清者或苦涩，甘者或浊污。就下归于一，气质杂万殊。当其清且甘，又恐滴若珠。总用既有限，煤干遂或枯。我居介石村，有泉出山隅。深源涌麝沸，分流远回纡。绀寒明砂砾，冽香发杯盂。浣饪资千室，灌溉及万夫。时挹注我砚，光墨润毫须。坐令文采增，茗酿乃其余。将以拟诸人，禀赋清粹俱。品优入圣域，德盛业亦敷。所感来右眼，烈惟未全除。极能消秽滓，微觉损肥腴。岳岳夷与尹，鲁叟更何如？

右有甘乳岩，岩前石笋森立，各高大数丈及十余丈，狰狞怒健，或蹲或伏，或离立，或肩摩，若耳语。两山之间，悬瀑数折，绕涧涟漪，而入永溪。中有精舍，村人王道存读书处也。

邑人谢德安《春泉》诗曰：悬泉飞瀑涨生春，绕到庭除折几巡。带得桃花流洞口，沿溪迷却武陵人。

《夏竹》诗曰：手卷闲抛自注经，夕阳西下小山亭。纳凉人在松根坐，细看琅玕万个青。

《秋石》诗曰：云际秋高石笋长，离离透顶出山冈。晚烟横襄峰腰断，疑是长天雁一行。

《冬梅》诗曰：数株墙角老扶疏，开遍梅花介似孤。过客岭头冲腊雪，向人指点说林逋。

自凹复起为高畲山，居西南境，则永溪与汀水合流，山势不相贯属矣。

此邑右股之山之经络也。

笔架山左条为漳、潮数邑之干，支条繁衍，盖不胜纪。然山以北则皆龙岩地也，山以东则南靖、平和地也，山以南则广东大埔地也。其三面支分环抱而向永邑者，皆山之分支也。分支东行历东髻山、五高峰，又东行十五里曰尼婆崬。又分支南出至郑排落峡，度两地间涌起为莲花山，平寨、上洋、北山、大隔、田墩诸村环居于此。

山之西曰石寨。石寨高仅三十仞，石笮枯棱，如剑戟森密，岩窦奇邃。虽藏数百人，无可迹者。昔人垣其巅以避寇，承平日久，委之荒榛矣。

乡人张成章诗曰：谁剥苍山骨，雕镂想巨灵。嵌空潜鬼怪，簇刃掣风霆。阴结屯云黑，深埋战血腥。乱离怜走险，尚有铁门屏。

山之东曰石鳞山。山皆石骨，山腰有白鹤洞，石鹤一飞一鸣，宛如琢就。旁陷为井，投之石，击嘎而下，声移时乃止。顶有玉屏、丹灶。麓有洞深幽，燃炬可入，或如广厦，或如狭巷。仰视悬崖云幻，垂峰指削。里许有窦，螺旋而上，渐见天光透射，则向投石井也。返步复进，其境愈仄，或辗转作斜卧势乃入。入则复辟然，往往为积水所阻，莫能竟。

山后曰狮子石。石下有穴，注水为池。或云前洞深入，可自池窦出，亦萃，无人穷探幽妙。

张成章诗曰：石狮池接石鳞洞，地道潜通事有无。最怪三江吴楚隔，包山直透洞庭湖。

又历黄坑凹、永定、龙岩分界。水槽隘，达龙岩大路。共二十五里而至萧坑隘，是居县境之正北。其分支南出者为燕子岩。岩上有二洞，左右并列，如人之鼻孔也。左洞深广仅二丈，右洞内有若剖瓮者三，盘折连互。每入一折，辄黯然无所睹。久之，彼此相视，须眉朗然。盖石质光润，日光射照洞壁，壁光转映入右，又转映入左也。又暗行数十步，穿窦上出，则烟井桑麻，如亲謦欬于藜藿、鼪鼬之径矣。山后别开一洞，如重阿覆屋，斜磴错出。尝有六七人游其中，人各循一磴而登。出洞周仰，则有若凭窗而瞰者，有若排闼而入者，有若扶栏而过者，有若蹑梯而上者。其玲珑折皱如此。洞内多石燕，游人有携犬入者，见石燕群飞，则猖狺狂吠。而洞外之人，或闻其声如豹吼，或寂无所闻。盖洞口张翕如肺，或通或隔，故咫尺之间喧寂不同如此也。

自岩又西南行，有山曰铜鼓山，左文溪，右塘下，与莲花山相望，势趋大塘凹而止。山左石壁有倒刻"千秊"二字，阳文，不知何时人所书也。

邑人王介石记曰：太平铜鼓山，高五百仞，周回三十里，峰棱骨峭，树碧①云深。旧志云：石壁有倒书"千秊"二字，唐李阳冰篆。余读书山下十二年，登陟屡矣。寻所谓"千年"字者，正如韩昌黎衡岳觅禹碑，"千搜万索何处有"也。意名胜图经，多出于好事者诞说。而邻近州邑，以铜鼓名山者不一，或所指不必在此欤！

乾隆甲戌，余方从事邑志之役，削而不书，且缀数语为辨。暇日，复偕诸子陟极巅眺览，已无复寻求石字意。归途别取山左小路，里许，绝巇嵯②岩，石壁胸矣。两旁峻削，下临无际巇险，非人迹可到。对望石色苍黝，黯黯有镌凿痕，谛视，则倒书"千秊"字也。"千"字楷，"秊"字从禾从千。《书》云："禾一岁而熟。"故"秊"字从禾，又从千为声，盖古字也。山有谣云："铜鼓闻，岁大稔。"其以此欤。字径尺，镌作双钩，睒睗不辨，指省，人皆朗然。惟"秊"下"千"画，滤不可识。盖字本倒书，第一横为积淄漫灭也。低徊久之，欣然有得，又爽然自失。苏子云：事不目见耳闻，而臆断其有无，可乎？谅哉！

若所云李阳冰篆者，阳冰、天宝、乾元间人，于时汀州山峒初开，其游履固未至此，且字非篆体，其为傅会③无疑已。因为诗曰："三代古文留遗迹，多铭钟鼎少书石。岐阳石鼓始周宣，继此琅玕之罘峰。方碑圆碣终移徙，唐宋以来乃镌壁。或于深洞或岩阿，近在平夷未奇特。铜鼓山头峰砐硪，上陡下削高无极。有石隆然面势开，倒书千秊字径尺。初疑石泐冰裂痕，又疑雷文

---

① 碧，原文为"壁"。

② 嵯，原文为"堪"。

③ 傅会，同"附会"。

飞霹雳。注观老健作双钩，分明斧凿深锼刻。想象当时欲下锤，凭虚岂有御风翼？将从地底架天梯，凌空接笋谁能植？不然悬腰倒绁下，百丈绳牵定丧魂。嗟哉古人真好奇，不顾躯命殉题勒。矢心字待留千年，只今千年尚可识。愧余他日搜不到，辄以讹传删故册。岂知天壤古怪多，有无安敢凭胸臆。指点同游仔细看，申作长言记其实。水底鹤铭岣嵝文，寄语后贤莫轻测。"

旧志云："昔传有铜鼓从空而下，至山腰击石裂泉，溢为巨井。下有二湖夹左①右，曰铜鼓湖。今山无井，亦止有一湖，积水灌田，经冬不涸。"又云："山周数百里，跨上、永二县界，则形势脉络，胥失之矣。"自尼婆崠至此，岩洞胜者四五处。隔溪支分，自九魁垒而来者，又有狐狸石、灵鹫山、龙显岩，皆洞壑可游。王世懋《闽部疏》述裴太仆语云："永定接龙岩界，奇洞极多。"信矣。

又二十五里曰寨背炉。分支南出，历张坑山至东风凹。东丰田，西太平。西南行者，散为长流、洪源、桥蓬下、大路下诸山，至冶溪口止。西南转东北者，散为大坪、井头、背坑、南扳、上寨诸山，至西坪止。

又十五里曰寒袍崠。是峰嵷巃积翠，气雄一方。其支北出者，由龙岩入漳平界，而漳州府及南靖各山脉，皆本于此。南出者，为田地、枫林下、龙潭、铜锣坪诸山。

又三十里曰博平岭，其巅为清风凹。岭居县东北境，达漳州之大路也。

自是，山势转南，行三里曰圆岭。宋丞相文信国公曾驻节于此。有碑纪之。圆岭为永定、南靖、龙岩分界。旧时，从此路至水潮以达漳州，后改由博平岭而行，径至水潮矣。分支西南行，历虞坑，至龙潭止，其间有龙岩、非龙岩州也。鳌鱼石、水口诸

---

① 左，原文为"在"。

胜。龙岩者，在虞坑背，山岩如厦，室有石龙，纹大如柱，长数
丈，头、角、爪、鬣毕具，与龙[①]岩州之龙岩古洞相仿佛。鳌鱼
石，在虞坑村，巨石穹然，张口空腹，可容数百人，顶如悬钟。
其水口则竦岩峭壁，苍然如玉，石峰耸秀，石根透脱，老藤古
藓，结罩蒙密，汀郡城东有苍玉、霹雳诸洞，皆不逮是也。

随涧桥曲折而上，在田、在路，怪石嶙嶙，皆具辉山留云之
态，但未经搜剔濯洗，山灵亦疏于选客耳。

邑人卢致诗曰：一憩虞溪一怅[②]然，足音空处草含烟。非因
扃幌山回俗，也似破舣石不圆。苔谱篆文嘤鸟读，岩舒冷箄懒云
眠。桂舟绝胜桃花岸，迷路谁寻晋汉前？

又十里曰西漈，分支西行至琼山崠，又分为三：北支至背头
坪，中支至上寨，南支为莲花石、苦竹坑、东峭诸山。又五里曰
白石凹，凹下为灯心洋。丰田、金丰分界。有水流入于南靖界，
居民亦多隶靖籍，而地则仍永定所辖也。

逾凹分为西南、东南两支。

其东南支，界于南靖，历县境正东上佛子隘，行四十里为高
头、奥杳、南溪、湖[③]坑诸山，所自者曰银山崠、曰金星寨。又
与平和为界，行二十里为泰溪、黄泥坪、莒溪、月流诸山，所自
者曰葛山崠、曰马脐崠。又二十五里为上赤坑、下赤坑、沿田诸
山，所自者曰锅子崠。又二十里至案山之黄濂漈，居东南境，则
永定、平和、大埔分界矣。案山绵亘百里，三邑各据一面，其势
趋饶平入于海。窟穴深阻，塞林蔽密。往时，黄宜加、曹昌隆啸
聚数百人四出劫掠。康熙四十九年，游击沙永祥领兵搜捕之。

自白石凹左出至黄濂漈诸山者，金丰里之东壁，邑左翼之外

---

① 原文缺"龙"字。
② 怅，原文为"帐"。
③ 湖，原文为"胡"。

护也。

　　由白石凹右出，西南行十五里为上石山，苦竹、大坪山其分支也；又二里曰层石山。两山怪石崔巍，耸特天杪，远望若三衢之江郎石。自是东极南靖之礁头、梅林，南极金丰之下佛子隘，西北极丰田之东埔、岭下，周五六十里。高崖堑谷，羊肠路错，下不可辨。山下岩背村，即顺治十四年土寇罗郎子、温丹初盘踞之处也。

　　又十五里曰东华山。斯山嵯峨千仞，石峰攒簇，旧为虎穴。羽士黄华音开荒结庐，虎患始息。当秋深乍晓，白露弥漫。久之，山尖微露，如园笋苗生，俄顷骤长。及阳曦上吸，又茫如洋海矣。山门危径欲坠，突起一拳，有石方平，旁列石可坐数人，曰棋枰石。石壁旁裂数丈，斜透日光，曰一线天。其左有山穴嵌，风入作桴鼓声，曰石鼓。林深多猿猴，时悬崖走壁，与游人嬉逐。每岁春秋，辄有群猴取冢间纸，环挂于绝顶天池峰，陈果而祭。相传其上有猴王墓。

　　邑人卢子文诗曰：选胜东华山，扶筇及朝发。逶迤仄径斜，幽涧濑跳越。翘首浮云端，有门若天阙。盘磴悬千寻，古藤垂百尺。仙人何处去，棋枰留遗迹。崖偏①烟树迷，殿角画然截。石室草传青，丹丘砂带碧。杰阁倚危峦，如灯孤挂壁。折旋三四层，钩心斗石骨。胁息上天池，猴狖相出没。双髻堆黛螺，五指搁明月。苍宇正秋高，远眺恣雄豁。穷探意未已，白日忽已夕。归来宿中峰，长夜屡披阅。

　　山之东分出一支，至下佛子隘，左出为苦竹诸山，右出为五指峰，散为陈东坑、湖坑、洪坑诸山。又五里曰杨梅隘，十里曰草子湖，又十里曰大雪嵊。自东华山至此，山以东属金丰，山以西属丰田。

---

　　①　偏，原文为"遍"。

　　自此分支北行为石城坑、康公庵诸山，转西南至光山寨。又左分一支为虾公崎、石坑、下湖雷诸山。本支历龙窟岭、瑞堂山、大人崠、白崠至洋泥前止，其阳为增瑞坑、上湖雷诸山，其阴为龙窟、李龙坑、阿鹊坪、抚溪隔、洽溪、马寨坑、檬林前、溪东、深渡、北角诸山。俱属丰田。又二里曰高地凹，又三里曰八字崠。

　　分支西行为小平水、竹瓦窑、黄坑。小平水又分支东行为双髻崠、秀才岃，转而北行历伯公凹、香炉寨，至铜鼓寨止。其阳为赤竹坪、埔坑诸山，其阴为石壁下、塘坑、团村、小冈村、秧地背诸山。铜鼓寨山之阳为龙岩驿，后置上杭场，即今下湖雷也。山之尽处有个潭书屋，为詹忠节公读书处，今遗址无存矣。自黄坑北行为罗滩、黄土灌诸山，南行为上龙门、箭滩诸山。黄坑以北属丰田，以南属溪南。又十里曰水湖崠。自此以下，山以东属金丰，山以西属溪南。

　　分支东行，历笔竹凹至岐岭，雄峰倚天，尖岐为二，一方之表也。散为戊子桥、古洋、陈东坑诸山，至泰溪狮子潭止。

　　又五里曰平水凹。凹前右出为畲里，又为下龙门山。昔人爱其苍翠幽静，标目之曰"龙门樵唱"，亦深谷中佳境也。

　　邑人孔庭训诗曰：蹑足上龙门，云深碧树蕃。烂柯人不见，伐木句犹存。响答渔歌晚，声随天籁喧。疏风传远韵，遥入夕阳村。

　　廖枫《避寇龙门道中》诗曰：畏读当年行野诗，流离此日更堪悲。担飘风雪扶筇急，桥断山蹊得路迟。有客不能充麦饭，无家何处望晨炊。莫须张俭高门启，子母相将信所之。

　　度梨子凹至阔滩头止。畲里之北顿起一峰曰贵人峰，端植尊严，与龙门山并峙，作邑东镇。逾凹右出南行为白叶凹，又为巽峰。旧有"巽峰迎旭"之景，即此是也。

　　邑人熊兴麟诗曰：岭表净朝烟，红光遍海堧。孤峰伸半臂，擎日快登天。消得群烟伏，催将众动连。余霞明的的，皓魄又澄鲜。

又为钓鱼崍。是诸山皆邑之左护。钓鱼西委，方幅平亘者，曰挂榜山。

邑人林桢诗曰：冠世文章绕地开，名山崛起胜蓬莱。霞明嶂外霓裳舞，露布岚间玉笋栽。支遁与钱难买去，谢公有句待携来。寻芳不惜扶藜杖，得路青云入上台。

是邑之正案，与印匣山下之南堤、眠象山隔溪互抱，则又邑之内关也。

平水之左出者，行十里曰当风凹，又十五里曰岃顶坪，居县境之正南。永定、大埔分界，自此以下，山内皆永定，外皆大埔。分支东南行至黄柞坑，又分为二：南出者曰三层岭，金丰达大埔之道也，为埔邑祖山。其支散为东洋、沿田诸山，东出者散为司边、角坑、中坑、下洋、洋背诸山。俱属金丰。

自岃顶坪西行[①]四十里至松柏嶂，中间水珠崍，两山岬角，界流瀑水，即昔人所称为"水珠叠翠"者也。

教谕谢弼诗曰：崖泉飞瀑落珠玑，双洞名留旧日题。蟛组纹交苔径绕，水晶光动夕阳西。回波荡漾花飘雪，滴地缤纷玉溅泥。几度登临携杖屦，云深不辨路高低。

知县赵良生诗曰：青山界破落飞湍，搅雪翻银峡势宽。老树烟迷晴亦雨，阴岩风卷夏犹寒。只应野客携琴听，消得闲僧倚杖看。疑是凌波仙子下，曳来环佩玉珊珊。

雪竹峰圆秀耸拔，丁峰位邑治南，县署、儒学拱对之。峰后即箭竹隘[②]。鹞子崍则有奋身昂首之势，双岐峰亦并肩竞秀。诸峰罗列案外，城头一览，如玉笋班联也。山下为上畲、下畲、南

---

①　"西行"二字校补。

②　隘，原文为"溢"。

溁、龙溁、兰地、大坑、小坑诸村。

又五里曰桃坑嶂，又五里曰大石门，又十里曰赤竹坪，山分支逆行至隘子岃，散为水城寨、凹下、李坊、杨梅树下诸山，至桃坑口止，与大坪、车田山隔溪互抱，为邑之外关也。

又八里曰大塘头，路通大埔。其峰曰犁头寨。大塘之上，拔起孤峰，群峦绝附，若不可攀跻。而寨上本有招提，夕阳披闳，见点点烟村，溪流一线，仿佛李长吉梦天游也。又五里度半山凹，与大埔分界，粤货入永，接连大路。至满山红，与隔溪右条之高畲山夹峙为永溪口，而邑界止矣。此左条山之经络也。

自满山红回北为响石山。山有石怀响，前后寂无所闻，至石下则若惊涛怒浪，排山倒海。于其中过者，为之动魄。本名响溁石，以其声似水从高泻下也。俗音混为纺绩石，府志作"怀响石"。

邑人江联辉诗曰：能言石偶尔，怀响更稀奇。鼓似春雷动，声如万马驰。非因风怒窍，不见水流渐。索解殊难得，肠鸣腹自疑。

又为天紫寨，与犁头寨争发危险。盖山气壮盛，是皆余力之所结撰也。

合邑之山，统而计之，小溪崠、双股叉而下，乃其首也；佛子岭，咽喉也；笔架山分左右，两条臂也；至高畲山、满山红左右条，合足也。其中，左丰田、右太平，胸也；溪南，腹也；左条白石凹分支而下，右条牛阜涌分支而下，两手也；金丰、胜运各居左右肘之间，不俨然肌肤之会、筋骸之束也哉！

永定之山，一气罗络。故他境之水，涓滴不入。昔人随地命名，一水而称数溪。总其实，不过左、中、右三条而已。中条经县治者，源始于永，委讫于永，为永定溪。左条流金丰两壁间，尽全里之水而出大埔，为金丰溪。右条丰稔溪，源自长汀铁场，经龙岩、上杭地，至坝头入永界，流五十里而出河口，东永定，西上杭，奏请开邑之疏所云"南以溪流为界"者，此也。永之水非永境之水也。[1]

永定溪来自丰田、太平，分流至洽溪始合。

其来自丰田者，源于西坑，东流二十里至东北博平岭下，左五里有东坑水注之。屈而西南流十里，左受圆岭水，右受铜锣坪水，至龙潭。右有田地水由官斜尾至龙潭、礤角注之，左有大虞坑水于背头坪注之。又五里至西坪，有枫林下水由石碧溪来注之。又十里，左受莲花石、东埔水、西礤水，右受观音桥、西坪水，背坑、南板水，经深溪有打石坪水注之。又三里至东埔，左有楮树坪水、横路下水、昌福山水，由苦竹坑来注之，右有山背水于背坑口注之。又三里至大路下，有东安水、湖洋坑头水，由背头凹合流来注之。又二十里至抚溪，而阿鹊坪之水左入焉。阿鹊坪水有三源：一源于草子湖，合康公庵水；一源于杨梅凹，经[2]东安；一源于龙窟岭，经麻公前。各流二十里，合经阿鹊坪，又五里始注于溪。又有彭古寨水、池坑水等，俱合流而注之。

又十五里，左受李龙坑水，右受井头水、大坪水、桥蓬下水，西经抚溪隔而至洽溪。

其来自太平者，源于西北分水岭，东流二十里，左受段畲水、白沙坑水，右受坑源、虎冈水、郑坑、木坑水。经西陂岭。又南流十里，左受山前、上洋诸村水，大隔、北山、田塅水；右受黄田水，至高陂。左与塘下水会。塘下水源自半岭畲，西流经悠湾至傅坑，左合岁头水，右合水槽凹水，又经富岭头。右合平

寨水，自此转南，水伏地行，春夏暴涨，始流地面，经石门隔。
至塘下复出地，而至高陂，其流二十五里。高陂旧通舟楫，列肆
成市。康熙四十年，水渐涸，商贾遂不泊于此矣。

又南流五里，左受牛脊坑水，至双溪口。右大水坑、高坑水
注之，左则大路下之水入焉。大路下水源自寨背炉，南流经张
坑，又西经长流、洪源，洪源水入焉。至文溪，合隔背、孔夫
水，南经大路下，至坎市通舟楫，又至双溪口。其流三十里。

又二里至大溪尾。右二十里，许家山水、湖洋水经佛子隔注
之。又五里经新罗坑而至洽溪，与丰田之水会矣。

自洽溪西南流三里，经下青坑，右七里南山、白土水注之。
又南流三里，经马寨坑口，左十里马寨坑水注之。自此下，西南
行至隔口，凡十二里。两岸崇山陡立，草树丛密，舟行者取薪以
给。左则李公畲水、黄山崎水、石东坑水、檬林前水，右则江峰
隔水、薪田坑水、隔口水，各十余里以次注之。江峰、隔口有磨
石滩，建瓴高泻，遇水涨则雪浪翻空，旁无缧路，下舟如驶，上
者皆束手矣。

又西流五里，右受象牙水，至溪口，而赤径之水自右入焉。
赤径水源自珠罗坑东南，流经马山堡，合上青坑水，又合香溪
水。香溪出口，两山蚪结，远不一里，逐水回互，则三四里也。
人行山半俯视，水流寸寸如断线，芬乱声淙淙上闻，耳目为之清
旷。至堂堡，又合黄砂水，经赤径至溪口南注溪。其流三十
五里。

又南流转西南五里，而坪上之水自右入焉。坪上水，一源于
菜地凹，东经藕丝寮、林家山，合潘坑水，出坪上之上入溪，其
流二十五里；一源于岭子头，东经弼鄙，出坪上之下入溪，其流
十五里。

又东南流转西南，行三里，左受溪东水、深渡水，经罗陂，
又屈而东，四里经下湖雷。其左有上湖雷水，行十五里合增瑞坑

水。又有大雪崍水，行二十里经虾公崎，合团村水、石坑水，与
上湖雷水并来注之。又西一里，左受巩桥坑水、赤竹坪、堨坑等
水。又经鸭妈潭，右受前坊水，又有鸭妈坑水注之。潭下有滩，
矶石齿齿，水浅则石露，水高则浪平。惟石没一二尺，则惊涛怒
卷，舟触石立碎。往时复溺多人。近乡人于滩头立天后庙镇之，
患稍息。然临滩无可措救，识者谓滩石与湖雷岸石平。倘水没岸
石，宁舣舟以俟水消也。

又西南流五里，左受黄土灌水、罗滩水，经桥子头，右十五
里石壁坑水注之。又五里，至龙潭。潭左深黑，岁旱祷雨，以热
铁沉之，辄作云雾状，甘雨遂降。

又三里，经中坑口，右十里中坑水注之。又二里，经箭滩，
上有温泉，而上龙门之水自左入焉。上龙门水，源出于小平水，
西南流经竹瓦窑，又经上龙门，此下为石漈者三。漈高十余丈，
瀑走白虹，倾珠喷雾，匡庐、石门、黄山、九龙诸飞瀑，堪为伯
仲。惜湮没，此僻仄也。至箭滩入溪，其流二十里。

又西南流十里，右受流畬水、箭滩冈水，经大洲，左十八里
畬里水合贵人崍水，经下龙门来注之。洞口有温泉，浴者甚众，
或指为邑中八景之一，曰"温泉晚浴"，即其地也。

教谕李基益诗曰：相邀何所适，澄湛一泓春。若尽如斯水，
当无浊垢人。波中才问影，衣上亦消尘。归路无妨晚，行歌月
色新。

又经城东，龙冈桥东，舟人多停泊于此，故有"凤渚①维
舟"之景也。

知县赵良生诗曰：溶溶一镜平，驾言泛南浦。浅醮绿波柔，
垂杨正娇舞。招客共开樽，临流更怀古。孤鸟掠还飞，游鱼纤可
数。向晚莫催归，停桡宿溪浒。

---

① 渚，原文为"楮"。

左有白叶凹、铁坑水行十里来注之。绕城东而南，凡三里。左受下坑水，右则西溪水入焉。

县北三十里棕山嶂下赤[1]寨、杉树下、芹菜洋、萧坑，各有水源，南至李田合流。又合黄泥塘、新村水、倒水，经县西杭陂。上有鳌石，渔者所集。好事者目之曰"鳌石渔歌"。

知县赵良生诗曰：石鳌水绕碧于苔，小泊前湾近钓台。一曲沧浪残照下，数声欸乃曙烟开。浮家泛宅此中好，细雨斜风归去来。我亦忘机思属和，从今鸥鹭莫相猜。

又经南堤东注溪。

又西经挂榜山麓，屈而南，右受练坑水，循眠象山经古镇，凡三里，龙漈之水左入焉。龙漈水源自牛角岰，西南流合上下畬水、南漈水、南坑水，经龙漈峡。峡长数百步，两岸壁立，阔仅丈许，潴为潭，靓深莫测。人迹不能到也。

又经龙漈西注溪[2]，其流二十里。

又西南流三里，左有兰地水行十里来注之，又十五里大坑、小坑水注之，经黄竹隔。黄竹隔有龟石，石浮水面，皆隆背裂文，大小百十为群，中有盘踞石上者尤肖，即所谓"龟石浮印"之一景也。

教谕李基益诗曰：讵必堪燋兆，居然水一方。石形观物化，波面溯流长。欲曳非无尾，能支可近床。谁当持作纽？回顾孔侯章。

又五里，经龙安寨，右有郑坑水行十里来注之。又南流四里，经桃坑，左有伯公凹水逆注之。又五里，经大坪。有滩，名镰[3]子屈，旋折者三，皆盘石横截，舟行顾首，则恐碍尾，顾尾

---

①　此处原文有"竹"字，今依《疆域志》删。

②　"溪"字校补。

③　镰，原文为"濂"，据乾隆志改。

则恐碍首。长年三老咸怵心焉。

又屈为北流，转西北而西南，凡五里，左受杨梅树下水、岭背水，右受车田水，经务义坪，而蓝冈之水自右入焉。蓝冈水，源发自寒水凹，左合古木乡水、赤竹凹水，自分水凹至阳桥上水、石陂头水；右合章塔水、黄峰寨、罗畲坑水、西湖寨水、卓坑源、小溪背水。而经乌石下，又合棱禾窝水、上下蜡石水，经上、下蓝冈，至务义坪注溪，其流四十五里。

又五里，左受李坊水，右受殿前水。经凹下，又西至仙师宫，有官坑水、湖洋里水、上下深塘水、合流水五里自右来注之。又东至黄田埔，又西至镇里。水至凹下，乃作三折，每折各里许。第一折至仙师宫，二折至黄田埔，三折即镇里矣。有扣马碇，其地滩高峡小，舟上下至此，如勒马衔枚，不敢轻骤。故有"扣马"之名矣。

又西南流四里，受锦峰乡水。抵炉下坝，左有木梓坑水注之。坑至坝凡五里。又有大塘头水、半山凹水合流逆注之。

此下又五里，水穿石出，峻滩逼峡，多不胜纪。其著名者，有曰"鱼跳峡"，渔人要峡设罟，鱼自上跃而入。春夏水涨，尽溪池之鱼，随流而下，至潮海不宜于咸，又逐队而归。渔者预计鱼行之迟速，按日而收，时刻不爽。有曰矶石峡。状若莲花，壁间有"老妇逐鹅"形。至此而溪委尽矣。明崇祯间，有谋凿石贩木[①]者，邑人王铨爵、吴懋中、沈文熠、赖馨鼎、吴迪光等，呈县申请三院批禁。盖中流砥柱，关一邑之形胜云。

金丰溪发源岩背，东南流二十里经苦竹，右有佛子隘水行十五里来注之。又十五里，左受洪坑水、塞乾水。至大陂腹，左有高头水行十五里来注之。又南流十里，经湖坑，左有奥杳、南溪水行二十里来注之。又十里至泰溪，左有黄泥坪水、莒溪水行十

---

① 木，原文为"水"，据康熙志校改。

里来注之，右有陈东坑、岐岭水行二十里来注之。是有狮子潭，西自岐岭，东自葛山崠，山脉至此合而为峡，夹岸石猛如狮，俗传为雌雄相守，下逼上阔，若可跃而过也。

《漳州游瀛洲记》曰：泰溪西麓，崇冈复巘，与岐岭榛树山连。及中分十二涧，水争道出隙，至此而一束，万水张曦，狂涛沸午，居然顾长康所述会稽之胜也。行半里，有怒号卷浪而前，双角槎枒，遇人遂韬其爪目，而数十丈焰馨芒脊，收卷不尽，仍曳火尾于绿波。此跃渊之物也，吾视如蜓耳。

又里许，一物珊然，尻高颈缩，如有所守于滩潭之交，盖形鼍也，音逢逢然。至此，藤篁四塞，雷雨迷暝。脱履行百武，从山骨扪迹一趾，以两人悬援而下。忽狮兽前蹲逆觑，怒拒溪右。一雌伸首回盼，眼鼻概①具。旁有数小猊，如卧，如跃，如馋，如取，为此雌率以承媚者，团然湫壑中，母子夫妇也。初视，怖甚。久乃敢登右雌顶。逼视巨狮，其唇颔仰翕，口痕似愠，两臂开攫，筋爪棱棱，颅左眼凹，尚藏斗水浴日，惜未并觑。其右，一尾缴左，皮骨毛豪具②肖，不知天工鬼斧何代刻划，而壁立雄奇至此。思从右雌脑上，伸长臂以摸巨狮铃项，俯眺百尺，洄深无算，未免足底凶畏，狮盖有灵昭昭哉！真腊部长畜之为奇，以侈其富贵，不察彼人与物，其巨小果何似也？

既复下视，两岸如闉，列陂百丈，可坐千人，中有灶，有盂，有床，有臼。从游僧曰："卜此筑一静寺，何如？"予曰："兹境山高岸束，蓊树迷天，狮龙藏其奇于烟冥雾晦之中久矣，于此启蚕丛，衍象教，俾狮龙之灵，仗佛狎人，以自显于天壤，奚为而不可？"于是呼童烧叶，炊茗煮酒，调我饥倦。僧又言："岸尽处有蟾蜍踞三望潭之心。"憩息，遂不果往。

---

① 概，原文为"慨"。

② 具，通"俱"。

又十里至古洋，右有平水、新村、筜竹、条河、洋背水合流注之。诸水之源及于合流，其间凡四十里。

又十里，经下洋，左有月流、太平寨水行二十里来注之。又五里，经汤子角，其下有滩，其上有温泉。滩下磐石隆然，水瀑石激，浪涌花飞，非常诡观也。

又十五里，左受上、下赤坑水，右受中坑水。至沿田，与角坑、司边、东洋水合流，是水出源十里始合流。出县界而入大埔。

丰稔溪自坝头南流五里，左受林家庄水、下竹山水，又有丰稔寺之水自左入焉。丰稔寺之水，一源于白水漈，至峡头合天空漈、菜地水，经条宜至风朗，又合黎袍山、马子凹、汤湖水，由丰稔寺入溪，其流四十五里；一源于寒水凹，经漈角，由丰稔寺入溪，其流二十五里。

又二里至长滩。有湖，亦名曰西湖。广数十亩，深不可测，与溪比连，而水常高于溪。

又十五里，左受黄砂埔水，右受枫山下水、下渡坪水。至齐头潭，左有小阜礤水行二十里来注之。又二十里，左受三坝水，经湖坑口，有大阜、礤下水行二十里自左来注之。又十里，左受小阜水、象牙水，至河口而入大溪。

以上三溪，源委已具，此外皆支润矣。

折滩水，源自高源山，经小山背、书华①乡、西洋乡，合象窟、象东桥水，又经华峰至恩全，合三望坑、茶树下水，又合双井边水，经折滩入大溪。

石鼓坑水，亦西流自入大溪。

经三溪二水之归，皆受于大溪。大溪者，汀水经上杭，又经大埔，达潮州入海者也。自河口、丰稔溪西入大溪，此下杭、永

---

①　华，原文为"笔"。

又以大溪为界。大溪沿永定界二十五里至矶石，永定溪入焉。是为永、杭、埔三县之分界。大溪又西南流六十里至大埔邑治，金丰溪出沿田流大埔界四十里入焉。凡永水之归宿如此。

穷源溯流，百体之津液俱贯矣。舟楫之利，永定溪左自深溪，右自高陂、坎市，讫于炉下坝。丰稔溪舟行，自杭地黄潭至坝头入永界，出河口行于大溪，讫碰头。金丰溪无通舟之处。永水所容之舟，一叶褊浅，容载仅千余斤，数亦只四五百号。其溪流之狭急，概可知矣。

永定县志卷九

建 置 志

粤自东西为纬，南北为经。六律司晨，万国棋布，莫不形束。壤制：府以统州，州以监郡，郡以莅县。高墉深池以固吾围，画室政署以虔君命，庠序学校以兴教化，以及雩禖风雨之坛壝，沟洫道途之通达，五库之审，管钥之谨，杠梲之设，墩台之防，皆王者所以因天时而就地利者也。永定背山面水，左旗右鼓，凡城廓廨署，祀学仓储，陂渡桥梁，邮亭传①舍，递有损益，以时修举，居然岩要之地也。作《建置志》。

永定析自上杭，隶于汀，属于闽。明成化十四年戊戌开治。

立邑之故

天顺六年，胜运李宗政招诱流亡阙永华等作乱，自号白眉，破县，杀都阃丁泉。七年，巡按御史伍骥擒剿之。成化十三年冬，溪南钟三、黎仲端等，哨聚劫掠。御史戴用剿之，勿克。十四年，诏起右佥都御史高明巡抚福建捕治。高授副使刘城方略，擒斩仲端等十一人，平其余党。乃会镇守巡按及三司官僚佥议，谓上杭县治来苏，其所辖溪南、金丰、丰田、太平等里，远者去县治二百余里，接连漳、广，山僻人顽，非立县镇抚、化导之不

---

① 传，原文为"砖"。

可。遂奏析上杭溪、金、丰、太、胜五里十九图，添设一县。制："可。"乃正疆界，割田粮，分户口，定学额，是为永定县，号曰"龙冈"，亦曰"凤城"。

成化十五年己亥，建官莅治。知县王环、典史张明贤、三层岭巡检司巡检孙昶、教谕谢弼，莅兹新邑，经营缔造，百度振举。总其事者，副使刘城、参议陈渤也。督其役者，知县王环也。

就全闽而言，未开邑之先，据禹定九州，淮海惟扬州。北距淮东，南距海，皆扬城也。夏、商仍之。周始有"七闽"之号，犹为荒微耳。春秋属越，称闽越。战国属楚。秦属闽中郡，始专称闽。汉初，复为闽越，武帝迁闽越民于江淮，虚其地。东汉分会稽①为东、南两郡，南部领县五：侯官、建安、南平、汉兴，其一缺。永于南部，当属侯官也。

三国，吴永安三年，即南部改建安郡，领县十：建安、建平、吴兴、东平、将乐、昭武、绥安、南平、侯官、东安。永于建安郡，当属东安地。

晋太康三年，析建安郡置晋安郡。建安领县七：建安、吴兴、东平、建阳、将乐、邵武、延平。晋安领县八：原丰、新罗、宛平、同安、侯官、罗江、晋安、温麻。永为晋安之新罗县地。新罗，山名，在汀州西境。山南即古新罗县，凡长汀、连城、上杭、武平、永定、龙岩、漳平、宁洋，皆新罗地。

唐开元二十四年，始开福、抚两州山峒，置汀州，隶福州都督府，领长汀、黄连、龙岩三县。永为龙岩县地。闽地名号，五代迄唐初，更换不一。开元十三年，始定为福州。大历六年，又定曰福建。抚即江西之抚州。汀在福、抚之间，开治在新罗城。后徙旧州，又徙东坊口，又迁为今长汀。唐惟建都之地，乃称

---

① 稽，原文为"嵇"。

府，余称州、称郡。汀，本州也。天宝元年，改为临汀郡，属江南东道。乾元元年，复为汀州，属福州。五代梁唐，属王代。晋开运二年迄汉初，属南唐。宋，属福建路。元，改为汀州路，属福建道宣慰司。明，改为汀州府，属福建布政使司。国朝仍之。

大历四年，析龙岩湖雷下堡置上杭场。即今丰田里下湖雷。十三年，以龙岩县改隶漳州，上杭场仍隶于汀。五代周显德元年，在南唐为保大十三年。徙上杭场于艺梓堡。即今太平里北山乡。

宋淳化五年，升上杭场为县。开治在艺梓①堡，徙鳌沙、语口市、钟寮场，四迁而治今来苏。元因之。至明成化十四年戊戌，始析上杭为永定。历今道光十年庚寅，为县三百五十有三年也。

城　池

明弘治七年，始筑城，至十年，工竣。其城半挂山巅，半垂山麓。周围七百七十六丈六尺，基以石版，甃以陶砖。址广二丈有奇，面广三之二。南临田，高二丈九尺有奇；北倚山，杀于南十之一。内外马道广一丈五尺，壕二丈余，深半之。为门者四：东曰"太平"，西曰"迎恩"，南曰"兴化"，北曰"得胜"。各建敌楼于其上。东、西、南三门内，左右各有盘诘所一间。周城窝铺一十六所。今皆废。初，弘治二年，太学生赖高奏请筑城。适岁饥，不果。五年，知府吴文度具禀巡按吴一贯奏行：凡县无城者，悉令筑之。知县陈悦具申未报，又不果。及巡抚陆完暨藩、臬按郡，知府吴文度仍力陈利害以请，筑城之议始决。参议王琳、佥事王寅，先后相度地势，询谋佥同。委知县陈悦、典史朱

---

① 梓，原文为"治"。

麟、医官张以璇等分任其事，推官徐楷催督之，邑进士赖先为之左右。七年九月，肇工方殷，而徐楷罢，陈悦故，巡道周鹏乃委长汀主簿吴俊摄县监理。九年，都御史金泽巡抚南赣，首询及此，令新任知县宋澄稽①查工料，趁时修筑。随荐旧分巡金事伍希闵，再奉敕整札上杭，殚心经画，十年而工竣。

弘治十七年，知县陈济因②北门不通衢路，岑旷可虞，用砖砌塞。

嘉靖三十四年，知县许文献重修东、西、南三门城楼，添设窝铺十一所。

嘉靖三十六年，各垛俱增木栅。今皆废。三十七年，于三城门增裹铁叶，直施木楗。三十八年二月，以北门前砌单薄，加填三和土，祀元武于楼上，匾曰"北门锁钥"。又因北门城下无壕，钉苗竹钉，阔一丈，长三百丈，以防攀越。四月，西城圮一十五丈，知县许文献修之。

隆庆二年，知县陈翡鼎新西、南二门城楼。

崇祯年间，知县徐承烈继修西、南二门城楼。

国朝顺治三年，西门城楼毁。知县赵廷标重建，高不及旧楼数尺。

康熙十四年，南门城楼毁。四十八年，知县曾九寿重建。又四十九年，倡修北楼。

雍正八年，知县顾炳文重建西门城楼。高又不及赵廷标重建之旧。

乾隆四十四年，知县吴永潮通修城垣垛眼，并修南门城楼。

嘉庆十五年，知县霍大光重修东门城楼。今祀魁星。

自明弘治甲寅至今道光庚寅，三百三十七年，城之兴废增修

---

① 稽，原文为"嵇"。
② 因，原文为"田"。

者如此。

壕　池

旧志：“南门城外，共一百四十五丈。递年纳租银一两四钱五分。承平既久，或积土成田①，或堆土架屋。顺治间，邑绅江奋龙、熊铨元等捐资复浚之。”又云：“东门城外，官地店四间，亦填壕为之者，岁出租银二两。”迨乾隆乙亥王介石修志，按，康熙二十八年知县吕坊之设立印簿，令诸赁公地者自书批赁于上，纳租入祀文昌阁。内开载：“张心友叔侄赁壕塘二口，郑复光、孔永成、赖立端各赁壕塘一口，以百四十五丈之壕，止有此壕塘五口。”所谓邑绅捐资复浚者，已漫不可识。今塘虽仍五口，而堆土架屋两口侵占，又不及前此之大矣。

马　道

知县许文献重修志载：“一丈五尺。”又万历乙亥志及康熙壬子、丁丑两志载：“隆庆三年，东城内居民廖②林凤，自将父置屋侧地四尺，送官输租。知县陈翡申详本道③袁批廖④林凤岁纳租银二钱五分，付之壕池，少助修城之用。令纪善簿，赐匾⑤‘崇让’。”现在东城内马道一丈一尺，纳租四尺，共一丈五尺。乾隆乙亥，王介石修志载云：“其东城内马道一丈五尺。”虽犹如

①　原文无“田”字，据康熙志校补。
②　原文缺“廖”字，据康熙志校补。
③　此处原衍“为”字，删。
④　原文缺“廖”字，据康熙志校补。
⑤　匾，原文为“扁”。下同。

故，然许志修于嘉靖三十八年，林凤捐地于隆庆三年，许志"一丈五尺"必据四城内外而言，不得以今东城寻丈之地，当许志所载之数也。"

街

东西径直为一，南北屈折为二。

自东门穿城而达西门者，曰大街。

自漳南道右接大街南下，折西数步而出南门者，曰南门街。

自漳南道左接大街北上，达龙冈者，曰城隍街。

是皆建邑之初知县王环经画。成化十八年，甃石砥平，今犹利之。旧志载："大街阔二丈，南门街阔一丈五尺。"今则市宅潜浸，得尺则尺，得寸则寸，殊不知旧矣。

巷

东西通者十：

南门街南下，始登云坊，东行至车碓下弯①北出大街者，曰圳巷。

始秘书坊，西行至草湖达城西马道者，曰秘书巷。

始井边，东行上至林家祠前会圳巷者，曰孝德巷。

始范家祠右栅门，西行弯南而达城南马道者，曰豪士巷。

城隍街北上，屈西转北，复东北上至北山麓者，曰龙冈巷。

城隍街北上，始井下东行，北上至坎子头达丛桂巷者，曰后冈巷。

万寿寺前，出大通衢者，曰万寿巷。

---

① 弯，原文为"湾"。下同。

始孝义坊，西行过察院前，至元帝宫前出大街者，曰衙后巷。

始阴阳地，西行弯北达水圳头者，曰牛字巷。

始龙冈巷，东行出大通衢者，曰丛桂巷。

又大通衢之东，有东行过布政司前而达东城脚者，有东行过十二家而达东城脚者，皆曰半巷。

又南北通者四：

在东者二，始南城脚郑家祠左，北上达孝德巷，东北行达圳巷，又转东北行至七贵，北跨大街而东，又北上跨万寿巷至后冈，而出丛桂巷，曰长巷。

始南城巷洋塘下，北上出孝德巷者，曰洋塘巷。

在西者二，嘉靖间，缩儒学射圃地，南通大街，北通察院行署者，曰新巷。

天启间，创建文昌祠，辟其西边，北通大街，南通秘书巷者，曰青云巷。

又自西城内七断石①面，随圳东行，屈出西城脚马道者，曰狭巷。

渠

来自杭陂，由西城翼而入，东南流经九断石，又东经荒园，又东经秘书巷口，南折至登云坊，东折经圳巷，出东城门右，是为渠身。

为支流者四：

一支分自九断石，西流出城外大洋寨；

一支分自荒园，南流经王家屋后，转西南出城外坡尾；

---

① 七断石，下文作"九断石"。

一支分自秘书巷，南流经回龙，出城外郑家祠背；

一支分自登云坊，南下经范家祠东，弯出郑家祠右，又岐为二，一南流出城外小路街头，一东南流出城外榕树坛。

盖自西而南而东，入水者一，出水者七，故俗有"七孔八窍"之谚。若西城门右有干沟，口通西溪者，当春夏霖雨，北山西之水由大圳高泻而下，至东岳庙右，冲渠溢岸，特疏为沟口，以杀其势也。至于日久泾塞，水不通流，大不利于居民。嘉庆十八年，知县龚懋倡合邑绅士捐资疏通诸渠，而条分派注仍若，仍卫之周于身矣。

井

五方各凿其一。中井，在县署仪门右，今湮。东井，在拐角头。北井，在龙冈下。西井，在元帝宫前。惟南井在锦衣坊左者，泉味清冽，应汲不穷。先是邑人吴璘开凿，深三丈，基稍狭。其曾孙吴懋中拓地五尺，汲者便焉。

公 署

县署创建于成化十五年。开邑之初，知县王环奉宪令营建。即今西仓地。左连布政分司，右连儒学。旋以地形未胜，欲申改，不果。正德元年，迁射圃于学右，迁布政分司于射圃，拓其址为县署。东，上抵民居，下抵漳南道；西，上抵儒学，下抵龙门；南，抵大街；北，抵后巷。署县典史叶珵任其事。

万历十三年，知县姜子贞大加葺治。万历四十一年，知县龙应亮改典史厅于东畔，以吏舍三所为之。四十五年，知县吴殿邦于典史衙址建听松楼，附于县衙。

国朝康熙十四年，大兵破城，焚烧县署鼓楼。十六年，知县颜佐修复之。二十年，吕坊之重修，撤朽易坚①，饰陋为文，全署焕然一新，易"亲贤"曰"寅宾"，额治堂曰"视履"。

乾隆十七年，知县伍炜通修内外庭堂、书房、栏杆、谯楼及邑中桥梁、道路、演武亭、公馆。

县署之制 正堂五楹，中为治堂，左第一楹为龙亭库，第二楹为架阁库。是二楹即正德元年拓建之主簿厅，又为待客厅。右第一楹祀关壮缪，第二楹为仓廒。是二楹即昔之典史厅，又为赞政厅。

由治堂入，为穿堂。其左，前为外库，后为内库。其右，前为轿班房，后为买办房。穿堂后，东行入宅门为廨舍。左为东书房，庖湢在焉；即昔之主簿衙旧址。右为西书房。即昔之典史衙，又为听②松楼旧址。

又入为后楼，仍以"听松楼"呼之。又后余地为仓廒。右为内土地祠。

右堂之前，东西各建亭以居皂隶，前为戒石亭。宋高宗绍兴二年，颁黄庭坚书《戒石铭》于州县，令刻石，名因之。戒曰："尔俸尔禄，民膏民脂。下民易虐，上天难欺。"两旁为吏舍：东曰盐房、简房、承发房、吏房、户房、礼房，西曰仓房、门房、铺长房、兵房、刑房、工房。州县设吏、户、礼、兵、刑、工六曹，始于宋徽宗。舍末为仓廒。又其东为典史衙正堂，三楹，后为廨舍。又后小屋数间。大门外建土地祠。典史主之。后抵县库，前临寅宾馆。今改建为仓。左连漳南道，右连吏舍。万历间改设，乾隆十七年，典史陈益重修。又其西为仓廒。本县旧设，但有东、西吏舍，末仓廒四口。今四周余地皆仓，则自康熙以后

---

① 坚，原文为"竖"。
② 听，原文为"厅"。

递有增建也。

戒石亭之前为仪门，门附耳。左为[①]皂班房，右为快班房。

仪门外，左为外土地祠，祠下为轻拘所。康熙间，邑绅卢化等请于县撤去，改为民壮直宿房。后因胥役舞弊，仍设班管。小民及生、监，有职人员，每以户婚、田土细事滥押。乾隆四十八年，奉旨饬禁。道光四年，又奉旨行文闽省督、抚饬令："所辖州县如有生、监涉讼，务须移学，毋许玩法私押。勒碑永远。"嗣后，县役仍蹈前辙，准指名上控，立拿法治等因。然而蠹役舞弊，官吏失察如故，抑又何也？

右为狱，前为谯楼。

楼外，右为总铺一间，余赁为市店。冲街，左为旌善亭。明制令：凡民间有孝子、顺孙、义夫、节妇，具碣其实行于亭，用以劝善。

右为申明亭。明制：老人以岁时聚民于亭，宣读教化榜文，伸知禁谕。凡平婚、田土、斗殴、赌博诸细事，皆主之。民作奸犯科者，揭其名氏于亭，用以惩恶。又设圣令牌，令曰："自古设官分职，本以为民，上为朝廷宣布条章，下为生民造福，无横邪暴敛之害，绝吏卒奸贪之弊，使民得安田里耶，为良有司矣。其或贪赃坏法，民受其殃如此者，鬼神鉴见，祸及身家。今出令昭示：凡有司为善者，或因事连累，或被同僚、小民诬害，许耆民保奏。为恶者，四乡耆民置此牌于公厅，指陈害民实事，以礼劝谏。随牌而退，如其不改，置牌劝谏如初。倘三谏不悛者，耆民赴京面奏，以凭拿问。敢有阻当，治以重罪。"今此令即不行，其良法美意可思也。

又左建道揆坊，右建法守坊。二坊今废。

驻防千总署　国朝罢察院，改行台为之。

----

① 原文缺"为"字。

行　署

漳南道　在县治左，后抵民居，前抵大街，左抵城隍街，右抵典史衙。其制：正堂三楹，入为穿堂。后为廨舍三楹，又后为燕室三楹，左右附房为庖湢。堂前为仪门，左右为角门。又前为大门，门外左右设鼓亭，冲街东、西为辕门。署外余地赁为市店。

明制：福建布政使司有左、右参政各一员，左、右参议各一员为分守道。按察使司有副使、佥事各一员为分巡道。其分巡两员，一曰建宁道，一曰福宁道。汀州辖于建宁，漳州辖于福宁。汀州之界，若上杭、龙岩，多峻山丛木，寇盗窃发，两道分辖，每巡警不通。成化六年，顺天府治中邱昂，龙岩人。奏请添设一道，独莅二郡，驻节上杭，曰漳南道布政分司。漳南道暨府正官，各以时巡历地面。

又有钦差、监察御史，岁巡按诸郡县，曰察院。旧制：凡偏僻州县，御史不能遍及，但严督守、巡官巡历，故永邑不及焉。嘉靖十九年，改龙岩东路由永定西路，侍御王瑛始巡按临永。

察院行台　在儒学后旧射圃地，原为布政分司，改为察院行台。东、西抵民居，南抵衙后巷，北抵大水圳。后改为千总署。

布政分司　旧在县治左，后迁射圃。后改为察院行台，又迁分司于治东卧龙山下，以山川、社稷二坛址为之。北[①]至庙墙，东至吴宅墙，西至大水圳，南至大坪。其社稷、山川二坛，迁[②]于东郊教场。乾隆十一年，知县赵燮改分司为育婴堂。

府馆　在儒学西。嘉靖十九年，改府馆为平西驿。

---

① 北，原文为"比"。
② 原文缺"迁"字。

属　署

兴化巡检司　在胜运里丰稔寺。

明洪武五年，设于溪南里古镇。正统十四年，乡官范金以太平里虎冈寇盗出没，奏徙于虎冈。署设司前，废址犹存。开邑后，地属上杭。改名太平巡检司。天顺间，寇发于南，有司请添设于古镇，仍名兴化司。成化十五年开县，迁司于丰稔寺之右，拨隶永定。嘉靖三十七年，迁于上杭碇头，隶上杭。万历间，于上杭河头隘筑城驻兵，设通判一员，百户一员，复迁司于丰稔寺，仍隶永定。国朝康熙十年，巡检刘杰以旧署滨河，洪水泛圮[①]，于高埠买地迁建，署廨完固。

太平巡检司　在太平里高陂桥，即正统间徙兴化司于虎冈者。景泰末，迁于高陂。成化十五年开县，拨隶永定。原无廨舍，嘉靖十八年，知县唐灿买民卢金稔屋地为之，废久。今巡司赁民舍以居，无定所。

三层岭巡检司　在金丰里太溪。

立县时，都宪高明奏请开设。地邻广东饶平，今为大埔。其大靖、小靖地方，寇贼数起，该司所辖三大山曰岐岭，曰苦竹，曰条河，盗常据为巢穴。司衙旧设于天德甲，防控为宜。今废，其址犹存。巡司寓于太溪公馆，非制也。

阴阳学、医学　旧志载："在县治后第三街。"久落为民居，不可考。又载："改建阴阳学于旌善亭右，改建医学于申明亭左。"今亦赁为市居。训术训科，收其租利耳。

---

① 圮，原文为"汜"。

公馆 驿铺

随改路建迁。

先是汀、漳阻隔，自添设漳南道兼辖二郡，始由上杭东门八十里至汤边，设平西驿。又三十里①入龙岩界。经龙岩出圆岭达水潮抵漳，是曰"东路"。成化十五年，新开永定，又自上杭南门六十里至官田入永界。过县，由金丰逾芦溪凹出今平和抵漳，是曰"西路"。是时，邑西五十里，设丰稔公馆。在旧巡检寨旁，知县毛凤建，编门子一名。邑东五十里，设太溪公馆。编门子一名。又设新村铺、编铺兵三名。太溪铺、编铺兵四名。月流铺。编铺兵三名。为公馆者二，为铺者三。嘉靖间，改东路从西路，即今自博平岭出丰田历百里达县，又自从西达上杭者是也。于是驿铺、公馆有改、有增、有迁移。旧由东路，龙岩、上杭各有铺馆编徭，及由西路不便，独苦永定。金事侯廷训酌议岩、杭协编，共为驿者一，为公馆者四，为铺者十有七。候在疆而舍可施矣。

驿

平西驿 原设上杭汤边。嘉靖十五年迁于县治，改府馆为之。北至周宅，南至大街，东至新巷，西至廖宅。官俸、兵徭仍隶上杭。道通汀、赣、漳、泉、惠、潮。西至上杭，一站一百二十里；东至龙岩道适中驿，一站一百二十里，夫价俱一钱二分；南至大埔，一站八十里，夫价八分，视他站为重。崇祯元年，驿丞裁，馆废。地基改建戴德祠二堂、孟公祠二堂、岳公祠二堂、何公祠二堂。雍正三年，改戴德祠为节孝祠，余地赁民架造店

---

① 三十里，乾隆志为"二十里"。

屋，收租入学公用。

公　馆

抚溪公馆　在县东北六十里。嘉靖十九年，佥事侯廷训增设，编门子一名。

半岭公馆　在县东北一百里圆岭，迁金丰太溪公馆为之。其太溪旧址，乡民建庙祀关壮缪，内为社仓，今为三层岭司寓署。先是东路龙岩由适中驿经圆岭达水潮抵漳。万历间，龙岩御史蔡梦说，改从适中由林田岭达水潮，而圆岭路不行，半岭公馆废。

接敬公馆　在县西北二十里，溪南、胜运交界。建设年月无考，编门子一名，即以半岭门子移编，意岭①亦因半岭公馆废而移设也。

丰稔公馆　在县西北五十里，未改路前设，编门子一名。自此十里至官田，上杭设有公馆。永、杭相距一百二十里，官田在六十里中界。使节所过，必宿官②田，道里始均。而丰稔公馆废。

铺

箭滩铺　在县东北十里，改路增设。上杭编徭。

罗滩铺　在县东北二十里，改路增设。上杭编徭。

湖雷铺　在县东北三十里，改路增设。铺兵五名，上杭编徭三名，龙岩编徭二名。

龙窟铺　在县东北四十里，改路增设。上杭编徭。

抚溪铺　在县东北六十里，改路增设。上杭编徭。

上寨铺　在县东北八十里，改路增设。龙岩编徭。

---

①　意岭，意思不清。乾隆志作"意馆"，疑为"驿馆"。

②　官，原文为"宜"。

龙潭铺　在县东北九十里，改路增设。龙岩编徭。

半庵铺　在县东北一百里，改路增设。龙岩编徭。

市西铺　在县西门外，旧设铺兵四名。

德化铺　在县西北二十里，改路增设。铺兵四名。

接敬铺　在县西北三十里，迁金丰、太溪铺为之。

白沙铺　在县西北四十里，改路增设。独无铺兵。

信感铺　在县西北五十里丰稔寺，改路增设。铺兵四名。

以下四铺，自湖雷分路北达龙岩者。①

溪口铺　在县东北四十里，迁金丰、新村铺为之。

青坑铺　在县东北五十里，迁金丰、月流铺为之。

高陂铺　在县东北七十里，龙岩编徭。

富坑铺　在县东北八十里，龙岩编徭。

雍正十三年，龙岩知州张廷球详裁高陂、富坑两铺。

仓　廒

　　际留仓　四口，在县治内东、西。明令州县于东、南、西、北四乡各设预备仓一所，选耆民运钞籴米贮之，以备荒赈②，兼戒不虞。永乐中，令预备仓在四乡者，移置城内。凡预备积粟，或劝输勒奖，或拨存秋粮，或准纳吏，或以赃罚罪赎，或以税契引钱，或计亩岁派，官司考满，稽贮积多寡为殿最。

　　预备仓　四口。在县治内东、西。即际留仓。已而东、西两廒废。本朝康熙二十一年奉文："置常平仓，官民各输谷，并收捐、监谷实之。"自后，节有增建。乾隆十三年奉文："永邑应额贮仓谷二万三百三十一石零。每年春夏平粜，如粜系额满之谷，

────────────

①　本句原置"溪口铺"后，依文意改置于此。

②　赈，原文为"振"。下同。

以价解司，无容买补。如粜额内之谷，俟秋收如数买补还仓，或以价收纳监谷补额。"

常平仓

西吏舍末仓廒二口。旧有。

东吏舍末仓廒二口，西边空地仓廒二口。

以上知县潘翊清重建。

赞政厅右仓廒二口，捕衙右侧仓廒二口，仪门右廊仓廒一口。

以上康熙五十二年知县曾九寿建。

西边空地仓廒二十五口，捕衙右侧仓廒二口。

以上乾隆四年知县周绰①敬建。

赞政厅后仓廒六口。乾隆九年知县林炎建。

东书房后仓廒五口，赞政厅右仓廒一口。

以上乾隆十三年知县赵燮建。

内署后仓廒八口。乾隆十五年署县方南灏建。

凡仓共五十八口。

社　仓

创自朱子，即长孙平义仓法也。但义仓敛散自官，社仓敛散自民，均道里为设处，视丰歉为敛息。其法最为尽善，前明嘉靖间偶行之。本朝康熙二十年设置社仓。四十七年，巡抚张伯行檄诸县建立社仓。五十三年，奉檄劝捐社谷，本邑节有捐积，久为白手侵销。乾隆十八年，巡抚陈宏谋檄颁规条十五则，按各里适中之地建仓贮谷，许民春借秋还，什一取息，以其息之八归公，以二给社长、副。其长、副从公推择，俾专任度支。岁终，官为稽察。知县伍炜劝民捐输新谷二百八十二石一斗，追取旧谷六百一十五石四斗，共八百九十七石五斗有奇，匀拨城乡各社存贮。迄今，此令不行久矣。其法之尽善，实于民间大有裨

---

①　绰，原文为"辑"。下同。

益。道光五年，制宪赵慎畛颁示，劝民贮谷如社仓法，本邑未见奉行。至六年，岁歉，知县张埠勒设户平价发赈，权宜适以滋弊，尤为非法。姑如旧额载入，以俟修废之君子循名责实，或更广而贮之，流泽无穷焉。

在城社仓 万寿宫后殿仓四口。

溪南里社仓 金沙社，金谷寺仓一口。溪南社，大院寺仓二口。书华社，郑翘芳家仓一口。象窟社，陈炳南家仓一口。

金丰里社仓 太溪社，司署内仓一口。苦竹社，苦竹楼内仓一口。中坑社，中坑楼内仓一口。

丰田里社仓 湖雷社，庆清寺仓一口。抚溪社，观音堂仓一口。又拨贮东华山没官寺田租四十一石四斗。此项田租，乾隆十三年，查禁①邪教。知县潘汝龙查详东华山没官田租共二百零七桶，折实官斛四十一石四斗，每年纳粮银二两七钱一分五厘八丝。乾隆十九年，奉抚院陈宏谋批发，抚溪社每年收租贮仓，永作社本。今仍归东华山庵内，为香灯之田。

龙潭社，慈云庵仓一口。塘堡②社，梅山寺仓一口。

太平里社仓 坎市社，五显宫仓一口。

胜运里社仓 丰稔寺仓一口。

养济院

旧志："院在县治南，知县王环创建。嘉靖十五年，知县毛凤迁于县东山麓。周围四十丈，外缭以垣，内厅一间，左畔住房七间。三十七年，知县许文献重建。"今久颓圮无有。洪武初，诏天下郡县各立孤老院。十四年，改为养济院。籍境内贫病老孤

---

① 查禁，原文为"杏梨"。
② 塘堡，陂桥渡节为"堂堡"。

之民而养之，人月给米三斗，薪三十斤，冬、夏布一匹，死则棺一具。小口给三之二。口粮出自田赋，衣布出自均徭。本朝永额养孤、贫五十三口，每口日给银一分。余①小建连闰，每岁发银二百三两五钱二分，冬、夏布银十两。诸录养者平日散处四方，按季集县给领，琐尾开报颇烦，将伯方得注籍。已注，以次顶补，若②有没齿觊望而不及沾一日之惠者。

育婴堂

在县治东卧龙山下。乾隆十一年，知县赵燮改布政分司为之。堂设而事不果行。至四十九年，知县梁孔珍行之。继任不果，今已颓废。

陂渡　桥梁③

杭　陂　在县西四里，通渠入城，烹饪、浣濯咸资之。流出城外，溉荫田塘。知县岳钟淑曾捐俸重修。康熙甲辰，水冲废。粮户捐资修筑。旧标为景，曰"杭陂春耕"。

蔡家陂　在溪南里龙潨。昔姓蔡者率众开筑，功归于蔡，故名。旧分水为上、中、下三则。乡官郑厚、监生郑迥，呈请知县唐灿详允，令水源上增筑数尺，凿石通水，利始均焉。

白叶陂　在溪南里五图。

石　陂　在溪南里金沙。

洛阳陂　在金丰里奥杳。贡生吴蒙筑。

---

① 余，乾隆志为"除"。
② 若，乾隆志为"盖"。
③ "桥梁"校补。

洋头陂　在太溪乡头。乡东田数千亩悉资灌溉。

坑头陂　在太溪乡南。水自黄龙坪流出，乡西一带田亩悉资灌溉①。

坝头陂　在湖坑乡头坝头桥。下圆墩子牛鼻石面为老陂，今移在下坪山坑子口。乡内田亩悉资灌溉。

八字陂　在太溪乡西下窠。

太洋陂　在丰田里抚溪。

石坑陂　在丰田里湖雷。

塅坑陂　在丰田里下湖雷。旧多淤塞，嘉庆初年，乡人凿陂圳，灌溉数万亩。

纹塘陂　在丰田里堂堡宝溪水口。累石注涧水，两岸圳圻分，溉田千余亩。建自前明，道光三年，乡人重修。

高　陂　在太平里塘下。

田心陂　在太平里云川乡。乾隆十三年，知县潘汝龙申详院、司、道、府批示，勒石永禁，不许开拆。碑立仪门。

杨柳陂　在太平里北山乡村头。溉②北山、田段、塘下诸乡之田。

大　陂　在胜运里乾田。洪武间，乡民开筑。后山树木，属本陂，为修治之用。

晏　湖　在儒学前。渠水经流，旧标为景曰"晏湖鱼化"，李基益更为"晏湖荷艳"，王介石又更为"晏湖秋月"。

涵水湖　在胜运里汤湖乡。旁有温泉。

卧龙桥　在东关。正德二年建。嘉靖十三年，水废桥墩，知县毛凤修之，易名"飞虹"。邑人孔庭训记。三③十七年，水废

---

①　原无"资灌溉"三字，校补。

②　原文无"溉"字。

③　三，原文为"二"，依乾隆志改。

桥墩，知县许文献重修。四十五年，水废桥墩二，知县龙尧达重修，更名"跃龙"。万历二年，水废桥墩五，知县何守成重修，仍名"卧龙"。邑人张僖记。四十三年，大水，桥废，知县吴殿邦重修，更名"永定"。崇祯十七年二月，流贼烧毁桥店。六月，水废桥墩。至康熙十年，知县潘翊清属里民郑福麟、顾华明、张即举、王森启等，捐募重修，更名"雄镇"。四十年，水废桥墩，知县吴梁重修。五十七年，大水，桥废。雍正七年，知县顾炳文易小石墩、架木桥，旋废。乾隆五年，知县周缉敬详支帑金造浮桥，入《交代册》。水屡漂没，官民受累。十三年，知县潘汝龙详销令架木桥行之。前"雄镇"桥置买田税九十一桶四箕，南磜树山共七处，建桥头关帝庙后店一间，后郑东生、邱振周、邱承烈经理。乾隆十四年，桥水废，吴绍宪、赖应捷、郑能恭、熊广轮，理管重建木桥。旋水废，复募二十余人捐修。又递年田谷余利建东关桥头店一间，置买新寨田六桶。后百缘桥会，知县叶思华倡捐，首事邱承烈、吴渤坤、廖振宇、赖麟玉、郑东生、黄森柏、阙亮云等九十人，捐置续田税三百五十余桶。又买树山二处，又汤边架小桥一座，往大洲墩架小桥一座。

寿山桥 在南城外寨子坎下。嘉庆二十四年，水冲南堤，改建南山塘桥于此。旋坏。道光六年，邑人吴学崇、赖翔飞等募金修之，名寿山桥。

迎恩桥 在西门二里杭陂下。嘉靖十三年，知县毛凤募修，用木肇建。隆庆二年，知县陈翡造石桥。康熙三年，水废。十年，潘翊清重建。四十年，水废，移西门外，架板桥。乾隆四十五年，复重建之。

晴川桥 在西城外，为往汀孔道。桥下清溪浅水，不通舟楫，晴旭照临，颇有佳趣。按：康熙四十年，迎恩桥水废，邑人赖麟玉、廖振宇等四十余人，倡建于此，并置桥田，勒有碑记。

铁坑四座小桥 里民廖振宇、邱承烈、赖麟玉等二十四人，置大洲塅田税一十二桶四篇，中坑寨背田税一十八桶。

古镇桥 在南关外，古镇乡溪边，上、下小桥二座，乡人众建。

箭滩桥 在溪南里。正德三年，邑人吴璇捐资建。水废。吴璘重建，又废。乾隆元年，邑人募千金建石桥。五年，水废。知县周缉敬详支①帑金重修，易以木。

车田坝桥 众姓募建。

金沙永济桥 在圆琪里。嘉庆十一年，贡生赖庚兴捐造。

小东桥 在卧龙桥东，路通金丰。

大源桥 在县东南上下畲。

古溪桥 在溪南里，道通折滩。乡民江碧琳等募修架亭。今废。

倒水里石桥 在西郊鸣岐岭背，抚溪赖庚兴捐建。

永安桥 在溪南蓝冈乡水口，建自康熙年间。乾隆四十五年，水废。监生范真邦募资重建。嘉庆五年，水冲圮。监生范敏文、范映嵩等募资重修。

万济桥 在溪南里恩全。累石为址，叠木成梁，上有覆屋。

南新桥 在溪南里恩全。砌石为之，上有覆屋，乡人萧南新捐建。

象东桥 在溪南里，俗即以桥名乡。砌石为之，上有覆屋。

紫临桥 在湖坑合溪口神坛前。路通漳、广，立有桥烝为修理之资。

上、下阴桥 俱金丰里黄龙坪。

永泰桥 在太溪乡梅子潭。乾隆二十四年，监生巫应峇、庠生游韵和、游贡宝、监生游旺级，合六方众姓，共捐资二百余两鼎建，并置田税五十余石，杉树数千株，为修理之资。

---

① 支，原文为"文"。

镇南桥　在金丰南溪。乾隆五十六年，例贡江渭川、乡耆江镇崑创建。

上湖雷阴桥　汀、漳孔道。先是乡人贡生熊光觐捐资建造，木梁，名"万年桥"。碑志犹存。乾隆二十六年，洪水冲坏，举人熊辀等募众民建阴桥，易名"永济"。道光四年，洪水又冲坏过半，乡人岁贡熊鸣高、例贡阮翰藩、监生陈元柱，募众修复。

福德桥　在丰田里溪口。乾隆四年，曾岂石募众姓建置。

永兴桥　在丰田里溪口白藤树前。乾隆六年，巫曾募众姓建，置田六桶。

永福桥　在丰田里堂堡下村。道光八年，乡人建置。

溪东桥　在丰田里。赖、余、林三姓共建。置田四十余桶，为每年看管工资。

石拱桥　在丰田里新田坑口，驿路上、下坑口二桥。乾隆二十五年、三十一年，张石侣、张善堂募众捐资建造。

碧山坝桥　在丰田里抚溪乡，编木架板。黄可奕、赖存仁同三十八人捐桥田五十一桶：一、溪背、寨前、西坑十桶；一、伯婆凹八桶；一、滕屋、墓子前三桶；一、滕屋门首三十桶。

鹊岭桥　在丰田里。道光元年，贡生赖斗钟、赖珊坛、监生陈道良、罗茂兰倡修，架大木，砌石于桥面。

大洋陂桥　在丰田里。里民李俊成捐苦竹坑邱家水口墈田二十箩，生员阙圣宗捐盘古寨田①税十桶，里民张兴周捐湖洋坑田税八箩。李、赖、张等众姓渡会内置税田四十箩：一、老鸦岭神坛前一十五箩；一、杏坑、园子坑一十箩；一、大洋陂楼背一十五箩。道光六年，水冲废，乡人卖桥田十五桶修造。

黄金坝桥　即抚溪羊角墩桥。里民李俊成捐鸡母潭黄家门首塘一股，载税二十箩；里民黄丹溪捐条河下田税十箩；黄祖永裔

---

①　田，原文为"大"。

四十五人季捐田三十桶，在布薮屋背。又监生戴①良、曾②仲、
梁蔼松等，经理新结桥季，增置田：一、枫山角塘田一丘十八
箩；一、山子前、黄泥塘下田八丘十六箩；一、饭丘口田三丘十
二箩；一、鸭禄窟田一丘十一箩；一、背坑垄田三丘十二箩；
一、竹篱头圳下田一丘十二箩。

华峰田桥　在丰田里，编木板架。昔年，桥在上流。道光六
年，洪水冲塌，贡生黄恒佩捐造于此，并捐桥田十桶。

枫林乡观音桥　在丰田里。明嘉靖己酉，连城江某贸易经其
地，独捐白金一百余两创建。康熙壬辰，乡人募建观音亭于桥
面。嘉庆甲戌，毁于火，贡生严选英复倡捐建造。

大路下安济桥　在丰田里，桥头建造玄帝宫。里民卢周穆等
八十三人，捐资置桥田八十五桶。其田：坪店二十六桶，上洋十
桶，赖乾坝十一桶，大路下过路塘十一桶，柳塘下十桶，下屋连
塘子十桶，沙塘子五桶，三角塘三桶；又置桥树山三处。又乾隆
四十年，里民卢光显等七十三人，捐资增置桥田三十二桶。其
田：鸦鹊坪神坛角十四桶，东埔大屋场十桶，山圳下八桶。

深溪广济桥　在丰田里，桥头建造观音亭。旧志载："深溪
埠，明嘉靖间，御史樊献科批，令埠户于该埠地方置渡船二只，
渡夫二名。"乾隆十四年，改建编木板桥，里民卢世义等八十人
捐置桥田三十桶，树山四处，以备修整。嘉庆十四年，廪生卢见
田，复倡捐置桥田二十桶，树山三处。

岭下桥　在丰田岭下。阙姓等捐造。

永东桥　在丰田里铜锣坪。众姓捐造，并置桥田。

高　桥　在丰田里西坪。明万历年间，知县吴殿邦募建石
桥。冲废，乡人募修，建石础、架木为阴桥。旋圮。复修改阳

---

① 戴，原文为"载"。
② 曾，原文为"增"。

桥。桥头有八角庵，今废。

龙潭桥　在丰田里龙潭。叠木为之，上有覆屋。水废。乾隆年间，庠生卢蓟标倡修，半如旧式。旋圮。道光二年，增生卢任翔倡修，改为木板阳桥。

永康桥　在丰田里东埔。乾隆年间，卢光焕、光荣等四十八人捐修，并置桥田二十桶，树山二处。

湖雷桥　在丰田里。正德八年，邑人吴常镇捐资创建。乾隆五年，知县周缉敬详支帑金重修。

深渡桥　在太平里高陂旧处。乾隆二十年，里人捐资三千余金伐石砌拱。邑人王见川有记，载《艺文》。

永宁桥　在太平里悠湾乡水口。左松倚，右西映，两山夹峙，石梁横焉。覆屋翼栏，树林阴翳，极为幽胜。桥长十丈五尺，广一丈四尺，高四丈七尺。嘉庆六年，众姓建。

镇东桥　在太平里悠湾中村。上覆重屋，两岸浓阴绿荫，擅清幽之胜。乾隆丙午年建。

西陂乡桥　乾隆年间，林姓建。抚置题桥季田二百三十桶。凡本乡桥梁、道路，俱系此季修建。

永清桥　在太平里西陂乡双溪口。累石为之。嘉庆二十一年，林弼予建。

砥柱桥　在太平里长流乡水口。乾隆五十七年，监生陈焕灿倡建。累石成桥，桥上建亭，供往来憩息。桥南建关帝庙、天后宫、文昌祠，祠内两旁为书舍，并为乡中课文之所。

永平桥　在太平里木坑隔。累石高拱，上①有覆屋。

隐堤桥　在太平里文溪。累石为之。

万安桥　在合溪教社里。乾隆年间，乡人倡建。贡生赖选贵，监生赖位台、赖占梅，耆民赖廷九四人，捐田施茶。

---

①　上，原文为"土"。

　　白沙桥　　在胜运里白沙炉。

　　南山渡　　在县南挂榜山下。原编渡夫一名，岁食工银三两四钱。顺治十四年，减一两四钱。继，全裁。康熙二十五年，知县徐印祖倡建浮桥，立碑亭。未期月，水冲去。后架木桥，屡废屡修。自嘉庆二十五年大水冲断南堤，溪由道南文馆左直流，无路通行，改建桥于寨子坎下。原溪流渡处，壅成干坝。经南坊绅士呈请知县陈泰青，将溪水旧流一带埔地，自文馆前高车坑路，入抵山脚至溪为界，无有夹杂，悉归道南文馆，招人锄种，公埔公管，以资管馆工食，及助课试公项需用。批准立案示禁，永杜侵占。

　　新寨渡　　在县南眠象山下。原编渡夫一名，岁食工银二两四钱。康熙十四年，减一两二钱。今全裁。里民江兆凤捐田税一百二十桶：一、渡头路面上田三区二十四桶；一、龙漈赤沙洋垄尾田五区三十六桶；一、新寨麦园里田一区四十八桶；一、李坊窑背坑田一区内拨出十二桶。又里民张晋珩捐大洲塅田税五十桶，以给渡夫工食之资。渡夫艰于撑渡，易以木桥，阔①不及三尺，高长且险，行者危之。道光八年，贡生赖瑞、盐大使赖有十，捐加编木板一块，递年给渡夫看守银十圆，行人赖之。

　　下坑渡　　在县南门外。旧志载："里民张晋珩捐大洲田税三十桶，资给下坑、南山、古镇三渡。"

　　古镇渡　　在溪南黄泥坑口。

　　石圳潭渡　　在东溪庵子前。众姓结季，施给工食。

　　阔滩头渡　　在东关外湖角里之下。

　　黄竹隔渡　　又小桥一座，在溪边。众姓募建。

　　龙安寨渡　　又小桥一座，在溪边。众姓募建。

　　桃坑渡　　在溪南里。

---

　　①　阔，原文为"润"。

　　葛傅渡　在溪南里，即车田渡。

　　清江渡　在溪南里务义坪。里民江茂聪捐渡头永丰庵后田八十桶。

　　水城寨渡　陈、彭、张、顾四姓，共捐官坑①田税六桶。

　　锦峰渡　在溪南里锦峰乡。上、下二渡。里民王化募置本处田税三百一十桶。

　　芦下坝渡　王、汤、黄等姓，募置田税五十六桶。

　　峰市渡　此渡杭永接壤，往来孔道，石粗水驶，桥梁不施。顺治十六年，里民黄殿生、黄仲初、刘秉中、江毓攀、王庆凡、王功兆、汤思泰、汤君德、王宏泰、赖台行、曾民宪、王功度、王哉生、王伯泰、汤思华、王友义、王用轩、王友信、王友崇、王伯元、王伯森、王毓材、王及芳、王吉修、王友辉、陈表忠、邱仲先，共捐银三十七两出息，至康熙二十二年始建渡船。又募众姓好义者，或两或钱，共襄成事。前后捐银姓名，立碑渡亭，今漫灭不可读矣。又众姓募置田税四百九十桶：

　　一、窑上细坑里田税五十桶；

　　一、窑上墓坟下、赤石冈、长窠尾三处共田税七十五桶；

　　一、窑上新塘里田税二十九桶；

　　一、窑上老楼前田税一十六桶；

　　一、窑上陂塘、赤石、黄屋背共田税二十四桶；

　　一、杀象坑田税九十桶；

　　一、赤石、黄屋背田税六桶；

　　一、木梓坑田税四十七桶；

　　一、石鼓坑、河源、祠塘尾、沙坝塘、蔗坑、田寨子背、黄竹坑、屈塘、山子里、矮子岬下等处，共田税八十桶；

　　一、檬树陇、占彩窝、桥子头、社子前、上下小蕨潭、新田

---

　　①　坑，原文为"杭"。

冈，共田税七十三桶。

下洋渡　在金丰里。僧慧光募置田税六十九桶。

罗滩渡　在丰田里。原编渡夫一名，岁工食银二两。康熙十四年减一两，今全裁。沈九山捐田税七秤，众姓增置田税一百二十桶。

鸭妈潭渡　在丰田里罗陂岭下。生员阙明轩捐田税三十桶，其孙阙戴恩增捐田税六十桶。

永全渡　在丰田里长坝头。沈前川捐田税六桶，众姓增置田，共有一百四十一桶。

济德渡　在丰田里溪口墟。康熙五十五年，增贡生熊景应同举人廖冀亨募众姓置田六十桶，为看管渡工资。雍正七年，曾兆础、兆捷、兆旺合族续增田五十桶。

长滩渡　在丰田里溪口檬林前。乾隆四十一年，张石侣募众姓设渡。嘉庆二十四年，张大川募众姓增置渡田五十余桶。

义济渡　在丰田里下湖雷前坊。顺治十七年，里人张德宾、孔震三、赖岩问、张振乾、张用中等募置渡田一百四十桶。乾隆三年，乡人张淑恭增捐田二十九桶四篙。初，北岸众构渡亭一所，日久颓废。张姓修筑，今祀文昌。

下街尾渡　在丰田里下湖雷。道光十年，监生张锦飞捐田三十三桶。

新罗渡　在太平里。原编渡夫一名，岁食工银一两八钱。顺治十四年，减九钱。今全裁。

高陂渡　在太平里深渡桥下。增生卢承璋捐资立。今改为桥。

丰稔渡　在胜运里。原编渡夫一名，岁食工银三两四钱。顺治十四年，减一两七钱。今全裁。里民赖佩珰募众置田税五十八秤五分。

茶　亭

章塔水口茶亭　监生张崇远捐田五十桶，其田在圆[①]墩背、山子里、石窠里、半埔、枫林等处。

灌洋堵南塘茶亭[②]　郑质祚妻林氏捐石冈田税十桶。

大阜岭茶亭　郑懋赏暨孙融人捐冬瓜坑、关门石，共田[③]税二十四桶。郑懋宣捐檬树下田四桶。生员郑景幼、景龙，监生昇，共捐岭脚、冬瓜坑二处田税十四桶。

以上旧志。

望喜亭　在邑东五里黄狮凹岭顶。嘉庆二十一年募建。外为穿亭，亭内堂一、房二，祀大士于其间。前后计靡金三百而奇。题募于城乡内外，仍未敷费数十金，邑绅赖受书推资足之。既，复为居守设茗费题募。赖受书、赖受薪共题银二十五元，胡行素、王牧堂、吴则堂、张华宇、林志瑚、卢荆庭各十元；廖洋雍、廖镜元、廖贡资、江鼎盛、江庆扬、江清照、胡良撰、卢拔华、蓝弥腾各五元，江文程、陈素园、蓝德周各二元半，蓝理华、蓝理恩、蓝理豪共二元半，买置钱坑尾、栗树排、墩上、下圳田大小十二丘，又上圳、排上田二长行，又窠子里田四丘，共载税二十五桶。又置黄柞头、矿山里田税七桶，二款共载粮米一斗二升八合。又王爱和、王永丰捐铁坑尾、蕉头角田税四桶，又赖全峰、胡学攀各捐税谷二桶。每年看亭人向收。

金沙茶亭　嘉庆十一年，贡生赖庚兴捐造，并捐茶田四十四桶：圆坝张家屋角大路面下五桶，载民米二升，即茶亭基址；半

---

①　圆，原文为"员"。

②　亭，原文为"田"。下条同。

③　原文缺"田"字，校补。

铺里章家门首一丘十三桶；接敬铺水口内塘下、坑面上、黄墓坑下一连二窠八桶，民米一升五合；茶亭左角埔一块、黄坑一大丘二十二桶，民米八升八合。

永乐亭　在溪南白沙凹。桃源乡人萧念三建。

广荫亭　在邑东黄狮凹下。邑人廖尚贞建。

广福亭　在县东十五里白莲铺。道光十年，湖雷乡张进有建。又捐田二十余桶，为每年煎茶之资。

永丰亭　在思贤村口。上祀文昌、魁星、五谷神。

庆云亭　在洪川村头。道光二年，理问林崑桂独建。内祀真武祖师。

流馨亭　在金丰里半径山。道光二年，林福成孙理问林崑桂、子董事、监生林馤光、襄事监生李登衢、林鸣英题捐，林、李、曾、邬婆共建施茶。

清风亭　在太溪西南。乾隆年间建。道光九年，县尉游缵彪、武庠游光腾劝捐拓石施茶。

至止亭　在金丰里伯公凹。道光十年，监生巫宜珍、游润新题捐创建。

洽溪茶亭　嘉庆五年，贡生赖庚兴捐造，并捐茶田四十一桶。洽溪庵子路面二丘、路下二丘，赖历桥六丘，黄屋田一丘，共八桶，载民米二升四合；板塘山、坂垄坑并排子六丘一节，载谷二箩，民米二合；又水田二十四丘，并水塘一口，载谷十箩，民米二升；烟猪窠三丘，载谷二箩，民米三合；坂塘山排子路面、路下三丘，载谷二箩；畲头上分七丘，凹背六长丘，楼子背、杉树下五丘，载谷十二箩；大坪、大路田塍下一丘，载谷五箩。

抚溪岭茶亭　嘉庆七年，举优贡生赖允中倡建。二十五年，毁于火。复募众重修，拓架魁星楼。其祖良士捐茶田五十一桶，墟排官路面下大小十一丘，四十八桶；寨下三桶，共载民米一斗六升三合。

圆山茶亭　道光六年，贡生赖斗钟倡同族赖升云、赖席轩、赖奏搏、赖宾仪、赖恒哉、赖谷兹、赖集纶、赖巨千、赖览千、赖奏鹄、赖承山、赖宪斋、赖存撰、赖肃睦、赖辉彰十六人，捐银置茶田二十一桶，载民米六升。其田：圆山桥头二丘，井子下十一丘，下屋坪十一丘，涌背二丘，田坑七丘。

龙窟岭茶亭　先是乡人熊欲允募众创建。乾隆三十年，熊宏迪、熊秀岑募众姓捐银修亭。又募捐田六十余桶，为永远烧①茶。熊智斋捐茶亭地并背头山埔一块，熊介庵捐对面山埔一块；薪俊成捐茶田三桶四篇七升，载民米一升二合，在白崃下张绍官屋下首。

藻湖茶亭　嘉庆十八年，恩授征仕郎赖贻远捐茶田二十桶。

坐爱茶亭　在丰田里檬林前。嘉庆十四年，乡人张怀庵募众姓建，置茶田二十五桶。道光八年，张大川助佛银七十元，同众姓捐资修砌亭之上下一带路途。

象牙凹茶亭　在上湖雷。明御史熊兴麟培植路树。嘉庆年间，乡耆熊仁升、熊佛兆等募众创建亭宇；生员熊济河、监生熊殿东等，募众捐田税三十余桶，创设茶缸，以饮行人。

惠风亭　在丰田里采地。道光五年，监生沈如研、张天锡募众姓建。

回峰亭　在丰田里采地。道光七年，乡人沈开生、王钟英募众姓建，置田施茶。

打圳凹茶亭　在丰田里。乾隆四十七年，潘坑、坪上、罗陂众姓建，置田施茶。

饮和亭　在丰田里岭子头。

食水窠凉亭　嘉庆壬戌年，举优贡生赖允中倡建。

---

①　烧，原文为"绕"。

茶钟岭凉亭　嘉庆壬戌年，举优贡生赖允中倡建。

高枧下凉亭　嘉庆壬戌年，举优贡生赖允中倡建。

兔子岭凉亭　在龙潭。乾隆年间，监生卢勋臣建，并置茶田。

上寨塘凉亭　嘉庆年间，乡人募赞重修。

青山塘凉亭　乡人卢于姚建，并栽路树。

文溪亭　在文溪乡水口。两水夹镜，长桥卧波，松风水月，掩映清华。乡人施茶于此。

乐汝茶亭　在胜运里马子凹冈顶①。生员赖鸣瑞、监生赖位召等倡建，合乡捐资施茶。

南城口茶缸②　奉直大夫赖霁升捐台边田税十三桶，流畲田税十二桶，共二十五桶，为递年施茶费。

下湖雷天后宫门首茶缸　监生赖桓韵募捐置罗滩田三十七桶四篇，大溪边田十桶，为递年施茶费。若遇荒歉之年，桓韵裔补助焉。

龙潭墟口施茶　乾隆年间，贡生卢熙臣捐施。五月起，九月止。

---

① 顶，原文为"项"。
② 缸，原文为"钗"。

永定县志卷十

物　产　志

　　《周官》：大司徒之职，以土会之法辨五地之物生，以土宜之法辨十有二土之名物。以阜人民，以蕃鸟兽，以毓草木，以任土宜。盖就其地之所生，因民之所乐，俾得滋繁殖①，饮食居处，习焉而安，无纷华之慕。故曰"惟土物爱，厥心臧也"。永定邑界，椭迤百余里，以山为藩，峰峦峣岯，步武相接。其间宜有羽毛、齿草、五金、珍药之利，以为民生。奇赢之业，顾未尝有一于是，但以烧畬莘确，妨于耕作，使吾民胼胝终岁，求自给而不克，鲜居积之术，无封殖之家，亦良苦矣。然其所以养生之物，亦莫不具，稻岁再熟，麦粟、蔬果以时，竹木丛荟，仅周于用。《传》曰："瘠土之民，莫不向义，劳也。"夫劳则思，思则俭，俭则壹。不侈其欲，不肆其志，以奉公而守己。斯永民之所以能久安也。余志《物产》而有见乎此，深为吾民幸焉矣。

谷之属曰

　　稻　谷之总名。永田两熟，早熟名秔，耐旱。宋真宗以福建田多高仰，遣②使占城，求得种十石，遗福民莳之者是也。有白、赤两种，白者尤佳，性和质硬。晚熟名粳，俗呼稳子，以其

---

　　①　殖，原文为"植"。
　　②　遣，原文为"遗"。

丛小易特聚也。分有芒、无芒两种，或随早稻栽插，早稻收乃发
苗，或早稻收后另栽，皆小雪前后收，味减于秥。又米粘即糯
也，可酿酒。曰秫者，分大、小两种。又有红壳者，又有芒者。
又岁一登者，俗名大冬，分大秥、大禾、大糯三种。永间栽之。
又稻之香者曰香禾，性冷，宜深山种之。分秥与否两种，煮食皆
极香，永亦间有。又旧有夏至后收者，俗名三冬子，利于青黄间
接济。此种宜肥田，近种烟者多，粪田不足，无复种者。旧志
云："近三十年，邑通栽一种曰硬秥，壳①厚谷重，作饭硬而易
变味，藏隔年即蠹，以其耐风，佃耕利之，田主无如何也。"②

麦　如夏而熟，接旧谷、新谷之绝续，故《春秋》他谷不
书。无麦，禾则书，盖重之也。性有南北之异。北地燥，多雪少
雨，九月种，四月收，备四时之气。昼花，故皮薄、多面，宜
人。南地③卑湿，无雪多雨，十一月种，三月收。夜花，故食之
生热④腹痛。永昔年少种麦，今则通有矣。分大、小两种：大曰
"麰"，止堪作粥；小曰"来"⑤，可粉为面。小又分两种：一长
穬麦，麸厚面少；一赤谷麦，麸薄面多。又一种名荞麦，实三棱
而黑，秋花冬实。

粟　即粱也。古无粟名，以粱统粟。今通呼为粟，而粱之名
反隐矣。黍、稷、粱，苗叶皆相似，永虽少种，然五里通有。一
种名芦粟，又名高粱粟，春种秋收，高丈许，茎、叶皆似芦，穗
大如帚，粒大如椒，米坚实，黄赤色。又分两种：一黏者，可和

---

① 壳，原文为"谷"。
② 永俗，称早稻为"早禾"，并不称"秥"，而称晚稻为"稳子"。此
处所说应有误。
③ 地，原文为"北"。
④ 热，原文为"熟"，据乾隆志校改。
⑤ 来，麦名，即小麦。

糯作酒；一不黏者，可作糕煮粥，或曰即稷也。一种名黄粟，俗
呼狗尾粟，苗略似禾，穗如狗尾，亦分黏、不黏，或曰即黍也。
一种鸭掌粟，俗呼"鸭踏粟"，苗似禾，穗似鸭掌，春种夏收，
实圆细而黑，质脆气香，可粉为粿，煮为粥，疑古所谓粱。

麻　或呼脂麻，以子可榨油也；或呼胡麻，以种自大宛来
也。有黑、白两种，皆可食。

旱棱禾　又名畲禾，山上可种。分粘、不粘两种。四月种，
九月收，六月、八月雨泽和则熟。土人开山种树，掘烧乱草，乘
土暖种之。次年，则宜稷，不宜此矣。

赤米豆　圆小，两①头截如枕，故俗又呼为枕头豆。可煮
食。按：豆之属皆曰菽，以黄豆、黑豆为主，次绿豆、白豆，永
皆无之。所有带豆、刀豆之类，皆宜入蔬属。其为谷属者，仅赤
米豆一种。雍正十二年，知县丁君荃，浙江湖州人，自家运蚕豆
种五石，刊示种法、食法，极言其利，分给教民种之，欠茂。又
一年，不实矣。虽地不相宜，其爱民之心不可忘也。

带豆

刀豆　荚似刀鞘。

扁豆

虎爪豆

御豆　即扁豆。荚长四五寸，子大如肥皂。以进御得名，永
移种辄小。

竹米　竹花结米，剥之亦可疗饥。然惟荒年有之，故永人见
竹米以为荒年之占。

蔬之属曰

芥　冬下种，百日可刈。可煮食，可腌食。嫩心可瀹食，子

---

①　两，原文为"雨"。

可捣为芥酱。

苋

菠棱菜 俗呼角菜。

瓮菜 昔人用瓮从东夷载种来，故名。解毒。茎能延数丈，花白可玩。

蕲菜

莴菜 出莴国，有毒，百虫不敢近。

红根叶菜 茎丝皆红，俗亦为菠棱菜。

苦荬

马齿苋

韭

葱

蒜

薑

茄

油菜 薹为油菜，子可榨油。

匏 芋瓠 瓠 壶庐 长柄、大腹者曰瓠，《诗》云"甘瓠"是也，可为酒瓠。瓠之首尾如一者①，曰芋瓠。瘦上而圆大、形扁者，曰匏，《诗》云"匏有苦叶"是也，可佩渡水。匏之短柄、大腹者，为壶。壶之细腰如峰腰者，为卢。五物一类。

笋 凡竹萌皆名笋。永惟苗笋、苦笋多而佳。又冬月掘竹根下未出土者，曰冬笋，尤佳。又六月黄竹笋，亦佳。又筮竹笋可食。

蕈菌 木生为蕈，土生为菌，总呼菇。多种：生松下者曰松菇；朱色者朱菇，亦曰红菇；生茅下者曰茅菇；黑色者曰炭菇；白大如盘者曰鸡肉菇；香韵可爱者曰香菇。香菇，永邑间有之。

---

① 者，原文为"也"。

《兴化志》云："煮菇宜切姜及投饭粒试之，姜、饭黑则有毒，不可食。"

姜

芋

蕨　初生紫色，如小儿拳[①]，连茎可食。掘根捣汁澄粉，凶年以御饥。

莱[②]菔　即萝卜。

薯　俗呼似芋者为薯，长大者为土菜，巨者一株重数斤。

番薯　种自吕宋而来，由闽而广。万历中，始有之。园地、高山皆可种。叶蔓延地面，根伏地中，大者可数斤。皮有红、白，肉有黄、白两种，黄者尤佳。可生食、蒸食，可碾粉作糕，可酿酒。叶可为蔬，亦可肥猪。茎干可为火索，但留茎，次年种地又生，岁可两收。饥岁可充粮，味平无害，为利甚溥。近日，山乡皆广种之。

芹　亦作菫。

同蒿　叶似艾，花如菊，一花结子，近百成球。

白菜　又名菘，北人谓之黄芽菜。永产茎扁叶薄，不逮黄芽甚远。

莙荙　一名甜菜。叶厚难干，烧淋汁，可染衣，俗呼为厚叶菜。

芥蓝　叶如蓝而厚，茶油[③]煮食尤美，僧寺多种之。

胡荽　俗呼为芫荽，能发散寒邪。

蒲藤　叶圆厚可食，子紫黑色，可染布。

园香菜

---

① 拳，原文为"掌"。
② 莱，原文为"菜"。
③ 茶油，原文为"油茶"。

山药　本名薯蓣，唐避代宗讳"豫"，改为薯药。宋避英宗讳"曙"，改为山药。四月苗生，茎紫绿叶。五月花开，香气远闻。根细紧实者，真山药也。永邑移种不一二年，松大如土薯矣。

越瓜　花叶似冬瓜而小，外有棱。生熟皆可食，酱豉尤宜。

黄瓜　俗呼菜瓜，又名胡瓜。

南瓜　俗呼为金瓜。

冬瓜

苦瓜

丝瓜　筋丝罗织，俗呼为乱绩。老可藉①靴履，涤②釜器，治病，极多用。

土瓜　即葛也。

木之属曰

松

杉　材可为栋梁、棺椁、舟车、百器之需，利用最博。先年甚多，数十年来，连筏捆载，运卖漳、潮。今本邑亦价贵难求矣。

檬

枫

冬青　即女贞。

乌桕　子可榨油。邑无收榨者。

榕　大荫数亩，冬夏常青。闽广皆有，闽尤多，故号榕城。汀惟数邑有之。

桐　子可压油，亦呼油桐。邑颇资其利。又一种不花不子

---

① 藉，原文为"籍"。

② 涤，原文为"条"。

者，呼为冈桐。

茶 一种树高，子可榨油，名油茶，又名梓。一种树不过三尺，叶可制为茶，各乡有之，气味皆平常。惟金丰茶颇著名，溪南赤竹坪茶尤佳，惜不能多。

油椎 大不过把，韧可为器柄。

棕

杨 但有水杨，生溪岸，无白杨也。

柏 与松并称，而永独多松少柏。

桑

柳 吴越之桑，兖豫之柳，列如芦苇。闽不蚕桑，亦殊少柳。园馆一二株遂为佳种，永尤罕见也。

杞 细理。

朴 结子如豆。

槐

棂 构 柞 槠 棂、构、柞、槠，皆大而坚，干可为礎、柱、几、桌，枝可为农器、斧、凿柄。柞不结子，余三者皆结子可食。

椿 叶香，嫩者生可和馔，干可为菜。

樟 大而坚，有纹，可为几、桌、舟、车及雕刻器物。

楮 俗呼榖皮树。皮可为纸，汁可贴金。

漆

水松 可逐层薄剥，作盆、匣等器。

檀 枫叶有棱，年久叶圆化为檀，极香。

寄生 鸟食其子，粪而遗种，不论何树，皆可寄生。

果之属曰

梅

李

桃　一种红萼桃，花而不实。又一种冬实者，曰冬桃。

梨

柿　此木鸟不巢，无虫。叶肥大，多阴，秋叶霜红可玩。有鹿心、牛奶、猴榫三种，熟皆黄赤。一种熟亦青黑色，名椑，汁可糊裱。凡柿藏干生白，曰柿霜，治病多用。

石榴

橘　柑　柚　橙　香橼　橘、柑、柚、橙、香橼五者，种类繁多，古来博物之彦，考辨各异。宋韩彦直《橘谱》别柑为八种，橘十四种，橙子类橘者五种，合二①十七种。虽干、刺、花、实、皮、肉、气味、生熟、早晚，引据博辨②，而名称彼此互异，卒不能定。今就永所有，随俗称呼别之。皮薄、纹细、熟而黄者为橘，橘之小如豆者为山柑，大如弹丸者为金橘，形略长如枣者为金枣，大小同树者为公孙橘。大于橘、皮厚、纹粗、熟而红者为柑，皮橘皱者为皱皮柑，皮薄者为薄皮柑，汁多而甜者为蜜柑，皮松可连皮而食者为沙柑。皮厚近寸、肉有红、白两种者为柚，红者甜，白者酢③。似柚树有刺，皮香，可茾可糖、制为丁蜜、制为膏者曰橙。似橙，皮光泽，肉白厚如萝卜，置衣笥经旬犹香者为"香橼"。如人指参差、有屈有伸者，为佛手柑，亦曰佛手香橼。

楝　俗名苦楝。

山梨　俗名罩梨。

落花生　本草属，开花牵丝落地，实于土中，故名。子可炒食，又可榨油，俗呼为番豆。

栗

---

① 二，原文为"三"。
② 辨，原文为"辦"，下同。
③ 酢，醋本字。大酸谓之酢。

梧桐

橄榄　树高子繁，不可梯摘。但刻其根，置盐少许，一夕皆落。

枇杷

棘九　一名丂子梨。

枣

枳　似柚而皮松，肉厚少实。

竹之属曰

苗竹　又名毛竹。质极坚劲，作器治室，其用最广。

慈竹　子母丛生，不离本根。长干中耸，群筱外护，故又名子母竹，又名孝竹，又名义竹。唐明皇诏诸王云："人世父子兄弟，观此可为鉴者也。"

筃竹　性坚，节平，可破丝织器。

笏竹　芒刺森然，围屋墙种之，可御盗。大而韧，可为杠①。

黄竹　坚硬。

苦竹

单竹　节长，脆薄。

赤竹　长小而坚，可编篱。

紫竹　色黑中绳者，可作箫。

斑竹　有大、小两种。大者有斑点不作螺纹，小者有纹而蒙以青膜，拭②之始见。

箭竹　小而坚，中有微孔，节不满二尺，与《禹贡》"筱可为箭，节长五六尺"者异。

---

①　杠，原文为"扛"。
②　拭，原文为"拭"。

箬竹　干低小，而叶大于他竹，可编篷、观^①、垫、箱笼。

淡竹　肉薄，节间有粉。多汁，可取竹沥。

棕竹

水竹　生于水，弱小似竹。

金竹

观音竹　干、叶俱小，高四五寸，可点缀盆石。

凤尾竹

簜竹　大可为斗，竹山土肥偶有之。

药之属曰

益母草　即蓷，《诗》云"中谷有蓷"是也。

豨莶草　**紫苏**　**薄荷**　**金银花**　一名忍冬藤。此草与断肠草藤、花、叶相似，所别者，断肠草藤右拂，此藤左拂，故又名左转藤。

草决明　**艾**　**香附**　**山栀子**　**金樱子**　**瓜蒌**

车前子　《诗》云"芣苢"是也。

青蒿　**千里及**^②

石菖蒲

羊蹄草

土茯苓　昔禹山行乏食，采此充粮，而弃其余，故又名禹余粮，又名仙遗粮。根圆大，连缀而生。岁歉，掘取，捣^③碎，滤粉，可充饥。有赤、白二种，白者佳，治诸疮圣药。

陈皮

巴戟　俗呼猫肠根。

---

① "观"，据乾隆志为"衬"。

② 及，原文为"反"字，据乾隆志改。

③ 原文无"捣"字，据乾隆志校补。

甘菊

香薷

仙茅

椒

白头公

鱼腥草

仙人掌　不干不叶，形如伸掌，剥接而生，随地易植。治汤火，甚效。

茱萸

茴香

天南星　俗呼雷公杖。

牛蒡子

蓖麻　有红、白二种，红者胜。子可榨油，调印色。

五倍子　俗呼盐糟粕。

蒺藜

夏枯草

百合

半夏

麦门冬　惟湖雷有之。

三七　自广西传种，数年形性俱变。

卉之属曰

兰　有一干一花者，有一干数花者，有岁再开者。不论人家所植，或山间石崖所生，总谓之兰。《尔雅·翼》分"一干一花为兰，一干数花为蕙"，黄山谷亦云。然世遂指今之兰为蕙。《宁化志》辨："一花、数花皆为兰，而蕙别自为零陵香草，可以泽头者。"又谓："经、史所称兰，乃兰草。泽兰，花叶俱香者，非今建兰之类。"博辨甚核。

桂 丹红者为真桂，邑偶有之，所有皆木樨也。黄者为金[①]桂，白者为银桂。有秋花者，有春花者，有四序花者，有逐月花者。

菊 有黄、白、紫、红诸色，以黄为正[②]。

茉莉

鸡冠

凤仙 俗名指甲花，子为急性子。

杜鹃 杜鹃鸣时开，故名。有深红、淡红，及[③]紫、黄、白各色。或云，此花盛开，则来年丰稔。

赛兰 一名珍珠[④]兰，俗呼米子兰。

山丹 状如绣毯，色深红。

山茶 有红、白两色，单[⑤]叶、重叶两种。

海棠 木本。一种草本者，名秋海棠。

芙蓉 一名拒霜，又名木莲。有大红、粉红、白三色。又有醉芙蓉，一日之内花容三变，由白而浅红、深红。《楚辞》"搴芙蓉于木末"是也。

芙霜 一作扶霜，或曰即木槿。花叶虽相似，然木槿花可食，芙霜不可食也。

木槿 有红、白两种，朝生夕陨。夏月盛开，可作蔬。《诗》云"舜华"是也。

紫薇 俗云紫荆，非也。紫薇自六月花至八月，紫荆春月先花后叶，早间花发。其怕痒则同。永无紫荆。

---

① 原文无"金"字，据乾隆志校补。
② 正，原文为"止"。
③ 及，原文为"又"，据乾隆志改。
④ 原文无"珠"字，据乾隆志校补。
⑤ 原文无"单"字，据乾隆志校补。

长春　俗呼月月红。

百日红　花似杨梅。

蔷薇　俗呼盘墙花。

木笔　即辛夷，俗名木莲，又名木兰。

莲　有红、白两种，《诗》"隰有荷华"即莲也。北人以莲为荷，《尔雅》曰："荷，芙蕖也。其茎茄，其叶蕸，其本蔤，其华菡萏，其实莲，其根藕，其中菂，菂中薏，皆可入药。"又一物而根、华两实，不独品似君子，其利用之功亦博矣。

瑞香　香重能损花，谓之花贼。

绣球

葵

夜合

萱　朝开暮蔫。即黄花菜，亦曰金针菜。

美人蕉

老少年　叶生，绝红，可作花玩。

素心兰　兰品之最贵者，他处传种不能蕃茂分栽。

水仙　根如大蒜，叶茎如葱而扁。春初开白花，风韵香洁。永自漳、潮买种，花落即弃之，不能留种也。

风兰　俗呼倒吊兰，不用沙土，悬风露处，自长花叶。

茅　芒　菅　茅、芒、菅、芦苇、葭、薍，皆同类相似。永惟有茅、芒、菅，通是茅属。俗呼丛生而叶柔者为茅。又一种气芳香者为香茅。呼干大而叶如锋刃者为①芒，皮可为绳，穗可为帚。呼叶滑无芒、根下五寸、有白粉者为菅。

藻　根生水底，叶生水面。《诗》云"采藻"者即此。

荇　生流水中，长可丈余。杜诗"水荇牵风翠带长"是也。

蘋　根著水，浮于水面，四叶合成如"田"字形。《左传》

---

① 原文无"为"字。

"蘋蘩蕰藻"，《天问》"靡蘋九衢"是也。

萍　漂聚为萍，浮于流水则不生，浮于止水一夜生九子。《月令》"萍始生"是也。

蒲　生于水涯，叶扁而有脊，嫩者可茹。《诗》"惟笋及蒲"是也。叶温滑，亦可编为席。又一种名菖蒲，味香，可和酒。

蔶①　生水涯，叶三棱，纤长而润，可为席。

苦草　茎实而松，有节。

萁　俗呼芦萁，永民资为炊爨者甚众。又豆干亦曰萁，曹子建诗"煮豆燃②豆萁"是也。

仙草　捣烂绞汁，和米粉煮之成冻，似石花冻而黑，宜暑食③。

狮耳

凤尾草

狗尾草

马鞭草

薜荔　亦名络石。其生蔓，罩在石曰石鳞，在地曰地锦，在木曰龙鳞。《九歌》"被薜荔兮带女萝"是也。

淡巴菇　即烟草。种出东洋，取叶阴干，细切如丝，燃少许管中，吸其烟，令人微醉。云可辟瘴，明季内人莳之。始闽、广人食之，今天下皆用之矣。

木贼　茎丛直上，有节无枝，叶糙涩。治竹木者用之搓擦则光滑，故名。

断肠草　根名野葛，叶名钩吻，毒人立死。每有因忿食之以死者，亦有愚民争斗，食之以恣图赖者。昔知县危君言欲去其

---

①　原文以下错漏甚多，据乾隆志校补。

②　燃，原文为"炊"。

③　暑食，原文为"著"，据乾隆志校改。

种，罪赎不征银，令除草千斤抵赎，焚之。又太平巡检郭天福重加芟除万余斤。知县岳君钟淑，遇有服毒死者，令地方具棺埋之，不得图赖良家，其功尤深于锄去者。《南方草本状》曰："以瓮菜汁滴其叶，当时萎死。"世传魏武啖野葛至一尺，先食瓮菜故也。解法：或以绿豆酱，或地黄酱，或甘草汤，或雄鸭血，或人粪搅水灌下。又鸡卵清调石榴干叶末灌下，或瓮菜汁，无叶则用根，俱可。总不如生羊血灌下，立吐出不死。无鲜者，干血调水灌下亦可。又其草既焚，灰随流水，误食其水者，亦能致死，焚者慎之。

麻　《诗》"虽有丝麻"是也。有黄麻、白麻、青麻，永止有黄麻。子不可食，与胡麻异种。

水蕉　肥大，与芭蕉、美人蕉异种。

山葛　《诗》"葛之覃兮"是也。与土葛根可滤粉者异种。

苎　麻、蕉、葛、苎，四者皆可绩，织为夏布。永无蚕桑、棉花，女工专藉此为业，然不敷用。

蔗　字从庶，一根丛生，汁甜。大、小两种：小者可绞糖，大者可断而食。永唯有大者。始种于太平里民，今各里皆种之。

茭　似蒲，根下二三寸，似笋，可为蔬。

马荠草　生水田，苗如蒿，子实生根下，味清可食。

七星草　叶有七星，生深山中，可治跌打伤。

鱼藤　捣汁可毒鱼。

拿藤　可资农器，系桥梁。

芝

畜扰之属曰

牛　有水牛、黄牛两种。水牛大角尖拱，喜沐于水；黄牛小角，有胡。

犬　豕　猫　鸡　鸭　鹅

鸽 本野鸟，必待家畜而后其种传。善认主家，虽远去，必飞返。抱雏，勿断暖气。雌伏①卵时，欲出游食，则雄代覆之。雏生一月能飞，百日即成配合，故易蕃孳。养鸽必为之房。杀鸽避不令见，见则其群不蕃。以鸽卵饲小儿，永不出痘。

羊 但有草羊，无绵羊。永畜羊者，多不能蕃。《闽部疏》云："汀不产羊。"其信然欤。

番鸭 类于鸭，或白，或黑白斑，顶有红冠，面毛亦带红，人家畜之为玩。

鸬鹚 买自他处，畜以捕鱼。

马 营伍官马而外，人家畜马者不一二数。偶生一驹，无牝牡，不能再传。

鳞之属曰

鲤 鱼中之王。脊鳞一道，每鳞皆有小黑点，文②不论大小，皆三十六鳞，阴数也。龙脊八十一鳞，阳数也。鲤能化龙，老阴变少阳也。

鲩 即草鱼。

鲢 亦名鰱鱼，《诗》"维鲂及鱮"是也。好群行，取"相与相连"之义。小口，细鳞，形扁，腹白。

鲫 亦名鲋，《易》"井谷射鲋"是也。亦旅行。取"相即相附"之义。色黑，体促，腹大而脊隆。

乌鱼 俗呼乌鳢。全似草鱼，但色黑耳。

鲭 似鲩而鳞稍长。

鳠 俗呼鳠黄。肉嫩味甜，多小骨。一种脊有黑路者，名赤眼。

---

① 伏，孵卵。
② 原文无"文"字，据乾隆志补。文，纹理。下石斑条同。

石斑　生石涧中，有斑文，重不过三两。

锦鳞鱼　黑质，赤章，鳞粗，善斗。大不过指，食之无味。

鳢　俗作鳝，《汉书》"鹳衔三鳢"即此。今误作"鳢"。

鳍　俗作鳅。

虾

鳘　身长而圆，牙如锯，食小鱼。

鳗　色白无鳞，似鳝而大。有雄有雌，漫附而生，故名。

金鱼　一名变鱼。初生黑，后乃变红、变白，或纯或间，尾有三岐、五岐者，脊尾皆金。盆畜，大不过四五寸止。

龙头鱼　身短稍圆，有鳞，头起双角，故名。独产于抚溪水口回龙洞。

介之属曰

龟

鳖　俗呼团鱼，亦呼脚鱼。

螺　生于田者壳薄，生石罅者壳厚。

蟹　多种。永止有蟛蜞，生土穴中。

蚬　出沙溪中，似蛤而小。

蚌　蛤类，圆曰蛤，长曰蚌。

穿山甲　俗呼为鳞鲤，非兽非鱼非虫，以其入药附此。似鲤而四足，有鳞甲，常吐舌引蝼蚁，卷而食之。爪甲犀利，穿地而处，故名。医家用以引诸药，透骨油。笼渗漏，剥其甲内肉靥投入，自至漏处补住。

禽之属曰

乌　孝鸟，能反哺，亦名鸦。

鸦　《尔雅》曰："纯黑而反哺者，谓之慈乌；腹白不反哺者，谓之鸦。"亦名鸒，《诗》"弁彼鸒斯"是也。

鹊　鸦属。《本草》："似乌而小，群飞。作'鸦'声，曰慈乌，即今寒鸦。"林次崖云："身乌而颈白者为夕鸦。"师旷以白颈者为不祥，北人喜鸦恶鹊，故曰不祥。是同然。似乌而腹白为鸦，颈白为鹊也。俗呼纯黑者为乌鸦，腹颈白者为鸦鹊，混三为二矣。今定以纯黑者为乌，腹白者为鸦，其噪皆近鸦，《纲目》谓"其名自呼"是也。腹颈白而声近鹊者为鹊，亦"其名自呼"也。又一种腹颈多白，尾长而翠者为山鹊，俗呼山凤凰。

雉

竹鸡　小于鹧鸪，褐色斑赤，声如泥滑滑，啼则白蚁死。

鹧鸪　似牝鸡而小，身有斑文。虽东西飞，开翅必先南骛。声似"行不得也，哥哥"，亦曰"钩辀格磔"。

鸠　鸟之愿者，其类非一。严粲诗辑曰："少皞氏官有五鸠。"备见《诗经》，祝鸠，鹪鸠也；四牡，"嘉鱼之雏"是也；雎鸠，"关关"之诗是也；鹘鸠、鸒鸠，非斑鸠；小宛之鸣鸠，氓食桑葚之鸠是也。鸤鸠，布谷也。《曹风》之"鸤①鸠"是也。鹫鸠，《大明》之鹰是也。永人以其鸣似"脱却布裤"者为鹪鸠，以其鸣似"郭公郭婆"者为鸦鸠，即布谷，《月令》"鸣鸠拂羽"是也，方耕时鸣声又似割麦插禾，故名。以拙于巢，常逐妇可祝噎者为斑鸠。

莺　一名苍庚，俗呼黄栗鹠。其声圆滑，《诗》"睍睆黄鸟"是也②。

雀

燕　玄鸟也。一种红颐，巢于堂；一种白颐，巢于檐。

画眉

杜鹃　一鸟二十余名。永俗又呼为阳鸟。仲春鸣，仲夏止。

---

① 鸤，原文为"鸣"字，据乾隆志改。

② 原为衍"真"字，缺"也"字。

谚曰："阳鸟雨前啼，高田不用犁。"盖占其少雨也。

百劳

鹡鸰　飞鸣不相离，鸣声自呼其名。

鸜鹆　似鸜而有帻，又名八哥，俗呼乌鸟。端午剪其舌令圆，能学人语。

翡翠　鹬也。羽为妇人首饰。小鱼在水面者，飞击而食之。

啄木　嘴如锥，长数寸。啄震木，出蠹虫食之。

相思　细如瓦雀，雌雄①不离，羁其一，纵其一，去必复返。

角髻　首有毛如髻，畜之易驯。

白头翁　似雀而大，头有白点。

鹰　嘴钩，爪曲，鸷击之鸟。其名古今、南北、夷汉各异，类亦小殊，曰鷏、曰鹘、曰鹞、曰鸇、曰晨风、曰鸡鸠、曰茅鸱、曰鹗、曰隼、曰鸢、曰鹑、曰鷐、曰鹭、曰青雕、曰角鹰、曰海东青，皆其类也。

鹠　鹰属。俗呼大者为鹠婆，小者为角鹠。鹠捷于鹰。

鸺鹠　头目如猫，俗呼猫头鸟。夜察秋毫，昼瞑目。

蝙蝠

白鹇　素质黑章，尾长二三尺，距嘴纯丹，羽族之幽奇者也。李白诗备赞其美。

姑恶　小鸟。其声自呼"姑恶"。

米鸡　生田中，有白、黑二色，如初生鸡子。成群，母大如竹鸡。

凫　似鸭而小，卑脚短喙，成群飞浮水面，霜降后俱自他处来，俗呼水鸭。

---

①　原文缺"雄"字。

鹭 水鸟，洁白，霜降后自他处飞来，俗呼白鹭①。

戏鸟 小如相思鸟，红、黄、白、黑，各色俱备。常数十为群，自他处飞来。

白鹊 纯白。

兽之属曰

狸 多种。永有二种：一种圆头大尾者为"猫狸"，善窃鸡、鸭；一种面白，缘树食百果者曰玉猫狸。俗混称狐，不知狐足踣，迹内，多疑，能为妖，与狸全不相似。永无此也。

鼠

兔 兽中惟兔最繁，每月一孕，多者生六七，少亦生三。每藏短草浅土中，有黑、白、褐三色。此真兔也，永间有之。一种石鼠，极似兔性，能窜走，穴地置坛，使居其中，则出入自如，人家所畜多此种。

獭 形似小狗，水居，食鱼。《月令》："正月，獭祭鱼。"《淮南子》："獭穴知水。"盖前知来岁水潦高下，度水所不至而穴，则此物亦有礼有知②。

麇 鹿属。老者亦生角，二寸许。色多黄，故俗呼黄麇。小山《招隐赋》："白鹿麇麌。"麇即此。

山犬 状全似犬，生于山。尝出窃食人家鸡。

野猪 全似家猪，大者百余斤。嘴长，牙利，皮厚，肉膻。

田猪 亦似家豕，一胎十余子。食人田禾、薯芋，大不过二十斤。味佳。

豪猪 状似猪，颈脊有刺鬣，长近尺，粗如箸，坚韧尖锐，

---

① 鹭，原文为"露"，据乾隆志改。
② 知，通"智"。

状似笄及帽刺①，白本黑端。怒则激去，如矢射人，人取为簪股。《星禽》"壁水貐"即此。

猴

竹䶄　鼠属。食竹根，消竹毒。人或竹刺入肉，啖此立消。

虎

豹

豺　体细瘦，如棘人骨立。《尔雅》："足长，尾白，颊色黄。"俗呼豺狗，以体似狗也。能登虎背而抉其脊，《月令》："豺祭兽，豺祭方，布獭祭圆布。"

山羊　似羊，无角，力能陟峻。味最美。

虫豸之属曰

蜂　《檀弓》："范则冠。"范即蜂也。毒在尾，垂颖如锋，故名为蜂。种类甚多。《书》称"有君臣之义"，他蜂不可见。人家养蜜蜂，一日两衙，群绕而卫其主。无主则死，信义虫也。

蚁　《礼记》名"元驹"，《尔雅》名"蚍蜉"。有君臣之义，略与蜂同。黄、黑者善斗，进、止、攻、围，皆有队伍。白者损物，不可御。

蝉　又名蜩②，《诗》"五月鸣蜩"是也。鸣声清者曰蜋，《诗》"如蜩如③蜋"是也。

萤

螳螂　前两足如斧。郭璞赞："挥斧奋臂，当辙不避。"

蟋蟀　一名莎鸡。

螽斯　俗名草蜢。

---

① 刺，原文为"制"，据乾隆志改。

② 原文无"蜩"。

③ 以上十字据乾隆志校补。

蜻蜓　六足，四翼，尾如丁。

蝴蝶　多种，以须代鼻。

促织　又名纬络，似蟋蟀。鸣则频起频伏，声如织。

蜘蛛

壁虎　小如蜘蛛，常缘窗壁。

斑茅　有花斑，集园菜间，最毒。

蜣螂　有黑甲，取①粪作丸而转之。

灶鸡

油虫　俗呼黄贼，能消毒。

地蜱

蠹　身有白粉，啮书虫。

蛀　食木虫。

蛾　如蝶而小，夜飞拂火。

蜉蝣　白蚁所化，朝生暮死。

蝇　蚊　虱

蟆　黑而极小，啮人成疮。

水鸡　俗名田鸡，又名坐鱼。

虾蟆　似蟾蜍而小，兼居水陆，吐沫成鱼。子为蝌蚪，俗呼其子为"江鸡黏"。

蟾蜍　似虾蟆，陆居，皤腹，促眉，皮多琲磊。

黿　又名蛙。水居，鸣声甚壮。

蛇　多种，毒虫也。

蜥蜴　似蛇，四足。《尔雅》曰：蜥蜴，总曰螭。大者曰山龙子，缘木曰蝘蜓，在草曰蝾螈，在屋曰守宫，搏蝇曰蝎虎。首随十二时变色，俗呼盐蝎子。

蜈蚣

---

① 以上六字据乾隆志校补。

蚯蚓

水蛭　水虫，蠕动如血片。断之寸寸，得水复活。大者曰马
蜞，腹黄者为马蟥。生深山草上者为草蛭，生石上为石蛭，泥
中为泥蛭。

蚰蜒　暑温化生，行处吐白沫成银色，后又化为蜗牛。

牵线　生水中，长一二尺，黑色如线，能箍断牛足。

尺蠖　似蚕而绝小，行则促其腰，使首尾相就，乃能进步。

孑孓　生于积水，小如针，长不一二分，在水中屈伸浮沉，
久化为蚊。

石蝀　似水鸡，俗呼石蟪，夜持炬入深谷岩穴间捕之。

蚕蛾　蚕化为蛹，蛹又化为蛾。

螟　食苗心虫。

螣　食苗叶虫。

货之属曰

烟　即淡巴菰。细切为丝者，始于闽，故福烟独著于天下。
烟名皮丝，又永产为道地，其味清香和平。本省他处及各省虽
有，其产制成丝，色味皆不能及。国朝充饷后，永地种烟愈多，
制造亦愈精洁。盖永地山多田少，种烟之利数倍于禾稻。惟此土
产货于他省，财用资焉。是亦天厚其产以养人也。

纸　金丰、胜运两里俱出。

篾扇　篾灯　篾枕　箸　杉板　烟刀

造纸爆　在城及礼田、恩坑、龙潒等乡俱有造。岁贩卖于
漳、潮等处甚夥。

永定县志卷十三

祠　祀　志

圣人之祀神，非邀福也，报功也。国家本《周礼》驭神之法，凡功及于物，德施于下，生民仰赖，灵贶昭达，悉著于典。故稽合礼文，陈其乐舞，丰其粢盛，以及牲、币、祝、号之次第，莫不竭祇肃之诚，尽馨香之道。作《祠祀志》，亦足见随时损益之有宜焉。

社　稷　坛

在铁坑。

《会典》：每岁春秋仲月上戊日祭。

礼部则例：一凡直、省、府、州、县，各择爽垲之地建社稷坛，均北向。岁以春秋仲月上戊日，为民祈报。府、州、县皆正印官将事，以各学教官纠仪，生员充礼生。

仪注：直、省祭社稷坛仪，祭品，每神位前各帛一、铏二、簠二、簋二、笾四、豆四、爵三，共羊一、豕一、尊一。祭日，鸡初鸣，承祭官以下咸朝服齐集。黎明，赞引礼生二人，引承祭官诣盥洗所盥洗。通赞礼生赞："执事各司其事。"赞引者引承祭官至阶前拜位立。引班礼生二人，分引陪祭官，文东武西，各就拜位序立。乃迎神，赞引者引承祭官升坛，诣香案前，司香，跪，奉香。承祭官三上香，复位，行三跪九叩礼。陪祭官、各官，皆随行礼。奠帛。

初献爵，司帛生奉篚进，跪，奠篚。司爵奉爵进，献爵，奠正中。皆退。司祝礼生至祝案前跪，承祭官暨陪祭官皆跪。司祝读祝，毕，诣神位前跪安于案，叩如初。退，承祭官暨陪祭各官行三叩礼。亚献爵，奠于左。终献爵，奠于右。均仪如初献。乃彻馔。

送神，承祭官行三跪九叩礼，陪祭各官皆随行礼。司祝奉祝，司帛奉帛，送瘗所。承祭官转立拜位，西旁东面，候祝、帛过，复位，引至望瘗位，望瘗。赞引告："礼成。"引退。众皆退。

祭文：

惟神奠安九土，粒食万邦。分五色以表封圻，育三农而蕃稼穑。忝承守土，肃展明禋。时届仲春（秋），敬修祀典。庶丸丸松柏，巩磐石于无疆；翼翼黍苗，佐神仓于不匮。尚飨。

至圣先师庙

《会典》：直、省、府、州、县，岁以春秋仲月上丁祭先师。于泮宫会城，以督抚、学政将事，司、道、府、县分献。学政巡试属郡及道员之分驻各府者，即于其地将事，以府、州、县分献。余以正印官将事，佐贰分献。监礼以师儒，赞引、执事以生员。中和韶乐、羽籥之舞，及牲、登、铏、簠、簋、笾、豆、尊、爵之数。

将事之仪，均如太学丁祭礼。案典仪，先祭一日，乐舞设于大成殿外阶上，分左右悬。至日五更，正献官入庙至更衣所少憩。赞引生请行礼，正献官出，次盥洗。赞引生导正献官由旁阶自殿左门入至拜位前，北向[①]立。赞礼生引分献官至阶下左右序立，北面。典仪生赞："乐舞生登歌，执事官各共乃职。"文舞六

---

① 　向，原文为"响"。下同。

俯进。赞引生唱："就位。"正献官就拜位立。

乃迎神，司香生奉香盘进，司乐生赞："奉迎神，奏《昭平之章》。"赞引生唱："就上香位。"导正献官诣先师香案前立。司香生进香，赞引生唱："上香。"正献官立，上柱香，次、三上瓣香。唱："复位。"正献官复位。唱："跪拜，兴。"正献官行三跪九叩礼。

奠帛，行初献礼。司帛生奉篚、司爵生奉爵进，奏《宣平之章》，舞羽籥之舞。司帛生诣先师位前，跪献，三叩；司爵生诣先师位前立，献奠正中。皆退。分献官各诣四配、十二哲，两庑先贤、先儒位前，上香、奠献如仪。司祝至祝案前跪，三叩，奉祝版，跪案左。乐暂止。正献官跪，分献官皆跪。司祝读祝，毕，诣先师位前跪安于案，三叩，退。乐作。正献官行三拜礼，兴。行亚献礼，奏《秩平之章》，舞同初献。司爵生诣先师位前，献爵，奠于左，仪如初献。行终献礼，奏《叙平之章》，舞同亚献。司爵生诣先师位前，献爵，奠于右，仪如亚献。分献官以次毕献，均如初。乐止，文德之舞退，乃彻馔，奏《懿平之章》。彻馔毕，送神，奏《德平之章》，正献官行三跪九叩礼，有司奉祝，次帛，次馔，次香送燎所。正献官转立拜位旁，西向，候祝帛过，复位，乐作。祝帛燎半，唱："礼成。"导正献官由殿左门出，先是正献官至更衣所。

时，赞礼生引崇圣祠承祭官入祠左门，盥洗毕，引诣殿阶下正中。典仪赞："执事生各共乃职。"赞引生赞："就位。"引承祭官就拜位立。乃迎神，司香奉香盘进，赞引生赞："就上香位。"引承祭官升东阶，由殿左门入，诣肇圣王香案前立。司香跪奉香，赞引生唱："跪！"承祭官跪，一叩。赞："上香。"承祭官上柱香，次、三上瓣香，一叩，兴。以次诣裕圣王、诒圣王、昌圣王、启圣王位前上香，仪同。唱："复位。"引承祭官退至殿门左立。赞引唱，承祭官诣四配位、两庑从祀位前，上香如仪，复位。赞引唱："跪、叩、兴！"承祭官行三跪九叩礼。毕，奠帛，行初献礼，执事生各奉篚、执爵进，承祭官受篚，拱举奠于案；司爵跪奉爵，承祭官受爵，拱举奠于正中。一叩，兴，以次奠献毕。司祝至祝案前，三叩，奉祝版跪案左，承祭官诣读祝位，跪，司祝读祝。毕，诣正中神位前，跪安于案，三叩，退。承祭官行三叩礼，毕，仍由殿左门出。复位。四配、两庑奠帛、献爵各仪。复位。

次亚献①，奠爵于左。次终献，奠爵于右。四配、两庑毕，献仪均与初献同。彻馔②。

送神，承祭官行三跪九叩礼，执事生奉祝，次帛，次馔，次香送燎所，承祭官避立西旁，东面，俟祝帛过。复位，引诣望燎位望燎，引承祭官退。

祭文：

维先师德隆千圣，道冠百王。揭日月以常行，自生民所未有。属文教昌明之会，正礼和乐节之时。辟雍钟鼓，咸荐恪于馨香；泮水胶庠，益致严于笾豆。兹当仲春（秋），祇率彝章，肃展微忱，聿将祝典。尚飨③。

孔子先代五王祭文：

维王奕叶钟祥，光门圣绪。盛德之后，积久弥昌。凡声教所覃敷，率循源而溯本。宜肃明禋之典，用申守土之忱。兹届仲春（秋），聿修祀事。尚飨。

文 昌 祠

在儒学前，即凤山书院，建正殿奉祀。

---

①　"献"字校补。
②　馔，原文为"选"。
③　飨，原文为"响"。下同。

仪注：春秋仲月，诹吉致祭。前殿，帛一、牛一、羊一、豕一、登一、铏二、簠二、簋二、笾十、豆十、尊一、爵三、炉一、灯二，和声署设乐。后殿，祭追封三代公三案，各帛一、羊一、豕一、铏二、簠二、簋二、笾八、豆八、尊一、爵三、炉一、灯二。

祭日，前、后殿，主祭官咸朝服诣庙。赞引、太常、赞礼生各二人，引由殿左门入，诣前、后殿，各升阶至殿门外，就拜位前，北面立。典仪生赞："执事官各共乃职。"赞引生赞："就位。"主祭官就拜位。

乃迎神，司香生奉香盘进，赞引生赞唱："就上香位。"引主祭官自殿左门入，诣香案前，赞："上香。"司香生跪奉香。主祭官上柱香，次、三上瓣香。赞："复位！"引主祭官复位，赞："跪、叩、兴！"主祭官行三跪九叩礼。后殿，赞引生引后殿主祭官诣三案，上香，行二跪六叩礼，奠帛。

初献爵，司帛生奉篚，司爵生奉爵，进至神位前。司帛生跪，奠帛，三叩。司爵生立献爵，奠正中，皆退。司祝至祝案前跪，三叩，奉祝版跪案左，主祭官跪，司祝读祝。毕，奉祝版诣神位前跪安于案，叩如初，退。主祭官行三叩礼。后殿，执事生奠帛、献爵，司祝生读祝，各如仪。

亚献，司爵生献爵，奠于左。

终献，司爵生献爵，奠于右。后殿以次毕献，均如初。

送神，主祭官行三跪九叩礼，后殿主祭官行二跪六叩礼。有司奉祝，次帛，次馔，次香，恭送燎所。主祭官避立拜位旁，东面，俟祝帛过，复位。引主祭官望燎，告："礼成。"引退。后殿主祭官望燎、引退如仪。

祭文：

惟神神功赫奕，圣德昭明。位分天象，职司台衡。朱衣赤舄，耀于七星。赞元开化，启秀育英。普天钦仰，斯文丕兴。今届仲春（秋），虔荐豆登。尚飨。

先 农 坛

在大洲墩。

礼部则例：直、省耕耤，雍正四年议准，奉天、直隶、各省，于该地方择地为耤田，以雍正五年为始，每岁仲春，府尹、督抚及府、州、县、卫所等官，率所属耆老、农夫，行耕耤礼。该督抚将设立耤田，亩数报明户部、礼部存案。五年议准，直、省各择东郊官地洁净丰腴者，立为耤田。如无官地，动支帑银置买民田，以四亩九分为耤田，每岁耕耤之日祭先农。礼毕，各官咸易蟒袍、补服，州、县正印官秉末，佐贰执青箱播种。专城卫所正印官秉末，如无属员，即选择耆老执青箱播种。耕时，用耆老一人牵牛，农夫二人扶犁，悉照九卿之例，九推九还，农夫终亩。耕毕，即率耆老、农夫，望阙行三跪九叩礼。其农具用赤色，牛用黑色，箱用青色。所盛籽种，各从其土之宜。即着守坛农夫灌溉田，地方官不时劝课，将每年所收米谷及用过粢盛数目，造册报布政使司，送户部复实至各省。耕耤日期，每岁十一月。颁《时宪书》后交钦天监择日，由部奏请，钦定通行。奉天府尹、直隶、各省督抚，转饬所属，同日举行，永著为令。

祭文：

惟神肇兴稼穑，粒我烝民。颂思文之德，克配彼天；念率育之功，陈常①时夏。兹当东作，咸服先畴。洪惟九五之尊，岁举三推之典。恭膺守土，敢忘劳民。谨奉彝章，聿修祀事。惟愿五风十雨，嘉祥恒沐于神庥。庶几九穗双岐，上瑞频书于大有。尚飨。

每岁孟夏，择日行常雩祭，亦于是坛祭之。

---

① 陈常，乾隆志为"常陈"。

祭文：

恭膺诏命，抚育群黎。仰体形廷，保赤之诚。劝农劝稼，仰惟蔀屋。资生之本，力穑服田。令甲爰颁，肃举祈年之典；惟寅将事，用伸守土之忱。黍稷惟馨，尚冀明昭之受赐；来年率育，庶俾丰裕于盖藏。尚飨。

风云雷雨山川城隍坛

在铁坑。以春、秋仲月上巳日致祭。

每神位前，各帛一，用白色，余如祭社稷仪。

祭文：

惟神赞襄天泽，福佑苍黎。佐灵化以流形，生成永赖；乘气机而鼓荡，和肃攸宜。磅礴高深，长保安贞之吉；凭依巩固，实资捍御之功。幸民俗之殷盈，仰神明之庇护。恭修岁祀，正值良辰。敬洁豆笾，祗陈牲币。尚飨。

关 帝 庙

《会典》：直、省、府、州、县，春、秋二仲及仲夏旬三日均祀关帝，均与祭京师关帝庙仪同。

仪注：凡祀关帝之礼，岁以春、秋仲月，诹吉致祭。关帝庙前殿、后殿神位均南向。前殿，帛一、牛一、羊一、豕一、登一、铏二、簠二、簋二、笾十、豆十、尊一、爵三、炉一、灯二，和声署设乐。后殿祭追封三代公三案，各帛一、羊一、豕一、铏二、簠二、簋二，笾、豆各八，尊一、爵三、炉一、灯二。

祭日，前、后殿主祭官咸朝服诣庙。赞引、太常、赞礼各生二人，引由庙左门入，分诣前、后殿，各升阶至殿门外，就拜位前，北面立。典仪生赞："执事官各共乃职。"赞引生赞："就位。"主祭官就拜位。

　　乃迎神，司香生奉香盘进，赞引生赞："就上香位。"引主祭官由殿左门入，诣香案前。赞："上香！"司香生跪奉香，主祭官上柱香，次、三上瓣香。赞："复位！"引主祭官复位。赞："跪、叩、兴！"主祭官行三跪九叩礼。后殿，赞引生引后殿主祭官诣三案前，上香，行二跪六叩礼，奠帛。

　　初献爵，司帛生奉篚，司爵生奉爵，进至神位前。司帛生跪奠帛，三叩；司爵生立献爵，奠正中。皆退。司祝至祝案前，跪，三叩，奉祝版跪案左，主祭官跪，司祝读祝。毕，奉祝版诣神位前跪安于案，叩如初。退，主祭官行三叩礼。后殿执事生奠帛、献爵，司祝生读祝，各如仪。

　　亚献爵①，司爵生献爵，奠于左。

　　终献，司爵生献爵，奠于右。后殿以次毕献，均如初。

　　送神，主祭官行三跪九叩礼，后殿主祭官行二跪六叩礼，有司奉祝，次帛，次馔，次香，恭送燎所。主祭官避立拜位旁，东面，俟祝帛过，复位。引主祭官望燎，告："礼成。"引退。后殿主祭官望燎、引退如仪。

　　祭文：

　　惟帝浩气凌云，丹心贯日。扶正统而彰信义，威震②九州；完大节以笃忠贞，名高三国。神明如在，遍③祠宇于寰区；灵应丕昭，荐馨香于历代。屡征异迹，显佑群生。恭值良辰，遵行祀典。筵陈笾豆，几奠牲醪。尚飨。

　　雍正三年封帝曾祖光昭公、祖裕昌公、父成忠公，祀帝日先祭三公祠。

---

　　①　原文缺"爵"字。
　　②　震，原文为"振"。
　　③　遍，原文为"偏"。

关帝先代三公祭文：

惟公世泽贻麻，灵源积庆。德能昌后，笃生神武之英；善则归亲，宜享尊崇之报。列上公之封爵，锡命优隆；合三世以肇禋，典章明备。恭逢诹吉，祗事荐馨。尚飨。

天 后 庙

在东关外。春、秋择日致祭，如文昌仪。

祭文：

惟神菩萨化身，至圣至诚。主宰四渎，统御百灵。海不扬波，浪静风平。舟航稳载，悉仗慈仁。奉旨崇祀，永享尝蒸。兹届仲春（秋），敬荐豆馨。希神庇佑，海晏河清。尚飨。

忠孝、节义、名宦、乡贤等祠

《会典》及《钦定礼部则例》：凡直、省、府、州、县文庙左右建忠义、孝悌①祠，以祀本地忠臣、义士、孝子、悌弟、顺孙，建节孝祠以纪节孝妇女，名宦祠以祀仕于其土有功德者，建乡贤祠以祀本地德行著闻之士。地方官岁以春、秋致祭。

仪注：每岁春、秋释奠礼毕，教谕一员，公服，诣祠致祭。

是日清晨，庙户启祠门，拂拭神案。执事者陈羊一、豕一、笾豆各四、炉一、灯二，陈祝文于案左，陈壶一、爵三、帛一、香盘一于案右。引赞二人，引主祭官入诣案前，北面立。礼生自右奉香盘，主祭官三上香讫，引赞赞："跪、叩、兴！"主祭官三叩，兴。礼生自右授帛，主祭官受帛，拱举，仍授礼生献于案上。礼生酌酒，实爵，自右跪授爵，主祭受爵，拱举，仍授礼生，兴，献于正中。读祝者奉祝文跪案左，引赞赞："跪！"主祭官跪，读祝。毕，以祝文复安于案，退。主祭官俯伏，兴，执事

---

①　悌，原文为"弟"。下同。

者酌酒，献于左。又酌酒，献于右。退。引赞赞："跪、叩、兴！"主祭官三叩，兴，执事者以祝帛送燎。引赞引主祭官出，执事者退。

忠义孝悌祠祭文：

惟灵禀赋贞纯，躬行笃实。忠诚奋发，贯金石而不渝；义问宣昭，表乡闾而共式。祗事懋彝伦之大，性挚莪蒿①；克恭念天显之亲，情殷棣萼。模楷咸推夫懿德，恩纶持阐其幽光。祠宇惟隆，岁时式祀。用陈篇簋，来格几筵。尚②飨。

节孝祠祭文：

惟灵纯心皎洁，令德柔嘉。矢志完贞，全闺中之亮节；竭诚致敬，彰壶内之芳型。茹冰蘖而弥坚，清操自励；奉盘匜而匪③懈，笃孝传徽。丝纶特沛乎殊恩，祠宇昭垂于令典。祗循岁祀，式荐尊醪。尚飨。

忠义孝悌祠　　在泮池左。内祀明廖显玢、郑懋官、郑学张；国朝孔念厚、授都司衔吴阶泰、赠都司签书江兆凤、郑完明，庠生沈一熠、郑邦珍、赖元璘。以上四人，时代未考。

节孝祠　　在新巷口右。内祀赖守正妻简氏，张化妻郑氏，陈昊妻吴氏、侧室张氏，吴炉妻阙氏，吴懋中妻王氏、媳熊氏、阙氏、廖氏、温氏，孙女贞姑，侍女兰娥、招娣；卢曰型女卯姑，吴茂榛妻卢氏，赖乐野妻王氏，王珍妻邱氏，赖心芊妻陈氏，张瑞上妻吴氏，郑仲敏妻赖氏，孔如承妻郑氏，王赓臣妻简氏，赖逢峻妻熊氏，卢崇任妻严氏，郑阆妻吴氏，赖希禹未婚妻萧氏，郑乃和妻张氏，乃和上杭籍，妻张氏，邑人。廖敏求妻汤氏，江三植妻吴氏。

---

①　"莪蒿"二字顺序原颠倒，依乾隆志校改。
②　尚，原文为"向"。
③　匪，通"非"。

名宦祠　在文庙戟门左。内祀明知县王环、刘文诏、闵一鹤，教谕谢弼、廖观海、冼谟，典史莫住，府同知署县事黄震昌，学使熊汲；国朝知县赵廷标，训导蔡祚周，总督范承谟，巡抚李斯义，布政使金培生，学使沈涵、高曰聪。

乡贤祠　在文庙戟门右。内祀明上杭训导胡时，武平训导邱德馨，常德府知府赖先，中书科舍人张僖，太仆寺正卿沈孟化，贡生卢宝，举人赖维岳，金都御史兼四川巡抚詹天颜。国朝举人吴祖馨，贡生卢英，贡生吴云芝，贡生胡逢亨。

城隍庙

在县署东。春、秋择日致祭，如山川坛。

县衙土地祠

在仪门外左。春、秋择日致祭。

厉　坛

在西门外二里。

《会典》：直、省、府、州、县，每岁清明节、七月望、十月朔日，祭厉坛于城北郊。前期，守土官饬所司，其香烛、公服，诣城隍庙以祭厉，告本境城隍之神。黎明，礼生奉请城隍神位入坛，引守土官公服诣神位前，跪、兴如仪。退，礼生仍奉城隍神位还庙。各退。

祭文：

普天之下，后土之上，无不有人，无不有鬼。神、人、鬼之道，幽明虽殊，其理则一。故制有治人之法，即制有事神之道。念厥冥冥之中，无祀鬼神，昔为生民，未知何故而没[①]。其间有

---

① 没，通"殁"。下同。

遭兵刃而损伤者，有死于水火、盗贼者，有被人取财而逼死者，有被人强夺妻妾而死者，有遭刑祸而负屈死者，有天灾流行而疫死者，有为猛兽、毒虫所害者，有为饥饿、冻死者，有因战斗而殒身者，有因危急而自缢者，有因墙屋倾颓而压死者，有死后无子孙者。此等孤魂，死无所依，最堪怜悯。或依草附木，或作妖为怪。徘徊于星月之下，悲号于风雨之中。今迎尊神，以主此祭，谨设坛于城西。兹当某月某元佳节，谨备牲醴羹饮，专祭本县阖境无祀鬼神等，众灵其不昧，来享此祭。凡或一县人民，倘有不孝不睦、侮法欺善，种种奸邪不良之徒，神必报于城隍，发露其事，使遭官府，轻则笞决杖断，重则流徒绞斩。若事未发露，必遭阴谴，使举家并遭灾害。如有克孝克睦，守法为善，正直之人，神必报于城隍，阴加护佑，使其家道安和，农事顺遂，父母妻子保守乡里。我等官府，如有上欺朝廷，下枉良善，贪财作弊，蠹政害民者，灵必无枉，一体昭报。如此，则鬼神有鉴察之明，官府非谄谀之祭。尚飨。

坛右有义勇祠，开邑以来，死事之兵弁，招魂而祠之。祭附于厉坛。

永定县志卷十四

祠 庙 志

学者多言无鬼神，而夫子所谓"使人斋明承祭，洋洋如在"者，果何谓耶？汉、唐以来，二氏所崇奉者，不经甚矣。然道其胙衁灵应，指不胜缕。盖人心向之，即精气萃焉。向之者众，乃郑子产所谓"取精多而用物宏"者也。然则，鬼神亦人之灵也。古圣王崇正祀，黜淫祠，惧民之惑，意至深远。其载在祀典者，足以翊世善俗，可不敬欤？志《祠庙》，寺观附后。

永邑祠庙列于秩祀者，已俱详《祠祀志》，文昌、关帝、天后，城乡建庙不一，故复备志于此。

文 昌 祠

在儒学前晏湖上。明天启间，知县钱养民建。康熙壬戌重建。邑人熊兴麟有记，载《艺文》。乾隆辛巳，知县张所受倡率重修，增置学舍，名曰凤山书院。另有《书院志》二卷，附《学校志》之后。

各处专祠祀者：

一在云川乡，乾隆壬午卢姓建。每年凌云社课文于此。

一在太平寨，曾姓建。

一在高头乡，江姓建。

关 帝 庙

在县治北卧龙山麓，旧社学地。明万历二十三年，知县张正蒙创建。乾隆三十一年，邑人王奇七等募建戏台、酒楼。道光三年，邑人赖受书等倡募重修。以戏台太逼，拓庙前地八九丈，改建戏台、回廊，重修庙宇。又廖尚贞等募造天枢门。自是，规制壮丽，焕然改观矣。

各处专庙祀者：

一在东门桥头。道光六年，监生卢汉光、监生郑际尧、民人卢叙贤题捐重修。

一在城隍巷。

一在高陂。顺治间，巡检郭天福建。

一在半岭。

一在坎市。雍正二年，乡民建。

一在北山。嘉庆三年，张姓拓旧基再建。杰阁凌霄，双溪襟带，左右虹梁，一乡胜境。

一在泰溪。乾隆丙戌，三层岭巡检沈复锦倡建。董事监生游旺级、生员游贡宝、耆民游朝福。

一在金丰东洋水口。乾隆丙午，董事监生罗际华、罗赓成倡捐创建。

一在上青坑。道光年间，乡人阙守积裔创建。

启 圣 祠[①]

与天后庙毗连，旧众置地基一所。嘉庆十三年，抚溪贡生赖奎旺捐金建祠，祀积庆公、积庆夫人。

---

① "启圣祠"条目原在"天后庙"条目后，现置于前。

天 后 庙

在东关外。

各乡专祀天后者：

一在高头乡。东山墟场前，江姓建。

一在鸭妈潭。乾隆十六年，众乡合建。

一在高陂。乾隆二十一年，众姓建。

一在西陂乡。乾隆二十五年，林登岱邀合族建。高阁七层，巨①丽壮观，一乡胜境。庙后为登云书馆。

一在富岭乡。嘉庆十九年，王姓建。

一在悠湾清水岩。乾隆年间，简姓建。

一在悠湾村头。嘉庆年间，林姓建。

一在坎市。乾隆年间，卢姓建。

一在锦峰乡炉下坝。嘉庆二十二年建。

一在南溪。嘉庆二年，赠翰林院编修江临海、例贡江渭川、卫千江升腾倡建。

一在堂堡内水口。乾隆四十五年，沈姓建。桂溪社课文于此。前排翠嶂，俯瞰溪流，虹桥跨岸，嘉木扶疏。中秋时，桂香弥盛，极擅清幽之胜。

一在上湖雷阴桥头。乾隆三十二年，举人熊辀等募众建。道光六年，洪水冲毁，岁贡熊鸣高等募众修复。

一在上青坑水口。乾隆年间，乡人阙调元等倡建。

其他祠庙②

三尊阁　在溪南西洋乡。

---

① 原文为"巨层"，二字颠倒。
② 原文无此标题，校补。

元帝宫　祀北方元武之宿。一在西门大圳左，一在北楼，一在东城口赵公祠。

东岳庙　祀东岳泰山之神，庙在治西元帝宫前。相传其神为唐东平公王张巡，故又名大忠庙。道光六年，邑人赖守书、王朝柱、周溶等倡募重修。

三闾庙　祀楚屈原，庙在太平悠湾乡。

邹公庙　祀唐邹应龙，庙在金砂。

财神庙　在南关外。旧为讲约所，今称五显财神庙。

五显庙　亦称五通。一在万寿寺西，一在黄竹塌，一在龙安寨。雍正间，奉旨禁祀。

三元庙　一在万寿寺西，一在高陂。

七姑庙　一在龙冈西麓，一在折滩。

麻公庙　在虎冈。道光癸未，乡人重修。前建茶亭，施茶于此。

黄老庵　亦称仙师宫，各处有之。

通济宫　在胜运里。

镇龙宫　在大塘坳。

仙妈宫　一在大排，一在虎冈。

神　宫　在湖雷。

夫人宫　在苦竹。

将军庵　在长远隔。

转水宫　在蓝冈乡。明嘉靖间，村人建。嘉庆二十五年，监生范奠邦等募资重修。

龙福宫　在溪南大阜乡水口。

康公庵　在小横溪，又名灵胜宫。创自前明，嘉庆十六年，合乡重修。

王侯祠　在东岳庙右，原名纪功亭，知县王环建亭立碑，以颂开邑诸上宪。后里民赖恒、张以璇等，设诸上宪木主，并塑王侯像祀之，各捐资买田以奉祭祀。岁久，亭圮，主废，独侯像犹存。嘉靖十八年，知县唐灿改匾[1]曰"王侯祠"。三十八年，知县许文献修复，立诸上宪牌位。后牌位又废，独祀王侯。

许侯祠　在东岳庙右，王公祠后。为知县许文献立。后并祀知县危言，匾曰"危侯祠"。□□□□[2]而危主独存，生员吴赞等买田祀之。

何公祠　在东城门口，南向。为知县何守成立。今民以祀土地，移何公牌位于北向赵公祠并祀。

何侯祠　在旧平西驿地。为知县何檀立，有塑像。

戴德祠　在旧平西驿地。为署县事熊茂松立。后改为武惠祠，今改为节孝祠。

闵公祠　在文昌祠东旧社学地。为知县闵一鹤[3]立。今并为文昌祠房舍。

吴公祠　在西郊外，为知县吴殿邦立。亦称书院。今废。

林公祠　在迎恩桥北，为署县事林逢春立。今废。

伍公祠　在迎恩桥北，为知县伍耀孙立。今废。

赵公祠　在迎恩桥北，为署县事赵硕来立。今废。

赵公祠　为知县赵廷标立。一在东城门口，北向。后并祀潘汝龙，与何公祠对立。一在文昌祠右，今并为文昌祠房舍。一在丰稔寺渡头，乾隆五年水荒，各宪发赈，民德之，改祀各宪，而赵主废。

孟、徐二公祠　在旧平西驿地。康熙三年，本府知府孟熊臣、推官徐开远，至县发赈，永民立祠以祀。亦称功德书院。今有徐主，而孟主废。

---

① 匾，原文为"扁"。下同。
② 此处空白，疑有漏字。
③ 鹤，原文为"萑"。

　　卢公祠　为署县事卢裕砺立。一在文昌祠东，一在西郊。今废。

　　申公祠　在孟、徐二公祠后，为署县事申传芳立。今废。

　　郭、乐二师祠　学宫土地祠左。本省牲所，不知谁俑始祀郭、乐二禄座于此。今则十余座，狼藉其中矣。

　　报恩祠　在西城门外，久废。移所祀并入东城内报恩祠。

　　报恩祠　在东城内。后人祀五显其中，称为五显庙。诸禄座蛛网尘封，几不可识认矣。今谨记之，即刑部侍郎宜公昌阿、福建总督广宁公郎廷相、福建总督杏山姚公启圣、福建巡抚清河吴公兴祚、福建按察使于公成龙、福建巡海道辽东张公翼鹏、汀州知县广宁王公毓贤、永定知县河内颜公佐、广东巡抚辽阳金公俊、广东按察使王公令、广东岭东道尚公崇恩、广州知府李公复修、潮州知府林公杭学、署潮州海防厅刘公永恩、广东盐提举山阴张公溱、广东将军王公永誉、广东副都统巴公隆、广东左翼总镇宁公天祚、广东副总府沈公上达、广东提标都司陈公上显、江西南瑞道周公训成、江西提督许公贞、江西南赣总兵许公盛、江南总督蒲州阿公席熙、安徽巡抚广宁徐公国相、江苏巡抚静宁慕公天颜、江苏布政使丁公思孔、江苏按察使新安崔公维雅、江苏按察使宛平金公镇、江宁知府惠安陈公龙岩、公衙行理事观音保、上元知县广宁丁公述统、阶州知州桐城姚公文熊、句容知县王公都、其子康熙己未榜眼王公哲、句容生员张公英、抚州南宁善士章公龙吉、苏州吴门虞公某、方公某、吴公某、许公某。

　　按：报恩祠二，俱系康熙乙卯邑遭屠城，被虏难民父老所建。在西郊者，祀江南、江西各宪及诸义者；在东城内者，祀福建、广东各宪诸公。西郊祠废，移诸禄座并于东城报恩祠内。有记，载《艺文志》。

　　岳公祠　在旧平西驿地。为知县岳钟淑立。亦称书院。

　　吴公祠　为知县吴梁立。一在南门大路头，原吴公所设讲约所。今祀五显其中，人称五显庙。一在高陂，今重建为太平书院。

程公祠　在许公堤。为知县程芳立。今废。

以上见旧志。

义勇祠　在金丰洪川。明嘉靖间，草寇张连等聚众万余，劫掠乡里。林孟明、林孟九、林葵逊、林葵宇四人，率子弟乡勇力御之，乡赖以安。后人感其功，为祠祀焉。

三圣坛　在龙冈山麓，祀麻公三圣。乾隆庚子，众姓重建亭祀之。沿称"乌头伯公"。

保安坛　在蓝冈上村。明季，有神显灵御寇，头缠乌巾，乡民祀之，沿称"乌头伯公"。

文丰坛　在金丰黄龙坪。顺治三年建，祀土神骑虎公王①。道光元年，翁姓宗六、芳乾、英连等重修。

武丰宫　在金丰黄龙坪水口。万历元年建，祀土神骑虎公王。嘉庆壬申，翁廷仰、宗六、佛保，合众姓重修。

乌石庵　在金丰东洋乡乌石洋。祀社神。傍有古竹，周围七石，古色嶙然。

三圣宫　在丰田横磜下。嘉庆年间，乡人重修。

先农庙　在太平高陂。众姓建。

神农庵　在南关新寨溪背。

神农庙　一在丰稔寺墟场前。康熙三十四年，乡人赖资若等合族将粮田开设集场建庙，认纳民米一斗。道光八年，邑人赖受书等捐置香灯祀田，勒碑庙庑。

回龙古宫　在罗滩水口。道光五年，监生廖循绪、监生黄五瓒题捐重修。

---

① 王，原文为"主"。

寺　观

东华山　在丰田里。悬磴千尺，殿阁丽空。阁内有鲤鱼石，盖因石笋架阁，笋顶似鱼也。夜月西残，凭栏远望，辄生羽化之思。其全山胜概，见《山川篇》。

按：此为道人黄华音开建，自后皆道流所居。迨乾隆十三年，奉禁白莲教，知县潘汝龙驱道流，焚藏经，拆①藏骨之塔，毁华音之像，籍其田没官。乡人延僧主之，今同寺院矣。嘉庆年间，贡生张尔诚等募修。旋崩废。后，举优贡生赖允中等，复行募修，加建关帝殿。道光十年四月，佛堂前后毁于火。

万寿寺　在县治东，祝釐②之所。

沙墩阁　在城内北山西麓。旧名大悲阁。

东华岩　在东门外。下有蒙泉。

石潭阁　在东郊。石爪横溪，可畜鱼。旧标为景曰"潭阁呼鱼"。

梨峰庵　在邑东五里梨子凹。乾隆三十二年，知县曹永植始建为亭。道光七年，僧雪华募修，更名梨峰庵。

印星庵　在南郊大路，西溪入东溪处。大堤云横，榕荫数亩。

青龙庵　在南堤。

观音堂　在县西大路。邑人服贾台湾者，剑金买田，施茶于此，故又称义民亭。

分水庵　在县西大路。有施茶田。

金谷寺　在金沙村。

---

① "拆"，原文为"折"。
② 釐，通"禧"。

高源山　在小山背深山。

盘古山庵　在金沙盘古嶂。明时建。

太湖山　在金沙深山。

佛祖庵　在金沙漳塔圆坝水口。明时建。

大①院寺　在湖洋里大路。

永丰庵　在务义乡桥头。

云峰阁　在务义乡。

黄竹寨　在锦峰乡西山。

望　山　在恩全乡南山。

高南堂　在锦峰乡东山。

翠丰庵　在锦峰乡。

福广庵　在犁头寨。孤峰特耸，可旷览全邑山原。

满山红　在永溪口深山。

西竺庵　在李田大路。

马石庵　在桧山嶂，又名莲华庵。创建于未开邑时。明弘治间，知县陈天祐重修。岁久将圮。道光间，经乡人谌励仁等新之。居高眺远，一邑之胜，可揽诸睫。

天湖山　在下畲深山。

元湖洞　在山子背深山。

龙凤庵　在龙门村。

白云山　在县东牛角岰大路。

以上溪南里。

洋背庵　在洋背村。

福广寺　在三层岭大路。磴道回盘，青松落荫。旁有甘露亭，僧人施茶于其所。

东林寺　在东洋村。

①　大，原文为“太”。

西灵寺　在下①洋乡。近有温泉，可浴。

西霖寺　在泰溪乡。旧在泰溪公馆后，明成化十八年建。后废。呼旧址为庵脚窠。万历二十一年，州判巫山泽、盐大使游宗传倡募，合六方众姓，移建梅子潭上左首巫家山内。康熙五十一年重修，上堂祀诸佛，中堂祀文昌。乾隆三十一年，合社创立左堂。嘉庆十八年，监生游位中、庠生游化贤、庠生游文彪、监生巫宜春、监生游光福、耆民游孜昭，迁从题捐，合乡崇祀天后。

东福山　在泰溪乡。顺治年间，游继塘施建。捐田税百余桶。

北山洞　在泰溪深山。明万历二十一年，巫有定、有安兄弟创建。施田二百三十担。本朝嘉庆二十五年，巫姓重修。

天圆山　在莒溪山中。

太湖洞　在黄泥坪山顶。

永丰宫　在莒溪。万历间，众姓建。

镇江塔　在莒溪。

古洋庵　在古洋村。

牛皮石庵　在湖坑大路。磐石层叠，平者如砥，立者如削。中构杰阁，俯瞰溪流，丹碧交映。左有古木，寒泉清幽可爱。溯溪上二里，亦有水石佳处。

西霖宫　在奥杳村。

金莲山　在奥杳村顶。

高头庵　在高头乡大路。

苦竹庵　在苦竹乡大路。

方广岩　在窑下山中。

崇福寺　在陈东坑乡。

六和山　在下佛子山隘。

---

① 原文缺"下"字。

　　永兴庵　在南溪村。嘉靖二年，援例千总江登来倡建。

　　圆山岩　在太溪马脐崠。顺治间，有僧昙辉，俗姓游。以四议亲事未娶辄卒，遂出家，并将田产俱舍于寺。将死，遗嘱以寺田业付侄仲庄、仲德、仲九管理，招僧奉佛。

　　觉龙庵　在觉坑水口。山辉川媚，石齿嶙岣。宋代创建，道光五年重修。

　　和能庵　在双管。

　　回龙庵　在古洋水口。

　　丰盛庵　在洪川水口。

　　马额宫　在湖坑村内。

　　以上金丰里。

　　庆清寺　在下湖雷乡。

　　松荫庵　在鸭妈潭大路。

　　水口庵　在上湖雷大路。

　　横冈庵　在上湖雷大路。乡人并祀知县顾炳文，置有祀田。

　　瑞堂山　在上湖雷高山。

　　上湖山　在阮屋背山顶。

　　兴福堂　在增瑞坑大路。

　　般若山　在弼鄱山。

　　梅山寺　在赤径村。

　　慈惠庵　在溪口乡。嘉庆六年，乡人徐捷槐倡捐，合众姓重修，置田六十一桶。道光八年，生员沈建中募众修砌上下路途。

　　太莲山　在马山堡深山。竹树泉石，具有幽致。里许东灵山，其分庵也。

　　莲华山　在杏坑山中。明万历间建。道光元年重修。

　　万寿山　在抚溪公馆前。皇华驻馆，逢万寿祝釐于此。明弘治十六年，庠生巫四九郎募建，黄任亨捐田二十五桶，黄瑞台捐田六桶，黄献龙捐田六桶，黄宏远捐田六桶。乾隆四十八年，庠贡生苏正笏、监生赖文进等，募众重修。

　　镇龙庵　　即观音堂，在抚溪羊头山。明万历间建。旧志："僧大智募铜铸观音像，不成。僧曰：'午当成像。'日午，有陈商携金投之。像成，见金锭于衣袖间。"今迹犹存。其地基系黄太一郎捐出，前后捐助银二十五两。黄仲溪捐田五桶，黄弼台捐田一桶。道光四年，贡生赖珊坛、儒士黄永郊等募众重修。

　　回龙宫　　在抚溪。水美，溪洞产龙头鱼。明万历二十五年建，戴华征捐田二十八桶。乾隆四十一年，合乡重修。

　　圆通山　　在桃源坑山中。林木丛密，翳蔽天日。

　　卓坑庵　　在抚溪骊龙坑。创自前明，崇祀石佛，天然不假雕琢。黄裕沧捐田二十七桶，戴北川捐田二桶，戴仰山捐田四桶。

　　石佛庵　　在大路下。溪面有石佛像，不假雕琢。

　　西竺山　　在深溪东南。山石峰回水厌，曲①径通幽，丹阁悬岩，绕屏如画。嘉庆年间，于观音座面塔顶，加祀魁星。

　　半天岩　　在岭下深山。岩中祀观音。空洞深邃，内有石钟鼓。去岩里许，有雷公岩，天然奇迹。监生卢廷书等倡捐，置香灯田一百桶。

　　慈云庵　　在龙潭乡。旁有三圣宫。

　　水口庵　　在铜锣坪。嘉庆年间，贡生陈卓选、监生卢揖英等倡修，拓架文昌。陈、卢二姓课文于此。

　　龙显庵　　在虞坑水口。胜概见《山川篇》。乾隆五十九年，监生陈仕枢倡修。

　　嵩华庵　　在高地山顶。迥然云际，隔绝烟寰。

　　回龙宫　　在堂堡内水口。前明乡人众姓建。

　　保安宫　　在下湖雷市中。嘉庆二十四年，乡有命案，无从拘讯。邑侯张曰瑶祷于神。是夜，即获其凶。案成，诣宫酧神，题

---

　　①　原文缺"曲"字。

匾曰"惠存无疆"。

石佛祖庵　在抚溪圆山。前明时建。乾隆五十一年，众姓拓修，并建庵前凉亭。嘉庆十三年，贡生赖受芳倡议①施茶于此。

祈丰庵　二处。一在抚溪龙窟大路，乾隆五十六年建。道光三年重修，众姓置田施茶。一在沿溪上面大路边。

丰庆庵　在抚溪背头凹。嘉庆十四年，众姓重修。

华峰庵　在抚溪华峰前大路。

西凤庵　在华峰前山中。乾隆五十三年，乡人重修。

八角庵　在龙潭。嘉庆三年，卢益乾倡捐重修。

龙聚庵　在龙潭。乾隆间，监生卢匡璡倡捐重修。

回龙庵　在苦竹坑。嘉庆年间，乡人重修。

九龙堂　在铜锣坪。嘉庆年间，贡生陈济时、监生卢擂英倡修。拓培文阁以祀文昌。

龙显寺　在博平岭下。阙姓建。

高桥庵　在西坪高桥面上②。乾隆四十年，庵旁拓架长廊，以为四乡课文之所。

广祠角　庵废，基址犹存。

采福宫　在丰田采地。前明乡人众姓建。

兴龙宫　在丰田黄砂。前明乡人众姓建。

镇龙宫　在丰田莲塘。前明乡人众姓建。

西缘山庵　在丰田富油崃。

真武宫　在丰田湖雷瑞堂山。明乡人熊守质募众建。

福灵堂庵　在田地溪东岭下。创自前明。道光十年，乡人重修。

镇丰堂庵　在田地溪西南。乡人合建。

---

① 议，原文为"义"。

② 原文缺"上"字。

福兴庵　在西坪石碧溪。创自前明，乡人重修。

以上丰田里。

龙归寺　在铜鼓山下。元至顺间建，明天顺间重建。

莲华堂　在云川乡之东。宋时建，祀观音诸佛像。门绕清溪，溪有长桥，路通漳、岩。

心山庵　在牛眷坑深山。

石麟山　在石门隔乡。胜概见《山川篇》。

清水岩　在悠湾村。

燕子岩　在隔背山。胜概见《山川篇》。

石　寨　在长流乡。

福星堂　在大排村。

西灵庵　在文溪村。

圆觉山　在奖坑村。

龙显岩　在黄田山岩。侧有石似龙奋首掀爪，鳞甲俨然。

狮子石庵　在平寨村。石骨嶙峋，远望似狮子。

灵鹫山　在西陂岭山头。寺左右壁吐泉，味极清甜。

北山寺　在虎冈东北。山寺左白莲庵，分祀香火。寺前龙潭、深池不可测，流灌田亩。

西竺庵　在灌洋牛角塘山。

马东庵　在碧溪乡。僻据山麓，翠嶂环拱，清流绕其下，苍松荫其上，涛声、水声，泠泠相答，至①为幽胜。

簉竺庵　在洪源上村西山。

威灵宫　在洪源南山。

以上太平里。

丰稔寺　在乡。今即以寺名乡。

清风林　在丰稔寺北山中。

---

① 至，原文为"致"。

西华庵　在汤湖乡。

罗滩坪庵　在罗滩坪大路。

回龙宫　在合溪乡黎坑口。赖孟良裔创建。

丰稔宫　在合溪乡阳紫里。雍正元年，赖、黄、郑三姓倡建。

以上胜运里。

斋　堂

此非僧非尼，乃贫寡无依妇女，居此奉佛持斋，俗名斋堂。

上　斋　在北门山下。

下　斋　在北门山下。

水口庵　在溪南芦①下坝。

黄伯畬　在溪南木梓坑背。

龙水庵　在溪南金沙。

静水庵　在溪南金沙。

树子冈　在溪南②金沙。

北　角　在丰田下湖雷。

龙泉庵　在丰田骊龙坑。

观音阁　在太平大塘坳山背。

圆头寨　在太平黄田。

乾寿山　在太③平北山。

---

① 芦，原文为"垆"。

② 溪南，原文为"南金"。

③ 太，原文为"平"。

永定县志卷十五

古 迹 志

崆峒访道，负夏贸迁。莘野遗耒，渭水投纶。圣帝名贤，履迹所及，后人思之，如见其人。下至仰高富春之台，怀德芜蒌之亭。游九原者，流连于随会；过大梁者，伫想于夷门。莫不流风千纪，人往而迹存。呜呼！古人远矣。后人抚其一树一石、一亭一障，徘徊而不忍去，非立夫不朽之三，胡为使数千载怀而慕思？然则，古迹其不可不志乎！坊表、丘垄附。

文山亭　在圆岭。山有石，大书"宋少保右丞信国文山文公天祥举义驻师故垒"。按：公自编《纪年录》："宋景炎二年正月，移屯漳州龙岩①。"即此地。圆岭，永、岩接壤，东属岩，西属永。乡人以公曾过此，筑亭志之，石字则岩人所镌也。名贤遗迹，两地争重如此。

系舟石　旧志："在云龙桥侧，王阳明于此系舟，故名。"按：《文成公集》："正德十二年二月，自赣提师平漳寇。"尔时，自汀入漳者，尚由龙岩东路，疑公未尝至永。第四月班师，曾驻军上杭，或因事至此，未可知。今桥废，而名亦无定指。若旧志载公诗二篇，《龙潭夜坐》一首，自注在滁州作，误作永定之龙潭；《长汀道中》一首，误作《永定道中》，今皆删去。

访孝亭　在大阜岭，邑人郑懋官庐墓处。知县周齐访之乡

---

①　当时龙岩为漳州府属县。

人，为之建亭。今废。

凤麓亭　在卧龙山麓，邑人熊国昌建。今废。

文　塔　在县南黄泥坑口。万历间，知县许堂建。七层，秃而无顶。

许公堤　在县南。知县许堂筑，上建台以课多士。今废。旧标为景曰"南堤烟雨"。按：堤在邑城南，故又名南堤。堤上有台，旧名印星台，有庵，亦名印星庵。堤址旧接瓮窑前田塅。西溪水由其下至南山塘，合大溪出口。堤上古榕三株，浓阴匝匼，旧志所谓"大堤云横，榕荫数亩"者是也。乾隆五十五年，邑人于庵旁建魁星阁，曰道南文馆，以为课文之地。嘉庆五年，水冲堤尾，台址毁，并榕俱失。邑人赖霁升等，募金修护之。道光五年，水冲堤腰，刷去田庐，水从文馆左直流。董事王朝柱等，叠次修护，仅留一段，望若江中孤屿矣。至魁星阁左滺兰精舍之建，则自道光十年始也。

绿筠书院　在溪南挂榜山尾。旧志载："有堂有楼，诸生肄业其所。"隆庆间，知县谢良任置田以给膏火。万历间，知县何守成植松木千株于山后护之。知县许堂重修。今废，址存。旧标为景曰"松院秋声"。

石圳潭　在县东。康熙间，知县洪天开构亭其上。下为放生潭，游鱼充牣。今无好事者，鱼散久矣。

榕树坛　在南门外。旧标为景曰"榕坛春翠"。

甘乳岩　在溪南介石村。

王殿崠　在象东桥山顶。有方石数千块，阔厚各五寸，长三尺余，磨砻光滑。昔传，忽一夜鬼运至此，欲为鬼王筑殿，因以名山。其说荒唐，疑昔人有大筑作，伐石于兹，已乃遗而不用。然其石与本山及各处石质、石色皆大异。虹桥、板架、壑船事，固有不尽可解也。近为居民运用，存无几矣。

寨背炉　在太平里上长流乡。山间有生铁数万斤，熔成一块。按：其地名，当是先年铁冶之所，但不知熔此何用，或琉璃河铁仗类也。

上杭场　即今下湖雷。唐时为龙岩驿。唐代宗大历四年，刺史陈剑析龙岩湖雷下堡置上杭场，以理铁税。是为上杭县之始。

艺梓堡　在太平里北山。按杭志："南唐保大十三年，徙上杭场于艺梓堡，在今永定太平里"，即此。旧筑木栅为城，今废，壕址犹存。按，此地自南唐建场，至宋太宗淳化五年乙未升上杭场为上杭县，割长汀南境属焉。盖合今杭、永两县之地矣。至道二年丁酉，徙治于白沙。真宗咸平二年，徙语口市。仁宗天圣五年，徙钟寮场。孝宗乾道三年，徙来苏里，即今上杭县治。则艺梓堡之地，实为上杭始建县之所。今尚有西门排、濠沟上、新仓下诸遗名，可想见昔年建场设县之处也。里人廖审幾志。

博平堑　在博平岭下。康熙间，郑经遣率开凿以御马者。今存。

平西驿　在县儒学右。久废。

太溪公馆　旧在金丰太溪，后迁丰田圆岭，名岭半公馆。址存。

太平旧司　在虎冈。正统间，徙兴化司于此。后添设太平司，徙高陂。虎冈司旋废，址存。其地今名司前，属上杭界。

三层旧司　在金丰天德甲。近民筑其址为园圃。

兴化寨　即今县南旧镇，屡为驻兵地。洪武五年，设司于此，名兴化司。后迁，今冢墓累矣。

镇　里　在溪南。旧设镇，屡为驻兵地。山顶先有望寮，名隘子岘。今废。元，吴吉甫为博罗知县，舆母彭氏榇[①]归。至此，举引不行，卜葬于此，名玉枕穴。

谢弼墓　在胜运里香溪。开邑教谕谢弼，江西安福县人，官

---

① 榇，原文为"衬"。

后不知去留何如。康熙间，香溪人凿石见古墓，碑载"谢弼之墓"，傍书"侄谢洪谟、谢洪诰"，别不具。掩而祭之。

张氏墓　在城南西隅。张名以宁，明中书舍人张僖等祖也。

廖氏墓　在城内卧龙山。廖名祖盛，乡宾；配郑氏，合葬。

以上两坟，未开邑前所有，及筑城而犹留，则亦古迹矣。

天漏泉　在太溪马脐崠半山。泉出石中，大小应十二时。石上有古刻"清泉时出"及"今古奇观"八字。监生游旺级，常[①]筑清泉书屋于其旁。其长孙监生位中，重修亭榭于石泉之上，编刻题咏，以志名胜。

石子冈　在思贤村东。高入云中，有石洞，曰云洞。

天德寨　在思贤村南。昔人避兵之所。

含哺石　在富岭乡南铜鼓[②]山之麓。峭拔数寻，有两洞。其一建五显宫，附祀明季捍寇保族村人王时祯。其一为魁星岩，结构天成，镌石祀魁星像，村人王熙载书赞刻之。

石　寨　在长流乡，一名华山。平原耸峙，石笋嶙峋，高七十余丈，周围之三百余丈。中有岩，空阔容百余人。嘉庆年间，乡人就岩建中华书屋。岩旁有中华庵，岩顶有魁星阁。久废。山之东麓有汉帝宫，岁时伏腊，乡人会集。每恭逢万寿，亦于此庆祝焉。

湖洋寨　在文溪乡中心湖洋塘。环山耸翠，塘水萦洄，水声如鸣锣，洋洋盈耳。亦一胜迹也。

东显宫　在虎冈乡。岩石奇怪，窍穴相通。左为石燕洞，侧身而入，宽若堂奥。天光一线，四壁朗然。由洞底小穴燃炬而下，可行数百武。土人尝于其内得瓦器，皆奇古。外有"否门"、"丹灶"、"仙掌石"、"清风岩"诸胜。

---

①　常，通"尝"。
②　鼓，原文为"古"。

佛祖岩　在背头坪山中。岩自成佛座，接连架造佛堂，树林阴翳，境地清幽，称胜迹焉。

凌云塔　在坎市水口。两山对峙，双水合流。乾隆二十五年，乡人筑塔于右山之巅。登其上者，飘飘然有凌云之想。中祀魁星，旁有庙祀天后。山下溪滩激驶，石颇奇险。舟楫往来，藉庇佑焉。

文馨塔　在高头乡水口大岈上。乾隆四十八年，乡人江氏建。

义　祠　在虎冈塘背岭。原为游、赖两姓祠，载"林均乔骨税三桶。"二姓中绝，墙宇颓圮。嘉庆十七年，林均乔裔捐资修葺，岁祠之。

仙鹤寨　在锦峰乡炉下坝对面。峰峦峭耸，树木阴浓，溪水旋绕其下。开邑时，筑寨其上，为通邑之水口关锁。寨址犹存。

九鲤仙岩　在太溪葛山崠绝顶。岩内有石床。每岁十月仙来，有九蜂飞集，求梦者踵至，无不应验。蜂去则止。

龙　岩　在虞坑。胜概见《山川志》。

竦　岩　在虞坑水口。胜概见《山川志》。

介石村　在溪南锦峰乡银子凹左。王见川太史读书遗址。今废。

个潭书屋　在下湖雷铜鼓寨山尽处。詹忠节公天颜读书处。今废。

贵人书屋　在贵人崠下。邑人张聚九遗构。中有碧虚亭、攀跻桥、古亭、读书楼、抱珠亭、石棹①、石盘、点翠楼、衡泌奇观等境。今多废。

---

①　棹，同"桌"。

坊　表

承流坊　在县治左。

宣化坊　在县治右。

儒林坊　在学宫西。

迎恩坊　在县西门外。

以上四坊，弘治间废。

七贵坊　在城隍庙左。为邑人廖堂兄弟立。旧废。

锦衣坊　在南街。为邑人指挥廖鹏立。今废。

总镇中州坊　在漳南道右。为邑人廖堂立。后改为"鄞汀名邑"。今废。

文魁坊　在学宫左。为邑人赖先立。嘉靖间废。

进士坊　在漳南道左。为邑人赖先立。今废。

登云坊　在南街。为邑人赖守芳、赖守正立。

登庸坊　在漳南道后。为邑人孔庭训立。

五马坊　在南街。为邑人赖先立。

进士坊　在平西驿右。为邑人张僖立。

风宪坊　在城隍庙左。为邑人沈孟化立。其父玉璋，选贡，授宁海主簿，以子贵，累赠中宪大夫。坊表"父子风宪"。

旌节坊　在学宫右。为邑人阙应桢母郑氏立。

孝义坊　在县后左。为邑人刘荣立。

孝子坊　在新巷口。为邑人郑懋官立。

世勋坊　在龙冈巷。为邑人孔庭训立。

进士坊　在元帝宫左。为邑人郑宜立。

节孝坊　在东岳庙右。为邑人廖敏求妻汤氏立。

节孝坊　在务义坪。为邑人江三植妻吴氏立。

百岁坊　在上湖雷。为邑人熊含麟立。

百岁坊　在苦竹。为邑人苏廷儒立。

百岁坊　在高头。为邑人江景云立。

百岁坊　在中坑。为邑人胡震生妻张氏立。

以上见旧志。

总宪坊　在漳南道前。为邑人廖瑛立。其祖冀亨，举人，吴县知县，累赠中宪大夫；父鸿誉，贡生，累封中宪大夫。

孝子坊　在东门大通衢。为邑人吴人文立。

节孝坊　在东城布政司前。为邑人郑乃和妻张氏立。

大中丞坊　在湖雷鸭妈潭。为邑人詹天颜立。镌“乾隆四十一年钦颁，赐谥忠节”文。

大夫第坊　在太溪北山下。为邑人巫应秋立。

节孝坊　在下湖雷乡。为邑人吴有梅妻马氏建。

节孝坊　在太溪北山下。为邑人巫缉咸妻卢氏立。

节孝坊　在邑东梨子凹。为邑人赖世华妻孔氏立。

节烈坊　在古镇恩坑。为邑人廖佩绅妻吴氏立。

节烈坊　在抚溪鸦鹊岭。为邑人吴冠春妻刘氏立。

百岁坊　在高头乡水口。为邑人江乔书立。

贞寿坊　在高头①乡。为邑人监生江升妻魏氏立。

贞节坊　在高头乡。为邑人江浪辰未婚妻吴氏立。

---

①　原文缺“头”字。

丘　垄

赖氏墓

元

　　赖明佐墓　在胜运里斗古坪。

明

　　学录赖祖隆墓　在上杭张滩挂袍山下。配陈氏，葬丰稔寺。
　　赠征仕郎赖宗茂墓　在下调虞。配曾氏，葬长滩乡。
　　州判赖瑁墓　在调虞。配游孺人葬上调虞，王孺人葬长滩乡。
　　赠承德郎赖恒墓　在胜运里赖坑塘。配李安人、蓝太安人、黄氏、刘氏合葬。
　　知府赖先墓　在太平里洪源村。
　　举人赖守正墓　在县南练坑口。配陈氏、节孝简氏合葬。
　　举人赖守芳墓　在古镇坪狮子脑。
　　主簿赖守严墓　在县西翼山。
　　知县赖玉墓　在汤湖乌啼坑。
　　知州赖锦墓　在东门外铁坑。
　　学正赖璞墓　在汤湖乡。
　　知县赖宪墓　在汤湖乡。
　　知县赖希道墓　在古镇。
　　教谕赖希乔墓　在张坑。
　　赠文林郎赖一召墓　在金砂乡对折窠。配林孺人合葬。
　　署知县赖桓墓　在古镇。

主事赖维岳墓　　在金砂乡章塔。

知县赖霖墓　　在龙门。

知县赖昌祚墓　　在城东石圳潭。

赖百二郎墓　　在抚溪含水湖。配罗氏，葬金丰庵子角。

国　朝

训导赖昌明墓　　在新寨。配饶氏，葬西门外太阳寨。

训导赖昭墓　　在礼田乡民牧寨。

训导赖洪图墓　　在新寨。

千总赖安墓　　在下湖雷贵塘。

赠文林郎赖鼎玑墓　　在溪南里南坑乡田冈上。配吴孺人合葬。

封奉直大夫赖霁升墓　　在南城外榕树冈。配郑宜人合葬，何孺人葬下坑乡。

赖最一墓　　在抚①溪乡水口回龙洞背茶子窠。配严氏合葬。

赠文林郎赖青园墓　　在风朗寨下坪。配田孺人，葬合溪长坝头。

卢氏墓

宋

知县卢锡墓　　在丰田里洽溪。

按：锡为同安知县，子孙称县尹。旧志载："卢县尹墓，谓名字莫考。"今据府志及《卢姓族谱·墓志》改正。

----

① 抚，原文为"武"。

明

　　七品冠带卢宗善墓　在洋背岭桐斜山下。配丁氏，亦葬此山，各穴。云川卢姓开基①祖。

　　县丞卢九经墓　在太平里新罗坑。

　　教谕卢士志墓　在太平里龙归寺背。

　　卢日升墓　在抚溪公馆右。配张氏，合葬。

　　主事卢日就墓　在丰田里东埔。配罗安人，合葬。

　　卢一槐墓　在龙安寨。配孔氏，合葬。

　　赠承德郎卢宝墓　在抚溪鸦鹊坪。

　　卢东洋墓　在龙潭。配丘氏、刘氏，合葬。

　　卢梓里墓　在□寨。配饶氏，葬深溪；谢氏，葬洽溪。

　　卢枫林墓　在杨梅坪。配廖氏，葬背头坪。

　　卢双溪墓　在长流马头岩。配陈氏合葬，沈氏葬大路下湖洋坑。

　　赠文林郎卢宗珂墓　在青坑。配黄孺人合葬，张孺人葬大路下湖洋角。

　　知县卢聪墓　在太平洪源口幽草坑。配苏孺人，合葬。

　　经历署知县卢应卿墓　在西坪凹头。

　　驿丞卢景祥墓　在丰田大路下三角塘。

　　训导卢超宗墓　在西坪凹头。

国　朝

　　知县卢化墓　与继配林孺人合葬西郊太阳寨。继配饶孺人，葬抚溪卓坑白鸡崬。

　　知县卢清墓　在白土乡贵子塘。

---

　　①　基，原文为"居"。

　　训导卢之凤墓　在太平里孔夫隔口。

　　都司卢欣椿墓　在丰田山背下横坑。配林恭人，合葬。

　　训导卢震行墓　在太平白土村大坪头。配阙孺人，葬治溪坪；黄孺人，葬南山突岭。

　　诰赠奉政大夫卢瑞苞墓　在太平里新罗坑。配傅宜人，葬太平里水车潭。

　　侍卫卢宏佐墓　在太平里大路下。

　　训导卢奏平墓　在条河村下水口。

　　赠儒林郎卢永成墓　在太平南崖。配陈孺人，葬龙归寺左边；郭孺人，葬龙归寺右边。

　　恩授修职郎卢云举墓　在太平里大片田。

　　恩授修职郎卢山剑墓　在太平里白土乡老富坑。

　　恩授修职郎卢克缵墓　在太平里铜鼓塘村。

廖氏墓

宋

　　参政廖花墓　与冯恭人合葬卢丰都。杭、永廖氏始祖也。

国　朝

　　赠文林郎廖箕墓　在太平里青溪大坪山。配林孺人，葬太平里白土乡鸡心岗。

　　诰赠中宪大夫廖冀亨①**墓**　在金丰里员田山箭管坪。卢太恭人，葬丰田里抚溪隔寨背山；王太恭人，葬太平里青溪大坪山。

　　赠忠显校尉廖鼎泰墓　在大水源。配吴安人，葬横岈背。

　　教谕廖翼汉墓　在西郊恩坑里。

---

　　①　亨，原文为"享"。

郑氏墓

宋

丞相郑清之墓　在龙安寨水口。配萧夫人，葬大埔县棋子隔。闽、粤郑氏，皆其裔也。

恩荫博士郑祖魏墓　葬龙安寨竹山里。配刘安人，与姑张宜人合葬郑坑口。派衍闽、粤。

郑唐彦墓　在龙安寨。清之曾孙。宋时平贼至此，忽有石棺出。卒，葬焉。配廖氏，葬坟右外冈。

元

郑文昌墓　在溪南里桃坑。配林氏，葬龙门山子背。孙文彪、文忠、文斌，合葬祖坟下。

郑仁杰墓　在古镇坪井面上，与配沈氏合葬。

郑均玉墓　在古镇馒头脑。配余氏，葬古镇坪赖姓祠左。

明

赠文林郎郑克智墓　在古镇坪眠象山。配黄孺人、巫孺人、黄孺人，合葬。

孝子郑懋官墓　在溪南里隘子岈。

国朝

孝义郑邦珍墓　在古镇。

副贡郑日益墓　在溪南龙漈牛脬头。配刘孺人、廖孺人，合葬南坑大湾里。

授修职郎郑甲化墓　在鸣岐岭下。配熊孺人，合葬。

知县郑士凤墓　在下畲肉窝里象牙寨对面。配阙孺人，合葬。

　　训导郑孙绶墓　　与配张氏合葬古镇老富寨。

　　应赠文林郎郑昌麟墓　　在溪南里罗乾头。配黄氏、赖氏，葬龙安寨水口。

　　知县郑宜墓　　在东关外大洲桥头。配王孺人，葬溪南里象东桥。

　　岁贡郑中峰墓　　在矿山前内寞。配熊孺人，合葬。

　　赠文林郎郑峻峰墓　　在铁坑尾。配吴孺人，葬铁坑崬下。

　　知县郑又堂墓　　在龙门湾角里溪面上。配赖孺人，合葬。

　　赠文林郎郑泉堂墓　　在车田墩。配黄孺人，合葬。

吴氏墓

元

　　博罗县尹吴吉甫墓　　在莲塘。

明

　　吴常镇墓　　在古镇。配林氏，葬于右。

　　吴璘墓　　在箭滩。

　　知事吴文绘墓　　在古镇。

　　知县吴诰墓　　在古镇，与配王氏合葬。

　　典簿吴谏墓　　与配郑氏合葬黄天崬，阮氏、杨氏附葬于下。

　　赠文林郎吴念四郎墓　　在云川①乡油坊头山麓圳上。

　　赠文林郎吴钧实墓　　在太平里大路村卢家祠后田面上。

　　吴纲墓　　在下洋村头思贤乡。吴氏始祖。

　　主簿吴祖昌墓　　在石螺岐腊竹塘。

---

①　川，原文为"南"。

教授吴钦墓　在石水坑交椅窠。

诰赠奉训大夫吴茂葵墓　在井水窠。配张宜人、郑宜人、王氏，合葬于下。

知州吴日修墓　与配郑宜人合葬罗滩黄坑乡。

吴懋中墓　在兰地。

给事中吴煌甲墓　在黄泥坑富家畬①。

教谕吴宾王墓　在东郊大洲银沟坑。配朱氏、汤氏、谌氏，合葬李田乡苎园坪。

国　朝

吴迪光墓　在金丰里长富山。

赠修职郎吴阶泰墓　在东门铁坑。配郑孺人，葬龙漈。

乡贤吴祖馨墓　在县东白叶凹。

知县吴利见墓　在龙门增坑。配王孺人，葬溪南深塘。

乡贤吴云芝墓　在县北傅家地。

知县吴昭上墓　在溪南里葫芦坪。

汀州镇中营守备吴昌墓　在饭箩墩香炉山。配郑宜人，葬翁坑尾麟水坑。

赠修职郎吴高冈墓　在七里隔桐树岗。配赖孺人，合葬。

熊氏墓

明

熊梦章墓　在檺林前牛眠坪。配李氏，葬湖雷雷窠里屋后。是为熊氏始祖。

熊文彬墓　在檺林前碓子岈。配阙氏，合葬；继配张氏，葬

---

①　畬，原文为"番"。

湖雷雷寨里。

　　熊真佑墓　在湖雷龙窟岭。配唐氏合葬。

　　熊文凤墓　在丰田里洽溪荫凤池。

　　封承德郎熊彦恒墓　在抚溪隔。

　　拔贡熊铨元墓　在龙门。

　　监察御史熊兴麟墓　与配郑安人合葬金丰里豪灵村①。陈安人，葬溪口白莲坑。

　　教谕熊春墓　在石埁坑。配卢孺人合葬，谢氏葬道人村。

国　朝

　　教谕熊见龙墓　在溪南里陈坑雨寮冈。配丘氏合葬，阮氏、曹氏附葬于下。

　　恩授修职郎熊孙鹏墓　与配张氏合葬溪口横山岐。

　　赠修职郎熊廷幹墓　在大埔大麻乡。

　　拔贡熊锡应墓　在溪口慈惠庵左山。配蓝氏，葬溪口牛栏冈，李氏葬采地山寮②里。

　　举人熊光润墓　在小坑鹞子崠。

沈氏墓

明

　　沈永实墓　与配张氏、罗氏合葬丰田里象牙。子孙九派，为邑蕃姓。

　　沈立所墓　在太平湖洋坑背。配黄氏合葬，刘氏葬堂堡背头坑。

----

　　① 豪灵村，即"豪林村"。

　　② 寮，原文为"橑"。

应赠大中大夫沈景厚墓　　在堂堡河坑田洋中。配巫恭人，合葬。

诰赠中宪大夫沈玉璋墓　　在黄泥坑。配林恭人，合葬。

冠带义官沈玉振墓　　在堂堡梅山寺前牛市冈。配郑氏合葬，阙氏葬江风隔山冈上。

参政沈孟化墓　　在县治南瓮窑前。翁仲、华表、石羊、石马、石狮，仪礼如式，享堂两栋，余埔地自墓以下直六十五弓，路口横过四十弓。

岁贡沈孟似墓　　在莲塘田洋中。配吴氏，葬在坎市排下。

沈文熠墓　　在东郊外大人𡋑田中。

沈殿一墓　　在堂堡大片里大湖下。配卢氏、阙氏，合葬。

国　　朝

赠文林郎沈先甲墓　　在堂堡。配卢孺人，葬堂堡凹背寀。

教谕沈文楫墓　　在潘坑卧龙冈。

岁贡沈腾虬墓　　在堂堡梅山寺左田塅上。

知县沈光渭墓　　在丰田白莲塘。

赠修职郎沈朝举墓　　在堂堡枫山塘。

知县沈鸿儒墓　　在倒水坑山冈上。

游击沈致和墓　　在堂堡背头冈。配卢宜人，合葬。

岁贡沈掌纶墓　　在大塘里楼背。配赖孺人，合葬。

张氏墓

明

中书张僖墓　　在罗乾上，移葬半山。配赖宜人，合葬。

举人张尧中墓　　在车田，移葬北门背恩坑。

张正川墓　　在李龙坑。配严氏、陈氏，葬山角塘；罗氏，葬抚溪墟社坛角。

国　朝

　　赠文林郎张凤彩墓　　与配廖孺人、傅孺人合葬太平里莲花山。

　　知县张成章墓　　与配赖孺人合葬太平里马寨山。乾隆辛卯，改葬木坑乡，原葬坟迹仍旧。

　　赠修职郎张世芳墓　　在丰田里檬林前。配吴孺人，葬丰田里新田坑。

王氏墓

国　朝

　　都司金书王筹墓　　在溪南里锦峰乡石寨背，与配童氏、范氏合葬。

　　赠文林郎王禹昉墓　　在溪南里张公前。配彭孺人，葬河头城石壁庵侧。

　　赠文林郎王之宾墓　　在溪南里半山凹。配卢孺人，葬溪南里石寨背。

　　赠文林郎王命钦墓　　在溪南里介石村。配吴孺人，合葬。

　　赠修职郎王盛墓　　在溪南里郑坑。配萧孺人、高孺人，合葬。

　　恩授修职郎王春三墓　　在县南下坑山。

　　翰林王见川墓　　在锦峰乡银子凹下。

　　知县王芬露墓　　在县西分水凹。配陈孺人、张孺人，葬桃坑黄竹塘。

　　举人王奇七墓　　在县南练坑尾。配江孺人，合葬。

　　举人王廷钧墓　　在峰市对门船篷里。

江氏墓

宋

江百八郎墓　在高头乡水口大岬上文馨塔后。

明

主簿江沂墓　在金丰乡高头金星寨顶。配黄氏，葬田螺坑；徐氏，葬松林墩。

义士江宽山墓　在南溪[1]。按：宽山，嘉靖间御寇被难。死后，屡显灵异。至今，远近祷祀不绝。邑编修巫宜福有题联云："当年刚大无亏，在闾里多蒙其庇；至今正直而壹，虽孙子不得而私。"

训导江奋龙墓　在牛角岬。配刘氏、谢氏，合葬于九珠坑。

国　朝

赠修职郎江绣来墓　在堆山河口。配邱孺人，葬北山银锭峡；张孺人，葬杨梅村。

教谕江淇墓　在小坑佛子隔。

赠文林郎江浚墓　在馒头脑牛路脚。配萧太孺人，葬阔滩头柯树窠。

诰赠明威将军江毓攀墓　在大阜漈下乡。配王恭人，合葬。

诰赠明威将军江兆凤墓　在上官坑乡。配赖恭人，葬务义坪赤岭下。

都司签书江犹龙墓　在蓝冈。配刘恭人，葬坝塘尾。

知县江联辉墓　在金砂乡王殿崠下。配卢孺人，葬金砂乡小

---

① 溪，原文为"欧"。

溪背。

举人江龙池墓　在黄狮凹。配廖氏，合葬。

赠文林郎江华章墓　在黄竹烟礁下坑。

封文林郎江淹如墓　在窑下纱帽石。

知县江世春墓　在金星寨大坪头。

举人江震川墓　在高头乡坑背溪。

教谕江焕墓　在靖界庵子坑。

举人江桂兰墓　在隘背。

孔氏墓

明

诰赠奉政大夫孔瓒墓　在罗滩桥子头。

员外孔庭训墓　在南坑甜竹山。

知县孔庭诏墓　在县北李田。

主簿孔登墓　在罗滩桥子头。配吴氏，合葬。

国　朝

孔如日墓　在城西北马尾村。

黄氏墓

明

黄仕全墓　在抚溪石灰塘。

知县黄益纯墓　在岐岭陈圣塘。

国　朝

赠文林郎黄孟淑墓　在丰田里麻公前。

同知黄日焕墓　在抚溪龙窟岭下。

举人黄如带墓　在抚溪东坑半岈。

萧氏墓

国　朝

萧天锡墓　在龙安寨禾仓窠。配简氏，葬上下湖内窠里。

知县萧熙桢墓　在溪南里象窟。配张氏，葬恩全牛栏坑。

赠文林郎萧澧有墓　在溪南里黄土坑。

赠修职郎萧沅有墓　在四图茶树下。配张氏，葬大阜漈下。

知县萧廷璋墓　在胜运里白沙炉。配谢孺人，葬杨梅凹。

训导萧廷璠墓　在双井边。配熊氏，葬恩全乡。

阙氏墓

五　代

刺史阙翊墓　在太平里云川乡排下小里坑口。配冯恭人，葬太平里大溪尾岗上。

明

知县阙思温墓　在丰田里武溪背头凹。配朱氏，葬墓侧；严氏，葬丰田里深溪陈泥坪。

举人阙和墓　在马山乡。

都司都事阙椿墓　在丰田里洪坑海塘面。配郑氏合葬，江氏葬金丰里石子畬①，简氏葬金丰里坑头坝。

---

① 畬，原文为"番"。据乾隆志改。

国　朝

　　知县阙振墓　在丰田里塘背艾芝山。配吴氏，合葬。

　　知县阙文墓　在上青坑外头窠。配张孺人，葬珠罗坑圆泥坑。

胡氏墓

国　朝

　　乡贤胡逢亨墓　在大埔大宁社。

　　知县胡楼生墓　在天德甲磜子角。

巫氏墓

宋

　　巫二十郎墓　在丰田里溪口牛屎冈。配张氏，葬丰田堂堡长冈岰。是为杭、永巫氏始祖。

　　巫三十二郎　在抚溪下湖洋坑。配杜氏，葬大溪黄竹坑。是为永定巫氏始祖。

明

　　征仕郎巫仲芳墓　在大溪赤坎头薛家屋背。配游孺人，合葬。

　　州判巫山泽墓　在大溪磜子堉。配吕孺人，合葬。

　　典史巫应龙墓　在大溪溪峨头田畔。

国　朝

　　诰赠奉直大夫巫鼎川墓　在大溪重新楼南上片田塅。配黄宜人，合葬。

诰赠中宪大夫巫应秋墓　在大溪洋头。配游恭人合葬，翁恭人葬横寨程凤塘。

诰封江太恭人墓　在大溪西霖寺右边。系诰封中宪大夫巫少白元配。

赐赠文林郎巫缉咸墓　在大溪赤坎头。配卢孺人，葬大溪梅子潭面上。

知县巫绳咸墓　在大溪溪子口。配詹孺人，合葬。

赐封儒林郎巫宜耀墓　在条河子。

林氏墓

宋

林茂青墓　在抚溪鸦鹊坪田内。配詹氏，葬洪坑一丘坂；郑氏，葬湖雷阴桥面蚁谷墩。金丰、丰田林姓始祖。

元

林付崧墓　在富坑饭箩墩。配陈氏，合葬。是为西陂林姓始祖。

林福寿墓　在虎冈金船塘。配吕氏，葬兴塘。是为虎冈林姓始祖。

明

知县林钟桂墓　在抚溪杏坑。

林勋墓　在太平牛眷坑鸭妈湖。

主事林文聚墓　在兰地村内副榜林梦奎坟右。周围砌石。配巫孺人，葬北山；继配江氏，葬篷坑。

李氏墓

国　朝

　　举人李杜墓　在金丰和顺塘背山塘子脚上。

　　武举人李德士墓　在陈东乡城里下坑田面上。

陈氏墓

明

　　陈静庵墓　在县南新寨。

　　训导陈敫言墓　在抚溪水尾枫山。

　　陈万粟墓　在上苦竹坑。

　　赠修职郎陈竹溪墓　在新寨麦园里陈安坟圣筶地下。配郑孺人，合葬。

戴氏墓

明

　　戴文祯墓　在抚溪当天凹。戴氏始祖。

国　朝

　　举人戴文墓　在抚溪番背山。

简氏墓

明

　　赠文林郎简惟时墓　在太平白土乡佛子隔虎子山。

国　朝

训导简兆璜墓　在太平洪源老鸦山。

众姓墓

元

宁德傅墓　在孔夫乡隘头。配饶氏，合葬。是为宁氏始祖。

明

知县谢贵墓　在太平上洋乡交塘陂。配吴氏，葬太平牛眷坑。

丘桢墓　在古镇。配王氏，葬金丰天德甲乡。

巡抚詹天颜墓　在金丰里苦通乡巫屋坑。

阮孙明墓　在大埔隘背蕉叶坪对面。

许恩露墓　在秀才岈小坪水张姓村内。配吴氏，葬秀才岈下梅子坑。

国　朝

举人游贡赞墓　在大溪下窠湖洋里。

义　冢

东山义冢　里民邱承烈、王鼎臣等十五人，买置中坑田税一十桶，以为祀田。

东关外义冢　举人赖世芳、郑雄等四十八人，买置七桥乡田税一十七桶二篇，南门外下坑田税五桶。

东关外大洲塅义冢　邑人萧含辉等捐置祀田百桶。

西关外义冢　里民卢锡麟、李元昌等九人，买置溪南里大新村祀田一十八桶四篇。

西关山窠里义冢　里民赖麟玉、吴渤坤、廖振宇等，置太阳寨祀田十桶，李田龙潭背祀田九桶，矿山前溪边祀田八桶，练坑祀田六桶。

赤岭背义冢　里民苏乃眉、介眉兄弟捐金买置①丰田赤岭背、上杭背二处祀田共一十二桶。

岐岭桥头塅义冢　里民陈友元、李彩昌等，买置祀田一十三桶。

羊头山义冢　监生李正辉捐丰田里龙窟黄泥坑祀田七箩，监生李正绶捐丰田里老鸦岭神坛前祀田四箩。

青山塘义冢　生员卢显荣捐丰田里东洋内山角祀田八箩。

隘门墩义冢　里民卢龙攀、世义等一百四十人捐资共建，并置祀田二十三桶。其田：坪店十四桶，柳塘下七桶，湖洋坑头二桶。

贝溪檬树山义冢　乾隆三十四年，增生卢敏修等倡建，并置祀田三十七桶。其田：石佛庵背大丘田一节十三桶，贝溪大塘路二区二十桶，大圳口路面田一区四桶。

龙潭义冢　康熙年间，庠贡生卢边书创建并置祀田。

虞溪义冢　在赤岈岭，合痊②百余骷。乾隆年间，举人陈畴思倡建，并置祀田。

昌福山义冢　乾隆年间，乡人卢定星等倡建，并置祀田十桶。

西坪义冢　在湖洋坑尾。乾隆间，卢怀峰裔勿逸创建立并抽烝谷，递年致祀。又贡生卢韶功等七人，捐置祀田十一桶，在西坪墩尾。

田地义冢　在水口。乡人合建，并置祀田。

---

①　原文缺"买置"二字。
②　痊，疑当为"瘗"。

永定县志卷十六

风 俗 志

　　班孟坚曰："凡民，国五常之性。而其刚柔缓急，音声不同，系水土之风气，故谓之风。好恶取舍，动静亡①常，随君上之情欲，故谓之俗。是知风者动乎天，而俗者因乎世者也。"

　　今天下涵濡圣化将二百载矣，礼明义修，恬熙丰乐。海壖之内，风回道一。其殷富之区，民生而逸，则畏其趋于疵薄骄荡焉。闽省介在南服，瀛波环而多鱼盐蜃蛤之产，珍货山积，故民多纵弛儇弱。其强者，则好勇斗狠，轻生徇利。永定一邑，独处于山岭阨狭之间，凿石盥泉，硗瘠实甚。圜首之伦，生而勤苦，食不暇给。是以习尚敦朴，庞而不佻。尧舜之民，于于如也。其或有驵侩喜讼之流，乡曲固陋之俗，则狃气所感，雅训未周，是在长吏申教，以整一之耳。余莅兹一载，谙厥土风，述为斯篇，以为纠正之助。有志于诱民成俗者，岂等诸丘里之言乎？

　　士勤学问，韦素单寒。一经自守，竹篱茅舍，时闻书声。名节自矜，耻以关求希拔。虽乏显宦，而科甲不绝。至于沉潜经史，博古著述，不少矻矻穷年之侣。每岁课文较艺，城乡俱有社课。历年自二月未赴之先，彼此择日通文，齐集课所，远而数十里皆有至者。扃而试之"四书"一题，外或加以试帖，尽一日之能事。汇齐卷帙以就正有道而甲乙之，其课数多寡不等。贤达捐

---

　　① 亡，通"无"。

　　立课租以鼓励士林，尤于文风大有裨益。又乡语与官字不同，以致读书调音亦多有异。而出仕应对，学习官音，却甚易易。

　　邑地斗隘，厥土驿刚。山田五倍于平野，层累十余级不盈一亩。农者艰于得耕，佃赁主业，保为世守。水耕火种，力勤勿惜。旧不种麦，今则桃花风暖，黄浪盈畴矣。膏田种烟，利倍于谷，十居其四。国朝充饷后，地效其灵，烟产独佳。永民多藉此以致厚实焉。

　　旧志①云："艺不求工。"前志②又云："居服器用，但求坚利，不尚奇淫。"殆前数十年如此，今俗渐繁华。由贸易他省人夥，各罗致所有，以相耀。竞尚工巧矣，幸尚不至于靡丽耳。诸如③治病、相宅，及篆刻、绘画、弹琴、谱弈之属，习其数者，有之不遗。其神者，亦罕觏④也。

　　商之远贩，吴、楚、滇、蜀，不乏寄旅。金丰、丰田、太平之民，渡海入诸番如游门庭。惟邑无他产，远商固无有来永行货者。前志云"永民挟千金贸易者，百不得一"，则不然矣。乾隆四十年以后，生齿日繁，产烟亦渐多，少壮贸易他省，或间⑤一岁，或三五岁一回里，或旅寄成室如家。永民之财，多积于贸易，捐监、贡及职衔者，人以千数。外地置产者，所在多有，千金之资，固不乏人。抑亦产薄不支，故不惮糊口四方所致欤！

　　人尚气骨，虽穷困，无肯以子女为臧婢者。然君子小人略无分别，船梢⑥、担贩于缙绅，必假亲眷称之。

---

　　①　此指康熙志。
　　②　此指乾隆志。
　　③　原文缺"如"字。
　　④　罕觏，难得遇见。
　　⑤　间，原文为"问"。
　　⑥　梢，通"艄"。

闺门清肃，芳龄矢节，白手完贞者，名门下里，往往而然。第俗惯溺女，极为恶习。虽多主自妇人，实由男子失于教导。屡经官禁，积重难反①。近来，乡间联族题捐，仿育婴堂例，给钱米以资留养者，亦善劝之一法。然惟贤司牧晓谕严禁，则戒与劝并，庶几能移其风气乎？

妇女，于寺观、神庙烧香，律有明条。永俗妇女，惑信僧佛，每于三元、朔望、四时佳节，多有入寺庙烧香结缘。百十为群，云"龙华会"、"子女缘"、"米谷缘"等名，习以为常。虽有告发者，惟在贤司牧查禁晓谕。

祈年、报赛、迎神、申敬，演戏为欢，亦不过三五日而止。近来，乡间聚赌多乘此祈、报会期。迎神既毕，犹抽头演戏，经旬累月不休。大乡人众，力能禁止。每于村落交界之地，借口敬神，设厂蜂屯，聚赌之外，或花会，或开标，不特骚扰地方，抑且败坏风俗。惟贤司牧示禁拿究，以除其害，斯为善矣。

冠礼，不行久矣，永亦未闻有行冠者。女子或将嫁而笄，男家送以物仪，谓之"上头礼"。古者生而命名，既冠乃字，永人多先字而后名。

婚礼，有六，仅用其四。"纳彩"随"问名"而行，谓之"出红婚"。"纳吉"、"纳币"，总曰"财礼"，昔用牲、酒、筐、筐，近皆折以白金，厚不逾百两。"请期"，曰"送报书"。女家视报书金之轻重，为妆奁之厚薄。"亲迎"，间有行者，新妇入门即庙见，拜公姑，有拘忌乃俟次日。乡间亦有"于亲"，妇入门之日，男家先以酒果告祖，新妇于元旦日始庙见。

丧，自始死，含敛，成服，出葬，小、大祥，禫，祔，颇遵家礼。三虞卒，哭奠之行也，别有"七七"、"百日"之奠。用巫出煞，延僧诵经，宴客设席，所在皆然。亦有士大夫家不用僧、

①　反，同"返"。

巫，惟循家礼者。又一本之外，期功之亲，母妻之党，服或缺焉。葬则慎于筑坟，灰隔石碣，堂斧隆然者，所在皆是。但惑风水，拘时日，往往停枢十年、数十年不葬。既葬，人事不顺，辄咎先坟。开冢，棺未朽坏，则不启棺。不然，以瓦罐乘骨，频迁不已。此南方恶俗，永不能异也。

祭，各有合族之祠。祭期，多春、秋两祭，亦间有冬祭者。至于四时佳节，子孙各家备牲仪敬祖。墓祭，或春仲，或春、秋两祭。历世之远，孤寒之家，无不登坟拜扫者。忌祭，则间行之。有祀冥诞者，至其先百岁乃止。

元旦，家长率卑幼拜天地神祇，谒祖先，卑幼拜尊长，亲族交相拜贺。

元宵，张灯饰戏，聊娱耳目。自十一至十六止。

端午，插艾虎，合家饮菖蒲酒。

十二月二十四日，祀灶，扫除宇舍，展挂祖先遗像。数日内，亲友以果酒相馈遗。

除夕，合家团饮，爆竹守岁。此合邑所同也。

中元、重阳，或应节，或不应节，乡各不同。

七夕、中秋，惟学子、市魁聚饮。

清明，城乡妇女成群出游，曰踏青。若禁烟、修禊、竞渡、乞巧、登高，绝无其事。

乡社，各自为期，不尽在春、秋。社日、清明、中元，有祀乡厉者。

四月八日，浴佛。自初一始，僧人捧佛沿门诵忏，索钱米。

五月，关帝诞辰，十一至十三，结会庆祝者遍乡邑。又六月二十四日重祝，亦有结会庆祝者。各乡杂祀神祇，岁或一举，再举为费，亦仅仅耳。

居多楼堡，高者四五层。屋不逾三堂，五间七架。拥厚资者，周架围屋，楼外有堂，壁用灰垩，屏柱髹漆，轩敞①轮奂，隆然大观。特少园亭台榭耳。

日皆三饭，粥惟贫病者飧之。酒则自酿，冬白醇酽。市沽曰水酒，味极薄，亦有醇酽者。

宴客，家畜海脯，或九品，或十二品，烹炮之巧，视主客而用之。

衣以布素为尚，轻裘细葛仅见焉。永人脱略衣冠，虽士大夫亦然，而夏尤甚。暑月，见长衣缨帽者，指为客。前辈纱缎一袭，终身无斁。近乃称"苏式京装"，随时更换。士人出入，衣长衣，暑月亦然。抑亦渐习于礼体，迥殊曩日之脱略矣。

帘帷衾裯之属，罕用紬缎。骨角诸器，夸为美丽，未见有饰以金玉者。妇人戴插，亦不知珠翠为何物。近来，趋于华丽，殊非昔比矣。

永人计田不以顷、亩，但以收税量名为数。契载或曰桶，或曰秤，或曰箩、曰篇。桶又不一，收田骨大税者，较官斛二斗四升，收皮骨税者二斗二升，或止二斗。秤，较官斛六斗。箩，二斗。篇，三升。

昔人淳朴。凡卖契不注"回赎"字样者，即为"断卖"，不更注"绝卖"等字。后来，赖赎赖找者动云"契虽不注'回赎'字，亦未注'不准回赎'字"，以致讦讼。今人写"绝卖契"，遂有"一卖百卖，断肠绝骨洗业，永不许异言收赎找价"等字样，亦足见世情淳漓之分矣。

田有皮、骨之分。田骨者，纳粮、当差主田也。田皮者，始曰主田，税轻，佃收倍于主田。其后，佃户替耕他手，以其赢余，私为己有，称为田皮。传替日久，无异主田，或转售卖，竟有田骨收税一桶，田皮可收税三五桶者，又不纳粮、当差，故俗

----

① 敞，原文为"厂"。

有"金皮银骨"之谚。其实，侵削主田，公私俱害，非得当官者为痛惩之。主田之不化为枯腊者几希，又佃户多□□□，往往欠税霸耕，以致田主呈控，所在皆有之。

永俗畏神。凡买卖田宅，收放钱债，有控伪约，及争未还已还者，断今盟誓以定夺，则使两造甘心，虽知者，绝地天之通，罔听命于神。在永则因俗为治之一端。

仪制：贡生公服，青袍蓝边。凡旗干①用斗。五品以上，坟地方许用石兽。永邑贡生，皆穿补裰。科甲旗干雕龙虎。贡、举以上坟地，用灰塑狮兽。又茔地：一品九十步，自二品至六品，递减十步。七品以下二十步。皆从茔心各数至边。庶人九步，穿心十八步。永人或在他人山内开茔，或买人田地开茔，但经先葬，即田主、山主不得更于就近自己田地内架屋。近旁先有屋者，多向阻争。若旁有祖祠、坟冢，争之尤力，斗殴人命，半由于此。大抵惑于风水之说牢不可破。又凡有丧之家，依礼三月而葬。有钱家之父母，殡殓后②，若无现在茔地，多停枢于浮厝，数十年不葬者，所在多有。甚至停枢于家堂内者。如之惑于风水，违礼犯分至于如此，安得有贤牧司砭愚订顽，以潜移其习尚哉！

永俗尚风水。坟地果属吉壤，瘗棺永远无改易；若非吉壤，甫殡殓即舁埋公山，但取方向与太岁相合者，俗名"踏利方"。计十年后，其棺必朽，发冢，检骸骨，乘以瓦罐，更择地安葬。所在皆然。律有"开棺见尸"之条，陋俗违法，虽不可为训，然子孙不忍使化者土，亲肤情有可原。惟有曾经久葬坟地，子孙贪他人财物，买主利其风水，不惜重资以交易，往往挖久葬之地，更卖他人。在卖者贪财、丧心害理，固不足惜；而买者利其风

---

① 干，通"竿"。下同。
② 原文缺"后"字。

水，挖他人之坟，以葬其父母，存此忍心，纵有地理而无天理，必然不祥。且此地果为吉壤，彼何至掘而卖诸人？此种恶俗，恬不为怪，无惑乎讼端日起，纷纷告讦，适为鬼所愚弄，果将何道以易之？又卖坟契，皆写废穴休圹，实则有尸棺骨罐者居半。零丁孤贫，有卖及高、曾及五服以外母党、妻党之坟冢者。

永山不载粮。有主之山，他人皆得开茔。田地场园，则买而后得葬。游手之徒，多在山场开土窖，本系空堆，有人附近营葬，辄指土窖为已葬老坟。倘未遂其欲心，动以碎碑、平茔、灭骸等语告讦，殊滋讼端。

人信风水，皆由地师教诱，目染耳濡，渐渍之久。而堪舆诸书，樵牧皆熟而通之矣。

近来，四方流乞，平日散处，每年聚会一次，无定时，无定所。大概五月十三前后，藉关帝名目，结义于邻邑交界地方，及溪南之务义坪、象东桥，胜运之芹菜洋，丰田之彭古寨、溪口、湖雷，太平之双枝树下，金丰之杨梅嶂等处。百十为群，有首有从，聚饮终日，名"串子会"，又名"闹牌"。猖獗乡里，沿门强乞，熟识路径，实为引盗之媒，不但偷鸡吊狗也。当及时严禁而重惩之。

按：明嘉靖末饶表、萧碧、黄九叶、游仙，国初温丹初、罗郎子、李天成、苏荣辈，毒害乡里，其始不过结会作假，其继乃肆虐抗官，无所不至。及六吏发兵擒诛，民之受残不可言矣。已！皆平日养痈不治之所致也。厥后，嘉靖辛酉，太平里会匪张配昌等，胆敢出榜某劫某处等。因幸有上洋生员者，今任陕西长武县陈梦莲，富岭头举人王起凤，揭榜报官，一面雇募乡勇，拿获首恶十余人，送县置重典，此风顿息。以至于今，法令行则闾阎安，此明验也。但人事三十年一变，今山僻又渐萌故智。《易》曰："履霜坚冰至所望。"杜渐防微，师国侨之训，则留惠无穷矣。

永俗于妻妾自尽，惧不报官，而妻妾外家，因此撒泼①诈财。不遂，辄以身死不明，或诬其兄弟、叔侄控官。其有从中唆使者，尤属可恶。每倾家荡产者。慈惠之师，尚袗全之。

永邑东界漳州之平和、南靖。金丰里之鄙，小有渐染于械斗者。各里或争族势，或争市利，亦有混斗者。但一经通练，老成旋谕，戢和如故，犹有相继相恤之意焉。

按：近墨者黑，理固有然，而亦有大不然者。金丰之苦②竹，与南靖地方止隔一山耳。苏家，强大族也。乡有墟市，倘苏姓与外乡人争斗，则苏之老成必呵责族人，而好言以安外人。其有外乡人实系无礼，亦必以理劝释之。此我圣朝二百年声教暨讫风之变而上者也。特表而出之。

匿名揭帖，有干例禁。永邑每大小、公私，风谣四出，虽子产不毁乡校，而一意讥刺。或干人阴事，污人名节，大远忠厚之遗。所赖贤父兄申明约束，贤司牧察核严究，庶乎有瘳。

永民向不健讼。近每起于武断之挑唆，成于歇家之煽惑，炽于胥役之诪张。士大③夫家尚多能以礼自守。最可悯者，山僻椎鲁之辈，事主有钱则有事如无，无钱则无事亦有，任若辈之操纵，小不忍因而失大。其逞刁也，非本心；其倾家也，有由致。贤司牧变化愧厉，其必有道矣。

永民颇知羞恶，如犯奸作窃，事发被责，独忸怩不敢对人。以此见廉耻之风未泯。至于无行之徒，刁恶险暴，盖亦仅矣。

谚云："贫不斗富。"永邑则贫能做虎，从未有予以重惩者，甚有因之以为利者。此小加大，贱妨贵，所由致也。有心世道者，此风断不可长。

---

① 撒泼，原文为"泼撒"。
② 苦，原文为"古"。
③ 原文缺"大"字。

永邑界邻广东之嘉应、大埔，彼处有"采茶戏"，男扮女装，三五成群，唱土腔，和胡弦，流入于乡村街市，就地明灯彻夜奏技，引诱良家子弟掷钱无算。淫亵无耻，莫此为甚。近来知礼之乡，有立约趑逐者，然尤赖贤司牧严行禁止，庶几远避。

永定县志卷十七

营　汛　志

　　夫军旅者，所以防祸机、遏乱略也。我朝神武定天下，东西一尉，南北一候，包干戈以虎皮，几二百年矣。然而，御武之备，遇事则应。虽蕞尔邑，凡昼夜巡察，执捕奸非，烽候道路，士马器械，画一整齐。寇戎之来，吏民是赖也。作《营汛志》。

　　开邑之初，未备武事。成化二十三年，漳南道金事伍希闵以界邻饶平小靖，今属大埔。盗贼出没不常，奏委武平千户所官一员，领兵六十二名，驻县南箭竹隘守御。明制：度天下要害地设卫所。凡五千六百人为卫，千一百二十人为千户所，百十有二人为百户所。汀州卫一，上杭、武平千户所各一，皆隶于福建行都指挥使司，统于京五军都督府之前军都督。半年一换，月支口粮米二十八石六斗，于本县秋粮派给。嘉靖三十八年，知县许文献诣隘点阅，官军无一在者，因申减三十名，仍存三十二名。四十一年，饶平贼罗袍，由隘突入至县，竟不闻关报。已而散驻城内，分占民居，动多勒索。民不堪骚扰，屡金呈议革未得，遂终明之世。

民　兵

　　始于正统十四年土木之变，令地方官各募民壮，随处操练，遇警调遣，事定仍复为民。弘治二年，立《金民壮法》，"州、县七八百里以上，每里金二人；五百里，里三人；三百里，里四人；百里以上，里二人。富民不愿者，上值于官，官为雇募。春、夏、秋，月操二次；冬，操三歇三。调遣则官给行粮，工食则派自田丁。十年一次查审金补，用以各守地方，而严其私占、擅差之禁。初曰快手，后曰民壮，亦曰机兵。"永邑额设民壮二百零四名，每米一石派银二钱四分，合三十石编一名。丁派银一钱八分，合四十丁编一名。每名岁纳衣甲、工食银七两二钱。嘉靖六年，令天下抚、按查照民壮原额，分为上、下两班。一班务农，一班团操；上班春夏，下班秋冬，更相递换。减工食七两二钱为三两六钱。然半年更换，不能遂归农也。旋改为一班团练，一班防守，工食尽复其故。三十六年，每名倍追工食银十四两四钱，团练者每名十两八钱，防守者仍七两二钱，其余皆以充饷。崇祯间，裁减五十名，仍一百五十四名。

弓　兵

隶巡检司听差捕，应解送，不责以共武也。本邑兴化、太平、三层，凡三司，每司额设弓兵三十名。工食每名银七两五钱，出自均徭。嘉靖末，亦缘搜刮充饷，减其雇直①之半。

铺司兵

初制，每十里四名，三名亦用以巡缉捕盗。后仅以供传递迎送，非立法之初心矣。

乡　兵

不隶军籍。邑十九图，每图立千长一名，领其众立营于乡，以时点选，有警，听县调用。嘉靖三十七年，流寇千余人入境，湖雷兵追至县南，转战三十余里，杀获甚众。四十一年，叛兵李

---

① 直，通"值"。

铁拐、韦高等，至县鼓噪攻城，生员郑仁济、邱复静、赖一卿、顾宏等，集金砂兵擒铁拐等七人，杀其酋韦高等数级，贼众大溃。其他抚溪、天德甲、溪南四图等兵，各效有功。乡兵之有益于国家如此。

国朝定鼎，尽罢卫所兵。其机兵，则于顺治五年裁为五十名，康熙十七年尽革，以其工食充军需。二十二年复之。雍正三年，增设典史、民壮六名；十三年复裁，并裁县民壮三十名，存二十名，名岁给工食银六两。弓兵，于顺治间裁三十名，存六十名，名岁给工食银一两八钱二分，皆备名数，供差役而已。一代经制，防兵为重，扼要重地设旗兵，其他募民为之，统以督、抚、提、镇、副、参、游、守、千、把，例分马、步、战、守。顺治七年，福建设左路总兵一员，分左、右二营，驻汀州，始拨左营千总一员驻县。十六年，添设把总一员，分防苦竹。康熙四十年，添设把总一员，分防博平。自康熙二年镇标添设中营之后，永汛改隶中营，总邑凡三汛，每汛驻防一员、百总一名、管队二名、红旗一名。雍正六年，各汛添设协防，外委千把总一员。其马步兵时有增减，今据道光十年现设：

在城汛马战兵十名，步战兵十六名，守兵五十六名，共八十二名；

苦竹汛马战兵全裁，步战兵十四名，守兵六十二名，共七十六名；

博平汛马战兵十名，步战兵十五名，守兵五十名，共七十五名。

千总月俸四两，把总月三两，俱坐马两匹，每月料粮二两。马兵月银二两，马料银一两。步战兵月银一两五钱，守兵月银一两，俱月米三斗。小月银米各推减一日。驻防、协防俸银、马料、养廉，即在马、步、战、守之内。百总、管队、红旗，饷银、公粮即在守兵之内。借贷，有生息银。每年三、四两月，每名许借生息银一两四钱济荒；七月至十一月，陆续扣饷还项。吉凶，有红白银，父母没①，给白事银四两；娶妻及男婚女嫁，给红事银三两，俱生息项下支放。其月饷赴汀领。给粮米，旧例拨武平秋粮本色支放。后，知县沈在湄请将武平本色改折支解买米发给。每米一石，准销折价银一两。顺治十八年，署县同知卢裕砺请照杭、武留米例，于本县额征粮石派纳本色支给，兵便而民苦之。先时，上杭留米给杭军外，尚多解省，每苦飞挽，屡折解请，未允。康熙三十五年，奉宪截拨上杭解省，留米支给永军，两邑称便。

凡军器，三汛共配戴盔甲二百六十五副，配用弓箭五十副，鸟枪二百一十五杆，腰刀二百六十五副，大炮七位，火药递年赴汀支领，旗帜锅帐具备，按期操练，镇将营主以时简阅。国家德威远播，四海敉宁，而安不忘危，严修武备。如此，久安长治，岂特一邑之庆哉！

明世，永邑武无专员，兵无定驻。国初，拨镇标千总一员驻县。于时，察院裁革，即于行台立营。盖以县治为腹，城池、仓库，资其守御。而地近西南，寇之来自上杭、程乡、今为嘉应州。大埔者，藉以控制焉。若外寇之出入②，蟊贼之内讧，则金丰里为最。其地东邻漳，南邻潮。崇祯十年、十七年，流寇皆自金丰而至。又顺治六年，苏荣倡乱于苦竹，李天成倡乱于湖③坑；十四年，罗郎子、温丹初啸④聚于岩背。此顺治十六年知县岳钟淑请添设把总一员，为分防计也。第立营苦竹，去平和、大

---

① 没，通"殁"。

② 入，原文为"人"。

③ 湖，原文为"胡"。

④ 啸，原文为"哨"。

埔之界，尚七十余里，故康熙间，黄宜加等犹聚盗案山，动师搜
捕。雍正六年，添设苦竹汛协防一员，驻三层岭，则巡警益密
矣。博平岭在县境东北，自前明改路为汀漳孔道，流贼自漳或自
延平逾漳平来者由之。嘉靖三十七年、顺治五年，其已事也。又
界连南靖，康熙三十八年，南靖寇径山蹊至青山峡，劫巨贾货
资，乡兵追杀，获馘解报。明年，盗又于上寨劫剪绒货客，知县
吴梁因请添设把总一员，分防博平，立营铜锣坪。雍正六年，添
设博平汛协防一员，驻上寨。北路之通龙岩也，素无寇警，旧止
设富岭头一塘。雍正六年，添设在城汛，协防一员驻之。此永邑
设营之原委也。

凡建营，有堂有室，有垣有门，旁架兵房数十间。若教场，
初在城内卧龙山麓。正德十五年，迁于东郊。万历年①间，知县
何守成建讲武台一座，旁厅三间，缭以垣，大匾曰"威远"。康
熙三年，水废，迁于南郊。乾隆十七年，知县伍炜建演武亭一
所。四十九年，水废，复迁东郊。

其关隘，前明司民牧者相度地势，申请院司设隘，团练乡勇
堵御。

东则有：

杨梅崠隘　在山岭，去县五十里。丰田、金丰交界。

南则有：

箭竹隘　在山岭，县南二十里。大埔交界。

西南则有：

锦峰隘　在山岭，去县三十里。大埔交界。

河头隘　在大溪水次，去县四十三里。上杭交界。路通广
东，后筑城，属上杭。

折滩隘　在大溪水次，去县四十里。上杭交界。

---

① 年，原文为"门"。

西则有：

大阜隘　在山岭，去县三十五里。溪南、胜运交界。

西北则有：

蔡坑隘　在山岭，去县五十里。丰田、胜运交界。

北则有：

水槽①隘　在山峡，去县九十里。龙岩交界。

东北则有：

圆岭隘　在山岭，去县一百里。龙岩、南靖交②界。

国朝康熙八年，始有摆塘之设。或十里、十五里、二三十里，疏密③不齐，各置防兵数人，守要诘奸。

东陆路：达南靖者，三十里曰戊子桥塘。在山峡。六十里曰下佛子凹塘。在山岭。八十里曰上佛子凹塘。在山岭，南靖交界。由戊子桥五十里别达南靖者曰高头塘。在山岭，南靖交界，后裁。由戊子桥东南四十里达平和者曰暗坑畲④塘。在山岭，平和交界，后裁。四十里达大埔者曰三层岭塘。在山岭，大埔交界。县东四十里，金丰、丰田交界者曰草子湖塘。在山岭，即杨梅崠隘移下十里。

南陆路：达大埔者，十五里曰蝉梨凹塘。在山岭，即箭竹隘移近五里，后仍改归箭竹。

由西而北陆路：达上杭者，十里曰章塔塘。在山峡。三十里曰三峰塘。在山峡。四十里曰礤角塘。在山峡。五十里曰溪鹅塘。在山峡。

北陆路：八十里达龙岩者曰富岭头塘。在人村，即水槽隘移

---

① 槽，原文为"糟"。

② 交，原文为"文"。

③ 密，原文为"蜜"。

④ 畲，原文为"番"。下同。

近五里。

东北陆路：达漳州者，二十里曰罗滩塘。在山麓。四十里曰龙窟塘。在山岭。五十里曰麻公塘。在山峡。八十里曰上寨塘。在山峡。九十里曰青山塘。在山峡。一百里曰岭头塘。在山岭。

其水路：北七十里曰洽溪塘。在永溪水次，太平、丰田二水合流处。后裁。南二十里曰桃坑塘，在永溪水次，后裁。西南四十里曰折滩塘。

其后，增减不一。据现设：

在城汛　辖十一塘，曰章塔塘、三峰塘、圆①墩塘、即磜角塘。溪鹅塘、箭滩塘、增设，在山麓，去县十里，与罗滩塘接。罗滩塘、龙窟塘、抚②溪塘、即麻公塘移上十里。箭竹塘、折滩塘、富岭头塘。每塘设兵三名，惟折滩二名，富岭头五名。

苦竹汛　辖八塘，曰新村塘、增设，在人村，县东二十里，与戊子桥接。戊子桥塘、岐岭塘、增设，在人村，接戊子桥十里。陈东乡塘、增设，在山岭，十里接下佛子塘。下佛子凹塘、上佛子凹塘、草子湖塘、三层岭塘。每塘设兵三名，惟三层岭十名。

博平汛　辖三塘，曰上寨塘、青山塘、岭头塘。每塘设兵五名。

此永邑隘塘之沿革也。凡建塘，兵房数间，望楼一座，烟墩三座。先是，遇有坍塌，系就近居民修理。雍正九年，奉文动支公项，不得派累居民。乾隆五年，定十两以上支司库耗羡，十两以下支本营公费。凡塘兵不得擅离汛地，以时会哨。官府、客商经过，鸣梆护送。壁垒之棋布星罗，弁兵之指挥臂使，规画盖云周矣。惟是丰田之西漈，南通金丰，东通南靖，纵横五十里，复

---

① 圆，原文为"员"。
② 抚，原文为"武"。

岭箐林，蹶踵迷目；西境鬼畲塥，界溪南、胜运之间，上杭、长汀盐枭达大埔者，百十为群，往来由此，而丛山三十里渺无人烟；胜运峡头以北，下溪、仰天湖、白水漈诸乡四周，永地复[①]杂，杭地十余里径僻山深，迩来鼠窃辈恃为嵎薮。

凡此三处，似应添设塘汛，以资缉诘。抑上杭溪南四图河头坪，溪南四图已割隶永定，独河头坪在四图而仍隶上杭，不知何故。嘉靖间筑城一所，公馆、教场悉备。初驻捕盗通判一员，统机兵百名防守，后拨哨官领所兵叠戍。崇祯元年撤之。此地在县西南四十里，杭、永两邑接连广东门户，向使戍兵不撤，广寇张大祥、江龙，草贼郑德敬，安敢横肆猖獗，长驱入永哉？是宜额设营员，领兵驻守，兼防两邑。旧志亦拳拳焉。

武　官

张　强　河南人。有传。

郭　洪

姚宗仁　以虐民杀。

董得胜　以叛杀。

张有义　宛平人。

王得胜　海澄人。以告发去。

徐　凤

吴　习　江西人。

卞　捷　镇江人。

楼时玉　河南人。

李　孙

邱　垣　龙岩人。

---

① 复，原文为“腹”。

张应龙

以上见康熙间旧志。

在城汛

林　惠　漳浦人。康熙三十六年任，四十一年再任。

詹飞龙　长泰人。康熙三十八年任，四十四年再任。

陈　龙　海澄人。康熙四十二年任，四十五年再任。

江　济　康熙四十八年任。

罗　宝　康熙五十一年任，五十四年再任。

张惟福　康熙五十三年任，五十五年调苦竹，五十六年调博平，五十九年再任。雍正二年调苦竹。

张大有　雍正七年任。

黄　锦　本姓刘，上元人，善为诗。乾隆五年任，六年调博平，八年调苦竹，十二年调博平。

王　韬　乾隆十五年任，二十年再任。

徐之杰　潮州武举，乾隆十九年任。

王宗光　长汀人。乾隆二十年任。

以上见旧志。

任国栋

修必能　长汀人。

陈捷功

吴见龙

吴功纪

以上五人，乾隆二十年后，四十九年前任。

沈国辉　诏安人，行伍。乾隆四十九年任。

罗　勇　长汀人，行伍。乾隆五十三年任。

巫　奎　长汀人，行伍。乾隆五十七年任。

张彩云　本县人，军功。乾隆五十八年任。

王安宁　建宁人，行伍。乾隆五十九年任。

吴梦香　连城人，行伍。乾隆六十年任。

柯庭恩　晋江人，行伍。嘉庆三年任，十二年再任。

商　鼎　诏安人，行伍。嘉庆七年任。

张光荣　长汀人，行伍。嘉庆十六年任。

李　醇　长汀人，行伍。嘉庆二十二年任。

叶有林　顺昌人，行伍。道光元年任。

林向荣　平和人，世袭。道光六年任，十年再任。

张汉良　宁化人，行伍。道光八年任。

苦竹汛

旧营久塌，官兵借驻普照庵。乾隆五年，把总赖芳倡议修复营署。

王大荣　康熙三十六年任，四十四年再任。

郑有功　康熙三十八年任，四十年调博平。

石　琳　长汀人。康熙五十九年任。

连　捷　康熙六十一年任。

张得连　雍正元年任。

周仕元　长汀人，行伍。雍正间在城汛千总，后驻防苦竹，卒于汛地。

李　友　雍正四年任，六年调在城，八年再任。九年二月调在城，三月调博平。十二年调博平。

伍　元　雍正六年任，七年调博平，九年再任。十年调在城，十三年再任。乾隆元年调博平，三年再任。

宁　钺　宁化人。雍正十年任，后调博平，又调在城。乾隆十四年再任，十六年调博平，十七年再任。

英元佐　乾隆五年任，六年调在城，七年再任，十年调博平，十二年再任。

赖　芳　长汀人，乾隆六年任，八年调博平，十年再任。

鄢得胜　乾隆十三年任，十四年调在城，十五年调博平。

胡必强　乾隆十五年任。

熊　錞　乾隆十六年任，十七年调博平。

以上旧志。乾隆二十一年至六十年，历任何人未详。

徐廷材　长汀人，行伍。嘉庆元年至七年任。

黄正潘　光泽人，行伍。嘉庆八年至十一年任。

张光荣　长汀人，行伍。嘉庆十二年至十六年任。

陈简书　晋江人，武举。嘉庆十七年至二十二年任。

刘向高　闽县人，荫生。嘉庆二十三年至二十五年任。

陈贵龙　长汀人，行伍。道光元年至五年任。

张得龙　宁化人，行伍。道光六年任。

祖家声　建安人，武举。道光七年任。

丁从龙　建宁人，武生。道光九年任。

博平汛

沈　敬　康熙三十六年任，四十一年调苦竹，四十五年调苦竹。

余　辉　康熙四十一年任，四十二年调苦竹，四十八年调苦竹。

严　顺　康熙四十四年任，五十四年调苦竹，六十年调苦竹。

杨　富　长汀人。康熙四十九年任，五十二年调苦竹，五十六年至雍正五年，屡调在城。

刘　云　康熙四十七年任，五十二年调苦竹，五十七年调在城。

詹　登　本姓林，本县人。康熙五十年任，五十七年调苦竹，五十八年再任。

吴　先　本县人。雍正元年任，二年调苦竹，四年再任。

俞　雄　长汀人。雍正六年任，七年调苦竹。

林　清　雍正十年任，十一年调苦竹，十三年调在城。乾隆元年调苦竹，三年再任。

张世和　乾隆十四年任，十七年调在城。

陈　敬　乾隆十八年任。

以上旧志。

王士祥　行伍。

朱大章　行伍。

陈士华　行伍。

马泗龙　行伍。

彭　成　行伍。

吴功举　行伍。

余廷材　行伍。

吴梦香　行伍。

商　鼎　行伍。

以上九人，乾隆二十一年以后任。

黄正潘　行伍。

徐廷材　行伍。

易　龙　行伍。

周联芳　行伍。

张成得　行伍。

陈简书　武举。

张攀桂　行伍。

陈贵龙　行伍。

以上八人，嘉庆年间任。

刘向高　难荫。

丁从龙　武生。

以上①二人，道光元年以后任。

郑长泰　行伍，福州人。道光十一年任。

---

① "以上"二字校补。

永定县志卷十八

艺　文　志（上）

明①

《要学三篇》、《学道要端》、《井田议》、《化俗议》、《醒心诗》、《宗孔集》吉府教授卢一松撰

《五宗文诀》　庠生吴懋中撰

《东源漫稿》、《三晋集》、《寓宾集》、《归田集》　贡生孔庭诏撰

《斗儒遗稿》　刑部主事卢日就撰

《读易识小》、《琴心轩艺》　揭阳知县吴煌甲撰

《炊玉篇》、《蛮吟录》　贡生卢宝撰

《余言稿》　如皋知县林钟桂撰

《燃藜草》　庄浪知县卢乾亨撰

《退隐集》　贡生熊铨元撰

《解醒编》、《诗余雅韵》、《投机集》、《醒心录》、《春归岩谷注》　岁贡曾子毅撰

《钓民苦语》　阳山知县赖一鲤撰

《鸡跖集》　增生陈应标撰　列汀传，未详何时人。

《四书说》、《诗经说》　贡生郑日益撰

《联珠集》　李颖撰　列旧传《文学》，未详何时人。

---

① “明”字校补。原文上缺约一页。

《拟高集》　增生邱应景撰　列旧传，未详何时人。

国　朝

《天随集》　贡生吴来凤撰

《乐耕堂遗稿》　繁昌知县卢化撰　未行

《子平集腋》、《五星集腋》　吴县知县廖冀亨撰

《仁声集》　吴县知县廖冀亨解组归时，士民所赠诗歌

《四书说意》、《易经说意》、《粕余集》十二册　副榜贡生邱六成撰

《唾余集》　举人孔煌猷撰

《古今人镜》　武平训导郑孙绶撰　刊行

《草木心集》一卷、《积寸斋尘稿》二卷　　廪生吴晋撰

《凤翙楼集》　廪生黄殿甲撰

《本源集》　廪生卢维翰撰

《镜史》　鄠县知县吴廷芝撰

《诗经省悟》、《性理会要》、《慕真堂文集》　龙泉知县郑宜撰　刊行

《治谱汇言》　郑宜解组归时，泉人综其政绩刊为一集

《四书定旨》、《春秋经义》　合江知县江联辉撰　未梓

《孟子点睛》　罗源训导卢奏平撰

《中庸契真》　庠生廖象湖撰

《易经旁训》　监生卢奉撰

《书法集成》四卷　林宾上撰　刊行

《学庸析义》　庠生阙圣宗撰

《学山楼遗稿》　岁贡生熊龙其撰

《五桂轩诗》　庠生王燕龙撰　刊行

《三绘斋稿》　增生廖枫撰

《麟经阐微》　廪生陈庆善撰

《学庸课蒙章句解》、《周易课蒙本义解》 贡生卢复撰 未梓

《学庸抉微》 岁贡生吴奉璋撰 未梓

《粤游草》二卷 新编采其《泊龙涎峡古风》一首 王命召撰

以上书目，并见旧志。

明

《石儿文稿》 巡按熊兴麟撰

国 朝

《联捷真稿》、《愧莪诗集》 邳州府河务同知黄日焕撰 刊行

《石偶稿》 进士沈光渭撰

《玉历秘书》二卷、《奇门奥旨》二卷 修职郎郑炳撰

《疑斋稿》 进士阙文撰

《藜余诗草》 检讨廖鸿章撰

《四书总括》、《五经疏》、《寓连草》 举人赖文豹撰

《作轩文稿》 举人陈畴思撰 刊行

《实堂诗稿》 确山知县郑命成撰

《四书集说句解》《大学》、《中庸》刊行 闽清训导陈鹏南撰

《桂苑堂四书讲义》 岁贡生巫应秋撰

《石滨堂诗文》初、二集刊行 岁贡生卢欣松撰

《家礼辑要》 生员陈必元撰

《砥柱稿》 庠生沈邦殿、子进士鸿儒合撰

《诗法长源》四卷 庠生张汝霖编辑 刊行

《蜀行偶草》 青浦知县温恭撰 刊行

《芙蓉台诗钞》 举人吴登瀛撰 刊行

《学庸讲义》、《诗歌声调谱》、《时文诗赋稿》　举人王起凤撰

《敦学斋稿》　进士巫绳咸撰

《四书质疑》　岁贡生卢声抡撰　未梓

《诗韵编义》　恩贡生王起鹏撰　刊行

《四书辑说》未梓、《人家宝》刊行　增生陈壶冰撰

《自他轩诗稿》二卷　廪生巫宜耀撰

《理台末议》一卷、《地理正宗》、《地理所见》　岁贡生曾玉音撰

《教外别传》　胡友廉撰

《四书参案》　庠生李云初撰

《四书撮言》　庠生胡蓉芝撰

《群经杂考》五卷　举人廖审幾撰　刊行

永定县志卷十九

艺 文 志（下）

疏

奏请添设永定县疏

明 巡抚 高明

为处置地方事，据福建汀州府上杭县申备，通县里老耆民廖世兴等呈称："本县所管太平、溪南、金丰、丰田四里，相去本县三百余里，接连漳州、广东地方，凡干办一应公务，往复动经半月。又兼地僻山深，人民顽梗，平居则以势相凌，有事则持刃相杀。天顺六年间，李宗政等聚众劫掠乡村。今成化十四年，钟三等又聚贼杀人。实因地方广阔，治理不周。呈乞转达上司，添设一县管理，使公事易办，强梗知法"等因到院，臣会同镇守福建御用监太监卢胜等，看得民心虽愿建县，未审山川有无相应去处，选差有才识按察司副使刘城、布政司参议陈渤，前去复勘民情，相度地势。

续据各官呈称，备审上杭县里老人民，万口一辞，俱言相应设添县分。又同知县石塘，并谙①晓地理术人，亲诣太平、溪南、金丰、丰田。四里万山稠密，地方窄狭。内有溪南里第五图，地名田心一处，山环水绕，地方平坦，南北约有七里，东西约有四里，畎亩相连，居民相接，堪以开设县治。其地东至漳州

---

① 谙，原文为"暗"。

府龙岩县一百四十里，西至广东程乡县一百六十里，北至上杭县一百二十里，俱各地里适均，相去不远。独于南至广东饶平县二百余里，相离路远。况彼处地名大靖、小靖顽民，节来侵害，合于金丰里地名三层岭开设巡检司一所，守御地方。

查得上杭县总计十里五十九图，田地山塘共计三千七百九十七顷九十三亩，除环绕上杭县里分不动外，南以溪流为界，今拨溪南、太平、金丰、丰田四里属新立县分。但溪南里共该六图，内第三图在溪北，及太平里共该五图，内第五图仍属上杭县管理。又本县胜运里一十一图，内第五图、第六图，又与新设县分相近，析出二图属新县所辖。今计上杭县共得六里四十图，新县共得五里一十九图，具结画图贴说。

又呈到院，会同镇守福建御用监太监卢胜、巡按福建监察御史阎佐，并都、布、按三司署都指挥、同知等官郑贤等参看，得上杭县溪南等里贼情已息，贼党多擒，其余胁从之徒，尽行招抚复业，与太平等里民心乐从，立县实为子孙保家之谋。万山中，惟田心地势宽平，可以立县，足为封疆巩固之规。揆之制度，百里一县，今约计上杭县南北该三百余里，理宜添县。欲于地名田心开设县治，取名永定县。又欲于地名三层岭开设巡检司，取名三层岭巡检司。又看得本地山多、田少、民稀，难设全县，乞敕吏部于旧任廉能相应官员中，选除知县、典史、巡检、教谕各一员前来创始。其医学训科、阴阳训术、道会、僧会，待知县到任以后，拣选相应之人，起送赴部除授。但前项里分民多贫窘，又有新招复业者。

今创立县衙、儒学、巡检司、城隍庙，并铺舍、医学等衙门，不取民间一钱一夫，俱会议于别项措置，木料工价，足彀取用。仍令原经手副使刘城、参议陈渤经营整理，分派钱粮；仍将上杭县四里一十九图户口、钱粮，割入新立县分，属汀州府所辖。如此，则良善之民有所依归，强梗之人有所钤束，地方有托，永远无虞。

　　缘系处置地方事理，未敢擅便，具本专差某亲赍谨题请旨。

记

新建永定县记

明　祭酒　吴节

　　汀之永定，乃上杭之析邑，而闽之绝域也。毗近潮、漳，僻居万山中。人民倚险习顽，衽席干戈。成化丁酉冬，渠魁钟三啸聚劫掠，四远弗宁。上命都宪高明巡抚其地。贼平，会三司议，非立县不可为长治久安计。遂奏析杭之溪南、胜运、太平、金丰、丰田五里一十九图，设立县治于田心，名曰永定。

　　既定，知县王环廷玉，以异才遴选。至，各宪器其才，事凡大小悉委焉。廷玉殚力营度，董督工匠，不少休暇，以成县治。左则布政分司，漳南道又其左也。右则儒学，府公馆又其右也。其前大街一，阔二丈，东西二里许。其后小街三，阔三丈，东西里数如前街。建城隍庙于街东，置急递铺于县西。山川、社稷坛稍远于东北，邑厉坛又远于西北。谯楼、仪门，檐牙高啄。街坊里巷，民居比次。盖期年而邑成也。继是阴阳、医训各有学，在县后。旌善、申明各有亭，在县前。立射圃于学宫之北，立仓库于县厅之东。养济有院以恤孤老，乡社有学以训蒙士。北去县五里许曰杭陂，为接官亭，以便迎送。

　　又去亭二舍曰寒水凹，道阻怪石，凿通以便往来。立迎恩门于西街，立通明门于东街，俱去县一里许。功成时，复有昔之凶顽、遣①戍者潜回肆暴。人民为之震惧，司府为之惊骇，发兵缉

――――――――――

　　①　遣，原文为"谴"。

捕。廷玉恐其毒民，力止之，密发民兵四散缉访，悉获解官，民复以安。当道益器重之，盖再期而治成也。自是民归日众，闾阎日辐，向之狼虎所居者皆宫室，向之荆棘所生者皆桑麻，向之干戈相寻者皆弦诵。此又三年之有成也。

　　行当考绩，合邑耆民、生员，因吾同乡教谕谢弼具其事，走书币以求予记。予惟廷玉，假令永定，举百工于创造之初，宜其病乎民而民不病者，以佚道使之也；殄诸凶于残灭之余，宜其生乎怨而人不怨者，以生道杀之也。况三年之间，百度修举，非其才之奇异而政教兼举者能之乎？今当考绩，天官嘉其最。而羽仪皇朝有待矣，岂一邑所能淹哉！遂记以刻石，俟观风者采焉。

　　成化十八年冬记。

新设漳南道记

李铠

　　闽为天下大藩，例设三司，以总辖郡、县、卫若干所。国初，既重其任。续因地方辽阔，洪武二十年，分设福宁、建宁二道，岁敕一宪臣掌之，虑下情不能遍及也。福、兴、泉、漳道隶福宁，自东北以次而南；建、延、邵、汀道隶建宁，自西北以次而南。二道所隶，惟漳、汀极南为最远，以东西之地各至此而极也。漳、汀之界，其地多高山，林木蓊郁，幽遐瑰诡，艰于往来。掌福宁者，巡止漳州；掌建宁者，巡止汀州。二郡之不通如手足之痿痹，气之不贯也。以故邻于界者，有司无警肃，或得侵渔于下，百姓无畏惮，时得肆恣于乡，致天顺间有溪南、胜运之乱。

　　成化六年，顺天府治中岩人邱昂，奏请添设一道，为漳南道，独莅二郡。既得俞旨，金宪周公谟以经营伊始，在任得其人，特命贰守程公熙、通判吴公桓董其事。公等亲冒险阻，斩茆棘，燔榴翳，随山开道，置驿传、铺舍，因地制宜，无不曲当。

议以旧建宁道司为漳南道分司，而年远窳朽，且卑狭，乃偕邑令萧侯宏、贰尹陈侯清措置官钱若干，木石之需，工力之费，皆有给。于成化九年始，废旧从新。前堂、后堂、仪门、外门及两廊，以次而成，不数月焕然一新。其规模，一主于程公，而实萧、陈二侯赞画之，督工则老人郭明德焉。自后，汀、漳之界，宪司由之而巡行，公移由之而传送，奸顽之徒知畏惮而屏迹矣。

众将刻石以记，余谓金石有时而坏，功业垂于不朽。漳、汀之民一日之安，诸公一日之功；百世之安，诸公百世之功也。记于石者，固欲久其事，而诸公之功，不恃此而始久也。是为记。

拓县署记

尚书　　王鉴之

永定旧上杭地，成化间分建于溪南田心。山川环抱，文治渐蕃，讫为上邑。第县治未安，恒弗利于令，议者谓宜兼布政分司为之。歉于资力，久而未克也。

癸亥冬，吾浙上虞叶君瑆以典史之邑，无何署邑篆，里老张智等以改邑请，具实申详，御史饶君槵继、金事陶君怿按临，咨于郡守蔡君余庆、乡宦户部员外赖君先，皆首肯。于是度材定位，迁布政分司于射圃，拓其地为县署。其制：中为治堂，五楹，邃三丈，广倍之。左二楹为主簿厅，簿裁而署仍设，暂为待客所。右二楹为典史厅。堂之后为知县衙，左为主簿衙，右为典史衙。堂之前为戒石亭，两旁为吏舍。又前为仪门，门附余地，左为狱，右为铺。又前为谯楼、冲街，东为旌善亭，西为申明亭。轩昂闳敞，倍增于旧。盖赖君所力主，而叶君实成之。

工始于丙寅之季冬，落于丁卯之季秋。既竣，新令曾君显走书币，征文于余。余乐叶君之得其职而能有成也，且曾君躬此率人，是亦贤者，吾独可无言乎？遂笔之为记。

永定开路记

副使　田汝成

汀、漳，岩郡也，介于万山，鸟道盘纡，毒草蒙密，为暴客逋薮。先是，按察司分两道，以领辖诸郡，而汀、漳分隶，判不相统，视若边圉，使节罕历，故路废弗除。

成化中，立漳南道于上杭，以领辖汀、漳二郡，始相联络。复立永定县，于西偏去上杭百余里。自漳入汀者，东由龙岩，西由永定。东路险远，不若西路便而驿传铺舍俱。从东偏故，东为孔道，而舆夫之费，跋涉之劳，盖有年矣。是创始者卤莽^①于谋，而仍贯者，惮于改作也。

是年秋八月，侯公廷训以按察司佥事分巡漳南，威立惠流，百坠具举，乃极封疆，所履达于四隅，诹求疾苦，父老咸言："汀、漳，比邻之国也。缓急相援往来之道，非近易不可，且令永定新民，频觌官府习法令仪，度不若开西路便。"公以为然，白之巡按御史王公瑛，览而报可。乃令永定令唐君灿，与上杭令伍君箴综理之，刘芟草木，堕高埋库，而两山之阻夷为大途。改平西驿附县治，以空廨当鸾，旧驿以建御史行台；迁铺舍于抚溪、太平、白沙炉坪，连延布置，以给传送。比之东路，减其远三之一。又少险阻，既近且易，行者安之。于是唐君以其事请记。

予维为吏者率乐因循而惮改作，即有举措，又或横主胸臆，格阂舆情，拂刺土俗，莫克持久。乃侯俯采群议而折衷于心，裕而不迫，可谓尽下；二郡之民，脱险就夷，蠲其劳费，可谓溥爱；百年缺典，一旦任之，可谓勤事。一举而三善焉，是诚不可无纪也。虽然，予窃有感焉。夫人情乐近易而恶险远也，岂直道

---

① 卤莽，即"鲁莽"。

途然哉？秦以严刑峻法偃蹇其民，民不堪命，骚然而趋汉，欢若更生。其去秦之汉也，犹脱险阻而就坦夷也。故曰，平易近民，民乃安之。夫近则不怨，平则不疑。为吏者推此心以为政，无弗善矣。吾闻侯公莅任数月耳，凡所规画，动中机宜，悉平易其心以近民者。然则可纪之绩，岂止开路一事而已哉！

辟永定县诸险塞记

长汀人　杨昱

汀郡之南县为永定，县南接壤广东之饶平、大埔，中有大洞曰苦竹山，平水澳、望天丘，各崇育蓊蔚，环亘连属数十里。邻壤顽犷，或为不靖，每托为潜身灭迹之地，守土者常病焉。

嘉靖戊申冬十二月，提兵都御史余姚龚公辉，尝采众议，谓非赭山兑道莫绝本，谋列以上，请得允，下漳南佥事上饶桂公荣，转檄府、县芟柞之。盖未暇举者积年。庚戌秋，适知府仁和陈公洪范至，以兹举实一方治乱安危之机，不可缓者。然伤财劳民，动众骇远，皆非所以，祗奉德意也。乃假便诣县，微处工费，分给近氓。以辛亥冬十月己未始事，历四旬而毕其役。于是知县洪君良弼，以公殚虑经纪，宁厥疆圉，不可无言以告后，乃命书事于石。

窃惟事有似小而系实大，似缓而势实急，非智者不能知举也。夫辟数十里之山峒，足潜伐奸谋，永妥善类，谓实大实急者，非耶？其仁智之德可占矣。《易》曰："豮豕之牙，吉。"兹役有焉。况官不靡费，民无惊肄，卒襄成议，尤仁智之善，吉之大者也。因忘微陋，谨次实书之。

修飞龙桥记

邑人　孔庭训

永定有溪，发源自丰田、太平，合汀水入潮州，以达于海，挟众流，经百四十五里至城东。厥流既深且驶，涉者病焉。

正德己①卯，始建石桥，架屋于上，匾②曰"卧龙"。嘉靖甲午夏，霖雨日集，洪水大至，桥之东冲决者殆半。农阻于耕，旅阻于途，商贾阻于贩。邑大夫桂林毛君凤戚之，乃召诸父老语曰："凤非才，来令兹土，弗克称职，以速水患，以贻民忧，咎将安辞？今与诸父老图，修之可乎？"民咸喜色相告，富者输财，贫者输力，罔不亟事无有后。于是众工毕集，斫者、削者、绳者、甃砌而结构者，振颓补敝，饬旧增新，阅数月而告成也。凡为墩九座，为屋三十有二间，首尾表之以亭，两旁翼之以栏，复道若飞虹然，因易名曰"飞虹"。又岁编桥夫一名，以供洒扫。荡荡平平，可车可马，雄伟壮丽，为邑巨观。噫嘻，休哉！厥利溥矣。

夫雨毕除道，水涸成梁，有司分内事也。今之牧民者，惟催科、讼牒、簿书、迎送之是图，凡涉兴作，辄以速谤为辞。民事之勿恤，其如政何？毛君乃克，俾斯桥完美，又以其余力复建桥于城西溪。呜呼！君政可述，固不止此。然即此，亦可见其用心于民事者矣。

《春秋》凡有兴作，必书。重民力也。飞虹之葺，其可书也已。是役也，耆民吴璘、陈惟盛等勤力董役，俱著有劳勋，则别书于碑阴。

重修卧龙桥记

邑人　张僖

溪渎之济，必藉桥梁。而孔道往来，尤不可一日而或废。永邑东、西两水，绕郭而南流，出其阛阓，辄有道阻之患。然西溪

---

① 己，原文为"乙"。正德年间无"乙卯年"。

② 匾，原文为"扁"。下同。

浅小，又不若东溪之大且深。自正德二年，邑人锦衣卫指挥廖鹏于东溪建立石桥，历今六十余年，屡经水患，旋废旋修。至万历二年六月，洪水骤发，漂民庐及溺死者不胜计，而是桥复冲圮几尽。盖邑之水患，未有大于此，而桥之倾败，亦未有甚于此者也。

时则湖东何侯守成来莅吾永，甫下车而痌瘝念切，与典史李君钥日夜皇皇，以为民之急。斯桥也，若饥之待菽粟，寒之需衣帛也。即捐金为倡，鸠工聚材，课程督役，坠矼、提杙，匝栏、结屋，务极款密、键固为久远计。木石取诸民者，平价易之。工匠计日给饩，无告瘁。始于二年之腊月，越明年四月而落成焉。仍匾曰"卧龙"。夫卧龙，旧名也已，乃更而为飞虹、为跃渊、为跃龙。今复其旧者，以桥在卧龙山之侧，冀其安固不拔，与山终始焉。尔又革去桥夫一名。盖是时，侯方吁宪减免徭役虚丁三千余口，一切旧编工役，概行节缩故也。自是，负徒舆马，上下远近，咸乐其便，而侯恻然，若有所不怿于色者。

噫！人睹斯桥之完复，皆归功于我侯，而我侯则奚乐于有是举哉！疮痍未起将息，民节费之不暇，特以地当孔道，不能为旦夕之待耳。继自今，莅斯土者，清勤慈惠，感召天和，庶河伯、水师，毋为灾害。而又补罅塞漏，俾此桥屹立终古，无复劳吾民而伤吾财。是则我侯之志也夫。

户 口 记

邑人 赖希道

夫户口，供国课、征徭役，其系重矣。然民有盛衰，而户口之损益因之。永定创自成化，户二千二百五十六，口一万一千一百二十九。历至嘉靖间，户则减半，丁亦渐损。何者？盖永邑以疲羸之地，当孔道之冲，是以民不堪命而逋逃日众。值嘉靖四十年，贼首李占春等四起猖乱，更以流寇罗袍杀戮，民之死者不可胜纪。

迨万历二年，陡遇洪水，浮沉而死者数百人，举家沦没者数十家。夫以凋耗之民生，乃欲取盈于额数，是以十金之子，责偿千金之债，奈之何不负且亡哉？幸我贤侯何父母，下车以来，轸念民隐，因父老具告，若痌瘝乃身，即以前所增三千余丁，力为申请，而诸监司亦谅我侯之诚，批允除焉。然则，永民之得免于展转流离者，皆侯之赐乎！故民为之谣曰："前有王父，后有许母。贤哉何侯！二公接武。其苏我生，其止我处。祝尔苍苍，永令兹土。"

嗟夫！昔有伪增户口蒙赏者，自以为荣矣，而贻讥于后世。云汉忧孑遗，若患寡矣，而还定安集，卒占众鱼、旐旟之梦。由是观之，则永定之富庶，或者其在是也。而后之览民数者，当不待负版而后式矣。是为记。

重葺县署记

邑人　沈孟化

永定县改治自正德丙寅，历八十年所于兹矣。岁久倾颓，弗克宁居。虽诎于财用，亦当事者因循之过也。甲申冬，余姚姜君来尹吾邑。甫下车，周视县署，卑仄荒芜，慨然有兴修之意。

明年，捐俸葺治，请于府、道，征纲银二百余两，以助其费。首修正堂，飞梁五道，内营穿堂，外设扉屏，而体统崇矣。次公帑，次东西仓。择坚革枯，选宏化陋，而国本重、民命固矣。仪门外新构一宇，匾曰"亲贤"。卓矣，倒屣之风！大门东，旧狱颓圮，移建于西。高垣广衍，恻然泣罪之意。仪仗库、赞政厅，附堂而理。东、西吏廨，旌善、申明，随门而修。前抗谯楼，弥望极顾；后饬斋所，优游燕寝。《诗》咏"芋宁"，《易》称"大壮"，不是过矣。

夫治国如作室，然以理易乱，以实易虚，自卑而崇，自迩而远。侯此举匪直不敢传舍若官、蘧芦若署也。其安上全下，化民成俗之道，视此矣。

重建文昌祠记

邑人 熊兴麟

晏湖为儒学外洋，碧水澄泓，奇峰环拱，诚风气之攸萃也。前明天启间，邑侯钱公养民，建文昌祠于湖之上。霍公蒙拯，继踵其成。楼阁巍峨，栋宇华丽。地钟其灵，科名寖盛。康熙乙卯年冬，邑罹兵燹，祠宇烬焉。历数载余，岩墙滴露，茂草栖①萤，虽哀鸿渐集，然疮痍未起，逡巡莫之能举。

壬戌秋，前邑侯颜公佐过故祠址，嗟唶低徊不能去，捐白金五十两倡始重建。明年，庠生、耆民醵众庀材，公复出橐中金六十两。会摄篆者至，则郡司马胡公以涣也。胡公初按部，闻祠工肇兴，作序分募。及受篆日，见梁栋方升，资且不给，爰割冰俸六十金以勤厥事。又明年春，擢会稽太守，公慨然曰："莫为之后，犹之乎莫为之前也。"未几，而徐公印祖新膺简命，来宰吾邑。甫至汀，与胡公交代。胡命首事诸生刘殿行、吴晋、卢鸿声等，谒侯行署，且托以祠事。及侯下车，登堂揽胜，即发胡公代解批银五十两，他如②木料、砖石，胶漆、垩墁之费，悉侯给之，费百十余金。

今者，帝象庄严，魁星炳焕。堂奥则华采而轩翔，门庑则伉爽而严翼。又别为房舍于堂之东西，诸士弦诵其中。外池有甃，涟漪相漾。网鱼有禁，鳞甲腾飞。先是祠之东有社学余地数武，没于豪右，侯按法归之。又以公地岁入租银若干，充为守祠工食。废者兴，烬者复，庞密巩固，焕然一新。续功于甲子夏，落

① 栖，原文为"楼"。
② 原文缺"如"字。

成于丙寅冬。邑人士交相庆曰："此盛举也，不可无记。"砻石，属余文之。

余惟文运之兴，关乎国运。今圣天子聪明神圣，重道崇儒，故文教之讫，远逮下邑。如徐侯者，励廉洁之清操，布弦歌之雅化。宣圣谕以道斯民，而民雍如崇帝。祠以课多士，而士庄如诚，应国运以振兴文运者。继自今贤声远播，侯行不次之擢，两庠人士，凛师友之观摩，仰帝灵之默佑，腾踏飞翔，当必有倍于昔者。余宦游归里，尝徘徊殿阁，泊手灰炉，怆然深思，不意复睹。斯举也，再造之功，视前诸君子，更堪不朽矣。爰叙其始末如此。

重建永定县衙记

熊兴麟

国家分设郡邑，星罗棋置。虽弹丸小邑，必相度风气攸萃之区，以为县衙。凡朝廷之政令布于斯，神君之德意宣于斯，邑宰之升迁，里图之庶富，悉系乎此，非苟焉而已也。

永邑自故明成化庚子年开治，衙署、学宫、城垣、庙院，皆新昌王公所经营、图度者也。今之县治，乃藩司行馆旧址，又创于正德元年。迨至万历己酉岁，余姚姜公重修，增新葺旧，详载邑志。阅今一百五年矣。世代久远，圮朽不堪。历任父母，视事于风飘雨滴之下，讵不兴思重建。顾举念辄止，岂皆视为传舍欤？良由堂署宽广，工料浩繁，摊派则病民，捐俸则损己，展转踌躇，爰以俟后之君子。

岁己巳，邑侯吕父母，以经济才来莅吾永，慨然曰："法堂为听政临民之所，颓圮若斯，重新宜亟图也。"佥曰："是役匪渺，非派之里图，其何能济？"侯瞿然曰："若是则病民，病民吾不忍也。"下车之顷，首葺城垣，兴学校，置良田，赡义学，平道途，建西桥。

　　越五年，樽节经营，自捐冰俸，庀材鸠工。是岁浴兰之月，先竖仪门，随建大堂、川堂。材料取其坚巨，左右周以砖垣，非复昔时之弱木支吾、竹编而灰饰者矣。西仓十数间，接栋连楹，鸟鼠攸去。堂之东，库藏深邃坚固，寅宾馆轩然爽朗，赞政厅顿改旧观，戒石亭以石易木，东、西吏廨以至皂卒班庑，焕然一新，颜其堂曰"抚循堂"。侯茂年服官，听讼明断，悉心抚字。如五里历来递年之例，十年轮值之费，以迄官长公出，夫力独累小甲诸项，侯既一一革除，复申两院，勒石永禁。十年差役，从来不分户之大小，民苦①不均久矣。今岁编审，侯详请照粮办解，照丁应差，苏民积困。

　　邑南为粤潮孔道，行者病涉。且水流直泄，杳杳无关束，民鲜盖藏，或由乎此。侯特建石桥，工费自辨②，便商旅，培风水，德莫大焉。三年之间，利兴弊除。经一时之厘剔，垂万世之良规。实政及民，故民趋事恐后。不然，衙宇之建，动须岁月，何以肇始于仲夏，即落成于仲秋也哉？《诗》曰："庶民攻之，不日成之。"其谓是欤！夫王公开创之始，规模甫定。姜公相继更修，厥功伟矣。然考其时，宪征纲银二百余两，更集诸课之输，鸠卖地之金，以助其费。今侯此举，上无开销之令，下鲜募酿之金。不病民，不要誉，不居功，惟毅然以振废兴颓为己任。且冒暑登山，选材给价。工匠按日发饩，赏劳从优。夫岂视官舍为传舍者所可例论也哉？

　　余尝读《宋史》，见希颜张公之宰萍乡也，当道交章荐扬③至廉，其治状则曰："入其境，桥梁修，驿传治，百废俱兴，无忝民牧也。"侯之政治，达驾张公。际兹岁终考绩，上宪采侯治

---

① 苦，原文为"若"。

② 辨，通"办"。

③ 扬，原文为"杨"。

行，入告天子。陟台垣，跻台辅，为王朝柱石，则侯之由斯堂而膺荣擢也，拭目可俟。后之升斯堂者，仰瞻栋宇，华采轩翔，既感侯之再造，且服侯之经理有方。奢密巩固，真能计久远而造福于无穷也。颂美宁第，永民为然哉，爰叙其事，以为之记。

　　侯讳坊之，号景文，由岁贡，山东曲阜人。

报恩祠记

名未详

　　岁在康熙乙卯，永邑遭屠城之惨，几靡孑遗。系累于广东，分散于江西、江南，携带于燕京者数千人。死者含冤九泉，生者参商两地。难平后，求觅父子、兄弟、妻女[①]者，绎络不绝。得至其地，虽有音闻，而兵将之家，侯门似海，主如阎而仆如蝎。见面匪易，办赎尤难，惟付之血泪数行而已。

　　越三年，邑侯颜公佐来莅兹邑，安集飞鸿。又明年，始与巡海道张公绘流民之图，为百姓祈命。又得按察于公，恳详督、抚两院姚公、吴公，移咨各省，交章上闻。天子恩纶迅下，饬满汉文武衙门，兵民毋得藏匿难民，务令释放完聚[②]。于是江左、右各宪或自行释放，或查访释赎。而江苏巡抚慕公且捐俸千金，安徽巡抚徐公、江苏按察崔公各捐金数百，助民赎取。一时义官、善士，若桐城姚公文熊、句容王公都乔、梓生员张公英、南宁县章公龙吉，及吴门虞、方、吴、许诸君子，皆慷慨捐助，费金无算。囊尽，继之以贷，以募。且同道士、行僧，不避寒暑，遍加踪迹。盖有一人而代赎数十人而不欲使人知感者。如是者三年有余，永邑难口之流亡而不得归者，不一二数矣。此皆圣天子覆育之仁，各宪之鸿慈，而诸义侠之深恩也。

---

① 原文缺"女"。
② 聚，原文为"娶"。

难民父老自江南、江西归者，于西郊建祠，撰记勒石崇祀，以申顶戴之诚，额曰"报恩祠"。邑绅黄公日焕、萧公熙桢、孔公煌猷、卢公化，各为诗歌以纪其事。

考报恩祠之设有二：在西郊者，祀江南、江西诸公；在东城内者，祀福建、广东诸公。年久，西郊祠废，邑人佥呈当事，迎诸禄座，并于东城内报恩祠合祀。因记其本末如此，庶诸公之恩德千秋不泯，而永人之铭戴奕世不忘也。

东华、石麟二山记

国朝　教谕　李基益

山之佳，大约以石。石之高者壁立，其深则窈然而洞。山不峭壁悬立，如人肤具而无骨；山不洞壑玲珑，如人果腹而心不虚也。

永定之山少石，全体皆石者，东华也。初至，小径穿叶影中，溯水声而上，山门内外，石大小或散或整，若迓客者。入门，旋转石中，仰见悬壁观音阁，三层附壁如挂灯。登阁俯视，佛殿脊甋如弩牙外张，堂宇不可见，缩于石也。从阁降而右，真武阁跨上山，山前又皆石。折而下，坐佛殿前楹，远望如列屏，苍翠层起。屏外，若伸掌见五指者，为五子嶂。天气晴霁，可见大埔界，则粤东诸山咫尺耳。

石麟稍平夷，山腰巨石如数间屋。无源而时滴沥，所谓"乳泉"也。石下穴如井，小石投之，声断忽续。时有燕子飞出，入亦闻蛙声。他石皆殊，状如旗，如灶，如枯树。偃者忽如缭垣，旁可外窥，如睥①睨望，或如行夹道中，升复降，崇广皆不逾百尺，而仄涩险奥几于寯步。予谓："观止矣。"僧曰："未也。"出山门，折而右百余步，得石门。炬以入，石多倒垂，腻而滑，照

---

①　睥，原文为"脾"。

之乃见。时积雨多水，浅者涉，稍深负以渡。皆偻其首，侧扪垂乳。路穷，旋而上，如沿螺壳中。出穴，则前投石处。因悟向所蹈，皆玲珑嵌空。何以名"石麟"？则山势趋伏若俯其首，林树其毛鬣，石奋竖者角也。

康熙乙亥望后三日，由金丰里陟东华。越六日，探石麟，属太平里。

予爱东华，以其负骨而峭立。石麟之可喜者，中虚能受，不徒妍好其外以悦人也。

续闻溪南有晏湖，又欣然愿往。

下湖雷保安宫记

邑令　闻喜　叶思华

盖闻古者先成民而后致力于神，神与民之相依也，久矣。余自莅永邑三载于兹，成民事神俱愧未逮，独祷于神以佑吾民，则耿耿余心而不忘。

治东三十里之湖雷乡，山水钟灵，人文鹊起，原其古迹庆清寺之旁有曰保安宫。栋宇与寺毗连，屹然高镇。问其所祀之神，咸谓岳灵公王。吾不知岳而灵乎？抑灵而岳乎？夫维岳降神，生甫及申，是岳而灵者也。睢阳忠愤，号称东岳，是灵而岳者也。兹神之祀于宫也，按邑乘之所未详，其为岳为灵，俱无可考。但乡人建其宫，塑其像，岁时享祀，椎牛告虔，童叟欢偕，肃然起敬，佥言"其威灵显应，降福绥庥"，则其为岳灵也无疑。

岁丁酉，余奉上行保甲至乡。公谒之余，适孝廉孔君绎瞻、赖君石侣暨明经赖君虞歌者，捐金首倡。爰集里中绅士数十人，欲为此宫兴崇祀典之举，以索记于余。余曰："古圣人之制祀典也，各有定例，诸君创立烝尝以祀尊神，或谓其劳定国乎？或谓其全忠义以勤事乎？或谓其能御大灾、捍大患乎？抑或年谷顺成仿古人腊①祭以祈报乎？夫岁时祭祀，椎牛告虔，必非无名而享其血食者。"

余于鞅掌之暇，披阅杭志，得悉湖雷下堡，昔为上杭场也，世更邑改，惟庙貌森严如故。是乡之人，群奉为岳、灵二位公王者，固数百年矣。今诸君复肇以禋祀，联以烝会，于每年麦收之候②、朔九之辰诸宫陈设祭品，以尽诚敬，祀典亦云重矣。吾知神之昭格，益显其威灵以捍患御灾，使稻黍丰登，蔚起人文，蕃盛民物，不特有合于圣人制祀，且有裨于政治风声，予能不敬仰而为之记欤？诸君相为鼓舞，广立烝会，以享以祀，为千古不磨之义。后之莅兹土者，睹此乡之熙穰③，知有神之默相，必致力于神而成于民也。是为记。

关汇桥碑记

邑令　　檇李　　吴永潮

邑之东为金丰里，里之南曰思贤乡。乡口汇溪，固一里之要津。而问道霞、漳及往来江、粤者，莫不由此。遇春涨奔流，未免病涉。乡人向驾木桥，久而易朽。

予尝公过其地，有志而未逮焉。今值吴德润诸绅士众议创易以石，栋宇具备，横亘数十丈，而且斗门双启，泛涨可泄，川泽永奠，利斯涉矣。于其成也，予故乐而书之。

知永定县事、前护漳州海防分府雪汇吴永潮撰。

---

① 腊，原文为"蜡"。
② 候，原文为"侯"。
③ 穰，通"攘"。

南坊建造神厂碑记

邑人　赖之凤

南坊神厂，借设于演武亭厅内，近因水圮。岁乙巳，佥谋改筑于印星之左侧。辟地为堂，面东北，高可逾三丈，广亦如之。厅设扶栏，无事则扃钥焉，昭清肃也。前为露台，深广十余丈。中开神道，旁设两阶。神至则立参架其中，幪以花缦，与后堂相接，谨趋跄也。

其费靡金二十万有奇，皆出诸施者。非为美观，严昭格也。董其事者不一人，题捐者不一姓，未敷而补垫者则赖君浚龙、正龙力任焉。综其始末，寿诸贞珉，垂来祀也。

造建神厂前堂碑记

邑人　赖之凤

岁乙巳初，建神厂，规模大略，前记详之矣。逮庚戌，恭奉关帝，众以临期竖架接神非体，乃又酿金，于露台内再筑前堂，立参庭，高广三丈余。其外，仍为露台，四周翼以扶栏，阶下左右设鼓亭、石兽二。计自正月初九迄十六，阅七日而工竣。

董其事者，仍属浚龙、正龙二人。以视向之规模粗具者，焕焉改观矣。谓非神之力欤？夫国家崇祀关圣帝君、天后圣母二神，尊荣备至，徽号屡如。凡州、县庙堂，辉煌壮丽，备极经营，旅楹涂墍，几与文庙等，则此区区者敢以为侈哉？

若夫内堂立朱子座，其后为题捐文馆诸公名次，上为魁星阁，则因神厂而别设者也。另有志。

祷雨感应记

大兴　方履篯

闽田岁再熟，并麦收，则三矣。地力之饶，农事之勤，为天下最。永定居汀、漳之间，群山环拱，坦迤不及数里。其田多峰腰岩脊①，由人力疏剔而成。一亩之广，高下数级。垒石封土其中，如盂以蓄水泽，故雨盛则溢，十日不雨则洴干。是惧其春令，栽莳方亟，非滋液渗漉不能布秧。而闽之气候，春固多雨，未始以为忧也。

自己丑九月至庚寅正月，风物晴朗，或浃月一雨，辄不竟日。其土膏既无宿润，仲春以后，澍雨尤少。于是田畴斥卤，涧泉不流。农夫束耒而叹，官吏筑坛以祷禳。至季春下浣，天泽尚阒，人情益恐。为有司者，虽省政赏过，洁躬致斋，几欲翦②爪则肤，而其诚罔格。进邑之耆老，而问之以灵湫所在，佥曰："往岁有旱，则四郊严设神壝，洒扫衢陌，迎关圣帝君像巡行于外。先莅北城，以协元藏幽阴之义，复自西而东而南，凡四日始周，则雨可克期而降。且帝君之庇佑于永邑者，事不殚纪，能以诚求，靡勿响应，祷雨其尤著也。"余尚以干渎为疑，而东作未兴，黔首隅喁待命，煎迫无所措。遂如其言，偕僚属、绅耆，素服奉疏词，诣武庙厥角，稽首，自讼愆罪，祈宥请命。

即于三月二十九日，恭舁圣像北行。将事者，咸执香，步导行三十步即返，跽道左，叩颡吁告，当舆从之。初行，皎日灼耀，霓无停翳。移时，则轻云渐集，霖霂已降。返旆速旋，初安于位，而雷雨大作，有倾注之势，逾晷刻乃止。虽不足全溉夫陇亩，而群情固已大慰矣。二三日，皆少有濡润。至孟夏朔之次日，未及出庙，元蜧已自西来。快雨骤注，沟浍如川，山田高下，皆已破块。于是青苗俱植，疆域沾足。越三日，复雨，雨三昼夜乃止。水益有渟蓄，士庶莫不满愿，始而忭舞，继则感叹。帝君之赫声濯灵，感应之速如此。余乃奉香币牲醴，率众拜谢庙

---

① 脊，原文为"眷"，依民国志校改。
② 翦，同"剪"。

下，因进邑人而告之曰：帝君之灵在天下，佑国助顺，非独私于永之民也。拯济群生，俾享丰稔之乐，此帝君如天之仁。鉴观在下，亦不待民之呼号而如援手也。然阴阳偶愆，水旱不时，其地之民能恪谨畏惧，力勤南亩。为之长者，不敢为苛扰，知以民事为急，兢兢忧惕，相与哀吁于明神，则神必为鉴其衷，为之弭灾而戬穀。此天人幽显，相感之机，其理甚明，无足怪异。若徒恃神灵之护庇，视为故常，在平时则狼戾暴殄，上下纵弛，迨旸雨不调，然后泥告于神，且有时未迫，情未切，不殚厥诚，而但以迎神赛舞，类于巫觋之为者，是为渎神，必将干神之怒，而安能望其锡佑哉！

余既祷而获应，乃喜永民之重本力穑，克荷神庥，又自持其忻畏之心，愿与吾民交警，无或怠荒，以答嘉泽于无穷也。若帝君之福惠英爽，如临如保，实足令人慄焉，惊惕忾焉，感仰非徒燕蒿凄怆之可比矣。

爰书其事，泐石于庙侧，以谂来者，庶益坚其祗信焉尔。

道光十年四月，方履篯记。

潄兰精舍记

邑人　　巫宜福

天下有兴必有废，而惟举事得其当，协诸人心之同，见于政教之大，则事可以久，时虽废而必兴，谓之有举无废可也。

邑侯方公，于己丑初夏奉檄莅永。甫下车，廑求民事，疴瘝乃心。每遇旱祈祷，雨随步至，年谷顺成。乃于训农之外，敬教劝学，月朔必集邑人士，课诸书院。又以志乘旷阙七十年，请于上[①]官，召文士而纂辑之。半载之间，百废具[②]兴。

---

①　"上"字原缺，据民国志补。

②　具，通"俱"。

　　今岁春，值邑人赛神，诣城南文馆拈香，登魁星阁而凭眺雉堞，楼观山环水绕，叹为一邑之胜境也。爰揖邑人士而进之曰："是邑之水口，旧名印星，岂非前明许公所曾筑堤而建台其上，为讲学课士之地耶？迹永邑开自明中叶，以降许公至止，相阴阳，观流泉，而特堤之，而台之，灵钟秀萃，非直形势宜然，而实谓造就人文之阶，莫要于此蔓尔地。三百年来，士之淹经术而致通显适于时用者，甲于他邑，许公力也。乃当此堤湮台圮，仅师前人之意，立文馆，课子弟，或时一至焉，月一至焉，非策也。古者家有塾①、党有庠，今圣天子文教暨讫，罔不率俾，曷不规文馆之旁隙地作数椽，择邑之老成，讲学其中，而为多士藏修息游之所哉？"于是捐俸钱十万，择董事鸠工庀材，而邑人士之在城南者，各布金钱，踊跃趋事。自三月至六月而舍成。方侯取荀子《劝学》之言，题其额曰"瀞兰精舍"，其寓意深且远矣。

　　工甫竣，而方侯乃有迁擢之命。邑人士乐学舍之成，而又不忍方侯之去也。肆筵设席，请方侯骖从莅止而落之。饮酒欢甚，谓福曰："是役也，成之不日。而今之宴也，邑人咸在，诚盛事也，子不可以不记。"福唯唯而起。夫三代后，吏如传舍，每劳劳于钱谷，簿书以见长赘，视夫兴贤育才而恬不为意，我侯独有见其大，于政事之暇，修废举坠如此。虽城南一隅，而顽廉懦立，闻风而鼓舞者，遍四境矣。《记》曰："凡语于郊者，必取贤敛才焉。"是我侯之心不废之事也，故得据其实而书之。

　　邑侯大兴方履篯，董事邑人赖受书、王朝柱，会宴者常州冯栻、邑人廖审幾、赖廷爕、巫宜福也。其诸成人小子，济济从公者，不具列。

道光十年庚寅立秋日记

---

　　① 塾，原文为"熟"。

天漏泉亭记

邑人　巫宜福

凡物可验天地之候者，虽小必名冀纪朔，桐知闰之类是也。而可占十二时之往复者，莫如马脐岽之天漏泉。

马脐岽，峙吾乡泰溪南，与予居对。岽非至高，而尊于众山，为一乡镇。泉出其中，前此名未著也。乾隆丁未，游武堂先生隐居于此，即石上缚茅为亭，以揽其胜。予闻而奇之，偕弟远斋，因武堂之孙元三上舍，导在访焉。

至山麓，攀藤萝，缘樵径，石细路古，盘纡曲屈而上。约三里许，竹木茂密，葱蒨相纠，巨石磊磊如牛羊。石间有邃，广尺、深尺，涸如也。有翼然临于其上者，天漏泉亭也。乃倚危栏，踞磐石，遥瞻旁瞩，真成一乡之嘉观也。

小憩，闻石中空，砉然如钟磬之发响，既乃沛然如建瓴之泻。盈邃而出，时则蝉鸣、鸟呼，秋风飒飒。命僮扫叶，烹泉瀹茗而尝之，为诵蔡端明"甘滑杯中露"句，飘飘然尘虑渧、俗骨变矣。吟兴未阑，上舍遽曰："君毋忽视之，此水可灌旁田数百亩，无水旱之异。其盈涸与时消长，亦无铢黍之差。试稍俟以验之。"越时，果谹然而止，若有防之者。

噫！孰主宰是，而时行时止若是哉？夫涓滴细流，非关于津梁扼要，而探奇好古畸人韵士，必搜采而笔之后人，资博识，增谈助焉。尝闻琅玡山下井与浔阳鸡笼山下泉，皆以盈缩应潮而名，宜也。今观是泉之奇，独出其上，乃《山经》、《水经》所不详，而丛谈琐记亦未有及者，殆如隐居深山，不求闻达耶？抑亦如抱器怀才，技愈神而遇愈诎耶？虽然物之显晦，殆有数焉。即如道州望仙门内，知时泉只以太守筑亭而名不朽。今是泉，忽有是亭，安知非将显者机也？相与剧谈而散。

余薄宦风尘泪，道光癸未，以内艰弃官归。次年，游上舍葺亭而新之，属为记其胜，以订后游。予窃幸别是泉数十年，尚未见摈于在山之清也。因追叙昔踪，并录远斋句于后，俾镌诸版，以额于亭云。

游武堂，名旺级。元三，名位中。远斋，则予亡弟宜耀。予，盖巫宜福也。

时道光甲申重九日记并书。

游燕子岩记

邑人　廖审幾

燕子岩，在铜鼓山北境，距余家可三十里耳，其名未之至也。岁丁卯，假馆张氏，与岩密迩。九月下旬，爰偕同人登焉。

沿村行数里，渡小桥至其麓，蹑岭而上。夹道皆长松，参云翳日，凉飙荐爽，空翠袭人。人行其间，飘飘然有出尘相。岭旧未有名，余曰："是无异武林之万松岭也。"岭半遥观，悬崖突出，峭削千仞，岩畔佛庐隐映竹树间。境愈幽，山愈寂，知山灵有心引人入胜也。

抵岩下，小憩佛庐，由其后抵洞。其左洞，深广可三丈，豁然开朗，如轩如室，光洁可人。其上，石齿巉巉，如戏狮腾攫之状，名之曰戏狮岩。岩顶石窝如悬钟，缺其一角；其下，有石横卧，扣之逢逢作鼓声，形未似也。

出洞折而右，为右洞。洞口有石如燕，悬栖岩侧，绝肖，岩之得名以此。余为对举而别言之曰栖燕洞。其旁，石溜如珠，垂垂滴下，味清冽，意稽叔夜之所误，殆类是耶！无以名之，曰垂珠溜。循洞三折而入，约数十步，窈然而深，黯然而幽，回光互映，若明若晦，憩坐其中，不啻梦游天姥也。洞底漏光处，有窦呀然，是曰归云窦。攀蹒扳援而上，则历历烟井，得诸眉睫，恍如身在云霄，指数下方人物矣。从此迂折而左十许步，石梁横焉。腰断而中空，下临绝壑，上龈龈如齿，曰架壑桥也。踽桥而坐，则天之苍苍，云之浮浮，风之飕飕，山之幽幽。蝉咽而鸟啾，木秀而草蘢，举熙熙焉耳目为谋。斯时也，冲乎其若举，澹乎其若休，几欲拍洪崖而抱浮丘，曾莫知身世之孰乐而孰忧，然后叹斯游之无负于予，而予之大有得于斯游也。

　　既而斜暑渐催，游侣①欲散。始扪藤蹑蹬，逾桥左而下，穿别洞而出，则桥中空处也。中有石罅尺许，上漏天光，曰一线天。又有石如灶，曰炼丹灶。奇形胜状，不一而足。出洞后，再抵佛庐，饭讫而归。

　　同人曰："斯岩诚胜矣。而数千百年未显其名，岩其不幸矣夫。"余曰："不然。山之奇，犹士之异也。士诚异，虽晦而必显；山诚奇，世岂无柳柳州其人者哉？"兹岩也，且毋以未显而忽之也。余故缕而记之，缀之以诗，以俟夫世之如柳柳州者。

东华山八景纪

邑人　赖廷燮

　　东华山，辟自前明羽流黄华音。素耳其名，未探其胜。庚申仲春，欲觅习静地，登临快甚，遂绩学于此。又恐山灵笑人，如东坡所云"不识②庐山真面目，只缘②身在此山中"，亦憾事也。是日，历景而相与周旋，灯下特为记之曰：

　　山高石叠，曲径通幽，苍翠诡状，层峦秀绝。洵为永境之大观矣。

　　山之半有堂焉，为佛殿。堂之上有神阁，而阁之翼然下临，尤为美观。阁中有石鲤鱼，形致如生，跃然座下。有九蜂纷飞，时去时来，有神灵焉，号曰"九鲤仙"。人之求梦者，有祷辄应。是鲤仙也，其亦托迹于鲤鱼之石，九蜂之数，以显其灵欤！可谓

---

　　①　侣，原文为"倡"。
　　②　识，原为"见"；缘，原文为"因"。

奇矣。

　　由阁中而望，左有棋盘石，右有燕子岩、一线天。上有一掌峰，下有喝虎岩。皆天作地生之景。团圞互映，以增阁中之奇观者，实不以一览而尽。若夫顶上之天池，左翼之鹳石，岸然而立，泓然而清，虽相距数十百步，而奇泉怪石，乃所以润色护拥于上，以为斯阁地也。

　　美哉，斯阁也！而此山之美，都为斯阁之美。而斯阁尽此山之美，又为斯堂之美。而堂遂踞山腹，以效灵焉。爰综八景而记之。

序

《一鉴亭诗》序

康应雷

　　夫道德为奕世尊崇，言语使万流脍炙者，繇①其天赋笃厚蕴一，叚②贞良忠惠之至性，逼现于著作。咳唾之余，若音韵吟哦，更足畼③其款恛，泄其梗概。故瞬息心思，百年后精神如见，所谓暗中摸索，知为沈、谢、曹、刘。

　　兹读大参观翁沈老先生之遗诗，诚恍然④于目而当于心也。翁及髫步丹桂，方壮占青云，科第不愧王、宋。已自宰江浦，晋秋曹，守苕湖，入为朝重，出则民安。当时诸君子金钦为理学名臣，海内翕然，莫不想望丰采。奇遭圣眷，特嘉锡以黄金帛缎，

---

　　①　繇，通“由”。
　　②　叚，同“假”，凭借。
　　③　畼，通“畅”。
　　④　原文无“然”字，据民国志校补。

擢粤东为宪，理邮海陆，悉为宁静。

　　迨至参知湘楚，劲节不循，烈珰复起。西粤值夷猺交判，翁惟文告德抚，不动粮饷戈兵，诸叛尽伏首。归贡激扬，整肃九年，九进表贺。似此半壁长城，允与昔之司马相如、今之王文成公同一辙也。然历剔中外三十余年，秉诚无二。其经纬洪猷，树于当年，而文献休光，耿乎后代。睹此一鉴亭之诗，亦天壤间①之遗音耶。惜乎什一之存，末由索诸全璧②。第就此片词只字，皆从情性至真，中发为春华秋实，舒为月露风云，如赠勉、规颂、感慰、怀寓之句多于孝友，仁爱洋溢笔端。

　　至于归林闲适、寻僧问梵、拉友听鹂，亦皆隐隐不忘廊庙。是以伦表仪型，至今尤浸润人间，矧二国器，象贤绍休，均膺宠禄，后先辉映。及今芝兰纷秀，皆盛世珪璋，伫见炳麟济美，此诗益为增重，与德功言不朽，讵容予置辞其间！余深慕其贞良忠惠，大足感人，故不惧谤菲，敢僭附，以俟诸具识云耳。

《黄愧峨诗集》序

合肥　李天馥

　　魏郑公识曲江以诗，欧阳公识文忠以文章。诗与文章为心声，古今人相传以此，古今人渊源遇合亦以此。

　　愧峨为七闽名士，庚子以《葩经》魁直入承明，随捷南宫。余从风檐子夜摘其篇牍，如东峰含景见华阴松雪，如大室望海见洪波涌日，化工奇变万状，虽摩诘画师不能。余服其才。发榜后，愧峨持刺来谒。晋接间，见恂恂貌若孺子，余心窃异之。询其所自，得之庭训居多，缕缕言家事甚悉。以是知为渊静谈远，当为大受之器。

---

① 间，原文为"门"，据民国志改。
② 璧，原文为"壁"。

戊申春，谒选得粤之兴业。业乃极僻之地，不忘初服，甚得民心。未几，以内艰读礼返庐。时闽烽火烛天，鸿稀鲤绝，余以为恐。而愧峨刊落声华，遁迹山谷，深自韬藏，专意为尊慈卜筑幽宫，青囊、秘籍诸书，无不悉心讨论，卜吉允藏。庚申，再补甘泉，遥寄一编，颜曰《愧峨集》，授余诠次。余读而卒业焉，皆间关避乱、经营慈耳，暨马首云林、赠答唱和之什，约三百首。

余谓诗之必传者，不在多；诗之幸而得传者，亦不能多。昔人空山雨雪，独立有悟时，每出一语，如清夜晨钟，云卧夜冷，幽韵自不同人，岂有意为此许其传世哉！愧峨之诗，虽在尺幅中，而书著龙门，竹传筇笮。吾从星宿以探河，萦回九折，过太行直趋于海，则诗之必传也如是。然愧峨可传者，岂惟是以诗见长，而学问经济卓有可观。

昔司马公厚自爱，为天下活百姓；紫阳夫子作吏，即以天下忧乐为心。虽白太傅[①]、王右丞名擅风雅，德业便不相及。今愧峨首宰业，次补甘泉，均系荒瘠，皆有惠政。父老子弟相与歌祝[②]之。古人云："使君心似水，青山在县门。"想萝月弹琴，松风解带，远韵闲心，亦当如是。故李瀚居职有清节，梦河阳神授以琼佩，所见皆沙金。后来，诗思益进，为贤宰执。兹校其诗，幽深静远，故循其绩，惠政廉平。余于愧峨因文知诗，因诗知政，而品格性性，饫人心目，将以治甘业者治天下，抑以名天下者名古今。曲江、文忠，曷多让焉？

---

① 傅，原文为"传"。
② 祝，原文为"祀"，据民国志改。

邱兼三《粕余集》序

长汀　黎士忠

邱君兼三，集经、史百家之说，成书十六卷，约数十万言，名之曰"粕余"。

黎生读之而叹曰：有是哉！其勤以博也。著书难，而荟蕞古人之书尤难。撮陈言而排比之，则啰饭不足食也。割锦绮而襞绩之，则刍人而象设也。必也聚十百圣贤之语，聚数千年兴亡之故，而出入于一心一手，不知我之非古人而古人之非我也，然后持之有本，而言之有故。

今兼三上自姚姒姬孔，关闽濂洛，以及历象、方舆，幽而至鬼神，杳渺及飞走动、植，莫不洞微索隐，领要标宗，使古人之心见，而吾著书之心亦见。开来继往，岂有所谓餔其糟而啜其醨者？乃顾以"粕余"名篇，将慊慊自下耶？抑开示来学，使求其已至而更求其所未至耶？兼三家世，郭外授经计口，萧然庭户，图史杂陈。门无结轨之宾，刺绝州郡之室。兼三固不欲名字为人知，人亦遂无能知兼三。以予学为古文辞，稍能论次。当世人物，亦索兼三。十年之久，而后能见其人，则兼三之人可知。

夫境地烦杂，则神明之气不生；愿力卑琐，则毁誉之心瞻顾。著书立说，岂天下抗尘走俗之人所能辩[①]哉！

予故序其书，而并著其人，以告夫世之读兼三之书者。

募修高陂深渡桥序

邑人　王见川

高陂之有桥也，由来旧矣。闻诸故老，昔年方盛时，累石为梁，翼以长栏，覆以雕甍。桥之下，松桧悠悠，或泛或泊。两岸

---

① 辩，治理。

开墟列肆，商贾辐凑。歌楼酒馆，掩映于榕竹阴翳之间。于时，前后数十里附桥而居者，物阜材蓄，舆马往来，比诸隋堤[①]灞岸。盖路通岩永，取便旅行，抑诸乡众流之会，彩虹一锁，形势亦藉以增雄也。

溯厥兴废，成化十三年，里民吴克恭、简维时、卢宗善，募资凿石拱砌。嘉靖三十七年，水废，易以木。康熙甲辰，又废，巡检郭天福仍修以石。辛巳，又废，石梁尽圮，仅存两址，市亦寝衰。自是，病涉者众，居人通以略彴，旋易旋朽。春夏波涛，魂销柱杖。秋冬板迹，足茧霜华。当夫残月清晓，野草夕阳，既醉无眠，欲题少柱，指顾几片余石，人人罙然于昔年驾鼍排雁之盛也。

余馆处桥侧者四年，近辑邑乘，以书局自随编登及此，慨[②]然生感。爰告里人，佥谋重建，梁空、酿道、覆屋、重檐，修也实创，踵焉而增。计靡金钱当得二百余万，将募众而共襄之。夫川泽不梁，单子以卜人国。而火见水涸，举事必期于司里。况形胜所关，夙有明验，知输金庀材，必皆踊跃震动，万无道旁之虑。独念余跨策蹇驴，听残杜宇，徘徊此桥者数矣。兹际盛举，莫效大夫之舆，又愧学士之带，聊发一言以导之，含毫而书，自笑鹊枝之空衔云尔。

募建鳌峰山佛舍序

王见川

荒裔绝徼无居人，则奇幻莫测；穷谷深山无居人，则灵奥不传。有佛氏者，生居化外，其苗裔流入中土，逃空习静，好山林是居，阻深幽险之区。往往缁衣苦行，暮鼓晨钟，以喧僻塞，以

---

① 隋提，原文为"随提"。
② 慨，原文为"概"。

消氛毒，俾藜藿鼪鼯之径，跫然有足音之错。盖佛氏之功于是为普，而丛林静室，虽王者复起，莫或废也。

永溪之南，丛峦叠嶂，村落隔越，而鳌峰十亩，遥山一角，郭恕先画不能描。前万历间，僧恒觉始来卓锡，国朝立峰和尚继之，从廓建殿宇，巍峨实繁，有徒二六，课诵、磬韵、梵音，度越林外。游其境者，松阴乍入，已觉尘虑顿清。予尝读书其中，春夏之交，云膏蒸薄；秋冬肃冷，竹树高摇。当其漱咽，岩泉喟咏。松风充然，若有所得。未尝不感佛、僧之恩，以谓若斯地者，非西教伟人披榛筑室，不为虎狼之窟，狐兔之穴，亦樵夫牧竖，烂柯而横笛耳，乌得假我幽栖？若是而岁久剥蚀，朽且倾颓，古佛负墙，老衲巢石。

主持平渊，谋募施而重新之。微僧言，余固将出一言以导之也。夫福田果报，世耳熟其语矣。破悭消吝，知①僧平渊，亦自能以清净心布广长舌，为善信说法。惟是探奇选胜，既地不爱宝，而崖丹嶂碧，安忍复为蔓草荒烟？则助佛僧以新古刹，藉古刹以光岩壑。仁山知水，当不乏人。是区区所冀于同者。

温荔坡《蜀行偶草》序

青浦　王　昶

诗人例多入蜀，故序入蜀诗者，辄取唐宋以来诸家为比，而不知未尽然也。

杜少陵入蜀，乃从潼州至剑门，而南北栈之险未尝亲历也。李义山由散关至梓潼，而于汉水所属各险隘，亦未见于篇什。陆放翁由江溯蜀，而未至剑门以北。惟本朝王文简公，由燕至陕至蜀，所谓鸡关凤岭，凡②二十余驿，皆见于诗。及使毕而归，复

---

① 知，通"智"。下同。
② 凡，原文为"几"，据民国志改。

由巫、夔而至荆州。盖入蜀同入蜀之道不同者，则模山范水，缒幽凿险，其才情笔力，必各有不同者，乃欲比而同之，岂通人之论哉！

我邑温明府以运饷入蜀，自陕而逾汉中，抵成都，泛江而归。道路之所经，大率与文简相等，与少陵①、义山、放翁不同。然文简奉使典试，时蜀道之平已逾二十年，故虽逾越跋涉，备历险阻，而考其山川，志其怪异，得从容吟咏，以发其所见之奇。若明府之行，尔时篝火鸣狐，伏戎于莽，往往虑道路之梗。而明府办装而出，竣事而归，乃能据鞍落笔，歌啸自如。往来半年，得诗一卷。而春容娴雅，绝无跋前疐后之意。

读是诗者，可见神明之镇定，才识之有余，当不仅与古人比较于格律、字句之间也已。

《自他轩诗稿》序

德州　卢荫溥

乾隆乙卯，余督学中州，适同年生巫君虚轩作宰是邦。虚轩，固儒者，所莅有循声。命其二子从余游，长宜福鞠坡，次即宜耀远斋也。

时鞠坡已登贤书，远斋方应乡举。鞠坡之文，光明俊伟。余尤善远斋之文沉鸷排奡，有古作者之意，所以勖之者甚厚。嗣余任满旋京师，远斋来应京兆试，必以所业请益。其为文益进，而屡试屡踬，余每宽譬之。最后，又出其所为诗一卷质于余。祖袭风骚，凌跨侪俗。然其音凄清幽窅，郁郁不自释之怀，时流露于行间，以为此词人之常耳。

间岁不复，至甲戌，鞠坡赴礼闱来谒，远斋已赴玉楼召矣。且述其易箦之言，谓生平文字之契，得于余者最深。遗诗一编，

---

① 少陵，原文为"少陆"。

欲得一言，以征夙志。余闻之，悄然以悲，屡执笔，辄振触不能下，顾竟无一言，何以慰远斋于地下也！

嗟乎！天之予人以福泽，与予人以智慧，非有轻重于其间焉？科名者，福泽之一端，若夫慧业文人，则英声茂实，不必假科名而后显。而世俗不知，或以为丰于才者啬于遇，亦小之乎视造物矣。如远斋之诗，其精气固足长留于宇宙，不必以一第为远斋歉。今巫氏科名鼎盛，十余年来，一门之内，叔侄、兄弟成进士者三人，登乡荐者一人，鞠坡已腾踔词垣。远斋之不为郊祁轼辙者，命实为之；而其可以为郊祁轼辙者，自在也。远斋有知，闻余言，其亦可以少慰也夫。

道光二年壬午重九日，通家生南台卢荫溥题于京寓。

《自他轩诗稿》序

长汀　杨澜

《自他轩诗稿》二卷，予友巫远斋遗集也。远斋为鞠坡太史令弟，予交鞠坡，因得交远斋。巫氏一门多才，自相师友，予无不乐与共晨夕。而尤心折于远斋者，所习同、所好同也。

始，予与远斋同学诗时，二人皆不利于进取，而皆不肯为拘俗之学，以故屡试辄[①]蹶。然远斋卒能自振于古作者之域，穷研旨奥而撷其精华，供吾摛振才端、启发性绪之用。故其为诗卓然树立，有古人之深，致成一家风骨。所谓好学深思，心知其意，远斋固绌于彼，而优于此也。予与共研席久，萤光雪影，莫逆于心。及其蕴思含毫，自出机杼，则远斋振芳尘而独往。予亦甘让美于远斋者，岂赏好异情哉！徒以才力之不逮，而不克同进于古耳！

嗟夫！远斋少予九岁，戊辰都门握别，彼此强壮之年耳。方

---

① 辄，原文为"辙"。

谓诗律之细，皓首为期，当与远斋共勉之。乃别未十年，远斋赍志矣。予以间关远官，哀挽缺然。迟至今日始得其稿读之，距远斋之殁又十余年矣。屋梁月落，把卷茫然，搔首吞声，情曷能已？诗人身后寂寞之况，类如是耶？良可涕已。忆昔劘切攻错之初，尊酒论文，醑嬉淋漓之概，犹在目前，不谓末路蹉跎，不堪回首，一死一生，千秋大业，仅仅如斯夫。远斋既夺天以年，无可如何，然诗卷长留，何取于席帽离身，以视予挂名仕版中，百事无成，一身已老？彼此世缘，果孰得孰失耶？则吾与远斋，同病相怜，又不在文章，而在运命也。

古人有言："得一知己，可以不憾。"壬午，予归养旋里，鞠坡亦以居庐归。相见握手，即以远斋遗稿为言。且云远斋下世后，曾于请乩下降，惓惓于稿未付梓而属序于予，犹有故人之意。夫远斋仙矣，顾以尘世下吏为知己耶！远斋之知我，故我非今我也，予何足以序远斋之诗？今岁夏，世讲初蔼来郡，奉其遗稿并鞠坡手函，复以序文嘱予。取读之，远斋之诗成矣，逸情远性，备沉郁排奡之致，而气韵深古酝藉[1]，皆《离骚》膏腴，殆有杜体貌而兼得其意外之神。晚唐善学杜甫者，义山、牧之二家。远斋兼之，其传无疑也。昔人云："我辈身后尚有一文集，便是天地间尚有此人。"今远斋之诗传，远斋之人传矣。远斋在人世得年短于予，其所成就如此，予自顾可传者安在，而觍然执笔序远斋之诗乎？呜呼，予将何以谢知己于身后也！

道光九年岁己丑七月，长汀杨澜序。

募修大忠庙序

邑令　　陈泰青

余自仲夏捧檄来守兹土。越三日，循例谒诸神祠。大抵与他

---

[1]　酝藉，同"蕴藉"。

郡邑无异，惟城西有大忠庙者，祀唐睢阳张公像。

　　余入谒瞻拜毕，见冕冠服饰，悉黯无新色，而状貌凛然，俨如目睹其人。徘徊宇下，窃惟公仕当唐天宝之季，而功绩著于江淮之间。兹非其地，胡尔翼然垂此庙貌欤？盖当安史作乱时，河北廿四郡望风轵靡，独睢阳孤城，赖公血战以障东南之半壁。杀妾掘鼠，至今凛凛有生气，使当日睢阳非公据守，则贼势猖狂，微特河朔诸郡尽溃，即闽越海滨之地，亦将戎马蹂躏矣。前辈谓唐之不亡，公之功不在汾阳下，诚有所见而言也。《传》曰："事之亲被其赐者，其人思之事；不亲被其赐而阴受其福者，其人亦思之。"此邑大忠庙所由建也。庙峙西山之麓，建自前朝，迄今两百余载。其间，虽几经更修，顾日久而栋宇榱桷渐就朽蠹，正宫四柱已腐其三，后寝墙垣将至圮塌。余怅然者久之，思欲捐俸重修而力有不逮。每朔望为民祈福，辄耿耿于中而不自释焉。

　　岁之九月，邑绅士咸谋所以葺此祠者，聚商于余。余曰唯唯，此余之曩志也。诸君可谓他人有心，予忖度之者矣。余惟赖诸君，以期于庙貌重新。今其鸠尔工，庀尔材，各相劝勉以藏乃事。吾知是役也，不特公之灵爽式凭，必将有荫福于我民者。而邑人之谒公之祠，拜公之像，闻公之忠义，必顽廉懦立，兴起而不自知者也，岂不懿哉？岂不盛哉？

近居文馆序

邑人　　吴绍祁

　　学校所以造士也，而饩廪又所以养士。顾考学校之制，莫备于周。而养士之典，独缺于《周官》。岂古人之学相深于道德性命，不在饩廪间欤？抑别有田以授之欤？我国家崇儒重道，凡辟雍之建，饩廪之给，已轶前代而有加焉。

　　阖邑仰副右文美意，自乾隆庚戌腊月，议修圣庙，分里派银，各举总理、分理轮辨。丰田一里，人心踊跃，捐银数千圆。

历辛、壬、癸、甲派修，工项告竣，频璧生辉矣。同里绅士，乘其机会，复题捐田，为培养人文之举。念闽学相传，盛于考亭朱子，因买民房一区，改造栋宇祀之。另设题捐牌于后缘地，在学宫右，颜曰"近居"。此文馆所由合建也。乃丰田地广人稠，事难综理，爰以龙窟岭为界，分上、下里各辨兹祁等。里中除将题捐银公用外，共计前后捐田六百余桶，悉为馆烝，每年权田谷出息，消用完粮、祭祀等项后，即为捐裔赠试之资，立有成规。又以其赢[①]余扩置烝田，为久远计。是皆仰体熙朝养士盛心，推而出之，变而通之者。

我里急公尚义，神喜人欢，而多士大小考期，得赈助而弥鼓舞，仁见、奇才、茂质咸蔚起以为国华，岂特荣一乡、光一邑已哉！是为序。

《松阳赖氏培荆堂世系谱》序

邑尹　　大兴　　方履篯

赖氏之以才望显著于史籍者，始于蜀汉太常恭。恭子厷为丞相令史，诸葛公甚重之。虽汉时有赖嶷为项氏将，赖先为交趾太守，亦皆有声称于世，而要不如太常父子之卓荦杰出也。

赖本姬姓，封于赖，春秋鲁昭公时为楚所灭。其后，以国为氏，子孙繁衍，散布于宇内。松阳之宗，启于晋时，后嗣屡迁。至南宋淳祐间，隐士朝美始定居于上杭之汤湖。又十一世，而建昌令希道，自汤湖徙居永定县城南。永定以明成化十四年始置邑，希道之迁，则已在置邑后矣。又七世，而江西按察司知事受书，惧其宗乘之散佚，支绪之杂糅，乃作[②]《松阳赖氏培荆堂世谱》一帙藏于宗庙。

---

① 　赢，通"盈"。
② 　原文缺"作"。

　　培荆堂者，受书之父奉直大夫霁升所建也。故其谱自祖以下分支详载，而上推及于汤湖始迁之祖。凡官爵德业，生卒岁月，莫不备具。又以旧谱所叙远祖，自汉以来者冠于其首。赖氏名位之盛，族系之广，非可偻指数。既成此谱，而出自培荆堂者，皆得续载于其后。虽千百岁，而其子若孙可以知其源流之所自，及先世之懿行焉，岂不休哉！

　　慨自宋元以后，谱牒散乱，衣冠名族，大率不能详其先代。近人亦无专治谱学者，所存氏族诸书，莫不残缺舛漏，无足凭信。余尝病之，遂欲讲求姓氏之学，而见闻浅狭，卒卒无所成。然窃以为当世士大夫欲考族姓、订宗谱，必由近以溯远。与其援引无征，攀附朽骨，为世所笑，不若就其所知者，序次昭穆，灿然秩然，俾后人守之以为准则也。今观《培荆堂谱》，与余所见适合。其追考得姓之源，基于赖国，亦诚有所依据，不为傯言。此真有识者之所为矣。

　　受书，字献卿，以盹敏闻于乡，不亟亟于禄仕。余摄职永定，与之为任棠之交，因以诸来乞序。余既综述其意，又举往昔绪论以告之，不独副其敦本之念，亦庶乎有实事求是之心也。

引

东关创捐义冢小引

邑令　嘉兴　吴永潮

　　盖闻上世，首重蘦楻岐周，泽及枯骨。故虽不封不树，而掩瘗攸同。况夫有灭有生，则埋藏宜亟。盖既同处石火电光之世界，必有所归。虽属桑田沧海之难凭，必有其地。

　　永邑生齿日繁，丘墓无恙，然岂无翳桑甘饿，三尺何归？亦有伯道无儿，一坏①谁覆？他如牵车牛而不返，梦绕深闺；化桂②鹤而无归，魂依衰薜。于是新鬼、故鬼皆骸，经雨出黄沙于野、于郊。枯骼带土生青草，春霜秋露哭于野，而谁知月夕风晨，啸于梁而无主。此亦行道为之有洫，而仁人不禁尽伤者也。兹萧绅含辉首捐开壤，地在东关大洲田中。顾尤念掘地为劳，堁土非易。幸免王孙裸葬，谁为荷插成云？即使刘伶便埋，孰肯挥汗如雨？

至于墓门乌集，寒食烟销，尤当合夫缁流同群，施其白粲。所宜拔之九地，庶可超此三天。凡兹万事之起与端，赖众擎之易举。诸绅既共襄善果，本县亦乐捐俸钱。所望善人君子之伦，共普一视同仁之量。

纪　略

邑侯潘公纪略

邑人　张金堡

闽汀支邑八，永定最悫。丛山不可田，则悫。平畴土力绵薄，非多杂粪种补之，虽勤无收，则悫。往时，接粟广潮。丙午，潮大饥，粟不至。后屡闻谢籴声，则益悫。县自吏书以下杂色人等，仗官威高下任意，士民畏毒摇首，戚不敢言，则悫无算。前后官斯土者，蹑故迹，不肯措意其间，故至今可尸祝者绝少。

公醇儒也，松溪之政，行其所学，各郡邑艳为盛事。癸亥，以忧去。而公兄朴村先生，以名进士，今复令松治，与公相仿，

---

① 坏，音 pēi，土丘。

② 桂，原文为"柱"，据民国志改。

而公则选授吾邑。报至，则预庆曰："是所谓福星一路，河润百里者，吾属生矣。"

公至以四月，其先，时亢旱，所在运水灌田，溪为之涸。其灌输不及处，则纵横益裂，坚不可动。饥民随所在市米，其价日增，典鬻家物殆尽。公在途次得其状，即捐食。至则为民祈，请雨甚虔且哀。大发常平粜，分方贮粜，期便利穷黎。已而连雨高下，颇沾足，而察市价未下，开粜粜故不止。方公之未来也，前署县日诘责讼牒，勾管簿书吏，因恣为橐囊计，而所请开粜仓，储额有限，不支一月所奉，定价十二文，督诸役辨事者如法施行，百姓惶骇不知所措。自公受代，弛刑，息争，停征，宽狱，缓赋，专以民食为急，广粜额升，裁钱文二，不暇先关白上，急疾行之。一时民顺公旨，无一人生事滋扰。而自中产以上，家有赢余者，各出其粟以资邻求。旦而城邑，暮而乡里，市镇争相仿而行，无复曩时闭谢状。盖公之感人以诚，而其为德于吾永者，真起死人而肉白骨，自建设以来①未之有也。

深恶蠹役之害。至日，集诸役堂下，按簿唱名，大为勾去。前官罕有闻焉。有之，亦待其败露始去，而舞智藏奸之徒，终莫得而知，或借宠焉。独公善知人，经注视则得其深，故凡公所简留外，一切举所勾黜，并积年大猾，众所畏避者。合境于是称神，云受事未满两月，布利壤②害，不见张皇，而至诚恳切之意，深入人心，口碑四溢。虽童稚妇女，溪谷远所之民，亦咸知我公为父母也。诸革役及属司等，不利于公，唱为公病，以次动摇上官。中间，府委邻丞来验视，公无所委曲，遂合词中伤。于是前署县自省城复来县替公。仓猝临城，万众悲愤，计已无可如何？走视，公出署，略无带蒂。五月廿八日事也。

---

① 来，原文为"求"，据民国志校改。
② "壤"，通"攘"。

公移寓他所，旧役无一人至者，独百姓争赴门讯候，日益众，各裹①土物时蔬以献，竞供薪水不绝。公谕止之，不可为，强受一二，以慰其意。久之，公往会城，倾邑远送，感公廉贫无资，为计合若干以奉公。公不可，父老有流涕者。及谒各宪，悉其状，咸惊异。而大中丞潘公，深知公贤，尤为爱重，所批驳前后揭报公文书，有如亲见。至是，立命公回邑视事。先是署事高，奉委撤，倍道而来，至则暮矣。即入署，闭重门，迫公出印，尽反公所为。诸所革斥者，并收回用事，益肆志。惧士民有异议，夜出衙卒十数人，巡徼甚密。民益无聊，候视公回确，则庆更生，拈花香，设酒脯，结彩布毡，鼓吹前导，自近界以达于县。所在衣冠拱候，蜂聚蚁屯，绵百里不绝，至肩舆不得行。其夕，遍衢巷张灯过于元夜。而察公，志意卒如初来时，无半点矜喜，惟取复充诸色役，重为革斥，以与吾民休息而已。

公醇儒也，体准先民，动可师法，其学无所不窥，尤雅善古歌词。前治松时，已以之泽其士矣。来永日浅，重以救民为急，故未暇及。自今朴村先生治松，因公之旧，崇而治之，而公之于永，从容更化，弹琴乐道之余，进邑士而陶冶变化之，俾学与行并进日上。如生之愚，固愿怀册而追随于公之后也。

谨述邑人感公欲言之意，起戊辰四月，迄七月，为纪略。以俟公之政成而嗣书于后。公名汝龙，字键吾，号散畦，乾隆丁巳科进士，归安县人。

---

① 裹，原文为"裏"。

传

明大中丞、巡抚四川都察院右佥都御史詹公传

宁化　李世熊

詹公，讳天颜，字僯五，闽汀之永定人也。父思山，讳一宠。母谌氏，梦铁山坠怀，惊寤而诞公。万历乙未。胸有肉，方如玉玺。生而灵爽不凡。谭公凡同督学闽中，万历四十八年庚申。公就童子试，题曰"独孤臣孽子"，公文遂冠军。谭公判之曰："忠孝之气贯日呼霜，此国之桢也。"后竟如所卜。崇祯戊辰，以恩例拔贡，三踬北闱。丁丑，就选授四川石泉县知县。

是岁十月，李自成入蜀，陷州、县凡三十八。冬尽，公方抵石泉。全城瓦砾，仅古刹一堂，舍此无可驻足者。乃始采买远乡民房一区，草创公署，勤召里胥，商究疾苦，报闻上官曰："幼读书至'与民守之，效死弗去'八字，正为今日邑令言之耳。长吏不与民同饥渴，必不能合民心；不与民同性命，必不能守城池。今荡析之余，如鱼逐流崩随淤，委命不复故渚。苟图生聚，非蠲贷无计也。"上官韪之。于是流亡渐集，未几成邑，始闻鸡鸣狗吠①声。久之，教化大行，俗益敦睦，咸以力农积谷、修械御侮相劝勉，各有敌忾之志矣。邻壤闻风爱慕，争迎摄篆。所至，摩抚疮痍，惟恐伤之，民虑离乳哺也。

庚辰，以卓异擢庆阳府同知。适寇张献忠自兴房入巫山隘，合罗汝才等谋度川西。白水关告警，安、泉士庶，奔控两②院，咸儿啼曰："詹公去，民无怙恃，命委贼耳。诚得公为保障，民

---

① 吠，原文为"吹"。
② 两，原文为"雨"。

虽蹈汤火，搤胸抉膈，为公死无恨也。"因卧辙垒门，不听公去。巡按陈良谟因民情危急，特疏请改公同知龙安府，监纪青川白水关。会龙安守以贪婪罢去，公即署龙安府。方视事，忽闻贼至青川，探之，非也。仍设备于白水关。十月，贼陷剑州，从剑阁抵绵州。公以安县为龙安津要，乃自驻以当之。贼既渡绵，离安城三十里曰"花街子"，拘土人，询虚实，乃知防官即詹公，既铺设阴沟陷马，伏兵以待贼。因语乡人曰："知詹某是清廉好官，吾不扰其地方，无用皇皇也。"遂渡绵而西。成都、绵竹，俱藉无恙。御史刘之渤纪勋，以公为首。

　　癸未，疏题公补松藩兵备。国变，命未下，南州已改元弘光矣。是夏，献贼再由荆南入蜀，屠夔州，陷重庆，端王遇难，旧抚陈士奇死之。长驱入成都，蜀王率宫眷投于井，巡抚、道、府官[①]皆死，刘之渤死尤烈。始，贼所至，燔积聚，毁城垣、宫室，不为持久计。及据成都，拒守设官，僭号改元，纵酒自娱，骄不复出。东、西建两府，以义子孙可望、李定国居之。分遣伪官，各据州邑。会李自成为吴三桂追败入晋西，复陷汉中。降贼叛将马科者，抄略保宁一带，遣十八骑驰龙安说公，约合兵剿献，立功反正。公怒曰："吾与贼仇不共天，况与共事？"缚十八骑斩之。科意沮丧，且无后援，乃还秦中。

　　公剿贼志决，谋之白水关副将龙辅皇、龙安参将邓若禹、标员曹洪等，碎齿竖发，如不欲生。诸将咸言："贼焰方炽，必略地及此，宜暂避其锋，伺间图之。"因密谕所属士庶，远避深山，独同邓、龙等，潜入边谷小河麻桑地，募集苗兵。公仁声久播，民夷信服。至是，振臂一呼，诸苗响应，连结殆逾数万，咸慷慨愿效死。公知新锐可用，始遣若禹以大义告松藩镇将朱化龙。龙为部将所持，意未决。若禹言："公调度既定，但借松藩壮声援

---

　　①　官，原文为"宫"。

耳。"于是出师西路，飞檄川南。锦江伯杨展，出师南路。公料贼狂风顽①敌，以两路诱之，贼果径趋伏地。苗兵环起，击斩无算，乘势合若禹出兵威茂，公同龙辅皇从东铁笼堡出龙安、石泉。三方犄角，守罅攻瑕，收伪抚黄惟杏，及伪道、府、县，悉枭之。伪将黄运行屯白水关，龙辅皇夜出不意，袭而擒之。贼益丧气，其南厂营伪将温自让者，巧发双矢，颇著骁名，亦率步骑来降。川西一带，悉还故土。

方议三路合兵共攻成都，时清肃王兵至汉中，意在灭献以窥蜀。而献贼素惧蜀兵，意欲尽灭蜀人，以客兵实其地。贼将刘进忠者，所部蜀兵特多。将杀进忠而尽坑其众。事泄，进忠输诚于肃王，备言献贼骄懈可取状，虽明兵剪其肢股，漫不为意，今在金②山铺，为西克、盐亭之交，去此千四百里，疾驰五昼夜可至，取其拉朽耳。肃王乃令士马衔枚兼道趋之。突至西克，会大雾，昼晦，挥骑蹙贼垒。进忠入营中，觑献忠，发一矢，中额。献讶曰："清兵来也！"贼众惊溃，关隘皆解。两府皆引兵窜入黔，遂擒献，磔之。公所遣家丁李文彰者往探，清王师逻者获之，解赴师幕。肃王亦凯旋楚。公虑清师长驱，又虑贼部冲突，檄杨展严兵相持。贼部果窜川南，载金钱无数。展子杨燥新伏奇兵于夹江，邀杀之。金钱悉委江心，贼党几尽矣。

时隆武驻驿延平，蜀巡按朱守图疏报恢复有机，遂晋公安绵兵备，诸将各升迁有差。未几闽事败，粤中改元永历。阁部王应熊开藩遵义，图恢川北，数与公言兵事，服其胆决，谓公天性忠纯，而智略辐辏，素著战绩，因疏请加公节钺，以凭提调。且川东西壤隔千百里，猝难呼应，宜设巡抚两员，一巡东南，一巡西北，庶臂指易运，伸缩从心。丁亥春，永历诏授公金都御史提督

---

① 顽，原文为"玩"。

② 金，原文为"今"。

军务，兼理粮饷，巡抚四川西北等处，其邓、龙等，各授总兵都督职衔，俱听节制。

时楚粤连兵，献孽据黔，川西稍有宁宇。公措饷养兵，尤加意养民，乃设屯田，给牛种，使兵民相友，助耕战，共劳逸，为久远不迁之计。奈荒灾洊至，斗粟万钱，饥莩盈途。土寇乘荒，乌合恣行掠杀，邛州朱逊尤甚。公督剿平之，余寇以次歼灭。而成都经献贼屠刈之后，千里萧条，烟火断绝。公乃返驻石泉，设镇龙安诸要地，定计战守。

而大清所设川陕总督李国英，屯军川西，值绵江侯内变，遂取川南，乘川西荒灾，数数挑战。公坐镇安县，坚壁以老之。国英因以为怯，久益骄玩忽。夜潜，空安城，国英觉而追之，至曲山关，路隘崖高，突举号炮，木石齐下，千骑悉填绝壑。未上隘者，复为曹洪、周辉伏兵截杀，追杀三十里乃止。自此，国英坚壁不言战矣。公以一隅之师，相持七载，迄无济师。

壬辰三月，吴三桂墨固山集师向安、泉。三桂雅知公名，贻书遣使说降。公将收之，部将咸不可，曰："勇在克敌，不在克使。今以孤师抗如林之旅，譬如纤铤薄柱耳。向者江右粤东，皆以雄归，握重兵，据名城，同心反正。灭不逾时，天不祚明，灼可知矣。况主上播迁，如立冰泮之上。此一隅绝地，进退两穷，为谁守土？徒殚残生灵，何益？顺天者存，独不闻乎？"公挥涕曰："极知处此进如撼山，退如背水，但吾莅蜀以来，蜀人爱我如父母，父母即顽戾，忍以儿子委他人乎？纵不能以益州延汉祚，田横岛上，何必脱剑铤为亭长所辱哉？吾志决矣。"复书绝之。

七月，李锡极受三桂亲指，谋于副将丁国用，约为内应。三桂将入嘉定，突谓公曰："知公必不顺平西者。吾辈御公面平西，以口舌折服之，可乎？"语未竟，各挟掖登舆，去如驰。公叹曰："吾愧田横无义士五百也。"然部将曹洪、周辉等，皆奔赴之。三桂设宴以待，盖豫谋也。至军门，公不下舆，径至阶上，问：
"谁为吴平西？"三桂曰："何为？"公语之曰："豺狼至恶，不闻
噬同类。汝反噬家人，是豺狼不如也。"三桂嗫不语，而其党张
目大怒，嚯嚯有言。公叱之曰："死是吾事，尔怒何为？且封疆
失守，明法在所必诛。吾不贳死，尔枉此狂吠耳。"遂挺立受刃。
时七月二十八日也，年五十八。宁西侯朱化龙暨总兵曹洪等，亦
各傲睨唾骂，不屈而死。曹洪所乘马见曹遇难，悲鸣踶跃，不受
衔辔，环绕曹尸，嗅视不已。既乃怒哮腾掷，三奋扑①而绝于曹
旁。兵民哗骇，万声同叹，谓"纳肝屠肠之烈，无以过也"。龙
辅皇独以公尸为请，三桂许之。既殡公于大佛洞，即入苗峒，不
可迹。公副室有四。始，公入苗地征兵，以宅眷寄山居。贼觉，
获之。张氏骂贼死。及岁，大凶。公移眷就食嘉定，遇邛州土
寇，夜惊，李氏投井死。李丁之变，杨氏、刘氏皆缢死。呜呼！
绝域孤忠，一门并命，乃至部卒、乘马，亦复激烈捐生，震悚万
众，岂不伟哉！但不知吴三桂何以见曹洪之马耳！

　　公子甘棠，三奔秦楚，乃抵嘉阳，穷访旧弁。逾月，始得龙
辅皇、邓若禹，知公窆处，扶榇而还。禹因以所纪历年事迹归甘
棠，词虽鲠率寡文，而朴拙可据。予因为条次其实，镌诸墓上。
志士仁人，必有过此而踯躅傍徨，泪渍碑前者矣。

　　吾悲夫郡国万城，闯贼屠剡逾半，官自督抚至守令，其愤激
义死，与睢阳平原争烈者亦不少，然贼锋所指，如厉风扫败箨，
卒无有凭藉金汤保生聚旬月者，又何论年岁哉？公独于豺狼攫杀
之场，且屯且战，固守其土十五年。假令天子令守尽如公者，贼
触处，摧阻灭亡可日计，安能践天阙如垝垣哉？康熙间，葬公于
永邑金丰里铺东乡。

----

　　① 扑，原文为"朴"。

前进士湖广巡按监察御史熊公传

上杭　邱嘉穗

公讳兴麟，字维郊，号石儿，闽之永定人。熊氏自江陵迁闽，世有潜德。母郑太安人，梦龙绕松间行水，勺而饮之，因娠公。公生而秀颖异凡，儿就外傅，已通经史大旨。弱冠，补诸生，即以制义掉鞅坛坫间。制义沿至启、祯朝，庞杂已甚，其矫枉者尤诡诞不可训。公独禀经酌雅，力摹唐、宋诸大家。漳浦黄石斋先生，称其"雄浑劲健，一洗浮靡，足觇立朝节概"。遂以崇祯壬午举于乡，联隽癸未进士。越明年二月，除知宜兴县。

当是时，闯、献交讧，中原鼎沸，不旋踵而北京覆没。南都二三大臣，拥立福藩，建元弘光。马、阮乱政，用宿党相攻击。而大江以南，蝗蝻遍野，萑苻蜂起，民死亡者十四五。公慨然之任，曰："今日正人臣效命之秋也，吾其敢苟且为耶？"于是杜苞苴，平讼狱，戢奸禁暴，加意噢咻，一切无名赋役蠲除殆尽，吏胥拱手行文书而已。间复巡行四方，察其形势要害所在，俾民立栅结垒控御，绸缪以相保聚。他邑山寇，多白昼肆劫掠，而荆溪一路犹熙熙有承平遗风，四境德公如慈父母。江院某方奏公"治行第一"。朝命未下，而左师难作，王师已定金陵，而公亦知不可为，亟拂袖而归。

然南都虽陷，而唐藩复立闽中，建元隆武。桂藩相继称号永历，驻粤肇庆。时王师尚未逾岭，自闽粤而西，豫、章、楚、蜀、滇、黔，一时逋播遗臣，相与出死力为胜国守者，犹大有人，而公尤以宜兴最绩属人望。隆武诏征耆旧，大学士苏观生、何吾驺交章，起公为礼部主客司主事。寻转河南道御史，随阁办事。未几闽事败，何吾驺奔粤，复携公谒永历，于行在奏对称旨，畀原职视事。逾年，出为湖广监察御史。公时由闽如粤，过家仅一宿。间关事主，不避艰危。虽立小朝廷，而垂绅正笏，风采端凝。义所不可，和悦而诤。巡历湖南六郡，洁己率属，抚绥尤至，楚人尸祝如宰荆溪时。诸大老咸知器重，争欲疏荐，公以为当偏隅板荡之日，而宏济时艰，不动声色，屹然有治世大臣风度云。

丁亥冬，王师四出，楚中望风惊溃。公方巡辰州，为总兵官马某所执。逼令薙发，纳敕印，且以温语劝之仕。公布袍葛巾，从容诣辕门求放归终养。马某心勿善也，即与巡道李某比而齮龁公。初，以敕印驰缴恭王，将逮公抵长沙同敕印送京。会有金何之变，不果逮。已而李某复送公至督府咨押入京，部以敕印不至，仍押还楚，解恭王核实。而恭王方开西南，军机倥偬，亦竟不果解。由是李不听公去，公遂羁辰阳者先后几七年。坐卧一小楼，辰人供帐弗绝。日对老苍头，形影相吊，屡濒于危，屹不为动。虽慷慨伤怀，时时念两尊人不置，迄无几微震慑见颜面。盖忠孝其天性也。居无何，李某罢去。而新接道篆者为刘升祚，悯公忠节，一见辄握手语曰："向者，朝廷犹下诏求遗逸，其不愿赴者听之。先生即不应聘，蚤①宜以黄冠归故里。而顾令淹留至今，是有司之过也。"立檄辰守取公呈投院，判允回籍。公至是始得以其完名全节，称"前进士"，终老于家矣。

家居四十余载，齿德弥尊，绝口不言天下事，惟杜门扫轨，日以读书养志、课子孙自娱。时与二三知友，流连于围棋、文酒间，舒情啸咏，弄月吟风，以寄其浩浩落落、不可一世之概。而亦未尝愤时嫉俗，傲然以名节凌人。衣冠眉宇，一如素履，无少渝其高风亮节，人士翕然宗之。相国真定梁公及宛平王公父子，并以同谱世谊，钦其名德，每当事出门，都必属以相访。公亦不肯轻请谒，或有大兴革造庐相商，然后批郤导窾，一启其端，桑梓阴食福焉。

---

① 蚤，通"早"。

闲居，每览前明遗事，欷歔呜咽不终卷。过通衢见演崇祯剧，亦相对掩泣而罢。在辰阳时，左右病甚，梦城隍请见仪门，授以药。翼①日，居民果舁神像抵其处，病甚得痊。北山下别业石井，久涸。为文以祭，一夕而泉涌，人以为皆公忠诚所感。所著《素园诗歌》数百章，悉清新雅②健，归于和平，无前朝遗老习气。时以其诗作行草醉墨，高古如虬枝雪干，偃蹇寒崖，得之者辄藏弃③，以为"双绝"。既老，而神明不衰，眼不悬瞹矇，手不拄杖藜。宴集游谭④，轩轩如少年豪举。壬申，伯子昭应宰奉川，迎养署中。时年八十七，犹能秉烛阅官书，出其所以，治吴楚者相指授。浙东士女争引领识公，目为神仙中人。享年八十有九而终。

论曰：士君子抗怀忠孝，百折不回，意其中必有所自得而不求人知，而人亦莫之知也。方顺治初，我世祖章皇帝诏求前明遗臣，故匿者有罪。令尔时公稍迁就，富贵立致。即不然，慷慨赴死，在烈丈夫，亦自易易，而何至以八年逋播臣，为奴隶人所辱乎？然吾窃尝⑤揆公忠孝本怀，实有耿耿不自安者，以为随则背君，激则忘亲，不得已而出于梁震之策，栖隐荆台，称"前进士"以归。而向之齮龁公者，亦适所以成其志而予之名也已矣。公归，自辰抵汀，闻封翁讣⑥，辄拊心泣血，曰："天乎，吾所以甘羁辰阳者，徒以亲在故也。今父殁矣，吾何用生为？"呜呼，深哉！忠耶，孝耶，其孰能知之耶？

---

① 翼，通"翌"。
② 雅，原文为"稚"，依民国志改。
③ 弃，忘记。
④ 谭，同"谈"。
⑤ 尝，民国志作"常"。
⑥ 讣，原文为"赴"，下同。

孝义江东峰传

副使　猗氏　卫绍芳

永邑东数十里有岩背乡，层崖复岭，礧磔嵯峨。初为温贼渊薮，毒痛一方，累及枯骨。予奉命往征剿，贼负固，旷日持久，心甚忧之。夜梦神人，虬须修髯，眉眼竖立，告予曰："贼志猖狂，将袭我，宜计待之。吾为阴助，勿忧也。"比醒，以为山灵相予荡此妖氛耳，即令防备。未几贼果来袭，如计克之，直捣其穴。因言梦状，乡壮江姓者持像来，宛如所见。予曰："此义士也，有功国家，祭法所谓捍灾御患者也。"率众拜酬。适耆老馈酒、食劳军，为详询其生平。金曰：

某，姓江，讳宽山。曾祖沂，以岁贡生为江南卢州合肥①县主簿，兼教职，遗命子孙业儒。某长思寇盗蜂起，安用毛锥？遂娴武备。嘉靖间，东粤山寇张连、薛封，聚众数万，劫掠乡邑。贼伙李亚虎尤跳梁，某慨然曰："大丈夫义不独安，誓除贼以安乡邻。"因集乡壮及子侄辈，奋往前驱，珍贼无算。追李亚虎，斩之。由是乡民帖然，谓非某之力不及此。无何，狡贼思逞，诡传劫某外祖苏宗琼家，星夜赴救。次日，贼伏险突出。其次男、一弟、二侄，俱遭害焉。某被重伤，犹手刃数贼，奔告家人，气愤而绝。四邻悲涕，如失怙恃。嘉靖四十一年事也。

尤有异者，没后，每众逐寇，阴为力驱，至寇自相残灭。其精灵使然也。崇祯五年，漳寇横行。守备李久驻苦竹汛，时夜分，月色甚明，见某显②营门曰："我已逐寇远遁矣，毋劳师。"众骇视，识为江某。顷之谍报，贼果奔溃。又崇祯十五年，贼首

---

① 肥，原文为"淝"。
② 民国志在"显"之后有一"灵"字。

乌姓，掳掠郡邑，观察副使顾遣守备许剿之。前卒马福，忽扑①
地，瞑目厉声曰："随我来，必获胜。"既起，战栗不止，言适遇
虬须将军率众驱贼，自称"高头江宽山"云。军从之，追至靖地
施洋，杀贼无数，擒渠魁二。俱曰："我见官军若林，故惊悸被
擒耳。"解讯正法，将并白其事，赍文祭之。此某存没之大概也。

予闻言而梦，益信。乃叹宽山生能捍御寇贼，乡里资安。乃
至狡然出其不意，身及子弟，矢义捐躯，虽死犹生。未之表扬，
有缺往典。噫！天之报施善人，不于其身，必于其子孙，将见贤
能挺出。达之朝廷，勒之金石，义勇之垂，千古为昭。则予珥笔
之诚，亦当藉以俱传焉。按，宽山，别字东峰。

江梧耸先生小传

郡守　大兴　方伸

孝廉江淇者，余课汀郡士，首拔之。其年，隽于乡，遂执通
门礼以见。接其貌，听其言，论风旨，知为笃行士，且能孝友以
世其家者。一日，手其祖父状略请传。余时沾病不能执笔，乃按
其梗概而口授侍史书之。

先生讳奋龙，字际云，号梧耸，汀州之永定人也。幼孤，其
大父思吾及母游氏，食贫抚之。先生念大父年耄，母氏劬劳，愤
悱读书。家不给，课蒙童，供菽水无缺。尤笃爱其二弟，俾成立
以慰高堂心。

其性既颖敏，又能勤苦，进于学，文日以有名。永邑令、学
博，俱有国士无双之目。早岁，补博士弟子员，试辄冠其曹。旋
食饩。前壬午，同考赏其文，亟荐之，而解额惜为限。后以恩拔
贡司铎武平，其教士有方，人咸以"胡湖州"称之。且才识练
达。当国朝鼎革初，永邑四郊多垒，广寇攻城时，湖广长沙驿道

---

① 扑，原文为"朴"。

赵公廷标尹永邑，凡守御之策，必延请先生筹画，卒赖以保固金汤。

生平他无嗜好，惟朝夕以文自娱，且教其子若孙，日无暇晷。孙淇每谒余辄语及，谓不肖今得侍师门，以邀一荐者，皆先大父教也。行己清通和易，自少至耄，未尝失[①]言色于人。至于大节所在，又能介然不苟。其或竿牍，至邑大夫庭者绝迹焉。以故间党咸式，屡举乡饮酒，即宾礼之。年八十余卒，今少隽犹仰典型焉。

其子绣来，字文生，孝友天植。前乙未，先生遭寇虏时，贼势猖獗，满途荆棘，不惮冒险，募金以脱先生于难。生而聪慧，比就试艺，每见赏于司衡。先生常远大期之。性旷逸脱，略试偶蹶，即绝意进取，杜门不出，惟课子读书是事。旁舍筑小园，疏池莳花，适鱼鸟之趣。谢一切世俗酬应，因自号曰"简轩"，取诗人简兮之义也。尤博极经、史，下及术数，靡不究其底蕴于先生，称克家云。

论曰：泰山之云，寸肤而令雨且遍者，其积厚也。梧筜先生之父子，可不谓厚于积者钦？淇也为云，其殆触石，而与之际矣。

王介石传

广东学使　郑虎文撰

王见川，字道存，号畜斋，别号介石，溪南锦峰乡人。

传曰：师生而慧颖，早岁游庠食饩。雍正壬子登贤书，癸丑岁进士。是年，太师卒，师未廷对，得赴奔丧。乙卯除服，会令以初登进士分校乡闱，奉调充浙江同考试官。越今上登极之元年，师以试策称旨，选读中秘书，侧文学侍从之列。会例大臣得

---

① 原文为"失失，"衍一"失"字。

行保举，保师者满洲礼部侍郎徐公元梦也。看语曰："为人孝友，笃志学问。"入馆未几，蒙恩诏举行褒赠庆典，师奉郎官册荣归，留养在籍，历考皆不与。

乾隆七年壬戌，赴京考，散除县职方。师来京候补也，奉委往六安州查水灾。旋奉委解银往天长、盱眙、泗州赈济。剀切指陈，大称上官意，授歙治。师以一书生领此要缺，不特催科抚字善载口碑，加以上江冲道，宪辕征发，案卷猬集，咄嗟立办，尤见经济文章与有实学。迨秩未满，而告养驰归也。以母老，去籍数千里，不能迎养为憾。

及终养，师年五十余矣。犹辛苦不暇，纂修邑志，以书局自随，留意风察。馆太平，建高陂石桥，创汲古文会。还则为其里立丽泽文馆，岁时课士。功甫竣，倡建凤山书院，提纲规画，刊志成书。年既晚，校订宗谱。爰谋合建七户总祠，额曰"弈槐堂"，俾人皆知敬宗睦族之谊。比年，应嘉应州刺史詹公之请，掌教培风，讲学造士。此皆士庶之所讴思，儒林之所瞻仰者。

独念余才疏学浅，乙卯乡闱，蒙师首荐，虽不获售，而知遇之感耿于怀。爰综先师行谊而为之传。

赖南山先生传

同邑　巫宜福撰

南山先生，吾邑之老成也，于福为大父行。先生赍志，于今二十年矣。往者，福常随家君任河南。公余，每与福等道先生品行，曰我向受业于南山先生，如先生之和而介，谨愿而光明者，盖仅见云。夫人幼而学之，莫不欲壮而行焉。然而先后之际，抑何名实不易副也？吾闻先生之名，噪于口耳，及见先生之实，质于身心。先生往矣，其学而行焉者，将毋在也。是岁，太史修《闽通志》，饬各郡县采访故实，吾邑方明府爰及邑乘之举，余与斯事，亟录其行以闻，因忘谫陋，而为之传。

　　先生讳文豹，字希房，号南山。幼而好学，尝手抄经史书至等身。试前茅[①]，食饩。乾隆甲午，膺乡荐，屡上春官不第。丁未大挑二等。明年，借补邵武府学训导。历任永春、漳浦、建宁府学。嘉庆乙丑，赋归田，优游林下者六载，以寿终，享[②]年八十有三。

　　先生除服官日，家居皆设帐，石田笔耕，非能有余资也。至于告之急难，绝不以有无为解。生平最著者有三善：乙未会试后，同榜卢君病故于京邸，为之携枢归；丁未出都途中，同榜郑君复病故，为亲视含殓，携枢归；官邵武时，县令吴君浚，廉洁有守，因累罢官，先生方应石郡守聘阅试卷，首捐修俸以助，遂得集腋成裘，多至七千金，吴君官遂复。旋调吾永，先生令子弟避不试，曰："吾非矫为是，恐吴君难区处若辈也。"三者皆为人之所难为矣。

　　初在凤山书院，时整理规田，刊印图板，后进资助不浅焉。出先生之门者，家君兄弟而外，掇巍科者数十人，或在本邑，或在他郡，皆一时之隽也。故家亨叔寿先生八旬联云："屈指巍科皆后辈，称觞名士尽门生。"至今传为美谈。所著有《四书总括》、《五经疏》、《寓连草》，传之其人，良有在矣。

　　赞曰：吾尝思汉翟公之言，而慨然于古今交际也。死生贫富，犹寒暑之递变乎！梁刘峻著《论讥》，其何见之晚？诚激而行之矣。观先生处二同榜，与其所以处同寅吴君于罢官之日不知其难，而转为后此吴君计处己之难者，岂惟好行其德哉！呜呼，远矣！昔康成所交，多大父行，吾能无深于康成景止之心哉？抑岂特吾哉？

----

　　① 茅，原文为"矛"。
　　② 享，原文为"亨"。

赠奉直大夫鼎川巫公传

怀远　官楷撰

楷与福建巫明府少白，皆己亥乡荐年家①。曾计偕会京师，嗣同官豫，因结朱陈之好。得闻其令祖鼎川公，世德清芬，为之立传。

公讳星品，字其彩，号鼎川。其先世罗俊公辟地黄连，即今宁化县，为汀郡开先。受唐封号，事详李世熊《宁化县志》。国朝入祀忠义，为闽粤巫氏始祖。其裔分居永定者，至公十四世。公高祖梅川公，明历任松江府经历、徐州判官，以终养归家。志恬淡，爱读书，莳花卉，力辟世俗形家之蔽，尝言："吾死后，葬处但周植花木，使四时灿开，即吾佳城也。"至其祖起凤公，际明季，倜傥豪放，善书法，不屑事家人生产，因之中落。然是时，乡里以藏富资土寇者不胜计，公独晏然。其考可益公，刻苦自立，膂力过人，外御其侮，得保其身者，仅生公兄弟二人。

时值天朝定鼎，民方痛定，益困乏，无以为家也。公天性孝友，其伯兄思他出谋生，虑老母在堂，饔飧实缺。公曰："吾尽吾力以养母，兄往无内顾也。"于是终母之年，遂典所住屋，往从兄于福清地种山，更拓其业，种靛数倍，航之乍浦，往来颇有起色。时公年壮留髭，欲议聘黄宜人，或虑秦晋难谐。而黄公一见，即许妻之，曰："非无年少郎，无若此堪终身倚也。"遂归公。

越数年，宜人谓公曰："为商非长久计，虽吾翁与君皆以此起家，不如为田舍翁，教子孙耕读。故乡坟墓能无念乎？"公恻然，谋于兄，先后归。至则忘其无屋也，亟赎之。典主索利无算，公难焉。宜人又谓曰："先人之敝庐不可弃，如其愿偿之，

① 同年登科者互称为"年家"。

何损?"遇事皆以慈和宽厚佐公。人有乞籴,升斗必加盈,终亦不取其值。尝为乡人手制衣履,季子桂苑公方幼,谏曰:"母犹为此乎?"宜人曰:"彼贫不能雇工,亦不暇作,吾代之。且性好劳苦也。"桂苑公童蒙时,即过目能成诵,见有卖《左》、《国》、《周礼》者,欲购之。公曰:"吾闻某进士只一部经耳,儿所读已过之,何用多为?"旋告宜人,宜人曰:"果为有用之书乎?吾以米与儿易之。"

公生平不为私蓄,兄弟始终如手足唇齿然,至是乃得以次葬梅川公以下坟墓。凡有借贷,必应。易箦之先,忽一日,取箧中字纸,杂借券焚之,曰:"吾度是已无力相偿,不以贻尔取诟病也。"嗟呼!《书》云:"惟孝友于兄弟,施于有政。"夫子曰:"是亦为政。"向使公境遇当隆盛时,出身加民,其所设施,岂浅鲜哉!以孙贵,赠奉直大夫襄城知县。

论曰:许劭有月旦之评,王戎善人伦之鉴。如公者,其元方兄弟之亚与闻。公归自福清也,途遇揣骨者曰:"公有贵骨,后嗣其昌乎!"论者遂谓:"志行大异人者,其骨原不同也。"然吾尝反复于"积善余庆"、"作善降祥"之两言,抑又何说焉?是知不于其身于其子孙者,固在此而不在彼。

桂苑先生传

归化　李家蕙

家蕙髫龄时,即饫闻桂苑先生名。先生尝令其孙宜福、宜耀从先大父游。越二十余年,岁已卯,先生孙宜福、宜褉与蕙同居馆职,谈及先生,行当有传。宜福即举以委蕙,非以蕙能文,谓蕙故最悉也。

巫氏为宁化旧族,无他宗。巫咸、巫贤实相殷商,此其远祖也。世远莫详,详其近者以著于传。

公讳应秋,字怀献,号桂苑,汀州永定大溪人也。汀州在晋为新罗，有古城，在今郡西。时东南地常为土寇据，不隶版图。隋唐间，巫罗俊辟黄连诸峒。贞观朝，嘉其功，因授为黄连镇将，即今宁化县。其祠祀、坟墓，具详志乘。是为公之始祖。十八传，分居永定。又十八传，至公。

公祖讳可益，值明季乡里寇乱，勇于捍患。父讳星品，勤苦起家，性宽厚则友笃，庆宗党式焉。公幼而岐嶷，成有文章。读书本乡马脐嵊寺中，闭户潜心。弱冠经史毕通，补博士弟子员。旋食饩。屡遇乡荐不举，教授生徒岁数十人，视人子弟如己子弟，咸谓其教不肃而成，不严而治也。究性理，则择宋儒之醇；稽典籍，则该汉氏之博。倡明经学，不务咕哔，常言文章者，本性命，通经济，非博取科名云尔。每课日，对生徒口占十数题文，各随录之，至腕不及书，启发学者循循靡辍。所以远近郡邑，负笈云集。初馆于本里苏氏山斋，晚乃受连城令郑一崧聘，主讲培元书院。终岁辄辞去，曰："书院务名之习胜，虽力挽，其趋求实学者卒鲜。"旋假馆于长汀东乡。公前后设帐几五十年，不与外事。所著有《四书讲义》，其文辞多录于生徒，不自存稿。

公性至孝友，治家严肃有方。待父母疾，常日夜研求药方。久之，乃精岐黄，曰："学此殊有实济，为利溥也，杂艺不能及。"丧居尽礼，哀毁成骨立。以乾隆己亥出岁贡。是岁，长君少白举于乡。庚子，次君维咸又举于乡。乙卯，两君同挑①，发河南知县。公贻书，略曰："贫寒之士固无由毁家纾国，端正之儒，尤决决不容瘠国肥家。敬事后食，人臣常轨耳。无尺寸裨于民社而琐琐自肥，子舆氏所悼为失心，可不惕哉？"又常诫家人曰："吾侪为太平之民，食粥衣布，便为大福分。汝等当勤思职业，若怠惰自甘，妄想美衣甘食，便是恶人，天地鬼神所不许。"次君绵咸、绳咸，孙宜福、宜耀，并先后为诸生。绳咸、宜福又

① 挑，原文为"桃"。

先后举于乡。公皆及见之。巫氏科名，一时称盛，咸谓天之报施公者，不诬也。公卒年七十六。后，绳咸成进士，宜福、宜襖先后入翰林，曾孙初试，旋举于乡，方兴未艾矣。公虽仅以明经终其身，夫何憾？以子贵，赠奉直大夫；孙贵，晋赠中宪大夫。

　　赞曰：吾闽当南宋考亭，守先待后。一时理学，于斯为盛。虽当时或不究于用，而天德王道之治，必来取法，史册有称焉。至子身祀配享①，荣名极矣。所以出处不侔，功效罔殊。永虽僻邑，有开必先。自桂苑先生倡明正学，躬履实行，远近文士翕然兴起。博约有成，垂裕后昆。较之昔贤，胡弗逮焉？

赖长照传

同邑　巫宜福

　　赖奎旺，字庚兴，号长照，贡生，抚溪社前人。好善，有干才。年十三，父存康卒于蜀，窘甚。偕幼弟侍母作劳，供饘粥。恒饮泣，痛父旅榇，岁时不得享祀。年十八，入蜀负父骸骨归。谓弟曰："今此稍纾终天之恨，汝长事母，吾别图生计。"遂贾于江右分宁十余年，裕千金，悉为父营葬，不留余资。矢志及时行善，每行贾所获，岁有捐造，亦竟如其愿。如嘉庆五年，独建抚溪乡洽溪茶亭，并置田税四十二桶。十一年，独造金沙乡园坝里拱篷石桥并茶亭，费金一千八百有奇，又以二百余金置田税四十二桶。十三年，独建东关外崇圣殿，修天后宫拜亭，并购香灯田税四十桶，费金一千有奇。东城外重修义冢，西城外砌修官路数十丈，改修三层岭崎岖山路二十余里，共费金八百有奇。初，赖氏祖百二郎公众敛焘，仅六十千付长照经理。辛酉迄己巳，八年内增拓千金，置祭田，又捐修东华山关帝殿一百五十金。他如鸣岐岭石桥，以及施棺济急诸义举，不能缕述。邑侯霍大光《记金

---

　　① 享，原文为"亨"。下同。

沙亭》勒石，并旌"龙冈硕望"匾。尝训诸子曰："吾以贾所余财，为利济资，为尔曹树德，不为尔曹积金也。倘能引予未竟之绪而不怠，即贤子孙。"至临终，谆谆无他嘱，年七十二殁。

后，道光五年，制宪赵慎畛阅兵过永，廉得实，赠以"为善最乐"匾额，题曰"庚兴明经，力行善事，书此四字奖之"。邑侯张维甲并赠联句云："司马阴功，脚踏实地；大程襟度，人坐春风。"其前此经商分宁时，在彼三十一都陈公脑下，独建石桥，名永济桥，并置茶亭、茶田等，费二千四百五十金。又畀湖广九宫山，独建石坊，塑神像，费五百余金。道光四年，修《武宁县志》，采登綦详。夫不靳多金，有力者优为之。长照徒手起家，不计多积而乐善好施，如此竞传。其殁为乡社，生为人杰，死为神灵，宜哉！

吴氏贞节传

巫宜福

同里吴氏女，年十三许字江姓。与嫂同绩，忽假寐，凄恻，既而哭。嫂惊醒之，曰："妹子何所苦？"徐曰："偶梦，报江即死矣。"嫂笑曰："得毋所谓春梦者耶？"女惭，转入卧室。顷讣至，遂不食。是夜，密制麻衣。晨请于父母，欲往视殓葬，不许。乃曰："父母不许者，爱儿也。然不往而儿死，孰如往而儿生乎？"词甚决。不得已许之，教曰："往视，当即回耳。"诳曰："诺。"至，先谒公姑，然后脱面服，见麻衣，乃知其晨起时早衷诸内也。遂诣枢哭，尽哀。及葬，挽之归。公姑皆曰："我贫，无以活汝。"答曰："女子从一而终，不识其他。家虽贫，我勉纺绩奉公姑，死无怨也。"乃听留。起坐不离其姑，言笑不苟，非五十以上老妇，屏不通。人怪之，则曰："非不乐姊妹、妯娌从容，恐或及亵狎之言荡吾心耳。"闻者悚然。

抚一子，已娶妇矣，屡训不服，叹曰："我苦节抚孤，乃悖逆如此。天乎！"霹雳一声，其子已痴跪院中。邻共趋视，扶不动。其母曰："此后能服教乎？"曰："儿知罪矣，当痛改前非。"母乃盥手，烹茶，焚香，祷天乞贷，呼之，立起。后子夭，遣媳。人曰："汝守节，乃遣媳，何也？"女曰："苟非其人，不必相强，犹不至污家门。"仍抱抚一孙。族人咸敬之，议岁拨给祖烝余谷，又代为请旌。年六十，族人岁时以酒食邀请。始携孙扶杖往，其孙又不成材。至八十余而卒。

夫吴氏，农家女，一言一动，居然礼宗，非天性独厚者耶？嗟呼！既厚其性，奚薄其生，彼苍亦无如何耶？观其教子，呼天则又立应，何也？古云："不于其身，必于其子孙。"抑不然矣！或曰："若人死不为神仙，则来世定生富贵家。"其然，岂其然乎？

节妇李苏氏传

巫宜福

《易》称：纳妇，吉子克家，其义大矣哉。子妇，父母之继，体贤且明，家道成然。子夏曰："死生有命，富贵在天。或安常而履顺，或可贵而难能，固不可同年语也。"湖坑秀才李起云，尝与其友巫宜福言曰："起云先人幼孤，实得寡嫂抚育，恩请为之传，以彰幽德。"余为详其颠末焉。

节妇姓苏，金丰苦竹乡祚昌公女，十八岁归湖坑儒士李新涵，故邑庠生，讳天华公之长子也。公子二，次朝芳，方生，公去世。配邱太君为未亡人，三年为新涵娶苏氏。妇六年而寡，无子，不欲生。邱太君以理泣劝曰："吾夫子没，吾所以强活至今者，为二子耳。自尔于归，方幸佐我抚幼子成人。而尔夫复殒命，吾何堪尔？吾家妇悉吾家事，得吾心即吾子也。尔死必速吾死矣，其谁抚此孤耶？"哭益恸，妇乃止。苦节守志，一如其姑。越弟成人，生子曾统，次即起云。弟感嫂抚育之恩，故先以曾统继苏氏。妇躬纺绩，佐读延师，生孙一人，曾孙三人。曾统又先节妇亡，妇更抚诸孙成立。苏氏妇自归于李六十有四年，为妇则尽子职，为母则尽父心，其有后于李氏之门，宜哉！

节妇生于乾隆十年九月初九日酉时，卒于道光六年正月十九日巳时，与故儒士合葬，俟旌表焉。宜福又尝闻大父桂苑公言"儒士笃志好学，惜哉不永其年"云。

南澳总镇马仰斋公传

同邑　廖审幾

皇清诰授武功大夫马仰斋公，讳琳，字兰桂，号玉堂。仰斋，其别字也，世为永邑西洋乡人。曾祖维良，祖裔远，父明经[①]金，各赠如其官。

公生有异禀，幼习儒业，斐然成章。以父绩学不遇，乃弃文肆武。精骑射，隶弟子员。甲子举于乡，戊辰成进士。以营守备用，分发粤东，补香山水师守备。公熟悉潮汐风云，谙练船务，积功累劳，历升龙门都司，钦州、虎门、碣石游击，平海、大鹏、新会、海门参将，香山、春江、澄海协镇，碣石、南澳总兵。前后三十余年，尽瘁行间。每年哨期，率将士巡海，严为捕缉，维风浪危险，奋不顾身。在碣石、春江、新会等处，计擒洋盗数十，余党解散，海氛肃清。在营整饬行伍时，勤校阅技艺。优者不次拔擢，毫无阿私；劣者深加训诲，令其娴习。部下弁卒，莫不爱戴。生平孝以事亲，友于兄弟。丁艰旋里，增置祖烝，和惠宗族，从不以贵骄人，而严气正性，操行不苟。闻其少年时，曾有妇私奔者，公正色拒之。任碣石时，有友某客于广州，疾革，以妻子衣食为托，公令赴官邸，饮食教诲，视同骨肉。数年，其子稍长，公为经纪，俾还其家。

---

① 明经，清代用作贡生的别称。

乾隆戊子，粤东饥，米贵，兵民耸惧。公谆谆出示，劝富家平粜，全活无算。又收埋遗骸，捐资岁祀。历官数十年，冰操自矢，囊无余积。暇辄吟诗作字，曾有句云"静临多宝帖，闲读少陵诗"，盖纪实也。赋诗颇多，然未尝出以问世。书法仿鲁公，而大书尤妙。年六十四，以巡海遭飓，漂流获济，因此得疾，卒于南澳总镇任中。嘉庆三年，经部奏请，特恩载入《国史·大臣功传》，次子瑞征，恩荫五品。

审幾先大父仰乾公，少时会①从公学骑射。时公尚为诸生，尝谓先大父不应习武，以荒儒业为可惜。先大父每为幾诵公之行，谓"彬彬然有儒将风"，幾志之不忘。岁庚寅，与修邑乘，公族侄攸德孝廉，以公传见属。幾不敢辞，爰次其行，述而为之传。

论曰：介胄之俦，大抵武有余而文不足。公奋起戎行，尽瘁供职，殁于王事，武功懋矣。而恂恂儒雅，持身有法，却谷敦《诗》说《礼》，祭遵雅歌投壶，公殆其流亚欤！

赣榆巫祐堂明府传

同邑　　廖审幾

忆自嘉庆戊辰，审幾与祐堂公联榻京寓时，与其侄同谱鞠坡议儿女亲，实公为执柯。然幾于巫氏，桥梓竹林间，已三世交矣。是岁，公登进士。后十年，宰赣榆。余犹逐逐，计偕经所治，闻政三月。又后八年，余索居故乡，传公讣至，怅然若失者久之。盖叹老成凋谢若是之速也。虽然公乡荐以戊午，而余以乙卯，乃所为文章经国之大业，则余与公已先后不相逮。若是，余何足以传公？因其令嗣来，故不敢辞。

公讳绳咸，字武祖，一字亨叔，号祐堂。考桂苑先生，吾邑

---

①　会，民国志作"曾"。

之明德也。德优遇绌，文闱道章。继往为怀，开来自任。无郡邑远迩，田野椎鲁，皆知先生，愿附子弟。有过庭异闻之难，无古者易教之拘。公幼失恃，随侍严君，蒙为圣功，姿更隶悟。常忧体弱，用瘁亲心。绎武伯论孝之微，识曾参养志之大。焚香照读，默识不厌；燃糠靡苦，凿壁匪勤。故自经史以逮诸子百家，莫[①]不毕览，独弃糟粕，务究天人。弱冠，补博士弟子员。旋食饩。三十五领乡荐，四十五成进士。家居教授生徒，前后三十余年。

渊源已浚，经行允符，受知若莫宝斋、辛筠谷、顾南雅，皆名如北斗，望重南丰。甫揭礼闱，同乡郑贯亭御史，辄向房考，南雅先生为得人，贺先生曰："郑公，正直君子，其倾心若此，吾诚得人矣。"尝居辛筠谷山东学幕，先生爱其论文，对人曰："此今之牟松岩也。"

初，榜前大挑二等，选泉州府教授，能接引人伦，至今争诵不衰。后为江苏赣榆县令，县界山左兰山，盐枭出没，豪猾恣睢。公至案结，奏"可"，弊绝风清，穷无株连，奸胥自慑。祷旱致随车之雨，御灾却入境之蝗。邑中人士，向不甚重文学。公试辄拔其尤，力振其靡。己卯，江南与同考，所得尽名下。在任七年，公尔忘私，仕优则学。余犹惜三思，不惮再恶巧伺上官者，遇事多为平反。

生平孝友，无间人言。服官循良，为政简静。两侄宜福、宜禊在京职，尝叹曰："长安不易居。"俸余悉资之。厉己恕人，俭奉隆礼，乃至季布易其千金，平仲老于一裘。公配詹孺人，先公卒几二十年。不续胶鸾之欢，无贻冰鱼之感。卒于官，年六十三。公初梦迁官在江淮间，意某家丁诚实可用。某，扬州人，公卒，寻亦卒。其曰："海州或见公执事人，城隍庙后知公卒。"咸

① 莫，原文为"草"，据民国志改。

神其事。

赞曰：自古生而正直者，没则为神，盖有之矣。然孔子曰："未知生，焉知死？"吾欲人知公之所以生者而可矣。后汉郑玄、桓荣，以祖孙、父子、兄弟相袭为名儒，致君显亲，皆由之。巫氏之学，几于教有家法，道为世宗者焉。至公之清明严惮，今时人人能言其概，夫岂务俗学、荣人爵者哉？

诗

五言古诗①

送赖伯启之常州浒墅

明　北地　李梦阳

泼泼昆吾精，化作三尺铁。霜风试玉石，随手落轻屑。赋质有至刚，百炼谁能折？丈夫生世间，遇事贵剪截。安能学儿女，铅粉取容悦。呜呼恋君情，不在远离别。

榷船非我制，新自正统间。吴兴东南会，何可废兹关。林林千万艘，日暮澄江湾。国家有课程，聚敛非所安。君木济川器，行旅谅开颜。

君行赠维何，我有西门豹。西门虽云亡，千载仰余照。君行何所止？南近范公宅。江云度春空，想见古颜色。妙契不自珍，幸慰远相忆。

---

① "诗"字校补。下同。

龙冈八咏

邑人　黄日焕

桫嶂连屏①

蠢蠢西北垠，岿然邑冠冕。奔迸拥叠浪，拱揖领诸巘。
郭俯阴全移，日回岚半卷。翘首睥睨间，芙蓉空际现。

水珠叠翠

银汉渗何年？颓峦宿余濑。岁久滴砾凝，草木皆丛蔼。
揽结闽山尽，控带粤峤会。苍然群秀出，杳杳轻烟外。

杭陂春耕

清渠绕城闉，沾溉平畴足。兴作占苍龙，荷锄联百族。
并力争节候，万顷一时绿。世业长子孙，相寻上皇躅。

温泉晚浴

濺濺城东隅，火龙时喷沫。玻璃开琼池，喧赴人如渴。
共入温柔国，荣卫乐疏豁。骊山空殿闭，逊此恩波阔。

古镇锋销

块莽一荒原，累累高冢在。故老夙传闻，虎旅曾肃队。
犹存墟落名，不记是何代。只今诗礼乡，往来尽冠佩。

晏湖鱼化

澄澹若鉴泐，倒浸瑶空碧。灵秀分滇瀣，气候变朝夕。
神物息天机，长此欣窟宅。倏随风雷起，尚留奔搏迹。

龙门樵唱

鸟道盘石门，披霞入层峭。无约亦同群，清讴相和笑。
何必叶宫商，矢口自成调。穆然太古音，昏途知者少。

---

① 诗题原在诗后，现均放诗前。

鳌石渔歌

怪石抗中流，森然鳞爪备。渔父两三人，时来共投饵。
得鱼自易醉，枕石烂熳睡。醒来鼓枻歌，天地同戏剧。

榕 树 坛

邑令① 泰兴 赵良生

高榕郁参天，樛枝长拂地。古坛春雨余，芳草绿无际。生烟
淡溟濛，斜阳远迢递。载酒可寻香，题诗继修禊。何须召伯棠，
于焉足游憩。

潭阁呼鱼

赵良生

昔人寄濠梁，鱼游知欣畅。天开石圳潭，浩荡不可量。网罟
夙有禁，风波幸无恙。偶来一凭栏，洋洋惬心尚。如伤恐尾赪，
于物乐同况。

北楼夜月②

佳晨此登楼，众山满虚牖。高处月华多，林峦发烟绣。怀哉
冰玉人，相对无愧负。空翠欲沾衣，严城起钟漏。坐久眉目殊，
清光共幽秀。

前　题③

邑人 熊九梅

良夜何迢迢，直上北楼倚。一望无际涯，月色凉如水。群山

---

① 邑令，原文为"邑人"。
② 此处原文缺作者。
③ 这首诗题目同上，亦为《北楼夜月》。

荡漾浮，树影参差比。恍疑天半游，竟欲踏云起。高处不胜寒，应是琼楼里。

甘 乳 岩

邑人　王见川

石乳寻常有，所贵在甘腻。自非和气钟，安得无涩类？兹山矗石起，拔地干云际。朝元众笏趋，赴宴群直会。上谷开崭岩，莲花倒垂蒂。葐蒀落琼浆，寒玉受相溉。月液冷争辉，露华清可拟。服之舒心胃，醇懿矜仙饵。亵越者谁子，承将以秽器？遂令灵泉源，脉断永幽閟。吾闻龙湫水，亦不容浊秽。喧污辄兴云，雷电交疾厉。犹未如此泉，一触不再出。窃疑甘乳性，孤洁亦乖戾。何如零陵产，告尽还复至。

题八烈妇殉难处

邑人　吴登瀛

为天扶正气，低头拜妇人。江波渺[①]无极，秋风一叶轻。义洞躯何惜？心安道可珍。嗟哉子云子，巨制乃美新。见事若不早，竟受莽臣名。空山原有[②]宝，閟尔太元声。

读《詹忠节公传》后

邑人　黄如带

劫运哀櫐枪，秣陵王气歇。海疆尽陆沉，公志如山兀。仗剑壮回川，从军叱竖发。泪溅贯日霜，犬吠昏星月。城暗乌啼秋，垒空猿啸碣。至今峡水流，犹见忠魂勃。

---

① 原文此处字迹不明显，"渺"字据民国志校补。

② 此处原文缺"有"字，据民国志校补。

浮海行（并引）

邑人　巫宜耀

里有以剃发为业者，年虽幼，谨愿殊甚。往来余馆中，一朝亡去，惊询之，乃往暹罗斛归其父骸骨也。感而赋之。

薄俗重推解，反忘生我劳。百果原有宗，胡乃轻鸿毛？指顾孤云飞，古人风何高。今朝起我舞，异事身获遭。中男绝短小，巍然人之豪。黄小不识父，他乡长离骚。罗斛极南地，天风遮海涛。自解执艺事，乘桴思跨鳌。敢道轻绝险，父死伤没蒿。异域魂奚依，两眼枯啼号。人生恩情绝，何以为儿曹？誓将收父骨，剪纸归飞艘。经年不得遂，鬼馁心空切。平时一念至，肝肠如煎熬。千忧自可散，此恨增浊醪。伟哉狂澜中！特立回滔滔。反[①]葬首丘意，零丁情永牢。苦哀鬼神鉴，世上徒喧嚣。我里衡宇接，独能负高操。目尽天一发，矫首空自搔。斯人必示后，金管挥霜毫。

乙卯纪事

巫宜耀

嗟哉乙卯岁，斗米千五百。贫人贪悲辛，家家易子食。有身委沟渠，无命在朝夕。恐读云汉诗，周民靡有孑。所幸天心仁，十中全六七。天子命大吏赈。群木生山头，苦心是黄檗。彼苍为汝[②]怜，枝枝赐春色。

---

① 反，同"返"。
② "汝"字原缺，据民国志校补。

七言古诗

赠詹鸿胪负忠节公骸骨由蜀归葬

张天湜

丈夫气概亘千秋，数到终穷岂在谋？留得乾坤安正气，何妨身世殒荒陬。我来寓蜀已经年，饱听道歌詹抚贤。节钺荣联勋懋著，艰危沥血事遄遭。虽知白帝难移汉，献寇鸱张已乱川。孤臣天末谁为偶？伏节殉君名不朽。驰驱血战耀貔貅，破胆妖氛看授首。雄风从此振川闽，半壁西南君复有。后事蹉跎不可量，惟凭剑舌效睢阳。节烈一门先后尽，宁推兰蕙万年香。古今成败知多少，但付冥苍心皎皎。忠臣义士尽捐躯，天柱崩摧①国事了。公瘗嘉城事可悲，峨眉峰色映青垒。英雄为国他乡死，月满空山泣子规。苍苍不绝忠贞后，三复蚕丛探父柩。哀哀觅得槔扶归，蜀道崎岖百灵佑。奇逢幸在蜀之东，仰君纯孝羡翁忠。翁忠君孝铭千古，千古流芳裕后隆。我仍留蜀君长发，飒飒秋风摧鬓发。闽海②巴山万里悬，相思举目看明月。

读《大中丞詹公传》后

长汀　黎士弘

春雨寒宵坐茅屋，点壁穿檐倾万斛。中丞轶事检来篇，飒飒英风生卷轴。直思半壁障神州，不疑大厦支一木。臣也死君妾死夫，回薄三光荡岳渎。有时披发下大荒，何处青山问埋玉？詹家孝子重伤心，往返西川胝双足。一函齿发送蛟龙，半夜瞿唐水低伏。君不见宋时朱寿昌，万里寻亲刺血肉。又不见明时王仲缙，

---

① 摧，原文为"推"。
② "海"字原缺，据民国志校补。

作记滇南名痛哭。谁家忠孝聚一门？伸纸抽毫难再读。

万寿寺

兴化　翁梦鲤

昨日憩西堂，今日憩东堂。东堂松柏郁岩口，西堂花竹明虚牖。西堂老僧西蜀来，东堂之僧东吴叟。东吴西蜀两相望，恒河沙数天一方。随缘杖锡俱来此，无着天亲乃如是。我辈何为惜追游，人生岁月水东流。相逢宝地且高歌，世上浮名奈若何？

锦峰渡

邑人　王见川

东岸迢迢接烟市，西岸离离尽禾黍。扁舟渡水去来频，半是农氓半行旅。忆昔驰逐游京华，涉江泛湖乘危槎。秋风暮雨芦丛里，瞥见归艇便思家。此日溪头间纵目，乡云关树纷历碌。人生动息岂能常？鞅掌或不已于行。

锦衣坊南井

邑人　吴登瀛

君不见薛女井，三月三日启造笺。又不见廖家井，丹砂百斛饮长年。异者为酒为盐火，幻者得玉得金钱。何如此井常勿幕，蠙珠蟹眼吐龙涎。非老亦非嫩，疑圣复疑元。陆羽携茶具，东坡活火煎。况在城闉司万命，银瓶素绠杂喧阗。标地老人凿，拓地子孙捐。少取不盈多不竭，往来井井莫相先。莫相先，但愿家家清肺腑，吾家惯自酌贪泉。

游狮子潭<small>狮子潭曾经雷劫</small>

邑人　巫宜耀

西山径僻行迹稀，深潭百尺无人窥。攀萝扪葛我一至，却走

怒立千麟魔。天生顽石大磊砢，雨淋日炙如磨治。清溪东来一缚
束，海门突兀瞿塘奇。砯岩辊雷殷空谷，回湍喷雪渟澄漪。齋齋
孰侧鬼物守，就中窟宅蟠龙螭。暑天云雨倘含沓，霹雳列缺交奔
驰。我来俯首看悬瀑，飞霆掠面风倒吹。潜身踽步向垠堮，头目
眩晕神魂痴。颓然失势葬鱼腹，山灵无以微命嬉。不可久留觅归
路，遥峰苍翠衔春曦。

五言律诗

晏湖荷艳

教谕　海澄　李基益

露浥如将笑，风掀迥不齐。乍惊朝日薄，斜引夕霞低。
款款蜻蜓醉，深深翡翠迷。兹湖原泮水，君子问濂溪。

榕树坛

李基益

松柏非前号，枌榆著旧灵。斜连芳草翠，遥挹远山青。
雨歇拖藜杖，临风倒玉瓶。游人敷坐处，根曲到沙汀。

题王邑侯祠

邑人　王芬露

百里圻封域①，膺符第一人。六年劳定国，三善纪贞珉。报
德祠垂旧，寒芳瀹荐新。丁宁咨后果②，起保障前因。

---

① "域"字原缺，据文意校补。
② "果"字原缺，据文意校补。

题许、危二邑侯祠

王芳露

俯仰巍祠下，斯神配汝阴。山城真斗大，方略具渊深。
兵食安危计，绸缪久远心。岂惟诒继事，受赐到于今。

题何公祠

王芳露

步出东城曲，崇阁辟户庭。溪流长不断，山色远尤青。
松柏空垂荫，茆芹未荐馨。他时征治绩，尚记豁徭丁。

天湖山

邑人　吴晋

游山非有约，如鸟倦投林。细数幽人迹，闲参古佛心。
一炉容拨火，两足喜传音。幸免移文责，重来拂素琴。

天湖山

邑人　廖枫

行到林深处，云开石路新。泉飞千尺雪，枫染一山春。
煮桂烟浮磬，拈花佛近人。谈空望落日，不暇问前津。

半天岩

邑人　王燕龙

层层烟树簇，远眺势巃嵸。帘卷千峰月，窗开万里风。
天如淳古上，人在小春中。多少闲来往，登临未许同。

永平桥

邑人　赖国华

曳履青溪畔，峰回路转长。彩虹明峡水，朱雀卧斜阳。
凭槛游鱼静，驰车过客忙。以时观动息[1]，雌雉叹山梁。

游马石山莲华庵[2]

为爱莲华好，行寻石马骄。烟光环一寺，山势涌层霄。
松静微生籁，云低远度雕。清歌向晚发，随路听归樵。

避暑高南堂二首

王见川

避暑如避秦，南堂就问津。竹风宜是夏，花气过于春。
松放孤梢月，池浮一寸鳞。下方空寂寂，可有未眠人？

一梦入华胥，兼旬兴有余。远山真绘似，冷簟欲冰如。
多折题诗简，懒封招客书。轻烟开向晚，新月又还初。

夜游燕子岩

王见川

月欲穿岩窦，停云不敢留。灵光和石激，清影引人幽。
反侧迷昏晓[3]，凄凉混夏秋。举头天外想，蜗壳转潜蚪。

---

① "动息"二字原缺，据民国志校补。
② 原文缺作者。
③ 晓，原文为"晓"。

心 山 庵

邑人　廖焕章

不待求禅觉，山深自息机。野花随意发，幽鸟背泉飞。
酒[①]淡滋人适，棋间落子微。去来何所束，莫漫计斜晖。

石 圳 潭

邑人　郑　辉

昔日濠梁富，今朝星罶贫。岂因弹铗客，怅望梦旟人。
梀静余香麦，潭空长白蘋。大夫如惠保，生馈有鲜鳞。

博 平 堑

邑人　卢欣松

长城犹不保，深堑意如何？应运有真主，违天漫自魔。
事空归梀璧，时久戢干戈。百丈平山外，于今长绿莎。

访 孝 亭

邑人　吴登瀛

孝不因亭著，亭因访孝名。白云犹隐隐，苍柏自菁菁。
蛇虎当年伏，羊乌是子情。人心如不死，振古有讴声。

卧 龙 山

吴登瀛

叠嶂淬芙蓉，横冈卧似龙。雄吞文武水，秀挹丙丁峰。
日月光常孕，风云气自通。高吟续《梁父》，何必出门东？

---

① 酒，原文为"洒"，据民国志改。

猿吊钩

吴登瀛

廿里冲云路，千寻晒练泉。朝岚晴亦雨，复岭断犹连。
径仄苔为磴，峰高石插天。飞猿不到此，到此应藤牵。

癸亥春日登城南魁星楼

邑令　长洲　张智莹

蔀屋春如许，闲游胜寂居。一城新气象，百里旧田间。
山水工环拥，胸怀妙卷舒。到来弦诵地，学道意如何？

和友人游道南文院见酬之作

张智莹

裙屐如仙侣，春郊结队行。野花争索笑，林鸟喜相迎。
系艇随人渡，鞭牛带雨耕。溪山清绝处，眺览愧平生。

乙丑九日，同诸僚友登沙墩阁，后至城南魁星楼眺览而归，遂饮于西斋菊花下作

张智莹①

古寺城西角，凭高一振衣。不将官自缚，小试马如飞。
林樾②开清梵，烟霞入翠微。通幽起禅阁，好待白云归。

不尽看山意，真成信步游。古墙花历落，深菁鸟啁啾。
霜栈劳停辔，风鸢乱打头。正须穷眼界，天半倚巍楼。

---

① 莹，原文为"堂"，据民国志改。
② 樾，原文为"椒"。

川原清绝处，景物画图中。万顷飞轮灌，双流拨棹通。
山容横挂榜，桥影直垂虹。登眺同民乐，非贪落帽风。

奉陪李太守及诸僚佐登北楼

张智莹

曾不出城郭，居然远阛阓。高空纡鸟道，苍莽叩云关。
白马杳难辨①，青乌精未谙。此山原胜绝，不肯附群山。

丛树多于草，菶檐密似鳞。闲观皆有致，高踞已无邻。
海气遥生瘴，山容不作春。眼花落云雾，殊负振衣频。

忆昔登临地，沧州无限情。芳江裁薜荔，云塈和竽笙。
官是中年累，诗惭半世名。何时返初服，啸傲叙生平。

书《詹天颜公传》后

邑人　巫绳咸

公死今千载，吾生后百年。艰难支一木，太息吊三川。
故里闻孙在，他邦孺子传。知人谭学使，读史为潸然。

往凤山道中杂兴六首

邑人　巫宜耀

雨后红尘敛，行行紫翠边。松楸盘鸟道，村落滞人烟。
芳荠排云树，僧衣认水田。芒鞋何所适，望里每迁延。

山径行人少，威迟过板桥。牧童闲扣角，樵客坐吹箫。
阪峻云烟锁，林深虎豹骄。西原一回首，足迹已云遥。

---

① 辨，原文为"办"。

小憩山头寺，山门隐白茅。井阑铜钵乱，石礲绿萝交。
梵呗佛香入，风涛松子抛。钟鱼不留客，缓步到芳郊。

一道溪流险，嶙峋石笋高。飞花寒雪落，跃浪锦鳞豪。
此地是通济（有通济桥碑），吾生胡太劳？残碑废榛莽，却
坐听松涛。①

新村风景好，叠嶂隐人家。点点乌犍出，飞飞白鸟斜。
池塘围井邑，楼阁淡烟霞。便是镜湖好，何心牢石耶？

天险无烦设，熊罴守独强。戍楼雕白雪，画角吹严霜。
桐板千秋在，狼烟万古藏。野人分击壤，帝力坐相忘。

瑞兰三首

邑侯　大兴　方履篯

晏湖署斋素心兰盛开，中有一花十瓣，合蒂同心，诚罕见之
品。同人咸以为瑞，聊赋三诗，以答花神之意，兼索和章。时道
光庚寅仲夏。

两间清淑气，绝代隽新才。妙蕴偶然露，奇花今始开。
九天谁灌植，百畹尽陪台。只合韩凭侣，相携化蝶来。

合蒂凝朝溚，同心护晚凉。自应生素族，独许擅天香。
炫俗非初愿，临风惜众芳。傥容为世瑞，纫佩亦相当。

玉骨留仙袂，瑶华谱翠琴。当门无昔忌，空谷有知音。

---

① "听"字原缺，据民国志补。

谢览香难挹，灵均意最深。中庭餐秀色，何处问同心？

五言排律

高陂桥落成

邑人　王见川

经纶孚地脉，结构有神功。排雁连云际，飞虹落镜中。
百川争赴壑，万石怒张弓。尽障狂澜倒，须知砥柱雄。
人行银汉路，鱼跃水晶宫。醉卧垂杨绿，仙游彩幔红。
留题车与马，觅句雪兼风。倘得奇书授，甘为纳履童。

七言律诗

新建永邑

明副使　饶州　刘城

建邑溪南帝命新，我来营度几经旬。野人正卜移家计，分职须教问俗频。负郭桑麻看渐好，阴山草木总回春。四民乐业闾阎静，早晚封章达紫宸。

新建永邑

明邑令　新昌　王环

新邑俄成不日间，百工趋事岂辞艰？连居比屋周围绕，下隰高原左右环。狐迹敛藏民自乐，狼烟息灭戍偏闲。观风更喜台臣近，启我从容化蠢顽。

杭陂春耕

邑令　王环

滚滚源流涨小溪，老农分引入杭陂。栉风沐雨歌无逸，锄隰耘畛诵《楚茨》。百亩菑畲芒种候，一犁膏雨早春时。伫看西秩收成日，报赛先农祀古祠。

杭陂春耕

邑人　赖守芳

布谷声催趁早时，连阡①越陌各孜孜。锄云兼莳新田草，候②雨忙修旧石陂。担食提壶晨饷亟，荷犁带插晚归迟。稻粱饱餍寻常事，稼穑艰难知未知。

平西驿晓发

参政　陈朝用

平西荒驿晚来投，晓发犹担万斛愁。漠漠阴云垂雨脚，悠悠险路挂山头。私情许可忘公义，远虑其能省近忧？但得吾民安衽席，眼前辛苦复何尤。

村　居

明　邑人　胡时

豆种南山秫种田，醒时独酌醉时眠。溪头水涨夜来雨，门外山连晓起烟。村鼓数声春社日，牧童一曲夕阳天。东邻老叟时相问，桑柘阴中话有年。

应诏发螺川

明　邑人　邱子瞻

书台宴罢促登舟，共向黄堂别郡侯。束帛敢辞贤主召，振衣浪赴上京游。玄猿啸月螺冈晚，画鹢飞风鹭渚秋。一望蓬莱天万

---

① 阡，原文为"吁"。
② 候，原文为"侯"。

里，此心何啻水东流。

东 华 岩

教谕　归善　李应选

出郭寻幽思不穷，晓烟开处古岩东。松声细逐泉声落，石径斜穿竹径通。宝座倚楼笼翠色，青莲随地散香风。年来独觉尘根净，世事浮云过大空。

金 谷 寺

李应选

建寺何年岁月赊，乘骖偶过访烟霞。谈玄不觉日将夕，人定无心云半遮。池畔正生春梦草，洞中初绽碧桃花。罚依金谷有常例，随手诗成漫自夸。

松院秋声

邑人　熊兴麟

凌空杰阁挂松楸，谡谡涛声杂濑流。鳞老薄霄亭日午，风寒飞线满江秋。谁为方夜读书赋？自有登高落帽俦。铛沸新泉茶七碗，恍疑羽化上琼楼。

赠詹鸿胪负忠节公骸骨由蜀归葬诗

国朝　建安　郑重

三奔蜀道苦难行，桑梓逢君慰所钦。往事不堪千古泪，他乡同借百年心。忠镌竹帛光青史，魄返龙门壮碧岑。肠断几回随折柳，长亭那忍别知音。

杭陂春耕

邑令　赵良生

犁烟耢雨互商量，秧马柴车宿道傍。草野陈胡无叹息，山林沮溺自津梁。春郊报赛迎猫虎，社日祈年顺雨旸。不厌桑田频税驾，为勤农圃劳壶觞。

湖山春望

邑令　许州　吴梁

劝农归俗敢辞艰，路入仙源翠岫环。雨后鸠鸣红杏坞，春深人种绿杨湾。双溪水涨龙盘伏，五子峰高鹤往还。我欲移家居此地，故乡无此好湖山。（末用东坡语）

避寇龙门道中

邑人　廖枫

畏读当年行野诗，流离此日更堪悲。担飘风雪扶筇急，桥断山蹊得路迟。有客不能充麦饭，无家何处望晨炊。莫须张俭高门启，子母相将信所之。

沙墩阁

廖　枫

酒梂棋枰到处忙，投闲绀殿亦寻常。入门幔卷千山雨，坐榻寒侵一夜霜。啸发孙登矜我老，诗携谢朓几人狂。披衣远睇苍烟外，百虑全消兴自长。

题江敫荣昆季名山聚别业

邑人　张月鹿

学山不费买山钱，别墅初开别一天。人与名泉同竞爽，楼偕胜友并凌烟。南畴雨过光浮砚，东谷月高彩拂笺。精锐养成惟伯仲，笔锋齐压万山巅。

车 田 看 梅

邑令　三水　胡建伟

乡中古梅百余株，蛇柯铁干，时花盛开，香闻十里。余因公过此，摩娑嗅玩，不觉情为之移，感而赋焉。

道出车田看古梅，行行不觉笑颜开。非移老干来山郭，那得春风遍水隈。傲雪自分甘冷淡，饮冰何处玷尘埃。何郎作吏风流甚，索句巡檐日几回。

年年牢落寄山城，铁笛吹残夜月明。但得暗香闻下里，何须调鼎著和羹。暖回谷口春初信，清入茅檐水一泓。不尽摩娑翘首处，望云人动故乡情。

寄怀泸州刺史江简符

周绍龙

五年心事忆江郎，岂有星悬益部光？却笑春袍迷锦水，空闻华馆枕流觞。冰盘进果尝红荔，燕寝吟花补海棠。东阁应知多胜暇，几回清梦到琴床。

晏湖秋月

邑人　王见川

凡标景，尽属陋例。湖不盈半亩，未足深。人流连，鱼化固俗，荷艳亦强缀，必欲澜凑为景，莫若易"北楼之夜月"为"晚眺"，易"晏湖之鱼化"为"秋月"也。遂为一律以倡之，未能免俗，聊复尔尔。

孤高凉月夜三更，波静湖光一鉴平。半璧涵空圆相满，九天霁色在渊清。沉寥人向冰壶立，旷朗晖从水殿生。江汉秋阳怀皓皓，璧间隐隐有书声。

介石村落成[①]诸公连韵寄赠次第答之

王见川

西山当缺特留芳，天与狂奴剩此堂。石应米颠呼丈拜，泉堪陆羽品茶香。鸠工不惜春耕力，独寤无妨午梦长。赠我佳篇初发响，经题山面始开荒。

柴关渺渺接村烟，水石如盟聚一边。瀑号银潭千尺白，仙形面壁十年坚。豹藏谷雾迷深夜，鹤向松林放远天。不令寻幽轻一览，丹崖铁嶂互勾连。

古井仙岩久擅芳，为怜空翠满坳堂。编茅构屋随洼突，聚石穿池引冽香。一曲移来琼嶂合，两峰泻出悬泉长。搜奇只在村墟近，何用穷探破莽荒。

未是膏肓癖雾烟，差堪习静此阿边。澄心月印空潭静，起脊风棱峭壁坚。村洞别开名介石，斋居夙尚在山天。同方不用忧离索，一榻终当喜尔连。

砂碛泥封旧闭芳，委余结构宛成堂。斜通浍畎山泉涌，尽剪蓬蒿石发香。拱壑一拳尘自断，乖崖层折路偏长。幽栖颇觉心期遂，只愧吟题笔砚荒。

诛茅辟莽破岚烟，介石名因靠石边。喜有玉攻同切砺，岂将

---

① 原文缺"成"字。

齿漱太孤坚。新诗雅善开生面，游意何妨叩洞天。说与初平如不惜，石塘桥路正相连。

村成地僻虑孤芳，幸有群贤聚共堂。坐竹新传林下履，探丛争赴桂枝香。映阶树色英含嫩，出户歌声响答长。山水欲完仁智愿，及泉复簣莫抛荒。

一区初足饱萝烟，啸振山头濯水边。物外光风予自得，个中耽赏尔同坚。仙霞岩畔传炉鼎，春草窗前悦性天。非有无穷难了事，不将匏系误茹连。

苦将浮逐掷年芳，旧业重寻构草堂。开径欲滋兰臭益，窥园时觉菜根香。雨余春涨山蹊断，云际秋高石笋长。曲磴浮矼频料理，肯容屐齿落茅荒。

旋携书剑入苍烟，谷鸟乔鸣到枕边。自赋闲居聊养拙，漫来问字学攻坚。山晴梦绕长安日，村暮云归子舍天。出处如公诚得所，追趋未免两牵连。

题翠丰庵

王见川

凭临小市接孤村，带绾青溪襟绿原。瘦透寒松癯有骨，吹斜古柏渴无根。红尘路断秋生草，白日人稀昼掩门。得句不嫌新疥壁，拭墙未见旧题痕。

福广庵

邑人 王梅调

半生不作空禅话，尔日楞严读更深。数到旧游重借问，逐层缘引细追寻。芙蓉摇落秋光老，野火烧残日色沉。为语山灵休寂寞，他年须待结知音。

讲 武 台

上杭 刘黄锦

不惊阛阓不侵耕，隙地为台可讲兵。鼙鼓动时山谷震，雕翎落处碛沙平。阵余释甲谈方略，带缓归鞭绕子城。最幸太平烽火静，年年随例按行营。

过箭竹隘

邑人 吴奉璋

太平行路不知难，设险当年仔细看。横锁两峰墙数仞，崎岖一线路千盘。丛篁旧聚秋怜啸，警柝曾惊夜梦残。今日放眸真快事，闽山粤水地天宽。

许公堤

邑人 廖焕章

春来何日不空濛，一带长堤烟雨重。驱犊声中人戴笠，问津忙处客依松。轻笼极浦迷芳草，遮幕前山失远峰。倘得米颠图入画，墨光宜淡亦宜浓。

九日重游东华山

邑人 苏映华

层层秋树锁寒烟，乘兴登临踞石巅。晓露岩头清到午，晚香篱下别经年。惊看野火荒山里，遥对青枫古寺前。回首夕阳归路远，茱萸斜插帽檐偏。

方 广 岩①

最爱清幽结草庐，红尘半点尽消除。雨余深谷山光冷，风过寒林鸟迹疏。法向空中生妙悟，道从觉处寄真如。长明一盏归禅定，那管浮云卷复舒。

西 竺 山

邑人　卢欣松

洞云深锁断轮蹄，流水声中觅小蹊。一笏回澜留砥柱，千章古木拥招提。扪天绝顶光逾阔，俯首群峰势自低。风驭冷然超世外，桂丛谁与共寒栖？

石 麟 山

邑人　郑辉

柴关无锁客频游，风过林间宿雾收。华表鹤归留素影，玉屏仙去剩丹丘。旋螺洞暗魂如失，一线天光境转幽。炬尽正愁难到底，龙湫又隔水悠悠。

芦溪舟中

大埔　饶庆捷

东瓯南粤此分疆，三日辞家便异乡。百道虹桥飞雁齿，一川滩石锁鱼梁。空濛细雨添新笋，缥缈村烟矗大樟。记取初游晏湖路，江波白浪砭危樯②。

---

① 原文未题作者。
② 樯，原文为"穑"。

文 山 亭

邑人　阙恩诏

岭头犹记昔年碑，丞相南来虎节持。半壁河山经破碎，藐孤臣主更流离。于今客路空禾黍，自古忠魂想旆旗。枯木寒鸦斜照外，清风石上拜须眉。

题锅潭石桥①

阴浓路曲树苍苍，夹涧依山架石梁。锁住烟霞潭自静，寻来风雪句生香。乌衣日暮浮朱雀，杜宇声清卧绿杨。斜傍春风频徙倚，遥情笑想汉涨良。

寻绿筼书院旧址②

挂榜山椒旧讲堂，白云幽径址全荒。迢迢薪火谁当续？寂寂松筼何处芳。尚有弦歌闻下邑，稍欣禄曜近文昌。报功祠正座祀文昌，诸生月课在其所，即今凤山书院是也。前修毕竟堪绳美，重剔残碑问老苍。

树木由来等树人，当年大雅迭扶轮。即看雨露常如昔，不信文章果有神。野火几番烧欲尽，故田多主换仍频。名山合有传经地，终仗群才为鼎新。

---

① 原文缺作者。

② 作者名，原文缺。从后文《和顾春江明府〈寻绿筼书院旧址〉韵》可知为顾春江作。

南堤览胜

顾杏章

重将尘面照清溪，南浦横桥曲渚西。远挂银涛曾啮岸，断开云窟竟成堤。镜中眉妩青如故，雨后秧针绿渐齐。童叟踏来迎旧令，不才何以慰苍藜。

览胜寻源过曲溪，衣香人影板桥西。又看危径成芳径，添筑新堤护旧堤。客免褰裳连袂稳，功同集腋众心齐。天涯蔀起王孙感，南浦蘼①芜碧似藜②。

和顾春江③明府《寻绿筠书院旧址》韵

侯官　孙德榕

谈经依旧说山堂，云径凄迷址就荒。一自种花来上国，顿欣飞舄溯前芳。松筠干老森千尺，桃李春秋荟百昌。谁解使君弦诵切？扶笻踏遍古苔苍。

雅化由来重作人，曾钦轮扁善衡轮。愧无绣谱遗多士，幸傍洪炉仰至神。废宅久墟风雨急，好心入梦往来频。凤冈本是文才薮，再睹宏猷倬汉新。

登　北　楼

邑人　黄如带

松盖屏端起翠涛，岧峣望里跨云豪。丹梯风断疑无路，瑶径

---

① 蘼，原文为"蘪"。
② 藜，原文为"黎"。
③ 春江，或为杏章的号。

仙登别有曹。山到芝城千嶂叠，水流韩渚一川高。乾坤清气披襟抱，遥指蓬瀛万里翱。

无　　题^①

蓬莱　张维模

南堤道南书院左侧，新构滫兰精舍，为前大令方彦闻先生所兴倡，而诸绅共乡襄成也。予辛卯游此，见其殷勤培植之意，窃为士林幸之。因纪以诗。

板桥阴处伴春行，恰有山林近市城。云在诸峰含画意，风从虚阁送书声。相期德业同千古，莫把渔樵老一生。械朴芃芃遮道是，谁将诗句谱升平？

筑堤筑舍德愔愔，良吏声称动士林。山水中含仁智性，诗书上绍圣贤心。但能入座风从古，不觉当门雪更深。他日晏湖重览秀，翘然玉笋茁千寻。

静是回汀远是庄，得言翻教俗情忘。校书人记登藜阁，作士材期贡玉堂。鱼泳鱼游知我乐，花开花谢笑人忙。待看桃李成阴日，始识栽培意正长。

修兰为友竹为师，意到还须目送之。借问时哉谁与共？应叹逝者本如期。心闲自切窥园戒，先近何劳凿壁移。博得文章高万丈，方知奎宿照无私。

---

① 原诗无题，今以"无题"题之。

文山桥怀古

龙岩　谢廷桂

空山落日照旌旗，闽粤间关此驻师。天地有心移国祚，英雄无策救时危。芦花夜月迷孤垒，枫叶秋霜冷故碑。千载滔滔桥下水，至今鸣咽有余悲。

五言绝句

名宦祠

邑人　孔庭训

门外襟流合，祠前碧树阴。高风千载迥，遗泽百年深。

乡贤祠

孔庭训

孤忠悬夜月，高义薄秋天。鹤梦归何处，风声启后贤。

七言绝句

夜宿丰稔寺

明参议　陈　渤

玉童双引入僧房，树隐帘栊近夕阳。
欲镇山门无玉带，也应花笑紫薇郎。

游凤麓亭赠种松者吴阶泰

邑令　吴燿孙

百年谁与辟蓬蒿？羡尔栽培独自劳。
矫矫苍鳞应有待，樵人须共惜龙毛。

赠詹鸿胪负忠节公骸骨由蜀归葬

国朝　成都　费密

　　都御史詹公祖，自守令屡迁抚军，守御残疆至尽节嘉州，前后十余年，其著绩皆在吾蜀。密录勤劳王事诸条，为公立传，从蜀陷后颇详，已四十载矣，未知公郡邑、生长、出处之始也。来永定方晓公为邑人，又得公嫡孙亚魁、孝廉蔚伊所遗家传，知公遗骨为冢，嗣鸿胪君入蜀负还祔之先垄。得孝子忠臣之门，吾党大幸也。

有子三为万里行，寻亲遗骨入先茔[①]。
乌龙山上生青草，至今啼满杜鹃声。

前　题

成都　费锡琮

乱山残雪蚕丛路，涪水孤舟旅榇归。
未成勋业犹思蜀，一片忠魂禹穴依。

宿抚溪驿

督学　汪薇

山鬼吹灯浑欲灭，厨人夜语不闻声。
潇潇古驿风和雨，望断汀州半月程。

石佛庵

邑人　吴祖声

茅庵如笠挂峻嶒，投老孤栖破衲僧。
最爱石身长不坏，一炉香火一支灯。

---

① 茔，原文为"莹"。

题报恩祠

邑人　王芬露

一祠何足尽讴思，街结犹嫌爱戴①衰。
况复石炉香火冷，负墙神主网蛛丝。

占坑道中

邑人　王燕龙

蹑蹬巉嵸屐齿斜，扶筇不惮入云赊。
林深迹少人行处，插竹编篱②四五家。

望山二首

邑人　萧廷璠

十亩云窝一掌开，萧然古寺傍崖隈。
无多绿树遮楼屋，爱引遥山积翠来。

花飞洞口云迷径，鹤唳空庭月在天。
浪说蓬莱山可望，望山深处是神仙。

东 华 岩

邑人　郑炳

满山佳气入楼台，石裂云窝一境开。
欲觅寒泉消酒渴，凉风恰在水边来。

---

① 戴，原文为"载"。
② 篱，原文为"离"。

题廖瀛海先生遗照

长洲　沈德潜

相逢卷轴气冲融，林下时披谡谡风。
三十年前追往事，曾于床下拜庞公。

毛鸷纷纭刷羽翰，清泉渊静息波澜。
姓名未达明光殿，不善承颜事上官。

门巷和风拂众人，四方都养往来频。
五经讲论如翻水，不数纷纶井大春。

田园久矣归芜没，惟有经畬价直多。
膝下衣言穷理奥，岂徒诗格小东坡。

往岁词场掉臂行，东涂西抹愧虚名。
一人知己吾无恨，况是贤豪著品评。

向日试作，先生详加评论。

题牛皮石庵

邑人　王见川

叠石层层似剪裁，重阶阿阁倚云开。
秋江水净明如练，一幅丹青倒卷来。

夜宿鲤鱼阁

邑人　王锡圭

一夕东华作卧游，鲤鱼石畔竹床秋。
天池露冷棋枰月，人在中峰最上头。

过水槽隘

邑人　卢致

五里清幽一径深，中间缚个小茅亭。
重门不用牢关锁，山海于今久敉宁。

秋夕同诸子登永邑西城

侯官　齐弼

村舂响处杂溪流，桑柘家家早稻收。
剩得芋田千顷绿，露珠浮叶缀新秋。

清溪几曲影迢迢，闻道南流夜到潮。
我欲拜韩瞻北斗，画船何日过湘桥。

酒旗斜卷逐风清，牡蛎墙高夜色明。
更喜地留邹鲁俗，二更门巷有书声。

去年今日两徘徊，布袜青鞋踏青苔。
胜却吹笙人去渺，千年惆怅鹤飞来。

书华村即兴六首

上杭　陈东注

松院书声①

白云精舍踞峰巅，镇日书声晚翠连。
读罢松风来缥缈，不弹琴②也韵绵绵。

---

① 标题原置于诗后，今分别置诗前。
② 琴，原文为"见"，据民国志改。

锅潭晓月

锅潭如镜映秋空，造化甄陶在此中。
晓月飞来潭影静，金波对照正溶溶。

虹桥卧波

傍柳随花摄履过，彩虹横落卧清波。
游人无事扶藜杖，笑指溪虹吸若何。

石印回澜

九曲银河一涧通，天然石印印波中。
狂澜到此都难逞，变出文章是化工。

丰宫钟鼓

琳宫幽邃傍烟林，日照溪山翠色侵。
暮鼓晨钟发深省，警人多少用机心。

北岸双社

椎牛村社已年年，击鼓童儿竞后先。
翠柏双株人坐饮，醉归揖别隔溪前。

凤山杂咏

邑人　吴登瀛

地窄民多处谷间，田稀艺谷便开山。
辛殷送子从师去，书法争摹柳与颜。

二酺难充不受怜，一经教子有薪传。
明春决取青衫著，好向祠堂拜祖先。

天漏泉四绝

邑人　巫宜耀

余所居之南山，俗呼马脐崠。有泉，大小因时，殆若漏焉。

亨叔亲睹其异，作此以订后游。

老阮乘春跨鹤游，林泉风景一人收。
眼看刻漏天然好，奇绝南山一水流。

南山空翠入烟霄，一脉寒泉望转遥。
却忆《浔阳传琐记》，鸡笼山水信通潮。

《浔阳记》："鸡笼山下，朝夕有泉，溢出如潮水，时刻不差，号为'潮泉'。"

曾访新罗第一泉，霍溪井渫至今怜。

乙卯秋赴省，道出龙岩，访新罗第一泉诸胜。

谁知脱却游山屐，天漏淙潺失眼前。

知时不见望仙门，传信传疑未敢论。

道州望仙门内有知时泉，夏至则盈，秋分则涸。宋绍兴间，郡守辛公创亭。

他日欲从禽向约，南山抽棘问真源。

观天泉二首

巫宜耀

大时嘈嘈屋建瓴，小时点点玉珑玲。
山中早晚山人晓，何事人间五斗瓶。

十二芙蓉叶叶奇，高僧绝技少人知。
何如卓锡南山上，听取山泉十二时。

永定县志卷二十

良 吏 传

　　善言政者，必不专循乎成迹。张弛所宜，宽猛所尚，或导以生业，或化以弦诵，其绪万端，因时而见。然必恫瘝乃身，与民相洽，而后能达好恶之情，施简惠之政，俾元元得饫其利泽也。

　　永邑虽介处于山溪之间，壤地褊小，而民多朴愿，俗知礼让。苟有循明之宰，当使风和恩结，治如转圜。而或者谓其土瘠，则无脂膏之润；其地僻，则无理剧之名。能者视如洞辙，不欲久居；庸庸者，则奉身免过而已。嗟夫，令之秩虽卑，亦且为天子之吏，教养百里之民，其自视当何如？而顾以资度之不饶，但思便其身图，而遂有鄙夷其民之心，岂君子之所当如是耶？开邑以来，三百余载，前政之美者，经营创建则有王环，抚辑荒瘼则有赵廷标。其所处之时，皆至不易，黾勉奏绩，卓然可传。余或补偏救弊，声实相副者，民亦尸祝之不忘，岂不可为后事之师哉！余裁辑斯传，既发其景仰之思，亦不能不慨然于今日也。

　　王　环　字廷玉，新昌人，天顺三年举人，由①训导擢知永定县。邑当新造，百度营建，皆殚心经画。寇乱之后，民人离散，环加意招徕，给以牛、种，俾复业。三年考绩，布、按二司判曰："莅新创之邑而有剸烦之才，制难处之事而有敢为之志。"见者以为实录。益如请割杭粮以免两役，密缉遣戍逃回之官胜、

────────

　　①　由，原文为"田"。

温隆等数十人置于法，皆其敢为之效也。历任六年归。嘉靖三十年，祀名宦。

教谕谢弼为通邑记《王侯政绩碑》曰：永定肇基，王侯为令。百度修举，政通人和。阅三载，当考绩，士民赖恒、张以璇等合词赴当道乞留。既而朝会行，耆民吴克恭、简宏等又恳词乞留，当道允其请。则相与砻石勒绩而来告予曰：

病吾民者，其概有三，幸侯力以除之。盖邑自上杭而析，杭人始以地相交杂，捏梅花分管之说，眩惑①司府，愚吾民田产相涉者，令②寄庄以入其网也。侯独不从，曰："籍在此而庄在彼，一人岂堪两役？"遂恳词申请，虽违司府之令，不避也。既而事果白，归其粮二百余石矣。杭人多富，田产连阡陌，出入公门者甚习。吾民佃其田者，常苦其横敛。司檄、府牌交相征取。侯莅任，杜私谒③之门，塞苞苴之路。遇事触犯，执法不屈。有索租而诬民为盗者，必正其罪；加租而嚼人无厌者，必惩其恶。久而豪横皆敛迹矣。昔之遣戍者，时复逃回，三五成群，连结多党，声言复仇，乡人惊惧。司府将发兵缉捕，侯恐其毒民，止之。密发民兵四散缉访，如官胜等获之解卫，温隆等置之死地，久而丑类自扑灭矣。其除民之害者如此。

若夫利吾民者，其事有六，幸侯力以兴之。盖兵荒以后，民多离散，如逃漳州者胡志广等数十人，窜广东者黎冯旺等十余户，率复业锄山种食，依木为家。侯则给牛、种以助其耕，蠲徭役以息其力。自是，户口增而田野辟。且岩洞之民，犬羊其性，鸡鸣狗盗之雄尚多，鼠牙雀角之争不少。如贼民王惟广等，过不悛也，侯宁受其诬而力排之；贫民阙存昱等，冤莫申也，侯宁招

① 惑，原文为"感"。
② 令，原文为"今"。
③ 谒，原文为"谓"。

其尤而力释之。自是，盗贼息而词讼简。他如修筑学舍，增广生员，朔望程其勤惰，季考别其贤否，于学校也何厚乎！斟酌民力，佥点徭役，贫富誓服，司府称平，于赋役也何均乎！其兴民之利者又如此。

此六利举，三害除，以故督学金宪周公孟中、分巡林公克贤，皆咏歌以颂其美矣。分守孔公宗显，锡花彩以旌其贤矣。顽民或有诬词，方伯、宪长诸公辄委自理，他人于此将挟己以欺人也。侯益笃其子民之心，而吾民益爱敬之如父母，所以惴惴焉恐其去，而皇皇然乞其留。虽然考绩之行所以献最于天官，朝觐之行所以述职于天子。今以吾民之恳留，使侯之行不果，则侯之绩不得彰，是则吾民之罪也。

愿先生一言，以表其绩，以垂其将来。予惟昔周公居东，东人爱之，一则曰"于汝信处，于汝信宿"，盖喜其留也；一则曰"无以我公归兮，无使我心悲兮"，又恐其去也。今邑人之忽留侯者，固无异于东人之爱周公。第周公元勋茂烈，勒之鼎彝，天下后世所师法。侯由是而益修其政，益保其民，益懋其功，使今日铭之县石者，将他日勒之鼎彝焉。则功虽未必尽如周公，而亦不失为周公之徒矣。慎无谦退而自已也，矧国朝崇重牧民，循良有传，褒封有典。侯，志士也，能不勉乎？

教谕谢弼　安福举人，善诗文。振铎于草昧之时，创缉邑志。祀名宦。

教谕廖观海　海丰县碣石卫举人。弘治三年任，祀名宦。旧志称其"勤于训诲，始终不倦；科第踵起，皆其甄陶之功"。按：尔时，教官考课，九年任满，以任内生员中式多寡为殿最。教授五名，学正三名，教谕二名，为"称职"，升用；各减，为"平常"，本等用；无中，为"不称"，降用。永定自弘治二年后至十一年，乡科始中式二名，观海当为"称职"。但十一年，已有李桢继任，未知观海历满九年否也。

　　宋　澄　建德举人，弘治九年莅永。是时，永始筑城，澄稽查物料，董督工役，不辞劳瘁。历今二百七十年，而崇墉屹屹，澄之力也。

　　典史叶珵　上虞人，弘治十六年任。正德元年署邑篆，才长干理。拓建县署，增饰明伦堂。城西小溪啮城址，珵以溪故道易民田而中凿之，扞以木石，狂潦走堤外，城患免焉。

　　刘文诏　安福举人，嘉靖四年任。操守清严，轻徭薄赋。筑杭陂①，广学地。在任六年，解组归，民攀留遮泣。万历元年，祀名宦。省志、汀志称文诏"擒贼王满，平李占春之乱"。按：占春于嘉靖四十年倡乱，事在文诏任后三十年，乃省志、汀志之误。王满无可考。

　　教谕冼谟　南海举人，嘉靖十一年任。秉性温雅，制行清介。勤于课试，贫能力学者捐俸助之。祀名宦。

　　典史莫住　苍②梧人，嘉靖二十一年任。莅官勤劳。是岁十二月，大埔贼傅大满寇县，住追至箭竹隘，力战死之。祀名宦。傅大满，省、府志作"邓大总"，误。

　　许文献　字礼原，长洲人，选贡生。初任河南涉县知县，嘉靖三十四年莅永。性耿介，多智略。恶吏舞文，事必亲裁。永俗多以人命图赖，文献痛抑之，风遂变。岁歉，亟关求邻封，开籴振济，不足，罄廪以赈。虽受擅发之谴责，亦不恤也。擒灭广寇温祖源，申革守御弛玩兵。又详减征解武平米价及诸斗级、门子名数、直堂皂隶工食。以时率诸生习射，重辑邑乘。

　　在任六年，兴废举坠，众政毕举，尤加意修城，自为记曰：

　　永定城楼四，北门旧塞，其东、西、南三城楼皆圮，县署鼓楼亦圮。予视篆半年，乃重建焉。增窝铺十一所，每垛为竹栅蔽

----

　　① 陂，原文为"陡"。
　　② 苍，原文为"莫"。

之。又编竹为簰，高二丈，无事藏于敌楼，有事可联为壕墙。收贮截竹短段，寇来可布城下，使行动有声，且圆滚蹶足。呜呼！永定民穷法隳，扶伤祛弊，日不暇给，而暇为此者以戒备，乃政之大不当，俟其暇而后为之也。

其未雨绸缪如此。

历任纸赎之款，悉取以积谷贮仓，制兵器藏库，人但以为远虑也。迨文献秩满，归不旋踵，而上杭李占春倡乱，聚众万人劫永定。署任本府同知黄震昌，召募乡兵御之。时溪南、太平奸民，多乘势劫掠。乡民避难投诚，更遭饥疫。震昌发廪赈恤，全活甚众，抚髀叹曰："许知县真神人哉！不积斯谷，不戢斯具，今日计将安施？"

震　　昌　号阳冈，安义举人。佐郡有惠政，以事卒于永。祀名宦。

教谕陈希中为通邑《记阳冈黄公去思碑》曰：大江安义，阳冈黄公，知郡事五载，士民胥庆。适永邑遭邻封贼祸，宪司嘉公异能，檄典保障。辛酉仲春至，惠民勤政，内修外攘，持介敦廉，敷仁行恕，甘淡节费，降势下询，徇师瘁容，礼将率战，除害剿贼，赈①饥消疫，敬老恤孤，祈天永命。未数月，而治绩之大，灿然可指。万姓仰德，近古罕觏。寇平奏凯，将复于府。合邑士民，计留弗得，夙夜思慕，忍不能舍。乃率众伐石，大书循良之绩，以志勿忘，俾后之沐遗恩者，均此思云。临行，忽以疾卒于永。噫！是则可哀也已，是重可思也已。

何守成　浙江分水举人，万历二年任。勤慎正己，廉洁惠民。创学田，备祭器，置义仓，建小学。旧增丁口三千余，因水灾溺死多人，力为详免，民有"王父、许母，何侯接武"之谣。又尝条陈六事，吁宪曰：

---

①　赈，原文为"振"。

一冗滥守兵宜撤也。国家之制：时平，令民出食以养兵；有事，令兵出力以卫民，法意诚良。永定每年额派武平军粮一千七百八十余石，又折价一百八十余两，俱征收截数解给，养兵之费亦多矣。及县遭李占春、李铁拐、罗袍等贼围城数月，未闻武平有一军救。至其斩获荡平之功，皆出于本县士夫之筹画，民兵、乡兵之勇敢。则前日之出食以养之者，竟何益哉？况今武平每年拨一旗员，领军三十名守御箭竹，而营房久废，官军寓城内外，每名月支粮七两七钱。夫既赍给本粮于武平，而复给行粮于永定，卒于关隘绝无守御巡警之力，是徒削肉而喂路人也。窃谓永定小邑，既设三司弓兵以为盘诘，又设民兵二百四名以备调遣。苟训练精锐，自足以保障地方，其箭竹隘兵无庸拨戍。则于解给军粮之外，可省行粮之虚费矣。

一驿递民困宜苏也。永定自上杭分割，向来不通驿道。自嘉靖十九年新开一路，东通漳、泉，南通惠、潮，西接临汀，移上杭平西驿于该县，而院、司、道、府之巡历，仕官、差使之往来，皆由于此，永定遂为通衢。查各省、府、州、县通衢，每五六十里设一驿递，惟永定东至适中百余里，西至上杭百二十里，又兼高山峻岭，无舟可通，无马可乘，驿夫兼程而进，中间不复更替。遇冬月，虽穷日之力不能至，铺司具燎火继之。是以每夫一名，官给价银一钱二分，而民之避此役者如避水火。倘用夫至百余名，须遍搜乡民，乃能集应，往往需一二日方得启行。不惟驿官见谴，即县亦膺不能应酬之罪矣。窃念东去适中五十里，原设有武溪公馆；西去上杭六十里，原设有丰稔寺公馆，以为中途停顿之处。若将二处公馆改作二驿，如他处驿递之例，不至太远，庶人夫至此可以交代息肩，即将平西站银一千四百余两三分之，每夫一名止给六分，则不待别增经费，而夫不病于兼程，县不烦于催攒，皇华之使，亦无耽阻之患矣。

一军粮站银宜抵也。永定额派武平军粮一千七百八十余石，又折价银一百八十余两，每年征解武平上纳。其武平亦派站①银二百二十九两九钱，每年解到本县应答。平西驿站往年如数解驿。自隆庆二三年以来，武平站银并不解发，以致永定前官不得已将库藏钱粮那②移答应。现屡行关请，彼县直谓站银与平西驿无干，及申请本府，方解一百八十余两塞责。夫军粮、马站，俱系额派，两相征解，未为不便，而乃坐困若此。永定之民，正科钱粮尚尔逋负，况责其代武平支给驿递哉！若将武平前项站银，扣派给彼军粮，其永定应解军粮，除扣抵外，仍照数征解，庶彼此均便，而不致独累永定矣。

一界粮催征宜移也。永定系上杭分割，昔年奏定：界内田粮，杭民不肯割出者一千六十余石。田在永而粮送纳上杭，谓之"界粮"。后因输纳致累，屡告院、道，未蒙裁割，事已付之，无可奈何。但今永定之民，每去上杭纳米一石，费银二两有余，往来使费又半之，少有不及，锁缚捎勒之苦，更不可胜言。是以下民视界粮如猛虎，屡呈本县，势难裁处，诚可悯也。若将上杭界粮，开列田亩业主，造具清册，移送永定县，本县照派单自行征收，将银解至上杭，取批收附卷，则杭粮不致亏逋，而永民得效输将之乐矣。

一防御弓兵宜复也。永定山险民顽，界连程乡、大埔，盗贼出入之冲，额设兴化、太平、三层岭三巡司各弓兵六十名，以为盘诘奸宄③、谨防关隘之计，虑诚周也。近来地方稍称安平，抚军行文："每司裁减弓兵三十名。"今又行文："定每司留十七名，余悉裁，以充军饷。"但今四方盗贼生发，如龙岩城中被劫，行太平司捕获；广东潮州掳掠，行兴化司查究。是地方颇为不靖，

① 站，原文为"贴"。
② 那，通"挪"。
③ 宄，原文为"究"。

而防守不得不严。弓兵十余人，以之哨探、盘诘，尚惧不给，况可以防守望之乎？恳自今万历三年为始，仍照旧编定每司三十名，庶该司防御有人，而该地方为有赖矣。

一顽梗薄俗宜变也。永定开设虽近百年，狡诈尚如昔日。官兹土者，钱粮任其逋负，善良任其欺凌。和光同尘，则众口交颂，一或急于催征，摘其奸伏，则群议腾沸。是以前官率宽缓因循，纵歌饮酒，讲学赋诗，钱粮付之不知，凶顽置之不问，以求结民之欢而已。十余年来，京折拖欠者数千两，豪恶横行者数十辈，积以成风，长此安穷？今现奉《条鞭事例》，新粮征收，逐一完解；带征旧粮，复欲催攒以数年。宽纵之余，一旦尽责，其完纳几何？其不致怨谤哉？且一邑之内，豪宗大姓，多聚族数千家。本县催征，公差勾摄，辄闭土围而高坐，假妇女以推搪，动云逃往江、广，甚则拒捕殴差。失此不治，蔓将难图。思欲以保甲之法行之，每家具报男妇共几人，几人在家作何生理，几人在外在何地方，一家各书一牌，通邑总造一册，催征勾摄，按册查追，在家者毋得逃匿，在外者即便关提，而公差亦不得欺罔纵漏。但方欲举行，人人以生事为辞，家家以报名为忌，屡行晓谕，竟无开报，既误逋负之催征，且违司府之提解。反覆思维，必仗明威指示，方得令如流水。乞赐宪牌行县，谕以保甲之法行之，则法令得施，而薄俗庶乎可变矣。

其言虽不尽行，然皆切中利弊。他若重辑邑乘，修卧龙桥及公署、学宫、诸坛各庙之属，兴废举坠，与许文献前后一辙。时为之语曰："许于何，真文献也；何于许，盖守成焉。"语虽近戏，而知者皆以为确切不可移也。

闵一鹤　乌程人，由贡生莅永，前志称其政尚清净，公庭寂若。勤课士类，厘剔衙蠹。在任一载，卒于官。顺治七年，祀名宦。

吴殿邦　海阳人，由进士莅永。能吏治，有才名。蠲革陋规，申改庙学；勤课多士，精于衡鉴。永俗贵贱无等，殿邦严君子、小人之分。善书画，邑人至今珍之。

赵廷标　钱塘人，选贡生，顺治三年任。时邑新附，抚莅残疆，三罹巨寇，兵食莫继。廷标请援郡、省，籴粟煮赈，民赖以宁。当大埔江龙之寇永也，贼众万余人，四面竖栅，攻城急。廷标诣东岳庙沥血指天，誓众死守。地动，廷标策贼隧道入，穴地潴水以待。及地，炮发。当池淹灭，不为害。旋督拆①坊石塞其窦。贼又用云梯上城，廷标于垛眼悬栅坠之。相持匝三月，城中食尽垂危。值立春，廷标广设鼓乐，盛张台阁，大开城门，迎春于东郊。贼众咫尺聚观，疑有伏，骇不敢逼，且意其储蓄素也，宵遁。廷标遣兵间道倍行，伏两山间。贼至，齐出夹攻，追至龙磜寨，杀夺无算。自是贼胆落，不敢再觎县境矣。莅任五年，升衡州知府，官至湖广副使。康熙三十五年，祀名宦。

邑人黄日焕为通邑《呈督学棣园汪公请祀赵侯名宦》曰：窃闻闾阎留三代之直，公评历久而弥彰；黉序建千秋之祠，循吏递传而不朽。义关激劝，道绝党援。伏思永邑，末处汀陲。车辅南漳，犬牙东粤。向当鼎革之初，实惟震惊之候。山童盆子，号召于四封；红巾绿林，咆哮于五里。田畴草宅，城市鸟栖。饥馑洊臻，流亡载道。幸遇故邑侯赵讳廷标，兴原应运，才足经天，收拾涣散之人心，启辟荆榛之道路。饷筹酆国，无米能炊；兵集淮阴，驱市可战。绝王郎于界上，明逾耿弇；摧宁季于行间，略符虞诩。墨守之精神自暇，一任输攻；杜邮之纲目为严，不容萧跋。是用化逆为顺，因之转危以安。尔乃徙燕幕颠，谋其乳哺。援鱼鼎内，赐以泳游。鸡犬桑麻，人知耕凿之乐；诗书弦诵，家敦孝友之风。岂惟保障于龙冈，实作长城于闽粤。天曹奏最，宪秩频跻。一时辙卧辕攀，眦决冲云之表，到今户俎家豆，心悬浙

---

①　拆，原文为"折"。

水之旁，奚啻朱邑考终，魂犹恋县。抑且张纲即世，盗亦行丧。惟是名宦之席未登，揆诸报功之心仍歉。兹幸恭逢大文宗，奎精名世，斗望参天。胶庠之典礼重光，贤哲之幽微毕阐。为此金呈上恳，伏乞恩赐转详。征捍灾御患之条，大其勋者隆其报；按立德崇功之义，名不朽者祀不祧。俾畏垒庚桑，俯顺民情于此日，将龚黄卓鲁，群襄盛治于中天。

太[①]**平巡检郭天福**　咸宁人，顺治间任。修高陂桥，建关帝庙，芟焚断肠草万余斤，亦留心民瘼者也。

驻防千总张强　河南人。初戍兵横暴，强辑驭有纪。强去，继任者或以叛杀，或以虐民杀。民益怀思，为武惠祠祀之。

申传芳　延津县[②]人，由贡生为宁化丞。气节自矜。康熙六年署永，未满十月，邑有"官清民安"之谣。及归见郡守，陋例有"谢印礼"，传芳无所有。郡守使人示以意，传芳手一册子，自受印至解印，所得岁俸赎锾、日用事件，悉具所用。每日薪蔬、答应过客，即馈送守丞生辰、岁节礼物若干，咸在册。尾署曰："赤条一丞，谨以谢印。"执册跪禀曰："县丞某谢印。"守讶而阅之，且怒且笑曰："书呆子，难与说话。"努目挥之去。见《宁化志》。

潘翊清　辽东义州人，贡生，康熙七年任。重修邑志，才堪治剧，明能烛奸。以缉逃功推升。

训导伍明伟　字俊人，宁化人。由庠监纳贡，康熙十七年任。持身可法，训士有方。诸事思慕，晋祀学宫。

训导蔡祚周　漳浦人，康熙十八年署任。祀名宦。

按：是时，训导既裁，督抚权宜收捐，委署祚周。署任数月，升永春教谕去。其在永定学，会同教谕郭亨都修理学署。名

---

①　太，原文为"大"。
②　县，原文为"悬"。

官之祀，其以是欤！

教谕李基益　漳浦人，康熙甲子举于乡。尝集刻漳州唐、宋、元、明诗，为《霞漳风雅》。三十一年，司教永定，标《警言五条》以训士，反复于天爵、人爵之高卑，吃紧于内省、慎独之关要，推拓于立人、达人之作用，终以从吾所好，不改其乐为归宿，语皆笃近温厚。每与庠士之能诗者，往复酬唱。长汀大参黎士宏称其朴而雅。知县赵良生续增邑乘，基益秉笔焉。

训导张升　安福人，康熙三十七年署任。督课士子，崇实黜浮。历迁罗源、永春教谕，升湖广安陆知县。

吴　梁　字太朴，河南许州举人，康熙三十七年任。持清操，敦礼让①，慈祥乐易，以德化民，民皆亲爱之。县东南金丰里钱粮，往年必官自下乡催征。梁至，与民孚诚款洽，欢若家人，间聚其子弟课文讲艺，自是金丰钱粮皆赴县早完，数十年文风大振。在任六年，行取升主事，官至宗人府丞。凡永人公车谒选至都者，必延致杯酒，娓娓话旧焉。

唐得鹏　桂林府全州举人，雍正元年任。奉旨查天下人文最盛州县，准加学额。得鹏以永宜升大学，申府转详。时前令潘开基任内塞署一案，词连生员十余人，分别斥革遣戍。知府何国栋方欲裁抑永定士习，痛加批驳。得鹏径详提学暨列宪，卒升大学加额五名，多士感之。

顾炳文　字晴山，吴江举人，雍正五年任。六年奉委卸事，七年复任。秉性清简，自奉俭约，寒士所难堪。为政长于察隐。湖雷乡有妇告其子见杀而亡首者，炳文赴验，若不经意。越二日，牒告城隍，已而曰："杀人者妇，抱告某也。"鞠之，具服。询其首，已别埋。押令启视，果得首。盖某即死者从侄，夜杀人以陷族富。负至门外，闻其家有声，急提首归而别埋也。案定，

---

①　原文缺"让"字，据乾隆志补。

未尝枉累一人。乡人佩德，设主买田祀之。又有夜发怨家祖冢而匿其骨者，怨家指控，绝无证据。炳文一日突勾土工一人鞫询，尽吐其实，人称"神君"。第于细故讼牍，率束置高阁，虽公庭草长，卒以易结不结，左迁①而归。

潘汝龙　字健君，归安人，与兄汝诚同登乾隆丙辰进士。初令松溪，豁浮粮，革杂税，廉能著声，以忧归。乾隆十三年，补令永定。时县自春徂秋，连月不雨，斗米钱三百文。汝龙闻，倍道而至，露宿祷天，泪涔涔下。五日，澍雨大沛。先是署令详请平粜，宪批已定额数额价，汝龙不遑复请，额外广粜二十余石，每升减额钱二文。吏言恐亏补额，潘曰："吾家房屋，尚抵千金。亏折，吾自变价赔偿耳。"往时，吏役近三百人，汝龙至，革十之八，曰："田可耕，亲可事，吾无用若辈也。"勾摄催征，惟传示谕，役不下乡，而事无不治。案牍或匝月不理，或期会一日数十件。凡所听断，片言心折，当立谳判，洋洋千百言，周悉情伪。内无佐幕，廨舍仅四三人。终年无敢请谒者。汝龙学"良背心法"，动止蠖缩，晨明亲政，漏下散堂，终日危坐不食，以是得疾。在任一年告归。归之日，张彩饯送者数十里不绝。越四年，卒于家。

邑人王见川为通邑《诔潘侯》曰：维乾隆十六年　　月　　日，赐进士出身、文林郎、原任永定县知县散畦潘公卒。呜呼哀哉！

慨自戊辰，旱魃肆虐，自春徂夏，连月不雨。邑固硗确，家鲜担石。潮阳过籴于南，豫章闭关于西。泛舟无自，翳桑满境。注视阡陌龟裂，人人抱沟壑之忧。鬻器物、析草树以延朝夕者相望于道。时则署令坐堂皇，犹日诘责讼牒，鞭扑催科。猾吏蠹胥，仰风承旨，因依为奸，向校缧绁者，亦相望于道。虽亦循例上请开仓平粜，而吝于限额，日给不百十人。糠秕不扬，量概不

平，囤贩不戒，城乡不均。以是而民益困。天惠残黎，锡我乐只。公补选，适得吾永。途次侦其状，倍道而至①，则纵图圄之囚，汰吏役之豪，虔斋心之祷，殚祈命之哀。俄而霹霖霳霖，块破苗庑。不遑上请，益增发常平，升减额价钱文之二。出入无侵渔，远近无枯菀，而民庆更生，乃旋而蜂螫纷起矣。何者？仁忍相形而生惭，斥革积愤而肆毒也。是故，署令嗜害之，猾蠹谣诼之，诸属司亦不利之，则相与指为心病以动摇上官。迨府委邻丞验视，公又无所委曲。遂合词上揭大中丞。潘公知人善任，使者也深廉公能持，迫于诸司之交揭，姑调验焉。公至则神采肃穆，为备诉永民困惫状，声泪交迸，并自陈擅多发、减价所以。中丞悉颔之，乃批驳前后揭章，立命公回任治事。

　　方公之赴调出署也，前署令仍奉檄摄篆，尽收回用事。诸奸益厉气焰，觊公覆水也。在公邸视若囚禁，官司、吏役无一人过而问者，惟百姓惶惶如失怙恃，穷乡远壤，老妇稚童，趋门讯候日不绝，藉蔬果，运薪水，置公邸不道姓名而去。及其自省回任也，焚香设馔，结彩布席以迎者，自近界达县垂百里，拥辇不得行。是夕，四门张灯度曲，过于元夜，然公始不愠而继不喜也。安静优游，与民休息。廨舍戒严，莫敢请谒。日治数十事，两造致辞，差察无烦诘驳，当立谳判，周悉情伪。听断之余，导民以孝弟忠信，恳恳如也。勾摄催征，惟传示谕，故吏不打门，犬不夜吠。课士兴行，训民易俗，于改葬、溺女，尤明晓切戒。期年，而永风亦烝烝向义矣。潜见惟时，公遂弃官而从好也。攀辕莫挽，爱树长思。越五年，公从子宦②游连江，道过永邑，乃知公隔岁已骑箕上升矣。士恸民哀，街号巷哭，远惟柳下称惠之义，追慕靖节私谥之怀。敢循前典，用缀诔词，曰：

---

①　至，原文为"面"。
②　宦，原文为"官"。

布泽为仁，壤①害为义。人亦有言，留心物利。一命之士，亦必有济。矧绾黄绶，百里之寄。缅维我公，浙水名儒。才翻江海，道溯泗洙。兄及弟矣，倡②和喁于。翱翔学圃，并辔天衢。昔令松溪，挥弦著绩。曰廉曰能，四国是式。去以忧归，来与会适。天锡我公，以苏永厄。永厄维何，蕴隆虫虫。民贫土瘠，遭此鞠凶。邻籴既遏，贮粟徒充③。如何法网，尚密罗罟。不有公来，其何能淑？释罪厘奸，祷天露宿。粜则取盈，价则取缩。昔倒而悬，今骨而肉。先发后闻，曾推汲黯。纵囚自归，太宗德感。仁心为质，匪值其胆。公也则然，于古何憾。渺渺狐鼠，城社是凭。其毒可畏，其众可惊。一笔之勾，一路之宁。鼠忧以泣，狐悲而鸣。浩浩昊天，不爽其德。阳驭方舒，霝霖沛泽。今天之旋，公诚可格。彼何人斯，反生谤詈。彼之谤矣，毋乃徒劳。浮云蔽日，奚损清高？汪汪千顷，曷激曷挠？无愠无喜，忠矣莫敖。玉壶贮冰，虚堂悬镜。草偃讼庭，花开四境。有一于此，循良载咏。而公恢恢，余刃自胜。期月已可，尚冀有成。岂云殊性，遽尔辞荣。春陵元结，彭泽渊明。公之悟之，何执之砭。兔乌虽飞，棠荫犹在。越此五年，永言佩戴。见公从子，走讯遗爱。胡天不惠，顿深惊慨。呜呼！公来而祝，公去而悲。公复而喜，公归而思。德在髦士，恩在苍黎。公之不再，宁不涕洟？泰山北斗，世共尊者。地负海涵，世同仰也。独公上升，恋永弗舍。庶光我乘，庶尸我社。呜呼哀哉！

以上俱旧志。

胡大武　南京贵池县岁贡，嘉靖二十六年任。笃实和易，爱民如子。当时人咸云"真得父母之体"。

---

①　壤，通"攘"。
②　倡，同"唱"。
③　充，原文为"克"。

罗世庆　江西吉水县举人，嘉靖二十九年任。性清慎，多才能，吏畏民怀。惜未久忧归。

陈　翡　江西南昌县举人，隆庆二年任。性朴谨守，民不见扰。

许　堂　江西宜黄县贡生，万历年间任。性秉慈仁，不事鞭扑。

危　言　浙江新建县举人，万历年间任。在任六载，持身冰蘖。听断公平，关节罔通。

沈在湄　江南无锡县进士，顺治七年任。作养人才，勤劳政事。在任八载，卒于永。

林逢春　广东南海县进士，本府照磨，崇祯间署任。平寇赈饥，谦厚爱民。民祠祀之，有《去思碑》。

卢裕励①　北直三河县拔贡，本府同知，顺治十七年署任。课士恤民，详革三害，民祠祀之。

杨　岱　四川新繁县举人，上杭知县，康熙三十一年署任。儒雅恺悌，士民爱之。

赵良生　江南泰兴县人，连城知县，康熙三十六年署任。洁己爱民，运米救荒，重修邑志。

李　栻　陕西富平县进士，康熙四十六年任。优礼士类，勤恤民隐。卒于永。

冯　监　振武卫例贡，福州府通判，康熙六十一年署任。承前令潘开基之后，爱民礼士，听断公明，如酷烈之余沐阴雨焉。

以上见旧志《职官》注。

知县张永祥　直隶静海人，乾隆三十二年任。慈良恺恻，孝弟率民，教养士子。在任三载，设教条，厘积弊，勤桑田之驾，减赋税之耗，昧爽治牍丽，轻重一无过当。以劳瘁，卒于官，囊

----

①　励，《职官表》为"砺"。

橐萧然。士民哀哭，如丧所生，争为赙资，以回其榇，送者数十百里不断，竟有送至江右赣州者。

　　知县姚士湖　浙江常山人，乾隆三十九年任。忠信孚于民，勘理判决，民不忍欺。卸任归，无官中之物，人服其廉。

　　知县吴濬　安徽泾县人，乾隆五十九年任。为治勤劳，案无留牍。禁宰耕牛，有逞刁犯禁者，即将所私宰牛皮，密缝为衣加其身，镣手示众，虫秽不堪，刁顽畏之。凡有票差，每十里批给铜钱三十文，绝无滋扰之弊。

　　知县邓万皆　广东永安人，嘉庆十一年任。警刁佃，清蠹弊，厘积案，常单身夜巡，合城安堵。

　　知县霍大光　山西介休人，嘉庆十二年任。严于治盗，闻报不分昼夜，乘骑率民壮干役，迅侦盗所而擒之，按律治罪，不许扳累。迨拿获巨盗卢五满等，治以重辟，盗贼远遁，并赌博、开标违禁等类，俱各敛戢。

　　知县孙企宗　山西介休人，嘉庆十六年任。抑强横，扶良弱，考文必亲厘定，钱粮不收浮耗，民共德之。

　　知县龚懋　云南宁州人，嘉庆十八年任。政治平易，善青乌术，全城沟渠湮塞，捐奉疏通，为邑兴利。

　　知县欧阳壑　湖北武昌人，嘉庆十八年任。清廉谨慎，弊剔吏胥。下车时，亲考代书。每有状词，不许多索。体恤穷民，合邑颂之。

　　知县张曰瑶　广东顺德人，嘉庆二十一年任。慈祥乐易，优奖士子。每朔望，必诣明伦堂宣讲圣谕，化导士民。

　　教谕张名标　邵武人，乾隆二十五年任。教士有方，庠士经其造就，以科名显著者甚多。

　　教谕吴道南　晋江人，乾隆三十八年任。躬行敦朴，古貌古心。月课论文，批隙不苟。邑之以文字求质者无虚日，咸有师资之益。

　　训导柯辂　晋江人，乾隆五十六年任。工诗，善书法，宗大苏。廉静束修，与士讲文，终日不辍。

　　训导吴廷祺　同安人，嘉庆二十一年任。待士恳至诚笃，讲学课文，捐立社会，敬惜字纸。

　　典史顾孔昭　浙江绍兴人，乾隆四十年任。严治盗贼，公正不阿，在任十余年，人皆重之。

　　典史陈思文　安徽太平人，嘉庆十四年署任。能诗善画，儒雅①彬彬，毫无俗吏面目。邑绅士多乐与往来。

---

　　①　雅，原文为"雅雅"，衍一"雅"字。

永定县志卷二十一

名 贤 传

余尝读范史，见其所载，强半皆陈、颖、荆、蜀之士。疑而思其故，盖所据多出于《汝南先贤传》、《襄阳耆旧传》、《华阳国志》诸书。当时，风土之记传者不少，而此数书尤赡而雅，故昔贤之懿德、美行，彰彰在人耳目。数百年后，史家犹以为据。依今天下，一州一邑，莫不有志，而足以阐幽表微者，则罕见矣。夫贤人者，百福之宗，神明之主也。出则为民之望，没则系人之思。流风余韵，历久而弗忘。闻其教泽者，莫不感慕而兴起。然苟非后之君子勤为纂述，则浸远浸晦，不至于湮阁不止也。永定旧志所述人物，繁杂无序，不足为法。余皆删次增补，分为若干卷，其最重要者曰《名贤传》，共若干人。非有名节彪炳，德望粹美者，率不厕入其间。尊其行，则传之益永；难其选，则慕之益深。窃欲比于周斐、常璩诸君之所作，以备史氏之采择也。

詹天颜 字僯五，永定县人。父思山，母谌氏梦铁山坠怀而生。谭公凡同，督学闽中，天颜就童子试，命题《独孤臣孽子》。谭判天颜文曰："忠孝之气，贯日呼霜，国之祯也。"拔冠军。崇祯戊辰，以恩例选贡。丁丑，授四川石泉县知县。是岁十月，李自成入蜀，陷川县凡三十八。天颜抵石泉，全城瓦砾，买乡民房以居，召里胥商究疾苦，报闻上官，急蠲贷以图生聚。已而流亡渐集。邻壤闻风，争请摄篆。所至勤抚疮痍。

庚辰，以卓异擢庆阳府同知。适张献忠入巫山隘，合罗汝才等谋度川西，白水关告警。石泉士庶奔控两院，儿啼曰："詹公去，民命委贼耳。得公为保障，民虽搤胸抉脰，死无恨也。"巡按陈良谟因疏请改同知龙安府，监纪青川白水关。会龙安守以贪婪罢，天颜即署知龙安府。十月，贼陷剑州，从剑阁抵绵州，天颜驻安县以当之。贼入绵，拘土人询虚实，知防安者天颜也，因语乡人曰："詹某是清廉好官，吾不扰其地方。"遂度绵而西。

癸未，御史刘之渤疏补松潘兵备。国变，命未下，南州已改元弘光矣。是夏，献贼再由荆南入蜀，屠夔州，陷重庆，长驱入成都，僭号改元，东、西建两府，以义子孙可望、李定国居之，分遣伪官各据州邑。会李自成陷汉中，隆将马科者，遣十八骑驰龙安，说天颜合兵剿献。天颜怒曰："吾与李贼仇不共戴，况与共事？"缚十八骑斩之。天颜矢剿献贼，谋之白水关副将龙辅皇、龙安参将邓若禹、标员曹洪等诸将，咸言："贼焰方炽，宜避其锋。"因同邓、龙等潜入边谷小河麻桑地，募集苗兵。天颜仁声久播，民夷信服，至是振臂一呼，诸苗响应，连结殆逾数万。天颜知新锐可用，以大义告松潘副将朱化龙出师西路，飞檄参将杨展出师南路，自同龙辅皇从东铁笼堡出龙安石泉，三方犄角，守罅攻瑕。收斩伪抚车①惟杏，及伪道、府、县等官。贼将王运行屯白水关，龙辅皇夜出不意袭擒之。南厂营贼将温自让者，巧发双矢，颇著骁勇名，率步骑来降，遂克复龙安、茂州。方议三路合兵，共攻成都，而大清兵进剿，射磔献忠于西充②。贼众溃，两府引兵窜入黔。

时唐王驻延平，蜀巡按朱守图疏晋天颜安、绵兵备。未几，闽事败，粤中改元"永历"。阁部王应熊开藩遵义，疏请加天颜节钺，且请川东、西设巡抚两员，一巡东南，一巡西北，即授天

① 车，原文为"东"。
② 充，原文为"克"。

颜佥都御史，提督军务，兼理粮饷，巡抚四川西北等处。是时，成都经献贼屠刈之后，千里萧条，烟火断绝。天颜驻石泉，设镇龙安诸要地。本朝川陕总督李国英，屯军川北。天颜以一隅之师，相持六载。

顺治八年二月，大清集师向安、泉、兴。三桂雅知天颜名，贻书遣使说降，天颜复书绝之。七月，副将丁国用、李锡极受三桂亲指，突挟天颜去。至军门，不屈，挺立受刃。时七月二十八日也，年五十八。龙辅皇以天颜尸请，三桂许之，殡于大佛洞。辅皇旋入苗峒，不可迹矣。天颜副室四：张氏、李氏、杨氏、刘氏，前后尽节死。后其子甘棠三奔楚秦，抵①嘉阳，穷访旧弁，得龙辅皇、邓若禹，始知窆处，扶榇而还。

呜呼！运当末造，地偏西蜀，于兵寇旋抽之际，扶植残伤，计图恢复，卒于致死不贰，才节卓越如此。邑盖不数数觏矣。而一蘅《列传》载："公，龙岩人。"不知史局何缘而误，又以见纪述精核之难，而刊误纠缪②，诸书之不可少也。宁化李世熊传尤详，载《艺文》。祀乡贤祠。

沈孟化　字淑顺，号观瀛，隆庆辛未贡士，丁外艰回。万历甲戌补殿试，登孙继皋榜进士，授江浦令。邑无城郭，节缩千余金留治筑城。擢刑部主事，差谳江南。迁郎中，出守湖州，值旱、水、疫、寇继作，俱奏奇策，全活者数万人。报政入觐，湖州别驾龚先进、司理周著，为当事所龁，坐落职。孟化毅然曰："良吏黜，何用守为？"抗言力争，卒直之。时计吏毕集，闻其丰采，有泣下者。

迁广东副使，理驿传。迁广西参政，告养归。补授蕲黄道参政，蕲黄，地临大江，寇航盗艘，出没叵测，镇理江事，厥任綦

---

①　抵，原文为"低"。

②　缪，通"谬"。

重。会怀愚韩公迁大仆正卿，朝选老国事者往代之，金曰："无逾沈孟化。"时守制适阙①而受命，盗劫所隶旧逋镪且千计，诸郡邑系狱追取者数百人。一日免之，盗亦以息。税监陈奉横恣，禁戢之。监怒，以"抗旨庇属"闻。或讽之求援，弗听，怡然曰："今之求援，何如始之不撄？"竟夺一阶，左迁广西副使。

陈奉事在西粤，十年不调，而清节莫改。韦酋煽乱，檄谕祸福，贼大感悟，遂解散，惟黄尚负固。躬督兵蹙之，擒于风门岭，余众奔溃。以入贺行，迁右江参政。右江多獞猺，斩其渠魁，请抚者百余峒，降者数万人。又以入贺行，卒于江西泰和白石潭舟中。自筮仕江浦以来，历参粤、楚、江藩，凡筑城郭，理荒政，饬丰采，蠲逋镪，戢税监，平韦酋，抚獞猺，随在有殊勋。祀郡邑乡贤。著有《一鉴诗集》。旧邑志载："名臣第一。"赞曰："旬宣命使，赋政王臣。一朝华岱，四国凤麟。"先任刑部时，偕清流裴应章建汀州会馆于北京前门外，汀人赖之。

赖　先　字伯启，弘治庚戌进士。例当选，以亲老乞归养。戊午，授户部主事，赍边饷，督钞关，收京仓粮，清西蜀屯田，悉著贤声。迁员外郎，引疾归。起知常德府，时修建荣府，中官诛求甚峻，先痛加裁抑，民赖以苏。省志。

先师事罗一峰，学有渊源。生平风节自持。始引疾而归也，以忤刘瑾故。继自常德勇退也，以忤中官故。惠民之大，尤在督钞。浒墅关旧制：船五尺以下者不征。后皆滥取。先于支港照尺寸伐石闸之，听自往来，商旅称快。崆峒李梦阳送其《之常州浒墅》诗曰："泼泼昆吾精，化作三尺铁。霜风试玉石，随手落轻屑。赋质有至刚，百炼谁能折？丈夫生世间，遇事贵剪截。安能学儿女，铅粉取容悦。呜呼恋君情，不在远离别。"又曰："榷船非我制，新自正统间。吴兴东南会，何可废兹关。林林千万艘，

---

①　阙，同"缺"。

日暮澄江湾。国家有课程，聚饮非所安。君本济川器，行旅谅开颜。"又曰："君行赠维何？我有西门豹。西门虽云亡，千载仰余照。君行何所止？南近范公宅。江云度春空，想见古颜色。妙契不自珍，幸慰远相忆。"其推诚如此。归田后，以行谊率乡人，以孝义教子孙，以家礼变时俗。后进迄今仰法。通志传殊略，今特为增纪云。

张　傛　字凤山，嘉靖戊戌进士，授中书科舍人。严嵩欲罗致之，使人讽以美官。傛不可，上书劾嵩，遂拂袖归。敝庐数椽，风雨不蔽，怡如也。

胡　时　字子俊，以明经教授于乡。善诗，工楷书。《村居》诗云："豆种南山秋种田，醒时独酌醉时眠。溪头水涨夜来雨，门外山横晓起烟。村鼓数声春社日，牧童一曲夕阳天。东邻老叟时相问，桑柘阴中话有年。"洪武间，上杭邑令刘亨荐授本学司训。卒于官。

邱子瞻　名德馨，以字行，胜运里乾田人，有文行。洪武初，求山林硕儒，上杭令刘亨以明经荐授武平训导。武平令徐杰、丞朱衡，皆以师礼敬事之。有《应诏发螺川》诗云："书台宴罢促登舟，共向黄堂别郡侯。束帛敢辞贤主召，振衣浪赴上京游。玄猿啸月螺冈晚，画鹢飞风鹭渚秋。一望蓬莱天万里，此心何啻水东流。"盖时与胡子俊并荐，故有次句。味其诗，亦勇于乘时者也。

卢　宝　字信吾，贡生。幼警敏，能文章，著有《炊玉篇》、《蛮吟录》。

赖维岳　字峦宗，万历间举人，由永春教谕升兴宁令。嗜古学，多著述，有《古今裘》、《金涌集》、《半豹集》刊行。

吴祖馨　字升客，力学敦行。顺治丁酉领乡荐，以亲老侍养膝下，绝意仕进。耿逆乱，逼令受职，祖馨叹曰："吾为亲故，未①遑效力国家，顾乃俯首于逆党耶！"去而逃之。

　　卢　英　字骏臣，贡生。事嫡母、生母，色养诚孝。舅氏无嗣，英收葬其所遗祖骸十余棺，且买田以供祭扫。邑令延为义学师。以累年积谷，供徒膏火。又于抚溪河涧倡立渡船，舍田以膳舟子，人免病涉。

　　吴云芝　字根霄，贡生，以孝友称。甲寅逆变，逼受伪职，弃家逃深山。邑东关桥水冲毁，人病涉，云芝挥二百余金助修。岁饥，捐赈，复置田数十亩，以给族人圆役之供。

　　胡逢亨　字贞一，贡生，事亲孝。康熙丁巳，岁饥，倾廪施粥。乡民黄井生，幼聘詹氏。既而两姓俱贫，欲离婚。逢亨捐金周恤，俾克完娶。海澄有鬻其子者，逢亨知其儒家子，赎归之。悯蚊潭河渡覆溺为虞，捐田以给渡工。又修造下洋福广山和宁庵等处桥路，为利甚溥。

　　以上已祀乡贤祠。

　　黄日焕　字愧峨，顺治辛丑进士。知兴业县，革里甲常规，禁包收、滥派之弊，裕盐课，罢墟税。邻邑妖寇犯境，日焕亲率乡民斩馘数千。寻以忧归。补知甘泉，邑遭乱后，民多流亡，丁粮多赔累。日焕申请豁免。擢知邳州，筑堤治河，度地建城，民获安居。擢淮安河务同知。

　　吴懋中　字允睿，庠生。嫡母熊氏失明，漱舐七夕，重翳如扫。父好义，急施予。懋中仰承色笑，晨夕必请所与。知县周齐以"孝义"荐，懋中曰："此子职也，曷足称？"子煌甲，崇祯癸未进士，乙酉卒于官。丙戌城破，一门八妇，同夕自经。懋中慨然曰："吾子死君，吾妇死节，天之玉我至矣。"遂遨游罗浮、鼎湖诸胜而归隐焉。所著有《五宗文诀》刊行。

---

　　①　未，原文为"末"。

詹甘棠　字六勿，以"才略"荐，官鸿胪寺丞。旋告归侍母。父天颜，尽节蜀中。万里奔丧，始由襄樊，继由秦陇，俱以道梗不达。频年苫①块如初丧。最后诣嘉阳，市号野哭，崖访渊求，获遇旧员知窆处，乃扶榇归。士大夫诗歌赠送，汇刻成帙，名曰《同淑吟》，夹江令乔振翼为之序。巡按成君性匾其里曰"父忠子孝"。

廖冀亨　康熙庚午举人。知吴县，值岁祲，赈饥宽赋，全活无算。尤善决狱，摘奸发伏，民无能欺之者。公余课士，躬自丹黄。解组，寓苏二十年。归，士民攀送，赠言盈册，订为《仁声集》，有"谁说异肠木石如，廿年爱戴尚如初"之句，建百花书院祀之。著有《子平五星集腋》刊行。子鸿章，翰林院检讨。孙瑛，江西按察使。

卢　化　字鲲浪，长于诗文，兼工书法。举康熙壬子乡试，知江南繁昌县。厘剔催科积弊，不事鞭扑，而逋累一空。境内荒祲，竞籴者几致攘夺。化劝令富户倾囷出粜，民遂安辑。在任九载，以忧归。士民勒石志惠者凡七所。服阕，又补授陕西永寿，立课程训士，凿山泉灌治田，绩尤著。生平秉性严毅，不苟言笑。里居时，役繁民困，化据例抑节，官吏不敢肆。饬族人不得充②当吏役。至今六七十年，族众盈千，无敢投充③者。治家一依礼法，俸余殖产，分润兄弟及族贫。间与二三旧交，诗酒相娱，有《乐耕堂遗稿》，未刊行。次子彦彧，邑增生；季子彦躬，副贡，读书尚志。彦彧之子铨，自有传；钧，举人。

卢　清　字裕堂。康熙甲寅、乙卯间，盗贼蜂起，清与弟云举俱诸生，率乡邻，联什伍，捍卫里闾。庚申补科，领乡荐，知

直隶雄县。某王府庄头，控民佃逋赋者百十人。清以积欠日久，裁减浮利。庄头嗾府道揭参，去任。逾年，翠华过雄，向士民询官吏贤否，百姓以"清"奏对。欲起用而病卒。

赖国华　字宏仁，胜运里黎袍山人。居极僻小。国华幼自知学，制举业外，诗、古文、词皆无所师资，而闯古人之门。年十九，府院两试冠军。旋食饩，试辄高等，然雅不欲以文士老也。筑室大岐山，研穷理性，博究天文、地理、农田①、水利诸书，矢为明体达用之学。而德器温醇，涵养深邃，见者辄有所感于心，人比之黄叔度。雍正十一年，抚军赵国麟招入鳌峰书院。国华于十五年秋，舟沉剑水死矣，年仅三十有四。一时士大夫各为哀词、诗、赋以诔之。旧志。

王见川　字道存，雍正癸丑进士。由庶常改官歙县，以经学饬吏治。初候补奉委查灾赈济，剀切指陈，上官刮目。追治歙，视大割如烹小鲜，口碑载道。秩未满，以母老告养在籍，孜孜以培植后进为务。修邑志，创文会，倡建合邑凤山书院，题捐谷六千余桶，以资每岁修缮、膏火，并津贴考试。刊勒成书，嘉惠士林。殁后，广东学使郑虎文为作传，载《艺文》。

廖鸿章　字南崖，冀亨季子也。聪颖好学，试辄冠军，联捷乡会。入翰林，分习国书。散馆，授检讨同推，其该洽。后以在籍礼部尚书沈德潜荐，为苏州紫阳书院掌教。博闻善诱，随叩即鸣。苏郡为人文渊薮，无不钦服。乾隆二十二年，南巡幸紫阳②书院，特赐以诗。生平著述繁富，稿存苏州未刻，其刻者仅《藜余诗草》、《紫阳课艺》二种。子守谦、孙文燿，俱顺天榜举人；文锦，寄籍嘉定，辛未科进士，翰林院编修，今官卫辉府知府。曾孙维勋，举人。

---

① 田，原文为"由"。
② "阳"字校补。

巫应秋 字桂苑，乾隆己亥岁贡，乡试十二次不遇。弱冠，博通经史。性严毅，本里苏姓延请教授，生徒多有年长者，恂恂唯谨。在馆八年，所坐位未尝易方。壁上印发痕，数十年犹可识。晚读多蚊，以两镡置足，尝倚几而寐者屡日。岐岭陈玉灿尝对人言："巫某，乡里之柱也。"壮年即见重于挚友如此。游其门者，虽科甲仕宦，至老见之犹严惮畏敬。治家肃若朝廷。家贫，子孙读书，俱亲负米执爨。应试，足重茧即已。举孝廉，计偕犹有然者。娶妻制一布袍，衣之数十年。或规以新制，先生曰："衣以御寒，况故物也，何忍弃之？"问者惭服。生平行己率物类此。殁后，归化编修李家蕙为作传，载《艺文》。

永定县志卷二十二

宦 迹 传

　　自古封建之代，书升论秀，来自田间，登于朝右。使司牧者，即其乡人。风土既谙，易得其情。禁虣①止邪，茂育群生。天工人代，夙夜惟寅。降至春秋，列国启疆。楚材晋用，迁地为良。宋斤鲁削，操刀勿伤。茧丝保障，显于晋阳。既改郡县，汉重循吏。河清十奇，中牟三异。黄霸颍川，文翁蜀土。富之教之，治乃近古。自兹以降，代有传人，流光史策，山高水深。洪惟我朝，大化斯叶。东西朔南，靡有畛域。遵途同轨，荡荡夷庚。清和咸理，山陬海澨。晏湖多才，于学笃嗜。处乡称贤，出治报最。事为民德，政则国华。既贵于朝，复重于家。惟邑有乘，用垂典型。扬徽播烈，以隆厥声。志《宦迹》。

　　沈玉璋　字九山，嘉靖间以贡授海宁簿。宁无城郭，人鲜知兵。玉璋以职司逻捕，勤于训练。后倭寇掠境，亲率东仓兵捍御，邑赖以全。

　　黄益纯　字健峰，嘉靖戊午举人。有文学，教授温州。擢睢宁县知县，修理学宫，均定田亩，招流亡八百余户，给以牛、种，垦荒田五百余顷。疏淘河道②，剪除积寇，立巡河墩堡，节制七十二所屯卫。历任五载，乞归终养。著有《彩窝集》、《绿竹

---

　　①　虣，通"暴"。
　　②　原文无"道"字，校补。

居诗集》。

孔庭诏　字东源，由岁贡授平阳通判。督修大同关边墙，建营田。五议赐金褒予。擢知宾州，详改岁运大军米三千石为折色，人咸便之。著有《东源漫稿》、《三晋集》、《寓宾集》、《归田集》。

卢日就　字斗孺，崇祯癸酉举人，知广西岑溪县。县岁解牛，判银四百两。日就严禁屠牛，每年捐奉赔解。獞猺为害，日就严缉之，民赖以宁。迁南京北城兵马司，补刑部主事。著有《斗孺遗稿》。

吴煌甲　字愉之，崇祯癸①未进士。知揭阳县，多惠政。岁大祲，邻邑刘公显乘机为乱，围城月余，煌甲督民兵击退之。积劳成病，卒于官。著有《读易识小》、《琴心轩艺》。

熊兴麟　崇祯癸②未进士，授宜兴令。时寇乱汹汹，兴麟联城野，勤团练，寇不敢犯。历礼部主事，湖广监察御史。顺治丁亥，大师至辰州，羁系八载，放归。殁后，上杭邱嘉穗为作传，载《艺文》。

刘　荣　岁贡生。性孝友，同知缪宗尧延为县师表。值上杭贼赖荣昌、刘元亨等猖獗，荣设计缉捕，地方以宁。巡按虞守愚题授广东惠州府捕盗通判，未抵任，卒于京。

孔庭训　字东溪。由举人授杭州府通判，升湖州、绍兴二府同知，迁刑部员外郎。德性温醇，操行清介，历官中外，而囊无余物，人士钦之。

赖　锦　字南沂，岁贡生。授万州牧，教养并行，黎蛮驯服。以终养归。

赖　洽　字果泉，选贡生。判池州，升知郑州，皆有惠政。

---

①　癸，原文为"祭"。
②　癸，原文为"祭"。

迁蜀府长史，卒于官。

赖希道　字龙泉，举人。授令建昌，邑多逋赋，希道除加马，清蠹弊，而民乐输将。修学建桥，理冤备歉，卓有贤声。

赖希昌　字西峰，岁贡生。授建德县主簿，升剑州判。以清勤慈厚称。

赖　霖　字仁宇。由恩贡，授湖广安仁县知县。清复茶陵军侵没民田百余亩。莅任四年，陂塘、义田、社学、文塔，皆著有成绩。

赖一鲤　字云吾。由恩贡，初任归善县丞，升阳山县知县。严重自持，按抚文委盘查他州县，杜绝私谒，秉公不阿。政暇多著作，刻有《钓民苦语》。迁王府审理所正审理。

赖朝选　字显我，举人。令长沙，清廉纯谨，长沙王旌曰"乐只君子"。

赖昌祚　字蒙著。由恩贡令旌德，左迁山东布政使司照磨。历署孟县、保德州事，再补榆杜县知县。所至清案牍，绝苞苴，禁刁恤残，当道器重之。

吴日修　字海门，举人。授广西陆川令，州哨激乱，地棍辄乘浮狼为变。日修条陈三害，盗棍敛迹。升睢州知州。

邱与闵　字闾如。由太学，同知泰安州。救荒御寇，民颂廉能。

阙　振　字羽公，举人。丰神峻峙，不妄言笑。令嘉善，详豁逋赋三万有奇。以强项罢官归里。十余年，嘉善人怀惠不忘，伐①石纪功。

萧熙祯　字瞿亭。才思敏逸，成进士。文出，为一时传诵。授令长沙，事繁民悍，肆决如流。尤以雅厚善俗，都人士化为礼让。摄善化政亦如之。以直行己志，讵误归。

---

①　伐，原文为"代"。

　　孔煌猷　字二伊。由举人授峡江令。惠政得人，崇祀峡江名宦祠。所著有《唾余集》。

　　赖明选　万历举人。授南直隶常州通判，惠民敬士，士民祠祀之。

　　吴　诰　选贡。授程乡知县，有黑千户，怙势处虐民。奏请诛之，悍酋服。

　　吴　蒙　岁贡。令富阳，剔蠹厘奸，士德民怀。

　　郑　厚　岁贡。授云南澄江府通判，派徭役，剿抚山獞。解组归，民遮道①攀送。

　　沈孟作　岁贡。教授南雄，文教聿兴。署篆阳江，政治卓茂。

　　赖　恒　岁贡，司训兰溪。署兰溪、义乌二县事，有惠政。

　　熊昭应　字朗伯，御史兴麟子也，举人。先知浙江奉化县，忧归。服阕，补常山县，铲宿弊，抑强豪，伸雪沉。又于常治东北三里建万缘塔，收瘗枯骨。卒于官。两邑俱祀名宦。子光炜，自有传。

　　吴廷芝　字卉长，父利见，举人，贵州新贵县知县。左迁陕西泾阳县丞，疏通泾渠，民怀其惠，吁祀名宦。廷芝绩学善文，领康熙丁卯乡荐，知浙江德清县，调陕西鄠县。能②以文章饰吏治，读书好研思，经史子集，手自抄纂，盈积等身。为诗一笔立就。卒于官，不及收检单词、只句，犹流传人口也。著有《镜史》，梓行。孙，昭上，例授大兴知县；红上，例授钟祥县丞，署沔阳州州同，卒于署，囊橐萧然，宪、司各致赙归其丧。

　　黄策麟　字汉阁。为诸生，试辄前茅。家贫，然同祖以下诸弟侄，衣食、婚嫁皆独任之。康熙丙子领乡荐，授陕西合水县知

---

①　道，原文为"首"。
②　能，原文为"熊"。

县。在任十五年，清操自矢，始终一节。署庆阳卫守备，一署环县，两入①文闱，调军前督理粮饷者三年，皆能于其职。

王芬露 字建斋。年十八，始随胞兄廪生芝芳就学。质敏而勤，举康熙己卯乡试，任四川峨眉县，廉介自矢。三入试闱，识拔皆知名士。在任五年，告败致旋里。生平事无大小②，必兢业审处。持己接物，出处进退，力求寡过，亦无过可指，士庶咸矜式焉。年八十三卒。父禹昉，笃学清修，年九十一，母彭氏，年九十三。次兄春三，监生，年八十二。盖一门耆寿云。四子皆成名，行三、奇七，武举人。

张成章 字简亭。性孝友，善诗文，勤课子姓。康熙己卯举人，选江西万安知县。修城郭，开荒芜，革陋规，以苏民困，粮免加耗，米除淋尖。先是西南两都，远涉艰于输纳，负阻漕粮，多年不交。成章三至诱谕，与民推诚款洽，欢若家人。间聚其子弟，课文讲艺，始设漕仓于皂口，以便输将。自是民皆踊跃，户无逋欠。庚子，同考江西乡试，得士十人，咸称名宿。万邑惶恐滩最险，会辛丑秋，滩水大涸，怪石毕露。成章捐俸百金，亲诣滩际，督工四旬。凡石险峻当道者，皆凿平之。商旅咸庆安澜，勒石志功滩畔。迄今百载，往来舟子，歌功颂德。丙午旱饥，开仓减价，虔诚露祷，立沛甘霖。是岁以老病乞休，告致详府，士民赴府吁留至再三，词情恳切。府乃谕成章照旧供职，以慰舆情。

丁未，摄理吉安府事，文武童试，矢公矢慎，士林钦仰。闽人流寓，寓安者甚多，成章新设"福兴户图册"，俾流寓者得以推粮入籍应试，客民便之。在官十年，士民爱戴，为建生祠焉。七十八岁，解任还乡。八十五岁而卒。子孙蕃盛，乡里咸推仰

---

① 入，原文为"人"。
② 原文缺"小"字。

之。著有《吟香诗草》，未梓。

郑　宜　字赓三，父昌麟，隐居教子。宜甫冠，县、府、院三试第一，旋食饩。父没，营葬龙安乡。乡患虎，人莫敢①至。宜与兄宾，躬负土石，经旬卒事无虞。康熙辛卯乡举，雍正甲辰成进士，谒选得江西南昌。因外补有人，委署湖口，实授龙泉县。初莅泉，积案盈百，日判决如流，匝月而衙署肃。间遭秋潦为灾，跪祷，霖雨泥淖中，水旋落。

尝徒步阡陌，慰劳农氓，因以察知谣俗及山林奸宄。故讼衰②盗息。以时延课生童，手自甲乙。赈③灾设渡，建家修署，清俸不足，益以家资。士民或设法补偿，叱不受。榜县堂曰："莫言百姓难治，治百姓须先爱百姓。非故，一文勿要；要一文，即不值一文。"民以为言行相副也。

解组归，龙泉人综其政迹，刊为一集，曰《治谱汇言》。宜为人慈祥乐易，宗戚僚友，均有休戚相关之谊。至弹丝、品竹诸辈，亦由由与偕。独治家严礼法，子、弟、孙、曾，不衣冠不敢见。稍不谨，虽长必笞。所著有《易经省悟》、《性理会要》、《慕直堂文集》，西江周力堂各为之序，未梓。年八十终。长子天健，监生，囊箧细碎，有晨昏之助。次子天池，庠贡，捐修南堤，倡建义冢，克世其家。三子天枢，孙道绍，父子先后④登武科。

江联辉　字简符，康熙癸巳恩科举人。六上春官，四荐不售，人皆为惋惜，辉曰："数也，吾自知之。但人事不可不尽。"雍正甲辰，挑选四川试用，历署广元、南江、万县、合江、泸州，实授合江县知县。当辉之署泸也，会有令丈田。泸属三县，

---

① 敢，原文为"取"。
② 衰，原文为"哀"。
③ 赈，原文为"振"。
④ 原文无"后"字。

一土司纷纷告争，辉勘理判决，民不忍欺。已而万县民因丈田鼓噪，臬宪以辉署万得民心，檄令抵万开释。辉至而民皆帖服。泸邻贵州，其赤水河一带，川黔争界者连年不决，各上宪委辉往勘，即以赤水河为界，东属川，西属黔，界遂永定。

任合江三年，前后俱在泸州摄治。庚戌以足痹告休，有劝以少待者，辉曰："是有机缄在。吾于甲辰筮仕得困之，咸已先兆矣。"卒具文乞归。辉孝友性成，事生母、继母如一。仲兄三连，客死河南大康县，四十余年莫知葬所。辉公车迂道，遍访得厝所，负遗骸归。又雅好崇奖士类，负冰鉴之名。著有《四书定旨》、《春秋经义》，未梓。

沈光谓　字尚而。博通典故，居常暗然自处，及论古人孤忠苦节，辄情声俱烈。以进士知山西灵石县，权嬴①余以苏民困，疏汾河以济民患，修复子夏祠，捐俸倡置祀田，率诸生课艺、赋诗其中。致仕，平阳太守章廷珪延为正谊书院山长。多有著述，皆未刻。

熊光炜　字侁藜。九岁失怙，哀慕如成人。康熙丁酉乡举，乾隆元年会试，以年满七十，恩加内阁中书衔，知江西崇义县。政简刑清，民胥向化。岁祲平粜，额外减价，捐囊赔补。解组归，仍杜门教授，泊如也。

萧廷玮　字荆玉，熙桢孙也。痛父浓有早逝，与伯兄廷琦事孀母饶至孝。领康熙丁酉乡荐，奉例截选，以母齿衰，家居终养。服阕，谒选，授安徽含山县知县。在任三载，化轻生薄俗，禁胥役差扰，文教聿兴，螽蝝绝迹，更辟汗麦田于镇南卫，成沃壤，阖邑祝之。平居恂恂自守，兄弟友爱，闭门课诸孙。年七十八终。子起凤，副贡，任安仁知县。

卢　铨　字省非。行谊醇正，文章博达详赡。雍正丙午举

---

①　嬴，通"赢"。

人，丁未进士。时岁大饥，汀郡上游闭籴。铨于当事有诚，密寓书求开通接济，邑人阴赖之。知奉天铁岭县，先是邑城不戒于火，延烧数百家。甫下车，即请借捐库项，按户给赈，申豁带征逋赋千余石，增设银冈书院学舍，捐置学田二十亩。与诸生课艺谈经，始终不倦。解组，寓京师会馆。汀属会试，习制科之业者，胥就正焉。尝入秦中崔抚军幕，章疏多出其手。生平著述未梓。子观源，乾隆壬申举人。

林　生　字集侃。状貌魁伟，英勇过人，应募广东营伍。奉主将高登科令，征剿光武山寇，又随高剿花山寇。历著军功，题授广东清远县左营守备。卒于官。

以上旧志。

江源远　字南基，务义乡江姓之祖也。明初，诏征为南京户部主事，有泉州进士江万仞，尝称其"负才能以裕国，敦大义以化俗"。邑人张僖知其素行，为之作《墓田记》。

江　沂　字文渊。天顺间，由上杭学领岁荐。成化十三年，除合肥县主簿，兼摄教职。在任三载，惠民劝学，孜孜不倦。及告归，士民奔送，一棹清风，不携一毫官物。

巫山泽　字梅川。明隆庆时援例考中从七品，选松江府金山卫经历。在任九载，以河功升同知，借补徐州上河厅判官。甫到任，值水灾，与州伯王公捐俸发粟，流民全活者众。复与王公力议，酌革徐地弊规、役征、杂派一十三项，详宪勒碑，闾阎载德。居任二年，以母老归田，士庶皆流涕攀辕祖①送。万历九年，崇祀徐州名宦。

卢　穆　字念梧，明增广生。由例贡，授广东和平县县丞。清勤慈惠，政治有声。继摄邑篆，囹圄无枉，奉差督征鱼苗，安靖不苛，商贩便之。

---

①　祖，古人出行时祭祀路神，引申为"送行"。

吴 升 字瑞添，思贤乡人。形貌魁梧，有志略。康熙间，以行伍拔漳州城守营，旋擢台湾南路营把总。值朱一贵变，平台屡与有功，引见赐蟒缎彤弓。历官温州游击，捍贼卫民不辞劳瘁。旋调太湖水师游击，擢乍甫参将，未赴任，署太湖协镇。卒于官，葬于宁波府东门外河背。温州兵民，尝思其德，祀以祠，立碑功。其四弟廷贵，为延平协标右营千总。

胡继先 字敞中，忠坑人。援例授江南句容县龙潭巡检，曾署松江府经历。奉府尹沈孟坚委，督理疏浚上海华亭县界埠河，又教民置水车灌田，民感其功，与沈公同祀。事载《松江府志》。

卢殿人 字蕃揆。体貌魁伟，善属文而豪于酒。以拔贡充武英殿校对，官授湖北监利县县丞，清洁自守。上官知其廉，命督修监利县堤。革陋规，严督差役，不妄取民间物。百姓爱之，至今有"卢公堤"之名。后以不善事上官，降为浙江仁和县主簿。时有吴中林处士名颖芳者，行高文卓，名动公乡，不轻与人往来，独闻卢主簿名，辄相过从。殿人，盖有宦隐之风矣。著有《心月轩稿》，黄叔伦、蔡寅斗为之序，亦为窦东皋侍郎①所赏。

廖 瑛 字璞完，冀亨孙也，与叔鸿章同登乾隆丁巳科进士。在刑部多年，敏慎有声，由主事历员外郎②，中转御史给事中。京察一等，简放云南迤东道，历著治绩。升江西按察使，除盗贼，水陆肃清，商旅至今感之。又尝伸理万安县唐令之冤，民颂③其德。罢官后，流寓苏州卒。

沈文榴 字飞渡，岁贡。任古田县教谕，醇厚温文，造就多士，敦尚气节。及归里，遇乙卯城陷，慨然捐金，以济被难之眷口。通邑式之，三荐乡饮大宾。

---

① 郎，原文为"即"。
② 郎，原文为"即"。
③ 颂，原文为"讼"。

阙　文　字蔚湖。幼勤学，博通经史。雍正壬子举于乡，乾隆丁巳成进士。知乐陵县，廉明著绩，有学道爱人之风。大学士于公敏中赠句云："百里春风迥草野，一轮明月照琴堂。"

赖霁堂　字月亭，举人，以明通进士任寿宁、福清两县教谕、福宁府学教授。选甘肃通渭县知县，遇荒歉，殚力捐赈。复为申请以济民，饥民咸颂其惠。平时诱掖后进，善于启发。游其门者，虽极鲁钝，必有悟人，故其弟子以文章科名显者甚夥。

江世春　字纪千，高头乡人。乾隆六年，由廪生选拔廷试第二，充镶黄旗教习。历任云南太和、云南永平、四川乐山、高县、新津知县，署广安州知州，俱有实惠。广安州城临河，屡圮。世春设法砌筑，得固如生。在高县创建书院，嘉惠士子。乐山民俗延僧道庆坛，男妇杂处。世春严示禁斥，并除淫祀，民风为变。去官日，士庶为立德政碑。

马　琳　字兰桂。幼好文攻书，精骑射。乾隆戊辰进士。由粤东营守备，历升协镇至总兵。整饬行伍，擒劫盗，靖海氛，以巡海得疾卒。到处思其功，称为儒将。朝廷嘉其尽瘁，登之《国史》，并荫其子。同邑孝廉廖审幾为作传，载《艺文》。

郑命嶷　字克堂，乾隆丙子科武举，任江南镇江卫掌印守备。幼习儒业，工诗文，熟《左氏春秋》。年十九，偶从叔父学骑射，即游庠。旋登武榜，究非其意也。授东昌卫千总。其父乔，时方任山东临清州税大使，喜曰："吾因挽运以趋庭，公私兼画矣。"任满，荐升镇江卫守备，迎母于署，色养备至。建亭一所，时导母观游，颜曰"慈宁亭"。刻《金刚经》以祈母寿，朝夕讽诵于亭，绘《兰陔待养图》，丹徒太史王梦楼为之赞。好蓄古今墨迹，梦楼先生尝临晋人小字一卷以赠之，又语人曰："郑子武而文，弁韄中之杰出者也。"生平孝友疏财，为官宽征屯粮，不严追呼，卫民德之。年五十七卒，进士鲁诠为之赞。有《衍释金刚经解》未梓，男增生赐芳，汇注刊行。孙二，俱游庠。

沈鸿儒 字谈圃。父邦殿，庠生，勤讲说，后进多藉陶成。鸿儒幼承庭训，出语警敏，年十一县试，县主许为大器。乾隆己丑成进士，历任陆川、阳朔、兴业、桂平等县，署郁林州事。在任绝苞苴，禁刁顽，判事明决，民号廉能。以母老改教归，囊无余积。署延平府教授，调台湾府教授，课士殷勤，生员因事发学戒饬者，惟命题令构艺自赎，台士德之。任满归，龙岩州某刺史延请新罗书院掌教。有《沈氏两世合课文集》为人传诵。

赖世平 字钧若。少为名诸生，学使葛公德润以"文淳品端"荐举优贡，肄业太学。旋补武英殿分校。期满引见，用知县，以母年高告归终养。母年百有一岁，恩赐蟒缎，给金建坊，人以为荣。世平扶掖视膳，朝夕不离侧者二十余年。事毕出山，补江西乐平县知县，在任慈祥宽厚，人称之为"赖佛"。南昌太守黄芝云与有旧，谓与赖公交二十年，少时神采，焕有国士之风。今老矣，潦尽寒潭，敛华就实，民之情伪，政之殷繁，无不了然胸中，特藏锋锷于不用耳。所操一介必严，以病告归，卒于南昌。太守为敛资，以赈还其椟①。

郑命新 字又堂，举人，任四川盐源县。为诸生时，邑令张君永祥素廉明，卒于官，有老亲眷属十余口未得归。命新作序，劝捐给资数百，送还陕西。族庠生显仁家贫，借以三百缗，使行贾以养。及显仁客死江左，其子扶椟归，尚余百金，悉赠其家。又同族孝廉天禄娶室，逾岁殁，家贫。命新集同志捐资赡其妻，为立嗣。又为外家修墓立嗣。其生平尚义轻财，厚党②勤类，皆如此也。

宰蜀中，历署清溪、汶川、秀山、黔江、天全等州县，俱著有循声。公暇辄与士谈论经史，试艺于内署，亲订甲乙。秀山麇

---

① 原文为"襯"，校改为"椟"。下同。

② 党，原文为"鄘"。下同。

方伯奇瑜为诸生时，命新深器重之。麋公遂执弟子礼。命新尝语
人曰："秀山之丹凤也。"秀山科举自麋公始。在盐源，其邑与滇
南昭通为界，辖十二所土司，岁征银三百有奇，地多莽蓁，密菁
未辟。新抵任，陟巇降原，示以陂、塘、沟、渠水利之法，借给
籽种，劝民开垦。二载，卒于官。虽未竟其志，民卒遵其教，令
今额征银六千有奇，遂成川南巨邑，民犹颂之。命新居官洁己，
爱民礼士①，治役吏尤严，其榜堂联曰："疾痛本相关，剥民膏，
宁滴心头血；宽严须并济，锄奸蠹，若拔眼中钉。"可想见其梗
概矣。子五人，赐中、赐彤、赐书、赐田、赐珽，俱游庠。孙，
位熊，岁贡；位枢，监生，任安徽怀宁县丞。

胡大年　字文安，号椿园。幼失怙，善事继母。家贫，生计
日蹙，乃折节从巫桂苑先生游。旋为诸生，领乡荐。乾隆壬寅，
挑发山东知县。历任宁阳、曲阜。丁外艰，起复，选直隶乐亭
县。乙卯地震，城东南隅裂丈余，涌黑水，霪雨浃月，滦河漫
溢，遇重灾，多所拯济，而己身遂多负累。以内艰归，卒于里。

郑命成　字实堂，举人。任河南确山县。其邑久无科目，旧
有铜川书院，在城外，鞠为茂草。成抵任，查追被侵地亩，于城
内创立讲堂精舍，更名汇川书院。捐置膏火，延师课士，登贤书
者接踵。壬戌夏，有蝗蔽日，不入确境，举人李鸣谦有诗云"培
士肯分清吏俸"，又云"越境蝗飞赖至仁"。

癸酉，豫中大饥疫，道路死者枕藉。命成捐设粥厂，施药丸
活人无数。抚宪闻②其事，以"捐施粥药，办理尽善"具奏，奉
朱批"如遇保举，文内声明，另行施恩"等因。曾调署武陟，有
惠政。未久，复回任确。十五载，兴废举堕，息讼宽征，德民最
深。卒于官。榇回，百姓遮道刍奠，无不堕泪者。子一赐圻，廪

---

① 士，原文为"土"。
② 原文缺"闻"字。

贡生，惠安训导。孙位台，监生，广西隆州巡检，署八达州同；位翰，监生，候选未入流，遇道光二年临淮大典，议叙即用；位埠，例贡；位桓，庠贡；位时，监生。曾孙师侨，举人。

江日照 字观澜。有干济才，以监生援例除吏目。历贵州遵义、余庆典史、黔西吏目、奉天牛庄新民屯巡检、辽阳州吏目。前后三十余年，所至上下和洽，有疑难事，必委之办，倚为左右手焉。嘉庆乙丑，皇上东巡谒陵，治巨流河梁道，累月不就，期且迫，当事惶惧无策，有以江吏目能荐者，委之去。时寒冻，夫役手足苦皲瘃。日照至，日持授插，且躬率，且具热酒周走饮之，鼓舞慰勉，役大感奋，忘寒苦。不旬日，而五桥之工毕。又尝委解粮艘，从海运至天津发赈，遭风飓，漂折桅柁，见关圣显灵，救不死，人以为笃诚之感。好事者为填词作剧，名《断船因》，关东人常演之。事母杨，曲尽欢娱。凡关名义事，为之如恐不及。好延客，橐未尝余一金。善写兰、石，书法赵。承旨作书记，十函并发。诗亦多可观者。著有《三生记》。子盈科，嘉庆癸酉举人，丙戌大挑教谕；治国，浙江仁和典史。

江以成 字璞堂，乾隆丙午副贡生。肄业成均，考武英殿校录。嘉庆丙辰，授湖北直隶州州判。时教匪未靖，奉檄委解军饷，以劳卒。

吴绍祁 字又京。乾隆戊申举于乡。辛亥，文庙总理公平，倡建丰田近居文馆，劝下丰数乡捐田为生童贡举试资。任顺昌训导，学使恩奖匾曰"儒宗学府"。掌教于凤山书院，及广潮景韩、黄冈等书院。著有《红杏诗集》，未梓。

罗 卓 字应龙。由武举任台湾左营水师游击。嘉庆十四年，漳、泉、潮、汀四郡苦饥，当青黄不接之时，米价腾贵，每斗钱六百，贫民歉食。时卓调署北路副将，守鹿子港，筹画令回厦门商船，装载①皆半配米粮。海艘轮流叠至，内地米价悉平，全活无算。任台十余载，缉洋匪，屡著劳绩，台民德之。年五十六，卒于官。

赖受文　字奎垣。幼读书即好读律，务为当世有用之学，不屑制举业。援例授江西布政使司理问，历署南昌通判，袁州、九江同知。政务清峻，吏弊无所容。奉宪委至赣州、瑞州、吉安等县，及江南扬州催办勘案，所至皆办，刻期而竣，不以夫马供应累及地方，尤以提拿新城积猾藩书涂丙忠为上宪所称。在袁州分守时，捐俸修官道三百余丈，郡民德之。在官简肃，不事烦苛，斧资或不给，悉取于家，不敢纤毫以私害公。迨请养归，杜门简出，时与二三戚友衔杯雅话，萧然自守，不干外事。

巫绳咸　字祐堂，嘉庆戊辰进士，桂苑先生第五子。性聪颖博学，弱冠即教授生徒，并侍养桂苑先生。每黎明，必至寝所，尝食侍膳。晚安枕席，桂苑先生必垂问其自己及其生徒功课方罢，穷年无间。生平以身示教，无疾言遽色，人皆爱敬。官赣榆知县，到任即查拿盐枭，及衙蠹累民者。又有蝗不入境之异，善政甚多。殁后，辛从益侍郎为志墓，廖审幾孝廉为作传，载《艺文》。

郑赐图　字伊溪。嘉庆辛酉拔贡，朝考一等，以知县用，分发山西，历署偏关、凤台、武乡、神池、闻喜、平陆、吉州等州县。补崞县，调荣河，除积弊，振文教，聿著循声。其宰荣河也，有汾阴书院颓废已久，赐图捐俸修之，增设膏火，诸生肄业其中，文风大振。绅士于书院内立生祠。因旱，步祷于百峪沟，雨即降，邑人以诗纪其事。荣民与陕民争滩地，久不结，奉上宪令，会同丈量。赐图矢公裁正，荣民感焉，即于滩地内立赐图生祠。赐图优于吏治，保举卓异。未几卒于官，年五十七。

---

①　载，原文为"戴"。

永定县志卷二十三

文 学 传

夫檀柘而有乡，萑苇而有聚，言物类之相从也。学者闭户研精，开卷独得，若无待于外求，而观摩讲习，必藉师友之助以成其业。故曰："蓬生麻中，不扶自直。"又曰："齐鲁之间于文学，自古以来，其天性也。"永邑虽僻小，而士之服儒服、修儒行者，肩接踵系。其志以先民为程，不沾沾于帖括。遂乃周览六艺，玩诵百家。于经史文词，术算考证之学，悉心探索者，咸有其人。且有既得科第，不践仕途，退而居于乡闬，坐拥皋比，专志纂述，继往开来，矻矻穷年，白首罔怠。若是者，虽汉之经师，何以加焉？宜乎斯邑，文雅日盛，后进争相砥砺，知朴学之可贵也。余窃编次其人，以仿群史文苑之例，所谓寄姓字于修豪，亦足慰其人于遐纪矣。

卢一松 字念潭。万历间，以贡授吉王府教授。谓宗藩之学，与韦布异，乃摘四书中切于"修"、"齐"、"治"、"平"者各一条，名曰《要学三篇》以进，士嘉纳之。著有《学道要端》、《井田议》、《化俗议》、《醒心诗》、《宗孔集》。

林钟桂 字丛岩，举人。诗文下笔立就。授如皋令，阁部史公可法，嘉为有用之学。著有《余言稿》。

卢乾亨 字柱公，举人。令庄浪。著有《燃藜草》、《秦游草》。

熊铨元 字祥人，选贡。聪颖嗜古。著有《退隐集》。

　　陈应标　字起瞻，增生。闭户读书，至耄不倦。好搜隐僻为声佶之章。著有《鸡跖集》。

　　郑日益　字冲宇。志趣高尚，邑令敦请乡饮大宾十六次。所著有《四书说》、《诗经说》。德行文学，通邑咸师事焉。

　　吴来凤　字仪明。顺治辛卯贡生，善属文。著有《天随集》刊行。

　　邱六成　字兼三。三中副车，康熙丁卯贡。著有《四书说意》、《易经说意》、《粗余集》十二册。府志作上杭人。按：六成，顺治十一年，学使孔自洙取入①永定县学第四名。

　　赖以德　字懿德。沉酣经史，著述自娱。永乐间，以经明行修，荐授湖广宜都县知县。

　　郑　道　字宏夫。学问宏博，古道自持。应嘉靖壬辰贡，授浙江武义学训导，历广东陵水学教谕，广西浔州府学教授。各庠皆庆得师焉。

　　黄　科　字伊野。才华隽拔，学问渊充②，行文有欧、苏气，学者多师事之。

　　郑士凤　字于阁，顺治辛卯恩贡。壬辰廷试，房考李廷枢叹为高雅绝伦。录卷进呈，旨授知县。居家闭门著书，有诗集、古文词行世。

　　吴人骥　字台御，副榜。性高岸，不轻取予。豪于诗、酒，每醉后高吟，琅琅有韵致。善书法，笔力遒劲，似朱晦翁书。所有题迹，人争宝如拱璧也。

　　张尧中　字如初。精《春秋》，删辑五传，为后学津梁。

　　熊国宾　字寅所，增生。笃行力学，下笔千言立就，经史子集，多所传注。

---

　　①　入，原文为"人"。
　　②　充，原文为"克"。

　　熊国兴　字日楼。孝事继母。以岁贡司训饶平。制艺之外，常以诗、古文课士，宪司奖之。

　　沈元辙　字幼苏，孟化次子，学使耿定力首拔士。年十五，饩于庠，随父任之茗、雪，与诸名士相倡①和，学益闳，缙绅咸以"小苏"期之。志未竟而卒。

　　阙尚伦　字明轩。诗文以奥博称。

　　林光翰　字云章。为文有卓识，词奥而萒。以副贡铎临川，李来泰宗师之。

　　徐泰来　字惠生，选贡。入②太学，国子师雅爱之。长于诗、赋，惜早卒。

　　张鼎焯　字聚九。传伯父尧中《春秋》之学，别为传注。

　　陈上升　字乔文。登贤书后，筑室乡居。多聚书，手自校雠，掇翰属词，人咸称为"浑金璞玉"。

　　李　颖　字嗣英。资性超悟，学问宏博，尤善诗、词。著有《联珠集》。

　　黄孟淑　字衷鲁。嗜古力学，经书子史多纂注，为文不竞时艳，必以归、胡诸大家为法。遭乱退隐，教授生徒。子日焕，成进士。

　　郑孙绥　字符枚，岁贡，司训武平。著有《古今人镜》刊行。

　　吴　晋　字吕生，初名晋甲。曾录为充场儒士，后饩于庠，学优韵远，能诗，善操琴。康熙壬子、丁丑修邑志，两与载笔。又尝与修通志。所著《草木心集》一卷，《积寸斋尘稿》二卷。

　　卢彦群　字柔戒，廪生。试辄冠军。年二十二卒。

　　卢彦辅　字孝检。能诗歌、古文，时艺亦清雅。年未三

---

①　倡，同"唱"。
②　入，原文为"人"。

十卒。

黄殿甲　字御及，廪生。著有《凤翙楼集》。

熊卜伟　字恭仲，增生。有异才，多挚行，乡里称文学。

沈缵绪　字忝述，增生。耄而好学。

卢维翰　字象崧，廪生。著有《本源集》。

郑应周　字石序，岁贡。敏而好学，有行检。

吴大栋　副榜，精《春秋》。

卢日旭　字曙海，廪生。学酼经术，门多醇士。

熊伟抱　字璞斋，庠生。博通经史，浑厚慎默。

赖用錞　字参颖。质行能诗，于南城隅辟圃凿池，栽花酿酒，与文人韵士，往来觞咏。

廖镇臣　字颜尺，廪生。颖悟轶群。

熊　春　岁贡。教谕赣县学。历任七载，课士有方，赣士祠祀之。

赖　津　岁贡，教授青州府。秩寒守洁，为人所难。

曾子毅　岁贡生。有才学，勤于纂述。所著有《解醒篇》、《诗余雅韵》、《投机集》、《醒心集》、《春归岩谷注》。

赖可大　岁贡，江西益府教授。才学兼优，孝友并著。

徐　灿　岁贡。孝友勤学，以经术垂训。

郑国卿　岁贡。刚方正直，司训揭阳，以忠孝勉士。

江　淇　字蓼劢，康①熙乙酉举人。官安溪教谕，师范肃然，相国李文贞公家居时，尝深重之。忧归，补任侯官，督鳌峰书院事。同母弟浚，亦以孝义称。浚子风清，举人，教谕侯官。

阙应桢　岁贡。刚方正直，司训揭阳，以忠孝勉士。

卢祖熺　字瞻岵，康熙戊子举人。父英，岁贡，为本邑义学师。祖熺克承家学，继主义学者十余年。邑中成名之士，多出其

————————

①　康，原文为"廉"。

门。为仙游教谕，亦多造就。孙九云，举人，知湖广鄜县；庆云，副贡生。

胡楼生　字更庵。兄弟八人，其父遇亨，筑蛟潭阁，课子肄业。楼生兄弟并读书其中，而楼生尤负俊声，工诗文。蛟潭溪水每溺人为患，楼生为文以祭①之，患遂寝。康熙戊子举于乡，知河南商水县。兄杏生，庠贡；桂生、松生、柏生，邑诸生。弟檀生，岁贡，官安溪训导、闽县教谕。

张月攀　字千龄，康熙戊子举人。教谕南平，详改天主堂为十二贤祠。卜葬二亲，屡乞假不允，纳印太守，弃官而归。

沈　敦　字敷五。父先甲，邑庠生，以经学传家。敦膺岁荐，选官光泽训导，重梓《朱子诗》，广布学宫，观风部堂。刘师恕奖曰“师范克端”。长子光渭，自有传；次子光淇，岁贡；四子光沣，副贡生，长于诗。

卢奏平　字斯任。家贫力学，终年兀坐一室，朱黄吟诵，至耄不倦。不自为古文，而《左》、《国》、《庄》、《骚》、《史》、《汉》八家，皆有批点全集。凡经指示，生面独开，后进得知有古文义法。一振庸靡之习者，奏平之力也。由岁贡司训罗源。忧归，再补安溪学，辞不赴。有《孟子点睛》刊行。

萧廷璠　字绍嘉，邑庠沅有子、进士熙桢孙也。以岁贡司训诏安，造就多士。文有其质，家居谨饬廉隅，每诫儿孙曰：“庸行难尽，无以此博名高也。”年八十八，无疾而卒。

熊孙莲　字大千，岁贡，司训龙岩州。父卜瑞，邑廪生。长兄孙兰，康熙乙卯举人。父子三人皆以能文名，而孙莲更兼工诗。

赖　昭　字瑞轩，邑增生也。品行端方，文学醇正，当道屡奖优行。朔望伦堂讲学，以励后进。由岁贡训导海澄卒。

---

①　祭，原文为“癸”。

郑鹭升　字谦人，郡增生。父孙绂，庠贡生，诗书启后，谨厚传家。鹭升矩矱自持，居乡恂恂崇正，教训生徒以礼让为先。乙卯城陷，仲弟被虏，茧足至江南寻得之。未几，弟病卒，负遗骸归。与季弟湘澜友爱终身。诠经注史，切磋互励。鹭升卒，湘澜杜门不出者三年。人两贤之。湘澜，字端人，邑庠生。澜子楷，庠生；枢、模，另有传。升子昌，庠生。

郑　枢　字惕存，雍正壬子举人。念鞠友爱，书田馆谷所入[1]，兄弟与共，不私一钱。笃友谊，同袍客病死，调护殓殡，劳且秽勿恤。教授生徒于人伦日用切要处，极意谆复。常效朱子《宋名臣言行录》，自汉唐以下，都为一集。谒选授永安教谕，未抵任而卒。

张大鹏　字嘉祯，邑廪生。天性颖发，强学广记，好聚书资，修脯养亲。稍赢，即以购书。六经、诸史、百家，族分部居，提要钩玄。郡邑言渊博者，必推焉。执父丧，不内寝，不事浮屠。奉老母竭力承欢，数十年如一日。乾隆十年举优行，未几卒。

熊龙其　字毓水，岁贡生。女儿适赖氏，遭难，投水全节死。三甥幼而贫，卵[2]翼成家。尝爱抚溪山水清美，构学山楼，课子侄肄业其中，远近学者闻风而至。文学卢子文赠以联，有"山中服古，户外传声"之句。为诗清壮秀杰，与同邑卢化、阙魁为诗友。有《学山楼遗稿》。长子甲丰，郡廪生，怜贫恤寡，以善行闻于乡。

王燕龙　字孔嘉，庠生。邃于诗，即家构五桂轩，吟咏自乐，与广文李基益酬唱[3]最多。刻有《五桂轩诗集》四卷。

---

① 入，原文为"人"。
② 卵，原文为"卯"。
③ 唱，原文为"倡"。

廖　枫　字祝三，邑增生。工行草，尤善诗，与同邑吴晋、字吕生，邱渊、字五先，戴昱、字霞淑为诗社，宴集登临，互相酬唱，极一时风雅之盛。枫《三绘斋稿》，凄惋如寒泉出峡；晋《积寸斋稿》，沉雄如铁骑云屯。晋死，枫为《哭友诗》二十章，酸楚不可读。

陈庆善　字伊水，郡廪生。性颖悟，精《春秋》。手著《麟经阐微》，邑令吴君梁为之序。

吴亦进　字望子。性恬①退，髫年入泮，退处抚溪乡，读书一室。年逾七旬，寒抄暑诵不辍。寿九十卒。

张月鹿　字宿龄，拔贡生。长汀黎愧曾，尝与谈经，甚器重之。随督学汪薇校士漳、泉。与宜兴储在文，唱和相得。游南雍，一时名宿若何屺瞻、高北侍，皆称知交。寻以内艰，未卒业回籍。

卢子文　字同升。幼颖异，家贫力学，有文名。弱冠，游泮辄冠军。早卒，士林惜之。

赖　修　字励行，邑廪生。家贫笃学，教授生徒，罄所欲传，终日无倦容。又有赖扬对、赖岑者，皆博学善属文，郡邑人士多负笈从之。三子皆未得中寿而卒，人有"碎玉"之叹。

张文渊　字男其，廪生。祖父遗书满架，焚膏继晷，矻矻穷年。游其门者，造就极多，邑中称"博雅士"焉。

吴奉璋　字佩子，岁贡生。通经汲古，束脩厉行，友教四方，生徒云集。非公事不入宰室，学者仰之。著有《学庸扶微》，未梓。

熊友驷　岁贡生。舌耕养亲，年耄犹教授生徒。从游率知名士，族子九梅其一也。九梅秉性友爱，笃志好修，以五经九试棘闱，不遇。康熙乙未领岁荐，丁酉宾兴，束装将行，诸弟劝以年

---

① 恬，原文为"怙"。

老，笑曰："尔欲效少游哀吾哉！"遂行，卒于宁洋途次。

郑　珏　字于佑，恩贡生。甘贫嗜学，能强记，善讲说。汀、潮人士多游其门。

邱　珊　字九苞，廪生。攻苦下帷，枵腹挑灯。所与游者，类多成材。于文字点画声音，考订不误，并留心小学者也。

王命召　字维宪。以善书名，悬腕中锋，遒媚劲健，入[①]钟玉之妙。客粤，著《粤游草》二卷，楚楚有致。今摘其可诵者。

《泊龙涎峡得月》云：归舟夜傍龙涎宿，崆峒岩盖如大屋。疑是瑶岛与珠宫，虬龙鬼怪呵护覆。峡口峰高势崔巍，圆月初上照山麓。一轮飞镜落深潭，醉看浮波月可掬。长流不断潺潺声，似闻淫雨连朝漉。此景谁人领略来？宿舟图画惟吾独。吟哦夜夜[②]不成眠，渐见东方已露昱。欸乃一声刺舟行，太息人生何鹿鹿[③]。

《避暑晚归》云：就林因酷日，危石自生风。贪看云归岫，顿忘月上东。树深迷路黑，潮起涌波红。坐觉浮凉满，长烟一带中。

《羊城上元观灯》云：笙歌连彻夜，弛禁金吾开。火树珠江合，鳌山粤海来。乱灯明昼锦，挝鼓起春雷。秉烛须行乐，为欢得几回？

《腊旅送弟旋舍》云：前途珍重去，日渐故山亲。寄尔旋家梦，留予在客贫。寒天容易晚，炎地最先春。嫂侄如相问，兄今一老人。

《惠州西湖六角亭看雨》云：城南烟雨转城西，亭景湖光两不齐。帘外风清凝宝鸭，山前瀑布走虹霓。萍踪此日游鹅水，竹

① 入，原文为"人"。
② 此处后一"夜"字原缺。
③ "鹿鹿"，同"碌碌"。

杖何年过虎溪。意欲林泉长笑傲，草芃芃处鹧鸪啼①。

其他清词丽句甚夥，不能尽录也。

以上旧志。

陈中谠　字静公，上洋乡人，明万历间庠生。崇祯间，盗贼四起，中谠与弟庠生中谦，招募乡勇御贼，里赖之。后其弟为贼所害，中谠遂隐于灵鹫山，自号"遁溪"。著有《太平楼诗文集》八卷。殁后，遗稿散佚。中谠自少以孝友闻，恂恂里党，才敏绝伦，而防检自饬。善草、隶，恒不多写，人得其片幅者珍若拱璧。今间存遗墨，悉如蛇惊电掣。得兰亭骨髓，非近人所能学步。

林之栋　字桐月，孔夫乡万历间人。聪慧绝伦，读古文②，数行俱下。年十三，进县学第一。年十四，以一等第一名食饩。其文清真超卓，不落恒蹊。邑令某素爱其才，招致衙署，每阅所作，辄击节叹赏。以其父及兄弟三人俱在庠，匾其堂曰"芹香世绍"。惜年不永，十九岁而卒。

林　蕤　字奎藻。倜傥能文，崇祯己巳游学于粤。县试不及期，欲随覆试场补考，至则已扃矣。扣而入③，知县让之，遂率口云："或七篇或八篇，尽一日之长。如不通，如不才，听三年之罚。"知县故穷之以题，标以《孟子三几希》，据案立成。知县惊赏，以无正场文，抑置第二。然无意功名，为诸生，终身不乡试。

赖松庵　明庠生。淹通经史，制行方正。

赖莹玉　岁贡。世代明经，儒雅可风。

赖育寰　字和衷，邑庠生，胜运人。博古能文，授徒于金丰

---

① "啼"字原缺。

② "文"字原缺。

③ 入，原文为"人"。

太平寨，数年训迪不倦，从游多所成就。性至孝，笃于友爱，尝手书"一回相见一回老，能得几时为弟兄"于座右以自箴，乡里推重焉。

郑宾朱　字愧明，万历间增生。聪颖力学，游庠时尚未弱冠，屡考优等。尝学宋儒礼，衣冠必谨。著有诗文一卷。

郑　堂　字云昆，号中峰，邑廪贡生。构书室于邑之北山麓，颜曰"高冈"。游其门者，登黄甲，领贤书，胶庠拔萃，时称盛焉。著有《高冈养正集》，未梓。生平肩①修学宫，拓邑东大桥，会增祖烝，创儒田，仗义好施。子泰，邑庠生；冲霄，邑庠生；裕光，按察司经历。孙、曾游庠者八人。冲霄创修东城口元帝宫、福主祠，拓家学烝田。裕光创建北方宗祠，创修始祖妣坟，捐资课士。人尤称其父子济美云。

熊显曾　字穆斋，邑增广生。为文有声，终岁闭门读书、训子以外，一尘不干。子光润，举人；江济，副榜，任尤溪教谕；江风、江浚，俱岁贡；江淳，增生；江浩，监生。家学之盛，时艳称之。

王梅调　字节斋，副贡生。与王畜斋太史为友，往来诗酒，脱落不羁，酒后醉墨淋漓，一挥数纸，人争宝之。当时豪俊多与之游。尝馆于书华塘监生陈禹功家。卒后，禹功为经纪其丧葬。

廖王臣　字端伯，冀亨子，鸿章兄也。父官吴县知县，解组寓苏，课王臣读书聪悟夙成，人皆以神童称之。年十三，补江南嘉定庠生。学使海盐俞公有国士之目，试文至今传诵。后改归永籍，早卒，士林惜之。以嗣孙文锦贵，赠朝议大夫。

江龙池　字望轩。少困童子军，因省父，于浙学焉。归就试，遂为郡伯所拔，补弟子员。旋捷于乡。再试礼部，遭忧归，遂杜门教授。所教育之士，多见知于时。邑宰周君缉敬，常造庐

---

①　肩，担荷。

以询乡邑利病，龙池语不及私。其在族党中，恒以敦孝弟、育人材为谆谆。大岭下同族之建学舍，立儒田；高头乡之设文会，悉自其怂恿成之。性简默，善饮，喜谈史事及前贤嘉言善行，亹亹不倦，所聚书最富。著《周易要旨》、《春秋经义》各若干卷。制义专师黄陶庵。身后俱散佚。

江程清 字飞泉。孝友力行，博通史传。数试不遇，遂决然去，为经济之学。旋渡台授学，海外人争重之。卒年四十，遗诗文著述，未梓。

廖连三 字岳云。幼遵父象湖教训，闭户勤读，乡族有不识面者。中乾隆庚午举人，壬申进士，选浙江分水知县。升堂治事，犹手不释卷，不辍吟哦。上宪知之，改为兴化府教授。理解精粹，士林推服。学宪临兴，必留考棚，命题后辄与商之。解组归，掌教凤山书院四年卒。著有《岳云文稿》。子光阳，丁酉拔贡，官贵州布经①；光汉、光澜，俱庠生。

张金堡 字琼夫，举人。博览多识，书经子史有疑义者，悉据经证传，为之论说，以申其旨。文章独具手眼，每一篇出，远近翕然传诵，名噪②一时。生平操履严正，兀坐一室，从无杂宾。有势家冀得结纳为重，觇其贫，假馈，岁致以钱米，却不受。他日，经其门，遇之，款邀备至，金堡毅然曰："此路，岂不许某一行耶？"其峻厉如此。学者称"书牧先生"。

赖世芳 字右兰，乾隆壬申举人。锐志力学，至老手不释卷。敦礼崇义，尝创建邑东台边广缘义冢，瘗所拾遗骸百数十具，置田祀之。汀、漳、龙道单公德谟，题匾奖之曰"乐善不倦"。丙戌大挑二等，选将乐教谕，未履任卒。

张 撰 字修亭。绩学工文，少就童子试，即为当事所赏

---

① 布经，疑为"布政司经历"之简称。

② "噪"字校补。

拔。肄业鳌峰书院，才名益著。陈桂林相国驻节三山，尤器重之，荐充选拔。乾隆壬午，举于乡，选南平教谕，前后从学知名士甚众。以卓异荐升山东宁阳县知县，有政声。所刊《修亭文稿》，清醇茂雅，不名一体，人争购之。所著《四书讲义》，多所发明，未刊行。

卢欣松　字仰乔，岁贡，西坪人。淹通经史，博极群书，夜观星斗，能察玑衡七政之位。乾隆二十一年，与分编志乘，勒建凤山书院。手著《石滨堂诗文》，初、二集已刊行，仍有三集，未付梓而卒。

吴峄上　字兖初，一字鲁升，廪贡生。淹博多识，以古文名。乾隆癸酉修县志，王见川太史邀峄上与校订之事。晚患双瞽，授学不辍。生徒呈正文字，以耳代目，但令持就朗诵，当窜易者，应时口授，令自涂改，无少停辍。或问以典故，即为讲说，仍告以见自何书何卷，令自检阅。虽极僻事、僻书，无不了然。学者称为"兖初先生"，至今犹诵述之。

郑　模　字晴岩，廪贡生。好学深思，钻研经、史，尤致力于八家古文及庆、历、启、祯①诸家。所作亦极精纯，为陈星斋、沈德馨诸公所赏。其授生徒，每使之身体力行，不专以制义为事，而科目多出其门。乾隆癸酉修县志，模与分校。卒年八十。

郑　辉　字岱峰，乾隆庚辰举人。幼习骑射，为武生。旋改就文试，登贤书。为人严气正性，力学敦行。构书室于北山，颜曰"岱峰书屋"。四方负笈云从，游其门者，多所裁成。创立家学，以课族子弟。选授闽清教谕，未抵任卒。学者惜之。有《石川潭》、《石麟山》等诗。见旧志。子命乡，廪贡生，品醇学粹，能继父志，优诗赋，工书法。督学朱石君先生器重之。孙赐铭、

---

①　隆庆、万历、天启、崇祯之简称。

袍鲁①、位镛，俱庠生。

陈成文 子朝瑾，府学岁贡生，丰田人。性聪颖，博学善记。中年足患风②疾，自戊子科乡试不能终场，遂绝意进取。讲学类多成材，其徒咸宗仰之。

巫能敏 字鲁潭，岁贡，泰溪人。幼聪颖，诗、文、书法，俱能合格。弱冠失怙，贫甚，遂弃儒而工。乡先生、举人游贡赞言于族长，以烝谷三石资之读兼训蒙。比年入泮，旋食饩。尝痛父亡未养，日夕追摹像貌。公素不善绘事，迨迨像出，酷肖，人以为真诚所感。试辄高等，屡荐不售。尝闻人有佳篇佳句，无不击节钦服，其虚心如此。子遥观、孙如兰，俱庠生；如南，监生。

张金台 字蔚天，邑庠生。持躬孝友，学问深醇，其教人以立品端行为先。从其门者，多所造就，前后游庠掇科者数十人。著有《训蒙篇》、《勉篇》，未刊。

陈玉灿 字孚堂，岁贡生，金丰人。父文英，字彦伟，性孝友，嗜读书，通鉴史，邑侯张举乡宾，有"辉映德星"之奖。灿资敏笃学，弱冠就试。乾③隆二年，学使周力堂赏其文似汉注，不让大士，首列群庠。九年，食饩，试屡冠军。三十二年贡。生平谨厚，朴诚友教，不专尚文艺。同邑或邻郡邑来从游者，成就甚众。讲论经义，多心得之言。手著《四书碎记》一部，未梓。五十七年，选任顺昌训导。劝课振作，士气奋扬。卒于官，士至今思之。三子：汝和，科在力田；汝金，庠生；汝衡，岁贡。孙象仪，拔贡；树仪、典仪、鸿仪、赞仪，曾孙念修，俱庠生。家学之传，多继起者。

---

① 之后有"孙"，疑衍字，予删。
② 风，原文为"疯"。
③ "乾"字原缺。

胡蓉芝　字斐才，忠坑人，邑庠生，举优行。生平手不释卷，至废寝食，人以为痴。其天性然也。训子弟，多成名。著有《四书撮言》行世。

卢声抡　字秀成，一字懋廷，岁贡生，上屋崀人。笃学邃养，天机洒落，深研宋儒理，手辑《四书质疑》若干卷。别构书室，以培养后进。弥留时，属子孙丧葬以礼，勿事浮屠。

赖文豹　字南山，乾隆甲午举人。任漳浦、邵武教谕，好学善教，厚兄弟，笃友朋，生平善不胜述，大者三端。卒年八十五。编修巫宜福为立传。载《艺文》。

杨辉英　字植三，岁贡生。至行纯笃，颖悟过人。其师廖南崖太史，每欣赏之。学使冯公，岁科试，俱拔第一。南崖太史掌教苏州紫阳书院，复往肄业。旋取内课，各大宪课试，屡膺首选，苏人①称为宿儒。亦精究星历之学。

陈鹏南　字学举，奏诒孙也。勤学问，善属文。康熙五十九年庚子，学使葛公科试汀郡。鹏南以道远阻滞，试者皆点名入②场，乃仓皇而至，蒙给笔砚与试，揭晓为九学冠军。颇有浮议，学使乃榜文于照壁，详加评点，人始翕服。乾隆二十九年，由府学岁贡生，授闽清县训导，熏陶士类，文风益振。致仕归，手不释卷。著有《四书集说句解》，仅刊《学》、《庸》二卷，惜全书未成而卒。

廖怀清　字芬堂。为诸生时，文名噪甚，试辄前茅。乾隆丁酉举于乡，甲辰成进士。上杭、连城、武平诸邑，延请设讲，门徒环集。庚戌岁，倡率通邑绅士重修文庙，规庑堂皇，轮奂聿新。又率里中建太平书院，以为课文之地；立义田祠，以助士子应试之费。谒选得广东开建令，调感恩县，皆有政绩。在任卒。

---

① 原文"苏人"重复。
② 入，原文为"人"。

卢联标 字霞川，乾隆丁酉举人。学问素优，敦孝友，尚廉让，与兄监生联兴，怡怡聚首，寿跻古稀，不言析产。凡事必禀命于兄，兄亦毫无私蓄，友爱终身。子绂，己酉拔贡，壬子举人，为诸生时，诗、古文词，屡见赏于宗工。官永福、同安、台湾彰化诸县教谕，士林宗之。孙肇桐，庠生。

陈畴思 字作轩，举人，虞坑人。沉博贯通。理研程、朱，文章守先民之法，为初学所宗仰。手著《制艺》一篇，曰《作轩文稿》，已刊。

郑梦进 字习斯，乾隆己亥副榜。不营势利，酷嗜经史。家贫如洗，尝以晨炊米易书；夜乏膏油，每燃香照读。所存书数千卷，无不丹铅者。与兄俊昭，白首相依，终身友爱。乾隆乙卯赴试，至沙县卒。

王廷钧 字牧堂。弱冠补博士弟子，王畲斋太史器赏之。乾隆庚子举于乡，四上公车不遇。旋以弟廪生廷钦早世[1]，痛失其手，遂不欲离亲远出，承欢子怡怡如也。性最恬淡，有猝故纷投，善能裁决，非公不履邑庭。子朝桂，邑庠生。诸孙皆能读书。

王起凤 字桐冈。家世业儒，幼负隽才。为诸生，试辄冠曹。偶时，学使科岁试始，重古学。起凤与弟郡学廪生起鹏，俱与诗赋擅名，合郡景仰。督学朱文正公尤器重之。乾隆癸卯乡荐，再上春官不第。家居授徒，品学兼粹，誉望弥隆，同郡及岩、漳争延致讲业，门下士登科第者十余人。其阅课衡文，远近就正，日不暇给。嘉庆壬戌，会匪杜三妹等倡乱，乡里无赖争附。起凤义愤激发，与门徒诸生陈梦莲等号召乡壮，擒其渠魁，解省究办，匪徒解散，乡里以安。制宪王公临永，亟奖赏之。长子绎，季子缜，俱庠生。

---

① 早世，同"早逝"。

阙之璠　字鲁斋，恩贡生，马山堡人。赋性孝友，浑厚谦和，邃于经学，善诱后进。

黄如带　字恒英，一字晴河，乾隆己酉恩科举人。立品端方，淹通经史，为抚溪乡科名先声。所著有《晴①河近艺》，及近体诗赋，传抄几遍。兼经星学，著《日镜赋》刊布，学博张名标赠句云："嗜古追长睿，沉思接直卿。"盖实录也。次子茂，邑庠生，亦工卜日。

赖之凤　字晓山。文章排奡②有奇气。自为诸生，试于学使，皆列优等。乡闱屡荐不售，以明经终，为时所惜。书法颜平原，其擘窠大字，尤擅名一时。

赖　春　字朝魁，又字冠三，邑庠生，抚溪人。贯通经史，工书法。尝与举人黄晴河、岁贡张作和著《松三堂格言》，刊行以劝世。乾隆十七年，倡捐同族竹林文会③，以培后进。族人称之。

郑赐中　字受经，邑增生。博学能文，屡试优等。乾隆丙午，徐抚军搜取闱中落卷，送入鳌峰肄业。因得足痹疾，遂归为文，提要钩玄，时出一艺，士林争诵。游其门者，食饩、选拔、登贤书，一时称盛。有《美囿集》二卷，未梓。《郑氏种玉族谱》，其所总订也。

江兰奎　字梁桢，府学廪生。性颖悟，博闻强记，能文，兼工诗赋。早岁列弟子员，有声黉序，从学日盛。其文以经术为宗，教诲谆谆，成就后进颇众。从其游者，多得科名。手注五经，著有《周礼一贯》，未梓。于嘉庆丁卯岁倡议④，命其弟子

---

　① 晴，原文为"晴"。
　② 奡，音 ào，傲。排奡，指风格刚劲有力。
　③ 会，原文为"曾"。
　④ 议，原文为"仪"。

马攸德等，邀众姓增置丽正文馆课田，以培养后学，尤为人所感慕。

江桂兰　字芬园。聪颖好学，文不加点。早列弟子员，屡试冠军。学使赵鹿泉先生最赏其文，叹为南中之秀。以优贡举嘉庆庚申科第四名，未及会试而卒。年甫强，仕人皆惜之。

李云初　字学能，金丰人，邑庠生。博学好古。曾于海外奉父回乡孝养，人无间言。劝善归过，族友服其端直。倡立资田，以励后学。著有《四书参接按》及形家诸书，未梓行。晚纂修宗谱。年七十六卒。

巫绵咸　字南坡，邑庠生。能读父书，应试俒得复失，不介意。家居设帐，从游者甚众，岁科入泮之士，半出门下，一时称盛。性和而介，以侍父疾精岐黄，诊治患者，应手辄愈。子二，长宜夏，乙酉拔贡。

巫宜耀　字远斋，廪贡生，少白次子，出继其叔赠文林郎缉咸为嗣。幼聪颖，六岁授《尔雅》、《考工记》等篇，即知爱其古奥。九岁能诗文，二十一岁受知学使赵鹿泉先生，屡试冠军，隶诸生，食饩。援例贡成均，试京兆，为河南学使今协撰卢南石先生所赏。屡试不售，尝作《责头诗》自伤不遇。欲效张释之、司马长卿[①]为资郎，资奉养，无力而止。性孝友，平居寡言笑，与物无忤，亦莫敢以非义。干弟宜禊、侄，初试皆执经受业。辛未，待生母疾，坐卧不解带。中风寒，讳不言，医罔效，卒于永城官署，时年三十有八。有《自他轩诗稿》二卷，南谷先生为之序。

王深培　字纪园，恩贡生。少自抄读"五经"、"四书[②]"、《周礼》、《左》、《国》，一字不遗忘。行文挥洒立就，名噪于诸生

----

① 卿，原文为"乡"。
② 书，原文为"子"。

中。以祖父世业岐黄，遂亦习之。察色脉，决生死如响。以故叩门求治者无虚日。生平端直温厚，人乐就之。乡族有争角者，得其一言，无不立解。尤好作养人文，创设家学，及修整丽正文馆，劝增课士田亩，人多赖之。

郑晋三　字琼山，邑庠生。品行端方，学力纯粹，为文有声，训读多就。南靖进士张金拔赞之，有"圭璋其质，锦绣其心"之句。子际尧，监生；际虞，邑增生；际翱，监生。

萧之豹　字文峤。卓荦读书，善于论事，文如其人，勃勃有英气。屡试高等，饫于二十人中。诗清警，不多作。卒年四十七，所著俱佚。

赖受中　字健庵，府学增生。励志力学，屡列优等，识者咸以远大期之。持躬孝友，谦厚与人无忤。以不永年，为时所惜。

黄之衢　字登云，郡庠生，抚溪人。品行方正，沉酣经传，尤能抉其奥旨。静默，短于言词，迪生徒透宗，一语胜人千百。讲习、从游，悉为登记，皆精确不磨。

卢梦熊　字玉峰，邑廪生。兄弟五人分产，不计多寡。弱冠游庠，三试冠军。督学冯、李诸公，咸以大力文止目之。书法悬腕中锋，瘦硬通神。房荐五次，不售。矻矻穷年，手不释卷。交游皆一时名士，教授生徒，讲论不倦。年方艾而卒。自构书斋一所，教诱子侄。子辅宸，监生，能守遗书；孙学川，邑庠生。

李腾池　字灿恭，庠生，金丰人。山居，日耕夜读，从巫桂苑先生游。为文朴茂，屡荐不售。教人恂询如以身率，巫虚轩题其墓云："逍遥尘世和而介，寄傲云山耒[①]与经。"实录也。子栖梧、荫松，俱庠生。

胡　经　字戴部，金丰人，增生。倡立文课，耋而好学。科举十八次，屡荐不售。弟子成才者数十人。卒年八十四。

---

　　①　耒，古代的一种农具。

林志旗　字宪庵，金丰人，庠生。苦读广记，教生徒罄所欲传，多成材者。八十四岁卒。

苏壁垣　字钟鄞，郡增生。幼聪颖，其祖口授经、史，辄了了。稍长，酷喜六朝文字。好吟诗，性倜傥。谈古今忠义、节烈，则慷慨悲歌。游山水，必穷绝顶，有大阮风味。屡荐不售，卒年三十六。遗集散乱，有《游方广岩》诗云："入林不觉深，绿竹迷幽客。春午一鸟啼，空山自响答。"

沈琼林　字西昌，堂堡人，儒士。幼失怙，事母孝。刻苦习儒业，有文名。家极贫，惟藉舌耕以助膏火。为人沉恬和婉，与人无忤，尝劝人行善事。未中寿而卒，人咸有沉珠之叹。

萧亮贤　谨厚恬退，家贫好读书，终身不倦，乡里重之。年八十七。

张　鸾　字铃轩，邑廪生，北山乡人。性嗜诗书，敦行孝友，不信浮屠，持躬严正，痛恶匪习，宗族中咸敬惮焉。且急公尚义，凡有关名教，无不竭力从事。年五十二岁卒，乡里惜之。

永定县志卷二十四

忠 义 传

　　纲常，可以植物者也。如构大厦，必有巨材为之楹栋而后可立，否则倾矣。同此赋形，而两间之正气，独有所钟，则其人必有磊落大节以显于当世，天地藉之以不挠，而世之靡靡者，得以庇其生焉。一乡一邑之内，自千百载以来，有一人能为国家捍灾御患，捐躯殉义，则啧啧羡称，以为其土之荣。可以见正直之理，本于人心。人心不泯，则天纲自植。吾于永定得数人焉，其最显者曰中丞詹公天颜，已载于《名贤传》矣。其余亦皆秉刚德，能致其身以珍除群寇，使邑人安堵，不罹于难。虽非受命于朝，而激烈之慨，诚不愧于志士仁人也。其有旧志缺漏者，采诸遗闻，今为之传。

　　罗文举　初任广东千总，累立战功，擢广西梧州守备。康熙十四年，领兵援藤县，勇战陷阵死。

　　吴阶泰　字在邦。母疾，刲股调羹以进。友爱兄弟，门内肃睦。以平山寇功，授都司衔。祀忠义祠。

　　江宽山　字东峰，以义勇闻。嘉靖间，山寇张连等聚众万余，劫掠乡邑。宽山率子弟及乡勇力御之，转战皆有功。伏发，宽山及三子、二侄皆歼焉。后屡显异迹。观察卫绍芳为作传，载《艺文》。

　　苏魁甲　字爕光。年十四补弟子员，旋食饩，应康熙己巳岁荐。金丰里之有科贡也，自魁甲始。当耿藩叛，或啖以伪札，不受。岩背草寇窃发，漳南道卫绍芳进剿，驻节其楼，与有赞画焉。

王之翘　字仁殿。康熙丙子，上杭草寇郑德敬聚众千人谋攻县，欲取道锦峰乡。之翘携其侄，往硿头阻遏。德敬因纡道宿大院寺，卒为乡兵邀击而溃。

卢鸿鼎　字日都。尝率乡兵御寇卫城，给授守备职。以年老辞，不就。寿九十二，生十三子、六女。邑侯吴梁举乡宾，匾曰"多寿多男子"。

以上忠义，皆见旧志。

吴岐峰　字景盛。明嘉靖三十七年，有流寇千余人劫掠湖雷。岐峰同堂弟岸山，率领乡勇追至县南，复率数十人，黉夜入贼巢。贼觉，岐峰被杀，同时遇害者十三人。岸山见之，率众奋战，夺其兄尸回，贼亦遁去。邑侯许君文献，详请建义勇祠于西郊，祠今颓废。

廖文万　字永廷，上洋乡人。明崇祯间，以军功官赣州镇游击。从征李自成，卒于阵。

赖虬龙　字于见，抚溪人。明崇祯四年游庠，为名诸生，博学有智略。康熙初年，贼寇李天成等劫掠抚溪，虬龙计擒诛，其党畏而遁走，乡里赖以安。嗣后，龙教学仁里，贼众猝至，以无备遇害。其英灵，黑夜犹隐隐闻呼击贼声云。

王时祯　富岭乡人。明季，捍寇保族，死于贼。乡人祔祀于含哺石下五显宫中。

翁永瑞　字际明。弟永魁，字超一，金丰黄龙坪人。崇祯间，邓希厚等流劫乡里，永瑞、永魁，力御擒贼。金推义民。观察副使徐、吴、王三公，历次嘉其俘馘著功，奖之曰："有勇知方，足资捍御，可称二难矣。"又赠以"纠纠干城"匾额，给予冠带。永魁子文妙，字心赤，顺治十二年任江西吉安府游击。

吴　昌　字毓昌。顺治四年，助知县赵廷标守护本邑城垣有功，授汀州镇中营守备。漳南兵备道赠以匾曰"才堪固圉"。

张振伊 字人最，溪南里金砂乡人。性忠梗，遇事敢任。初与同族张人龙等读书于石子崃寺中，时国朝初定鼎，边界未尽平，慨然曰："小丑不知天命有归，志图侥幸，徒扰生民。此时不为国家出力扫除，非丈夫也。"习武艺，通兵法。适靖藩奉命与尚平南同定广东，遂往投效，以功累擢随征总兵官。广东既定，靖藩移驻福建，卒。子耿精忠袭爵，僭拟逾制，渐蓄谋志，日骄蹇。振伊知不可谏，遽引疾归。耿逆变，盗贼蜂起，乃集乡民捍卫桑梓，人咸仗之，合乡以安。康熙十二年，吴三桂据滇、黔叛。十三年二月，广西将军孙延龄应之，提督马雄以柳州降贼，粤西大扰。十六年，钦命巡抚、广西将军傅①宏烈剿抚，招募四方豪杰。振伊首起应之，率四子及所尝亲信骁勇之士，往见傅公。谈及军事，井井有条。傅公知其能，仍授以随征总兵，并授长子顺为随征副将。公领札，感知遇之隆，遂将兵追剿。时十七年三月初二日也。

当是时，贼蚁聚梧州等处，占据州县，分设伪官。振伊至，探路径，铺设阴沟陷马，四面埋伏。贼以为怯，乃出民间劫掠。竞趋伏地，俘获数百人。月余，乃率所部直抵贼巢，大战三日，击斩无算，贼锋大挫。傅公亲加奖励。自后，所向如志，贼因逃散，梧州等处稍得安息。十二月，贼复啸聚犯境，振伊又将兵击走之。贼退入藤县山野中，傅公欲乘胜擒剿，振伊曰："此去山路险僻，贼既先入据之，虚实未悉，若深入险地，恐中贼计，不若驻兵以待，伺其隙而攻之可也。"傅公平贼志锐，催督益力，振伊乃引兵追剿，自为前锋，命长子顺断后。比至藤，后军迷路，为贼兵冲散。孤军深入，贼四面夹攻，振伊受命追贼，约傅公命水军于江口接应，至是军败，谓军士曰："此去十里到江口，

---

① 傅，原文为"传"。

方有生路。不然，后军既为所截，首尾不相顾，坐困此地，徒自毙耳。"遂奋勇当先，且战且走。抵江口，水军不时至，回顾军士益稀，而贼势愈盛，必欲生得以甘心焉。振伊知势不能出，身不可辱，遂投大江以死。时年五十有六。傅公深悼惜之，斩水军别将以徇。既乃下檄，命其子副将张顺，以本衔统公所部杀贼，时十七年十二月二十五日也。

顺既统①公所部，誓与贼不两立。贼因藤县得胜，纵兵掳掠，复逼梧州。十八年春正月，顺乘其不备，潜济师直攻贼巢。大兵继至，顺率死士奋击，大败贼众，始复浔州。马雄死，其子承荫，率伪将齐人龙等降。时三桂已死，孽孙吴世琮在广西转猖獗，围承荫于南宁。顺复奋击，又败贼于新村。世琮负伤走，遂解南宁之围，并复太平府，诛其伪官，歼厥渠帅。既移守泗城，贼众闻风而窜，广西渐次就平。傅公方欲计功题叙，值军中大宴，顺痛父、弟俱亡，忽掷杯大哭。是夜，呕血数升。傅公慰谕再三，而病日重。急遣人赍信，嘱诸弟扶柩旋里。越数日，卒于营。比诸弟到粤西，傅公召见，慰之曰："尔父、兄俱死于难，例应优恤，吾将具疏，请旨定夺。"具仪卫，亲送至郊乃还。十九年，傅公为柳州降将马承荫所害，优恤之事遂寝。

振伊生男子六：长即顺，次恭，次松，次诚，次柏，次仪。初，振伊之往粤西也，自谓报国安边，建功立名，在此一举，故不惜鬻田宅，捐家小，以赴功名。及父子俱亡，家益落，其存者柏与仪，皆年未及冠，自是耕种食力，杜门不出。康熙庚子，邑令叶某，因催粮下里，询悉振伊父子殉难颠末②事，太息久之。正容起立曰："张总兵乃本朝死难之臣，湮没不彰，甚可慨已。"因手书"望重图麟"匾额为赠。曾孙益，嘉庆间岁贡生。

---

①　原文缺"统"字。
②　末，原文为"木"。

　　许振超　字道宏。乾隆五十一年，拔补广东新塘营外委。嘉庆四年，为新会营守备。时四川白莲教扰乱，奉调随征剿匪，奋勇杀贼，钦赐蓝翎，升授都司，未抵任，阵亡。恩荫其子朝钟世袭云骑尉。道光元年，朝钟卒，子大鹏袭。

　　廖复恩、郑得魁　永定汛兵。黄诏凤、郑培，俱博平汛兵。罗雄，苦竹汛兵。嘉庆十年十二月，在台湾南路营火药局与蔡逆打仗阵亡。

　　李　景　苦竹汛兵。嘉庆十年十二月，在台湾东门地方与贼打仗阵亡。

　　江思以　苦竹汛兵。嘉庆十年十二月，在台湾九脚桶与贼打仗阵亡。

　　赖进发　苦竹汛兵。嘉庆十年十二月，在台湾东门与贼打仗受伤，旋亡。

永定县志卷二十五

孝 友[①] 传

　　夫子曰："孝悌之至，通乎神明，光于四海。"圣朝以孝治天下，迄乎士庶，化以成俗。蒸蒸之志，怡怡之情，虽十室之邑，必有令德。永邑僻在山陬，而渐摩于大顺大化，浚发其良知良能，割股庐墓，合爨均财，不可谓非天性之独厚者矣。作《孝友传》。

　　廖显玢　嘉靖四十一年，贼至。母耄而盲[②]，负母逃，贼杀其母。后，贼闻其素行，悔之，遗金殡殓。

　　赖一相　字时望，诸生。其继母偏爱所生，一相让产于弟，躬自舌耕糊口。继母化之。尝入粤归，遇盗舟次，呼曰："天乎！赖一相平生为人，岂宜至此？"盗闻其名，遂解去。

　　熊正宗　字复斋。早失怙，庐墓三年，丧葬尽礼。乐施与，敦友于。上杭令黄君希礼亲至其乡旌之，时称"孝子里"。

　　孔念厚　顺治丙戌城破，兵欲杀其父，厚乞身代。兵果杀厚，父得免。

　　廖季翘　侍奉父母，虽处穷约，而洗腆必丰。母病丧明，以舌舔者六年，浣涤躬亲。举必循礼法，惟恐失德，贻父母忧。雍正三年，诏旌其孝。

---

　　① 友，原文为"女"。
　　② 盲，原文为"育"。

郑完明 母病，虔祷茹素。父病，刲股以进。孝声著闻。

郑　龙 庠生。早孤，奉祖及母以孝闻。母没，守苫块者三年。尝为贼所掳，闻其孝，释归。

郑永大 监生。父行佐，乐善好施，屡举乡宾。永大善事继母。弟染疫，梦母授服粱粟汤，果愈。邻里患此者试服，皆验。康熙丁巳、丙子、岁祲，发龙门庄粟以赈。康熙间，豁免钱粮，定例主七佃三，永大全给焉。

阙廷枢 廪生。五世同爨。雍正丁未水灾，捐资以赈。子文成进士，宰乐陵县，有政声。

赖　玉 字高山，岁贡生。小靖盗起，其父被害。奔京师请兵剿贼。嘉靖初，授临高丞，抚黎蛮，建石桥。升广西容县知县，未抵任而卒。

赖希孔 县学生。父疾，祈以身代，处兄弟怡怡。邑令旌之。

郑懋官 字举南。母目瞽，舌舐复明。亲没，庐墓三年，有"驯①虎伏蛇"之异。知县周君齐造访，详院疏题，奉敕建坊。

吴　赞 字清渠，庠生。邑令叠荐孝义，巡按御史徐兆魁旌曰"孝能色养"。学务躬修，凡三膺台奖云。

陈吉辅 字明川。建祖祠，修坟墓，置祀田。族人义之，抚、按两旌其门曰"孝义"。

熊守廉 字爱山。孝亲和睦，捐资修祖坟，建家塾。知县吴君殿邦申院旌奖。

廖同伦 字行吾。父郁疾，几不起。同伦顺志承颜，多方开解，父疾得愈，享耄寿。又创立公田，俾族人宽徭役浮粮之累。

黄金辰 字海超。年幼丧父，为世父所恶，金辰不敢校。及世父无依，金辰事之如父。时人尚其义。

---

① 驯，原文为"训"。

吴鼎泰　字连壁。邑令旌其孝行。

王予聘　善事媚母，抚育幼弟。

孔时中　字敬湖。母病，祈以身代，果得愈。

赖宪谟　庠生。事继母，育二弟，能人所难。

阙居仁　孤苦时，母腆膳必丰洁。巡按特加旌奖。

张鼎燿　字冶九，贡生。居丧，寝苦枕块，虽沉疴不变，兄弟甘苦与共。学使旌之。

吴淑南　亲殁，庐墓。闻烈宗崩，痛哭不食。君子谓其身在畎亩，而能知君亲之恩，不忘忠孝也。

沈一熠　字友恭，庠生。母疾，衣不解带，殁而庐墓三年。奉敕建坊旌奖。

朱象升　字沐咸，廪生。孝事父母，操行清洁。按院、督学交奖之。

郑邦珍　字闽毓。服贾孝养。亲殁，庐墓侧，躬畚插，树松楸。年九十，犹岁时展省不懈。

郑学张　字志九。事亲问事不懈，居丧毁形。邑令危君言欲为请旌，学张固辞。其不以亲故市名，犹难得也。

孔崑猷　遇盗，请代父死。母盲，起居必偕。邑令吕坊之旌以匾[1]。

郑祖彝　字思彩。十岁丧父，哀恸躃踊如礼。长能为人排难解纷，闾里服其公平。子星烂，岁贡。

黄一梧　字正阳。秉正不阿。耄年葬父，孺慕不忘。

赖正贵　字履和，庠生。幼年丧父，终身抱风木之恨。性刚好义。卒年八十三。

卢震行　字原子。弱冠时，父以命案被诬，竭力白父冤。由庠监署清流训导，运解漳饷，有清声。

---

① 匾，原文为"扁"。

赖世勋　字远游，郡增生。乙卯城陷被虏，以祖母及父皆卧病在家，沿途哀号，兵义而释之。其祖母及父旋没，妻郑氏拮据殡殓。世勋归入门，见二榇在堂，一恸几绝。自是，凡葬、祭[①]皆独任，不分委于弟，族人称孝友。康熙四十六年，举乡宾。

邱天培　字振秀，武庠。乙卯城陷，失母，寻至南粤，而母已殁于广西，负遗骸归。道路凄苦，哀感行人。读书展卷必恭，残文废字，皆加敬惜。年七十一，公举宾筵，痛亲不逮养，固辞。士论益重之。

张月钦　字敬龄，邑庠生。少孤，事母孝。尝奉母避寇村落，缺米，出籴不惯肩挑，负以背，天雨泥泞，举步必祝曰："天乎，吾母命在是，幸无倾失！"君子谓生事尽力，仲氏子所以见称于圣人也。子龙文，岁贡生；孙鹏南，举人。

林廷枢　字行策，邑增生。幼失怙，善事后母。家贫，教授生徒脩脯悉以奉母，母爱之亦如己出。异母弟桢，字行焕，以能文名，登贤书，皆枢教育功。

廖象湖　字暎井，庠生。年十三，父病疽，私以口吮。父没，哀毁骨，立茔葬，躬负土石。妻范氏，能与同心，冒病助办。里多偷俗，象湖立规条，朔望会父老于祖祠，聚族人申明约束，俗赖以端。著有《中庸契真》。子连三，进士。

卢　蓁　字隽其，监生。生而继于嗣父母，生父母生、死、葬、祭，一体竭力。葺理宗祠，倡集文会，族属利之。著有《易经旁训》一篇。

江　潞　字元宾，监生。母病眼，日夕舐之，遂愈。合族建宗祠，举事不辞劳瘁。母族邱氏无后，为继嗣；嗣[②]夭，更为择继。迄今两家子孙如亲兄弟。

---

①　祭，原文为"癸"。
②　后"嗣"字校补。

卢　松　字敏兹，监生。年十七，丧父，家无儋石。兄弟六人，其三兄先已分爨，惟五、六两弟尚弱龄，松独抚育之，合食四十余年。稍获丰润，与二弟均分，并资其第三兄之无后者。创烝业，拓书田，皆竭力为之。

阙圣宗　字鲁元，庠生。三岁孤，孝事孀母，终身依恋不违，事兄如事父。创立高曾以下祀田，捐田倡建大洋陂渡。著有《学庸析义》，未梓。

卢成永　字慎修，庠生。事继母如生母，抚异母弟六人，迄皆成立。拓数代之烝田，创合族之文课，年饥赈恤，三党咸利其惠。

吴人文　父母早丧，孝事祖母年至八十五终，人文以承重守制，筑庐墓侧。宪司奖之。

张吹簏　字仲怡。父遗腹而生，孝事其母。兄弟二人和祥著于里邑。相传四代犹合食焉。

戴亮轩　字伯斗。三岁丧父，事母恪共①子职；外祖无嗣，生、死、葬、祭悉其力。康熙四十二年举介宾。

江景云　字振淮。居丧不茹荤，力勤拓父业。比析产，诸弟交让云云，取均焉，友爱殊可风也。康熙六十一年百岁，恩旌竖坊授冠带。一百三岁卒。

吴懋功　字涵虚，增生。笃学躬行，人称孝友。

赖德谦　庠生。温恭静雅，事亲至孝。

孔如梓　字淡水。性甚孝友。

以上孝友，俱见旧志。

林正台　字涵宇，西坡乡人。年十二，失怙，事母以孝闻，公直见称于乡。明天启七年，举乡宾。崇祯八年，邑令徐承烈举孝子，申文到省，巡按张公应星奖给匾额。其奖语云："幼孝穷

---

①　共，通"供"。

经，终身孺①慕。舌耕以供甘旨，生则能养；罄家以备棺衾，死则能葬。定省可比文强，哀慕若师仁杰。"

陈必元 字章岩，邑庠生，上洋乡人。性嗜学，为文日数篇。著《家礼辑要》，为世所传。生平操履谨严。居父丧，寝苦枕块，三年不内寝。有《百尺轩诗集》，未刊。

廖之豸 字又蒿，田段乡人，郡庠生。嗜学守静，与弟之獬，一生友爱，人无间言。之獬，字怀蔚，亦老成端谨，能事其兄。

林廷请 字公锡，西坡乡人。幼失怙，孺慕哀恸，庭中红桃忽化为白。侄生，未匝月而孤，抚养成立，人称孝友云。

简必书 字瑞山，监生，悠湾乡人。家门雍睦，五世同爨。

廖毓嘉 字仰乾，监生，田段乡人。赋性肫笃，兄弟十人，三母所出，友爱一体。父分产业，为兄弟斥卖殆尽，毫无计较。事二寡嫂弥谨。三十四岁丧偶，不再娶。一生严气正性，人咸惮之。尝经商吴越、豫章间，慕江浙读书风派，晚年教孙读书，经史诗赋，无不备课，岁无间日。不预外事，饔飧不计，处之怡如。卒年七十五岁，巫太史鞠坡为立传。孙审幾，举人。

陈傲雪 字奏春；映雪，字永春。兄弟也，上洋乡人。其父仰溪卒后，兄弟五人先已分餐。傲雪浪迹川、滇，数载无耗。映雪奉母命觅兄。乃摒挡产业，得数百金，由川入②滇。既遇兄，遂劝以归。至广州，傲雪感激其弟，慨然有成家之志。与弟谋，欲在广营生。映雪即以所携货物，付兄经营。傲雪善货殖，所谋辄遂。映雪天性孝友，乃悉邀长兄凌雪、三兄景雪、五弟凤䎖，仍复合餐，分路贸迁，居积致富。十余年间，起家巨万，一门雍睦，子姓蕃衍，延师教读，衿佩彬彬。傲雪，以监生援例，授中

---

① 孺，原文为"儒"。

② 入，原文为"人"。

宪大夫，封赠其父如其职。映雪，监生，以子梦莲贵，赠文林
郎①。凌雪，例贡生，景雪、凤翥，俱监生。其兄弟既分复合，
卒大其家，人以为友爱所致云。

赖霁升　字允斋，例贡生，加职州同，诰封奉直大夫。至性
淳笃，少时即有干济才。父秉珪知其能，每事委任之。秉珪性刚
直，人或畏其方峻，霁升辄委曲调护，事无不济。父病，日夜侍
床侧，不解衣卧者三旬。父遂枕其臂以殁。居丧尽礼，人称其
孝。兄弟五人友爱无间，诸侄失恃者，教育过于所生。生平严于
守己，勇于赴义。宗族乡党，缓急倚重。邑中公事，无不推为总
理。壬子修县学，首捐百金。未几，又捐资助修府学，建魁②星
阁于城南。筑南堤、修东关桥诸义举，既不吝巨费，亦能擘画相
度，不失机宜，勤于经理，刻期可成。以是人尤重之。

乾隆乙卯岁饥，永邑素仰食上游之米，至是闭籴，斗米千
二百，有持钱终日不得颗粒者，民情汹汹。邑宰格律令，计无
所措。霁升乃先出己所储粟，赴市平粜，减价三之一，亲、
识、贫者倍减之。由是殷实者争相仿效，阖邑安帖。士人作韵
语颂之，言永人皆愿衔珠以报也。七人皆成名，长子受文，官
江西布政司理问，历署袁州府、九江府同知，南昌府通判。就
养于署，惟以清慎为勖，不使有余财，年六十五卒。长汀进士
汤志尧为撰墓志铭。易箦③时，命将受分之产，拨为高祖以下
四代祭田。又拨租谷十余石，为义浆费。训子孙以勤俭，神识
不惛。

刘良才　字德化，监生。性孝友。十岁丧母，哀毁若成人。
父病，日夕焦劳，衣不解带者弥年。事继母一如生母，营葬祖父

---

①　郎，原文为"即"。
②　魁，原文为"奎"。
③　箦，原文为"箦"。

不推委兄弟，捐资为远祖立祀田。年八十六卒。

江明月　字皓亭，庠生。以失怙家贫，服贾养母，遂[1]不应试。勤事二叔如父，岁时奉以钱粟，遇病亲为调药，少愈谋甘旨烹饪而进，至老恭敬不弛。女兄适庠生郑建斗而寡，母遗服器，任取之。每客归，举所携之物，惟姐所取，爱笃周至。待亲友宽厚而恕，平生少得资，辄为人分散，未有吝色，谓吾但求内不负心，外不负人而已。其处心克己如此。

卢存赤　字葆元，处士。学古读书，不干外事。庭闱之间，能以色养。事二兄无间，人以为天伦之乐。卒年七十。有七子，诒恭，例贡；诒惠，监生。

卢锡九　字云岩，监生，云川乡人。幼随父明经亨七读书，家贫甚，慨然改业，力于农贾以奉亲。长兄聘妻未娶，浪游江浙。锡九默体亲心，不远三千里，佣工获息，资兄归娶。后服贾江右有所获，悉以备孝养及兄读书膏火费。兄二人、弟四人皆先娶，而己至五十二始有室。笃于友爱，毫无私积，乡里传美谈。素性慷慨豁达，为人排解，虽损己资不计。年八十四岁卒。子五人：次子国光，授职布政司经历；三子耀光，任安东主簿；四子奎光，授职州同。皆克继父志，大其家业。孙、曾济济，列胶庠者八。人咸以为厚德所致云。

林玉昌　字玉崑，虎冈乡人。天性孝友，笃于家法。乾隆庚申大水，人皆高避。玉昌以父灵在堂，与妻号泣而守，庭水没胫，旁舍皆崩，而方丈之庐，四壁无恙，人以为孝感。其教人以守分为先，尝言："五族姓名，不登讼牒。人能于衾影下自理曲直，则天下之曲直定矣。"妻沈氏，相夫广业。每岁歉，必劝令减价而粜。晚年，督孙曹诵读，夜分不辍，视孙欲寝，辄[2]以苦

---

①　原文为"遂母"，颠倒不通。
②　辄，原文为"辍"。

茗饮之。子荣魁，监生；次孙蔚如，廪生。

廖健溪 字乾阶，田段乡人。醇笃孝谨，竭力承欢。

张渭璜 字珩斋，庠生，孔夫乡人。淳谨端方，敦行孝弟。耆年，孙、曾林立。凡事犹禀命于兄，笃行人也。

吴瑞图 字则堂，例贡生。少孤，母张氏，以纺绩赢余，为生育之计。瑞图自少勤谨，惟母训是遵。稍长，废著①江石，所获饶羡，悉以奉母，及给孀嫂寡侄。当母病，侍汤药忘食，息者年余。及卒，痛哭，双眼皆赤。嗣是，遂为赤瞳。先是家贫，祖父母宅兆多，缺营治，祭祀之烝皆未具。至瑞图，乃始一一经纪之。治城东书舍，延师教子孙读。族戚间有不能蒙养者，悉纳之，不索其费。卒之前，悉检族中债券焚之。

范仰高 字钟岑，援例州同。四龄失怙，能笃孝道。母病，朝夕躬侍，历三年无懈。遇建祠庙，欣然乐助。子四，世勋，武举人。余俱成名。

郑赐芳 字滋畹，郡增生。学问淹博，守正不阿，善事父母。居母丧，手辑②五经，写《哀录》一卷，朝夕讽诵涕下，纯孝也。奉父遗命，汇注《金刚经解》刊行。为母祈寿，率男庠贡生文炳、庠生文焕，刊《阴隲文图说》。

张如栋 字清标，慷慨好义。尝见地有存镪③，曰："吾侪食贫惯，骤获此，不祥。"即瘗之。有孝行。客台湾，丁台变，未返，其弟奉母避兵入蜀。如栋返，跋履山川，得母、弟所在，奉之归。人称"张孝子"。

林学燕 字谷贻，西坡乡人。淳朴孝义，事亲得其欢，抚孤侄如己子，俱克成立。人称孝友云。

---

① 废著，货物价贱则买进，价贵则卖出，以求厚利。
② 辑，原文为"缉"。
③ 镪，古代称成串的钱。

简子策 字宗文，监生，洪源乡人。事孀母，体志承欢。性尤乐善，时行方便。训子俱有义方。季子潜德，举人。

沈维嘉 字乐宾，堂堡人。性至孝，兄弟四人，三人远出。家贫父老，曲意承欢。父病，卧起扶持，衣不解带，独事数十年，孺慕之忱，未尝少懈。生平善气迎人，闻人善行，即述之以训子孙。子秉义，善承父训，贸易所获，为祖父立烝，为两弟娶妻，毫不自私。人咸推重。孙汝亨，壬午举人。

苏俊三 字任兆，苦竹乡人，嘉庆己卯科恩贡。孝友性成。幼龄，亲病，跪哭求代，不食，复愈乃止。家贫课读，弟子馈酒肉，虽数十里，必携归奉亲。冬月，亲老畏寒，必在旁温席至旦。尝勉弟句云："志欲躬耕无数亩，书能心醉有千篇[①]。"以馆谷分给弟，暮年同寝起，内外无间言。

熊　肇 字广斋，上湖雷人。兄弟三人，肇居长，独操家计。次弟性暴，常犯之，终不与校[②]。季弟尚幼，凡增[③]置田业，皆肇心力所营。其后均分，兄弟不少私焉。孙春，岁贡生，任赣县教谕；浩，恩贡生。曾孙慎，拔贡生，候选教谕。

熊联斌 字震佑，监生，上湖雷人。弱冠失怙，二弟监生奎斌、郁斌尚幼，联斌事母诚孝，召之即至，未尝远出。笃于友爱，承先人志，训子孙以读书。祖父所遗资产，及所增置者，悉与兄弟共之，毫不私隐。而二弟成立，一生谨慎，凡事先自责，常言："甘让人，毋凌人。"终其身，无与人争讼之事。

廖以信 字重山，尺度村人。和厚淳良。前母兄性悍，欲分居，以信泣劝弗听。既分，过兄门，兄必辱詈之。以信终不与较，俟兄词色少假，又曲顺之。既而兄亦感悟，转敦友爱。邑人

---

① 篇，原文为"编"。

② 校，计较。

③ 增，原文为"僧"，误。

称之曰："凡处兄弟者，当以重山为则。"

熊纶焕　上湖雷人。性孝友。亲没后，贸易远地，所获资财，悉付兄收存，终身不与兄计较。

阮　皦　字浪昱，庠生，上湖雷人。事亲有孝行，年跻九旬，始落一齿，犹潸①然出涕曰："吾将以全受全归之体见吾亲，今不能矣。"生平廉洁自守，论事公直，乡人咸重之。诲子孙读书尤勤，见其游庠者数人，寿九十有六。

沈绍闻　字德庵，监生，溪口人。三岁失怙，事母竭力，母尝曰："得儿若此，不负吾孀守矣。"偶异乡夜梦，母得寒疾。及归视，果然。人以为积诚所感。乾隆乙卯，有贼匪卢大妹等，结党横行，村民莫可如何。绍闻独密访，悉贼踪迹，赴县具呈请捕。县令吴君壮之，给马快四名，令督同乡勇械捕。绍闻遂率众，黑夜直捣贼巢，获贼首卢大妹并贼妇三人送县。吴深加奖赏。他如增祭谷、扩儒田、修桥路、设茶缸，种种义举，称心而出，毫无吝色。

张怀龙　字维翰，溪南金沙西湖寨人。曾习儒业。往粤东，痛父亡不获亲为殡葬，遂绝意远游。孝事继母，及母殁卜葬，筑庐居焉。服阕，妻子来迎，不即归，复居三年。崇祯三年，知县陈天祐访闻，奖以额曰"孝行传芳"。

谢宗健　溪南秀山村人。家贫，为梓人。事亲勤慎，出于至性。人称为孝子。

谌尚聪　性孝友，事父母得欢心，兄弟之间怡怡相得。

沈世昌　字翼心，堂堡人。年十六失怙，哀感动人。有弟三人，二在襁褓，教养备至。季弟早卒，弟妇孀居。世昌另分田谷矜恤之，并为立嗣。又尝联族人于本乡更新祖祠，扩增六代祖烝，族人推义。子孙生员、贡监六人。

---

①　潸，原文为"潜"。

卢思仁　字惠廷，金丰人。八岁以孝闻。其父尝爱兰，一日为奔牛伤损，思仁涕泣，恐乖亲心。乡人作诗嘉之。至老孝行不衰，里闾称焉。

林蔚定　金丰人，故儒士。母疾，衣不解带；殁，庐墓三年。孙、曾成名者二十余人。

林瑞文　字凤训，金丰人，举乡饮宾。亲殁，庐墓三年，建有乐濠书轩。

卢标兰　字瑞香，金丰陈东坑人。事母至孝，服贾就养，有天伦之乐。卒年八十二。进士巫绳咸为之传，载《艺文》。

曾应昌　字弼黄，太平寨人。以孝闻，精医。母病心痛，进药罔效。应昌焚香祝告，刲股和药，母病寻愈。康熙间，邑令沈旌匾曰"孝动昊天"，申详院司。

永定县志卷二十六

惇 行 传

乡耆 附

　　昔人称钟离叶阳能助王养其民，息其民。夫以匹士在下，虽有矜恤之怀，所惠甚鲜，而国家且有赖焉。是所谓百顷之田，得一勺之溉，必有受其润者也。永俗居俭重财，然戚党之内有贫困不能自存及斗讼之事，则好义者相与赈济排解，不吝已资以援人之急。至一邑之公举，尤乐于从事，题名恐后，且一族则必有宗祠，一乡则必有文社，或施财以佐速成，或割产以计永久。美哉，斯谊！率其敦庞之性以沐圣王之化，虽与三代同风可也。管子有云："比校民之有道者，设象以为民纪式，美以相应，比缀以书者，非谓此欤？"故亟累次其人名之曰《惇行传》。行有难易，德有厚薄，事有巨琐，不复为之差别者，原其本衷之善，且欲使浇漓鄙懦者闻之而感奋也。

　　江 泌　字肃宾。孝友乐施，尝修祖茔、族茔，置田供祀母。家有贫乏者，推产予之。雍正丙午岁饥，赈济多所全活。

　　熊玉磻　贡生。力推施济。雍正丙午间，邑大饥，磻出粟赒赈，全活者众。

　　卢 文　字廷书，监生。事继母克尽子道。葬枯骨，建茶亭，砌路修桥，皆乐而为之。

　　吴 璘　与兄璇均有义声。邑令毛君凤题其墓石曰："七奏杭粮义民吴璘之墓。"

卢光万　诸生。当鼎革之际，土寇延蔓，官军欲尽剿之。光万虑株及无辜，率众攻擒，殄其渠魁，余悉解散，多所全活。

沈士宴　诸生。好义举。雍正丙午、丁未，邑大饥，出赈米七十余石，设糜粥以供老且病者。由马山至溪口，路故崎岖，士宴平治之。行人有坦途之颂。

张伯龙　字慈长。敦行古处，不校横逆。尝有醉生涂辱龙，龙笑而礼之。康熙乙卯，尚藩兵至永定，俘去妇女无算。龙鬻资助永民赴粤赎回。康熙癸巳万寿，随诸老人晋爵、殿廷，上宴劳之。是秋，进九如诗画，温旨召见，一时称荣。事载《绘图宝鉴》。

熊邦俊　贡生。幼事母孝。有嫂早孀，俊敬事不怠，抚侄若己子。遇饥歉，减馆谷之入，以惠族党。士林重焉。

廖攀丹　字临桂，监生，例授府经历。敦品立行，周恤贫乏。里党①中有宿负不能偿者，取卷焚之，又加给焉。尝置田数十亩，为龟石河义渡。课子象湖，为诸生，孙连三中乾隆壬申进士。人称阴德之报云。

邱正颂　字泰音，庠生。捐私田抵祖遗上杭粮，族人德之。

王四教　字躬倡，贡生。天植笃厚。家素饶积而能散，君子富则好行其德，四教有之。

赖元昭　字协和，监生。持身孝友，好义乐施。乡人推为善士。

王铨爵　恩贡。正以持己，谦以接人，平急息忿，有王彦方之风。

李思庄　岁贡。嘉善县丞，《嘉善志》载其淡泊不污。

沈孟似　岁贡。脱弟于盗，分遗产于从兄弟，慷慨有豪气。

沈之轼　岁贡。平粜、施粥、给棺藏骸。司晋江学训导。

―――――――――

① 党，原文为"鄌"。下同。

熊钟元　岁贡。学优明经，才能服众。

赖昌明　岁贡。司训泉州府，修学课士。致仕归，督修杭陂，周恤宗族。

阙寅衷　儒官。笃学好施，度量恢宏。

戴①　禧　华亭县典史。居家以孝闻。

周维宁　山东宁县典史，职官盐捕，完课通商，盗靖民宁。

赖洪图　字范亭，由郡廪入贡。雍正间，奉例举为约正，排解有方。司训漳平，卒于官。

孔标青　字参史，监生。乙卯城陷，祖、父俱遇害，叔、姊、嫂、妻皆被掳。三代六丧，青悉力营葬。入粤赎日，见他姓妇女被系者三十七人，各寓书通知，俾往得赎。三继叔祖之后，增祖先祀烝。邑人颂义。

林任夫　字文台，虎冈乡人。家资巨万，好行阴德。乡邑义举，无不倡捐。子溯，字友说，庠监。甲寅、乙卯间，流寇赖旭初等入乡肆害，溯募召乡勇从城守张剿贼。其弟友程助粮。贼平，当道旌之。

简兆先　字德斋，岁贡生。因寇乱，联集同志，约束居民，申明守望，全里恃以无恐。

萧作霖　字佳蔚，郡学岁贡生。勤学好问，力辟僧、道。生平豪于酒，居亲丧，三年杯勺不入口，其情致如此。官罗源学训导。

赖　虞　字以谦，武生，泉州司训昌明孙也。生平不信浮屠，不惑堪舆。年八十四卒。遗命毋宴客，毋用鼓吹，毋分五服，外孝帛先。于己田内自定宅兆，诫子孙，勿图风水。盖超然于流俗之见者。

林　橦　字能郁，监生。父饶于资，橦独操家政，兄弟无

---

① 戴，原文为"载"。

间。言承父志，增祖烝书田，人称孝友。子宾上，楷法劲险，有《书法集成》四卷镌行。

卢朝楫　字子岸，监生。昆季和怡，卑躬接物。其外祖陈氏单丁远出，三代遗坟，躬亲岁祀不辍。

江月魁　字景柱，庠生。孝笃祖考，倡同姓于汀城塘湾建宗祠，抽拨田税为春秋祀费。劝谕乡里人，皆急公仗义。子震川，武举人，自有传。

陈　英　字任亨，武生。父正学，尝解囊完人婚事。英尤好施不倦，建祠收族不遗余力。子乃璋，武举，授卫千总。

卢于姚　邑庠生。幼随母姜氏归宁，道经青山塘，母见路崎岖难行，且十余里无憩所，叹息久之。后姚偕弟卓群砌路、栽松、建亭，于青山塘施茶济渴，嘱日后废坏，将父瀛川公遗下祀田余息更修，子孙世承其遗训云。《诗》曰："孝子不匮，永锡尔类。"其是之谓与！

苏二美　字怀玉，例贡。家素封，捐田增烝，出谷赈饥，倡建本乡桥二座，架书楼会课族子弟，置田以赡①之。

王崑山　字廷璧，监生。丙午饥，发米赈济。又于其乡自建石桥二座，费逾四百金。子光佐，例贡，赈饥设渡，亦多施助。

郑光缙　字元朗，监生。磋司付理盐务。丙午，斗米价七钱，盐斤价八分。光缙赈粥、施盐，当事义之。

王人凤　字圣生，廪生。居乡善排解。丙午饥，倡族人捐粟赈济。募建五梁滩渡，以利行人。盖有干济才而乡人信服者，雍正六年举优行。未几卒。

苏　进　监生。丙午饥，于其乡首倡发赈，又施椁以瘗贫死者。凡二年不倦。

苏　周　监生。倡筑本乡黄村桥，倡置义冢于古竹村营

---

①　赡，原文为"瞻"。

子顶。

王光祖　字召槐，监生。敦孝友，好施予。造桥修路，赡族赈①贷，无吝资焉。

卢　峻　字占丰，庠生。善医，每活人，不受酬金。岁饥，尝拮据赈贷，以周贫乏。

卢鏸千　字又良，郡庠生。性尚义。父业颇饶，兄弟五人，鏸千独主家政。恢拓祀田，周恤贫乏，捐田助新罗坑桥渡工食。四弟皆成名。子熙屏，武举人。

卢一梅　字占春，庠生。洁己自爱，修桥布路，不吝囊箧。其外父谢无后，父子祖孙三代暴露。一梅营坟筑葬，捐田税三石祀之。

张起凤　字鸣丹，庠生。康熙间馆处岩背乡，见先年温、罗二贼挖掘无主枯骼委弃山寨，归与弟鸣皋择东华山后，收取共筑葬一冢，联同侪立会岁祀。

朱　笏　字搢思，岁贡生。族有无赖子，盗发王姓妻坟。笏伤之，顾未知谁氏茔也。收拾委骨，愿捐金买还原葬。不从，速于官讼，乃得直。既，坟主知之，感激深仁，其子孙尸祀之。

苏二由　字见欧，例贡生。捐资为远祖立烝。于本乡谢屋洋建义冢、立祀田。凡乡邻各处山路，随力修砌。

苏步青　监生。岁歉，减额收租；岁饥，减价粜谷。六旬，子孙一堂祝寿。步青倾箧中负欠焚之，谓儿曹曰："汝等有志，自能成立，无用此为也。我无德以遗后世，岂更遗子孙以讼端乎？"

赖师圣　字成吉，监生。才堪理剧，族党有竞，得其排解，无不悦服。

王兆麟　字瑞书，监生。幼失怙恃，抚育诸弟，克复先业。

---

①　赈，原文为"振"。

为舅氏立嗣承祧，置田以供祭祀。训五子，四成立。

江为光　字友崇，增生，高头乡人。其父尝遗百金资为光读书，为光与弟分之，不忍私也。曾集同里联社泰溪西霖寺课文、角艺，文风一振。后乃专立"文馨课"于高头本族。

游朝阶　字文卓，贡生，泰溪乡人。联六方众姓课艺西霖寺，旁立友文社，捐田税三石六斗为课资，厥后同社增置谷二十余石。巫、游、陈、翁、李众姓在课者，掇巍科、列清班联镳接踵，甲乡里焉。

江震川　字友玑，武举。质直好义，自筑"亨会楼"，联乡中子弟课文、讲艺。经理历代祭田。拣选卫千总，未任卒。

李　嵩　字华连，邑庠生，湖坑人。于本乡塘背角倡建义塾，为里间寒士肄业，捐田税二十余石，资膏火。又修本里合溪口桥一座。雍正八年，详报优行。

李翘楚　字友梅，岁贡生。尝馆粤东宝林寺，有偷儿潜入卧所。翘楚觉，赠以钱。去后，其人改行，诣家称谢。生平工于诗，有求立应，惜皆为人捉刀，不自成集也。

王人球　字赓起，庠生。持躬谨厚，读书不与外事，即族邻罕有识其面者。

张笙传　字万程，郡增生。力学，工诗文，篝灯勘雠，老而不倦。居恒礼法自持，子侄不衣冠，不见。三奖优行，以寿终。

卢　复　字见兹，岁贡生。舌耕养亲，四十始有室，积脩脯为诸弟婚娶。平生手不释卷，寡言笑，及教授生徒，讲学论文，娓娓不倦。著有《学庸课蒙章句解》、《周易课蒙本义解》，未梓。

张皇宠　字伟卿，邑增生。教人先德行而后文艺，尝举昔人"咬得菜根，百事可做"之语相砥砺。贫而介，有以私干者，辄义形于色。会岁饥，馆谷既罄，或馈之粟，赠之金。谢弗受，曰："贫乃士之常，庶乎固穷者矣。"

王　芹　字泰来，武生。家素封，不屑屑治产。筑书室二大所，延名师课督子侄，更招致群英相观摩。长子钦文登贤书，余四子皆成名，犹子及孙、曾在庠者三十余人。

熊孙龙 郡增生。兄弟五人，下逮子、侄、孙，男、妇九十余口合爨，龙独理家政。一以课督读书为重，弟孙鹏、孙鹍、敩龙俱游庠。鹏子显曾，另有传。

简其统 字崧维，监生。持躬谨厚，教子弟等务读书。子三人：兆枢，郡庠生；兆榛，监生；兆对，早卒。榛子如朱，武科。

孔　铨 字自成。乙卯城陷，兄邑庠陈畴遇害，男妇被掳者二十余口。自成力护老母得脱，寻至江左取赎家口，且倡首力恳当道释回同乡难民四十余人。兄陈畴妻系粤东，又奔赴粤赎归。至兴宁，兄妻殁，扶榇归，与兄合葬，为之立后。子进，岁贡，文行并著。

吴五吉 字谦子，祖馨子也。康熙乙卯城陷，父被系。身入营坌功脱父难，寻徙居抚溪乡。是时锋镝既靖，乡校渐兴，吉特延名师开馆于本乡观音堂。文课名在前列者，皆有所赠，以为奖励，由是文风以振。子八人皆成名，挺峰、莱峰，举人；匡峰，岁贡。孙寅先，副贡；修先，岁贡。

张景铎 字若振。家贫，服贾、牵车以养父母。乙卯城陷，寡婶托孤于景铎，卒同见掠。数有隙可脱，景铎以孤弟故，不忍逃。曲意事兵，得其欢。至石碣，兵令之去，铎曰："有弟在，不愿去。"遂并其弟纵之。与人交，诺不爽期，人谓有山阳范巨卿之风。子伯兴，字应登，孝友、信义如其父。

吴祖辰 字渤隆，行敦古处。康熙十八年，释回乙卯被掳难口。祖辰时在粤东，捐金助赎，人多德之。

江　河 字伯元。于城乡两建宗祠，并捐田为祭祀资。当闽疆未靖，其乡叠罗冠害，河募勇敢捍御，乡人恃为长城。

卢觐光 字仅凡，以孝义闻。仆人刘文里笃实，称父意先待之，恩如手足。父寝疾，与文里同卧父榻下，朝夕侍奉。欣罗坑张某尝遗失白金，光拾之，遍询，知张失金，叩其数，适合还之，却其酬。与弟武举伟猷，虽已析箸，资财无分彼此。年六十，书"易"、"算"二字贴壁间，越四年卒。盖自知寿符卦数也。子致，岁贡生。

熊梁梅 躬操家政，兄弟不分产。收债金丰，夜行遇盗劫缚。中有识者曰："此人良善，释之。"得挈债归。

赖凤吉 字祥桂。公正服族，鸠工新祖祠，筑造六代祖坟，族人推义。

赖紫垣 字瞻二。父早丧，孝事祖父母，生养葬祭如礼，教养幼弟成立。和气迎人，接之者如饮醇醪也。训子三人，俱成名。

李北川 字逸者，湖坑乡人。志量高远，力学好古，不求闻达，时托诗文以自见。尝纂修宗谱，著《古庐记》，记生平造桥、修路，多利济心。亲见五代同堂，孙、曾百人。时有赠《百子图》为寿者，因按图意作序，皆格言。年九十三卒。

王雍茂 字琳秀。克敦孝友，和睦乡里。晚年倡设儒田，捐立数世之烝，知敦本者也。

赖渭龙 字珧云。其弟客死，抚孤侄如己子。劝学启后，立书田三百桶以资之。

李贲馨 字萃选。倡族建义塾、置书田。又酌公租，以资农耕之不足，春借秋还，公同收纳，历今数十年犹仍前规。孙德士，武举。

卢敬中 字乔立。笃承先志，增祀谷，立书田，束膳延师，教子与侄并及族之贫而向学者。

郑允启 字文作。自大塯至灌洋乡十里崎岖山路，绕旁植松，灌溉阴翳，行人利之。又凿崎坑山石泉，开圳灌田千余亩。置田善后，曰掌水田。年八十八卒。

苏大字　倡修金丰至南靖通道千余丈。

苏并日　修理本乡道路，倡建梅垄溪桥，其功甚巨。

赖最一　字于勋。敦本行，重然诺。贷恤贫乏，不尽责偿。倡建碧山桥，乡人德之。举宾筵。

李立伟　字行恕。好施与，修桥砌路，赈贷不惜。年八十四。

卢岳英　字淑士。丙午饥，合高、曾以下酌计口数给贷、给赈。乡邻严某，年四十余，善良而贫，不能成室，岳英以使女配之。今其子孙颇能自振，咸戴岳英之德不衰。

李琼玉　字俊成。抚恤弟侄，赈贫济困，即倡捐大路下、大洋陂、黄金坝三处桥渡者也。

江龙光　字茂聪。安分治业，勤训子孙，即捐田给清江渡者也。

郑自升　字融人。其先世曾于溪南大阜岭施田烧茶，自升拓田以广其惠。南门外有溪潭，深不可测。潭之上老榕数株，广荫十余亩，旧标为景曰"榕坛春翠"是也。潭每岁溺死多人，相传榕实为祟。康熙间，自升幼女溺焉，乃为文讼于城隍。越月，雷劈榕枯；次年，潭亦砂冲为浅渚，患遂绝。

王　华　字维美。气骨刚方，挥金任侠。立儒田，建家塾以训族子弟。

黄继文　字希仲。性敦孝友，乐行善事。邑宰屡给匾奖。

吴景祚　字君奖。孝友醇悫，惟尽其份内事，不为沽名之行。乡邑推善士，两举宾筵。

卢曰型　乡宾，以醇谨世其家。子昂容、昂颙、昂愿并有声胶庠，贞烈卯姑即其女。昂颙子欣椿，武举人。

赖鼎玑　字履祥。孝友纯笃，乐善好施。尝构厦屋，忌者毁之。三毁而三成，卒不与校，人服其宏量。子世膺，选贡；世芳，举人；世平，优贡，乐平县知县。

吴宠济　字崇庆。然诺不欺。与人情谊周洽，语若讷不出口；于国家因革、地方利病，能了了言之。

王廷瀚　字殿先。动循古法。虽狎，见童稚未尝不以礼貌相接也。年跻九十卒。

陈若殿　字宇章。家殷，子孙林立，多成名。而若殿退让居谦，恂恂闾党。邑令吴君梁举乡宾。卒年八十四，元孙亦胜衣矣。

廖孙王　字云三。行谊信直，州里有要约，戚族有排解，皆愿得孙王一诺为重。

郑　相　字蒙泉，优行，郡庠英才。笃学、孝友彰闻。子尚化，邑庠。

郑　炳　字东生，授职修职郎。勤学好义，倡建天后宫，置田百余桶以祀，及建东溪回澜桥，置修桥田二百余桶。又建铁坑大小桥四处，立义冢于钓鱼峰下，各置田二十余桶。又建南城宗祠，修族谱，置祭田，贤士大夫多倾心。请幕名流，皆乐延誉焉。著有《玉历秘书》二卷，《奇门奥旨》二卷。子鹏程，郡庠堂廪贡；德辉，监生。

卢辰枢　字星拱。孝友乐善，创立祭产，捐深渡、新罗坑渡田以济行人，人咸诵之。

赖际可　字征庵，举人。未仕卒，绅士诔之曰："色养不违，因心闼间。与人不道人短，非公不至公庭。喜愠两忘，城府悉化。既浑金而璞玉，亦霁月而光风。"皆非愧词也。

赖一忠　增生。正谊高风，长于诗赋。

陈　勋　廪生。怀忠宝信，文采宏丽。

王　猷　字用吾，廪生。督学奖以匾曰"学行俱优"。

黄中理　廪生。端醇孝友，嗜古力学。

邱应景　字三阳，由增生入太学。乐善好施，著有《拟高集》。

陈应春　字养和，廪生。力敦孝友，读书自守。

沈文愔　庠生。读书乐善，道气迎人。

熊国铉　字玉予，庠生。志行醇谨。

张景元　字揆五，庠生。不履公庭，陋巷自修。

赖奇闻　字声远，庠生。孝敬素孚，真纯共著。

廖玉珍　字文石，庠生。孝慈正直。

王承儒　字养为，增生。孝友褆躬，端方励行。

卢中人　字怀锦，增生。性行诚朴，绰有古风。

卢涵粹　字象玉，庠生。孝以事亲，义方训子。

赖进铭　字勒千，增生。学问精粹。

卢益亨　字容许，廪生。积学工文。

熊　仲　字碧水，廪生。天性孝友，学行俱优。

卢士进　字衷赤，增生。赋性耿直，文有家传。

郑　褒　字笔山，庠生。悦亲信友，抗谈解颐。

邱与长　字蓼匪，庠生。敦伦重义，耄而好学。

卢瑞苞　字饮休，庠生。褆躬醇谨，善气迎人。

郑　贡　字呐斋，贡生。

卢一椿　字星楼，增生。

廖梦斗　字文垣，增生。

沈孟伸　字直庵，廪生。

吴献衷　字仰葵，廪生。

陈　昊　字□峰，廪生。

郭　书　字文泉，庠生。

廖达才　字育庆，庠生。

孔谦吉　字撝吉，庠生。醇悫。

孔迪吉　字宝峰，庠生。

赖以震　字雷门，廪生。

郑行凯

卢允衡

吴茂桓　字警台，庠生。

孔志达　字龙湖，庠生。

吴茂橘　字怀斋，庠生。

林继宗　字梦魁，副榜。

吴　诚　字箭泉，副榜。

赖锡禄　廪生。

沈元轸　字励廷，庠生。

赖登元　字润欧，副榜。

赖锡寿　字华祝，增生。

郑日新　字警盘，增生。

廖秉忠　字若丹，庠生。

孔　钰　字集成，庠生。

赖锡祉　字篆五，庠生。

卢俊心　字寅殿，副榜。

谢言诏　字德誉，庠生。

郑士雅　字玉崑，廪生。

孔如日　字大缘，增生。

赖士奇　字紫凝，庠生。

朱　袍　字锦阳，庠生。

赖昌龄　字养元，增生。

赖登瀛　字省愧，廪生。

熊兆熙　字毓和，庠生。

熊国鼎　字赓若，增生。

陈葵衷　字向日，廪生。

陈　善　字复一，庠生。

张尧龄　字淡如，增生。

邱之邦　字兆官，庠生。

范日登　字联一，廪生。

郑宝能　字廉二，增生。

郑纯恭　字冯虚，庠生。

廖达道　字还一，庠生。

吴茂裳　字名廷，庠生。

李必达　庠生。

卢承璋　增生。

廖达善　字玉佩，庠生。

郑光祖　字重朗，增生。

卢承篆　字怀麓，庠生。

吴公治　字君平，庠生。

廖廷璠　字若鼎，庠生。

陈世珍　字玉吾，廪生。

赖梦祖　字旦符，增生。

赖昌鼎　字九石，庠生。

张兆元　字履吉，庠生。

张基元　字如盘，庠生。

陈钟鼎　字展采，增生。

王　濬　字玉铉，庠生。

王起鹏　字冲九，庠生。

吴来献　字憬夷，例贡。

赖昌基　字如盘，庠生。

沈一灏　字两明，廪生。

王象辰　字友月，增生。

王象斗　字旋元，廪生。

沈一旭　字步仓，增生。

郑宪祖　字庆宜，庠生。

吴迪光　字宗一，庠生。履仁蹈义，善无不为。

萧天赐　字蓼斯，庠生。

熊　祝　字克一，副榜。

赖进章　字二河，副榜。

阙毗衷　字对枫，庠生。

赖生中　字玉转，廪生。

邱　熙　字台辅，廪生。

赖四邻　字注则，增生。

赖此森　字山仲，庠生。

赖用宾　字赓之，增生。

吴钟鸣　字金声，庠生。

陈　鲸　庠生。

卢足征　字侗一，庠生。含贞葆素，刚介自持。

卢中儒　字珍行，庠生。内行纯备，乐善好施。

郑之凤　字茂梧，邑庠生。持己守正，不履公庭。

王道平　字坦翁，邑庠生。器宇轩豁，明于大义。

王联焕　字荒润，庠生。醇厚孝友，置田济渡。

廖　箕　字木野，庠生。孝友笃学，清慎自守。

邱学殷　字存宋，庠生。耕读自课，善为人排难。

廖益基　字喜最，庠生。淡于荣利，持谦守正。

林春阳　庠生。善事母，置祀田，好施与，课子抚侄。凶年给米，暑月施茶。

赖　玠　字取白，增生。邑有利弊，好为条陈，乡党事取裁焉。学使三次奖其德行。

赖麟振　字岁青，增生。学行兼优，人称之为“儒林奎壁”。

黄策赐　廪生。博学纯行。

孙师吉　字仁仲，庠生。颖悟绝伦，醇谨嗜好。

邱天麟　字振公。贞纯厚重，温和处物，端谨持身。

吴祖芳　字畹仙，岁贡生。宁静自持，笃学清操。

邱华期　字泰和，庠生。学优才敏，恺悌好施。

廖廷策　字瞻北，庠生。孝友笃学[1]，启迪后人。

以上一百一十八人，皆好学力行，乡里称为善士。

吴源远　字朴斋，寿九十六。吴氏始创书田之祖。

沈景厚　字前川，堂堡人，三举乡饮大宾。布衣韦带如经生，尊师重义，敦伦睦族，醇正古道。嘉靖丙申筑堂曰"羊角"，立《家训十六条》，手书匾悬于堂，谕后嗣不得析爨，庭帏肃然。沈氏弈叶守诗礼，登科第者皆其裔也。寿八十八。

沈玉振　字屏山，景厚次子，明赐冠带义官。孝友性成，气骨刚正。家虽无余资，每好施与。族姻贫无衣者，辄告父兄而赒给之。乡邻有斗争、患难，必为之宽解、捍卫。时值闽、广盗起，肆掠乡邑。振奋身纠集子侄、佃甲，以时训练技射，保障一方。又谋于父兄捐陂隔庵地基筑土楼，率乡人以避寇乱。尝至兄玉璋官舍，惟劝以轻刑省罚，清廉积德。而以家事自任，勿使有官物之蓄也。

陈万粟　字顺岩，虞坑人。德优望重，乐善好施。举乡饮大宾，儒学张君奖以"年高庆远"额。其裔孙捐修文庙百金、贡院五十金，皆善承祖志焉。

江兆凤　字裕泉。性孝友，幼即仁厚。祖父尝使执券索负，悯其贫，遂以券与之。事亲尤能先意承志，尝出己资以修远祖坟，立祀田。叔祖母廖氏孀居子幼，因人逼债将嫁，凤出资偿之。堂侄因事卖，凤出资赎之，以嗣其先。复好施予，邑城南新寨渡，粤大埔虎头、安乐二渡，并捐置田数百亩。凡修庙宇、建桥梁，无不捐资以助。第五子犹龙，武举；第六子联辉，举人，癸巳同科登榜。雍正五年，祀忠义孝弟祠。

熊　洪　字静斋。度量恢宏，举乡饮宾。

---

① "学"字校补。

熊崇庆　字隐。广积善行。

熊　禄　字枫林。淳良积庆。

邱万球　字左阳。积德好施。

熊守康　字仰仁。举乡饮宾，乐善好施。

吴茂栗　字心田。举乡饮宾，乐善好施。

赖宸选　字膺所。敦伦好义。

熊国昌　字斗乾。建亭修路，屡蒙院奖。

吴存义　字亨宇。侃直不阿。

张应锦　字明望。幼习经史，长敦礼让，齿德兼隆。曾捐银七十两造江峰墭石桥。

张宾臣　字晋玠。施县南四渡税八十桶。

王希雍　字月田。秉性忠直，捐资助修明伦堂。

廖敬德　字集禧。性颖悟，通群籍兼医卜、堪舆，克敦孝友。

王世恩　字宠吾，屡举饮。乐善好施，溪南锦峰渡往来不病于揭厉，皆其首倡捐资之力。

赖登仕　字华吾。敦伦蹈义，乡党共称。

赖元璘　字冲和，举乡饮宾。孝友雍睦，捐修桥道。

黄启中　字义纲。性正行醇，为乡族型范。寿八十七。

赖玉麟　字端儿，举乡饮宾。博学能诗，为人公恕，善行方便。

廖兆瓒　字思壁，举乡饮宾。孝友恭顺，行药济人。

赖日升　字宏旭。孝友醇朴，颖悟通诗。

廖明济　字喜云。量力施济，公正不阿，常分私田谷均给弟侄。

王森盛　积书遗后，人称厚德。

张可接　字选学，举饮宾。爱隆一本，谊笃同气。

吴维章　字不野。读书自守，宽厚爱人。

王耀乾　睦族济邻，不私其有。

吴锦堂　字茂琳。捐金完贫族婚嫁，俭年出谷，赈贷不责偿。

黄鼎中　字五举，举乡饮宾。孝友醇谨，敦族戚，重交游，有义侠风。

王宾伊　忠信自矢，常恐贻衾影之愧。

黄玉珍　字南峰。行谊端方，乐善好施。

吴基昌　字淑球，举乡饮宾。勤谨持家，诗书训子。

张应权　举饮宾。孝友无间，睦里训义。

吴焕日　字灿周，举乡饮宾。急公好义，慷慨济人。

廖　聪　字子谋。慷慨急公，创立义田。

吴常镇　字澹庵，举乡饮宾。

吴文统　字东畴，举乡饮宾。

熊守鳌　字端堂，举乡饮宾。

陈惟盛　字宙塘，举乡饮宾。

黄　金　字少峰，举乡饮宾。

萧祖寿　字仰山，举乡饮宾。

廖同文　字书吾，举乡饮宾。

张　昊　字荣若，举乡饮宾。

卢有殷　字士逊，举乡饮宾。

张　富　字华裕，举乡饮宾。

熊国贵　字安隐，举乡饮宾。

郑适学　字槐堂，举乡饮宾。

黄孟显　字殿北，举乡饮宾。

张　辂　字新乔，举乡饮宾。

苏观行　字伯举，举乡饮宾。

王大名　字叠山，举饮宾。

赖复宇　字良贵，举乡饮宾。

陈应机　字冲和，举乡饮宾。

熊国赞　字燮如，举乡饮宾。

吴茂桧　字中峰，举乡饮宾。

熊国祚　字九畴，举乡饮宾。

吴懋威　字胖予，举乡饮宾。

王予佐　字①醒凡，举乡饮宾。

廖廷葵　字向日，举乡饮宾。

廖一吾　字宾予，举乡饮宾。

邱必登　字龙以，举乡饮宾。

郑惟有　乡饮宾。

郑思兴　乡饮宾。

徐思达　字伟予，举乡饮宾。

张兆足　乡饮宾。

熊　相　字品塘，上湖雷人，举乡宾。亲见五代男妇九十余人合爨，子及孙、曾列胶庠者六人。寿九十。

林　凤　字岐山。

赖谦亨　字裕哉。

卢宗善

熊　统　字爱湖。

黄进庄　字龙湖。

郑一乐

赖维宁　字居言。

郑国俊　字悦吾。

熊彦震　字益吾。

张宗元　字君五。

苏　侑　字难言。

---

① “字”字校补。

吴玉田

苏　国

王　臣

苏立纪

以上八十四人，皆孳孳为善，持身醇谨。

以上俱见旧志。

许十七郎　名衍裔。居珠圆乡，水口左右盘石状若狮、象，中有罗星墩。墩后粮田，栽培树木，郁葱荫翳，自成一境。族居二百余烟，世食其德。

萧念三　名元，溪南里人。居桃源乡，辟土创业，为善于乡。子姓繁衍，皆其贻谋也。

张光甫　字岳山，溪南金沙人。生平质直好义，谦己下人。有异才，不拘小节，志在为国家效力、建勋名。明洪武间，顶上杭县阙永隆户里长，更名张万钟。后任山西太原府经历。

王文富　字沧潭。天性孝友，有弟二人，资用不饶，鞠哀备至，为之纳妇。弟无子，以己子为之后。富而好礼，周人之急，举乡饮。年七十有二。

王　显　字南山。性刚直，乡间咸服其义。有造乱者，自请率官兵灭之。成化间开邑，显督理筑城。恩赐冠带，举乡宾。

萧梦圭　字明璋。敦朴力田，耄犹勤作。雍正五年，举农官。

赖　寿　儒士。砥砺廉隅，举多懿行。

赖德良　笃于为善，乡人式之。

赖万春　邑庠生。束脩自好，义方裕后。

戴新聪　字胜琼。勤俭创业，邑有兴修诸举，悉捐助不吝。

邱唐守　字盛富。家饶羡，笃义行，人称长德。

王禹昉　字浚庵。笃学清修，纳躬轨物。明季流寇窃发，扰害四邻。禹昉惟教子弟读书，勖乡人以礼义。有贼过其门曰：

"王某书斋，不可犯也。"手录先哲格言、古贤遗训，逢人劝导。每旦焚香，有"祝皇天万方生好人、愿四民俱皆乐业"之语。夫妇寿臻九十余。长子芝芳，饩于庠；次子春三，监生，恩授修职郎冠带；三子芬露，举人，任四川峨眉县知县。孙、曾三百余人，斌斌继起，人以为积善之报云。

江巨源　字厚斋。以怙恃早亡，携弱弟服贾于外。好书史，虽在旅邸，暇辄展玩，不忍释手。所交多儒雅名彦。每届乡、会试，其无力具资者，必多方为赈给，其藉以成名者甚众。邵君基、蒋君拭之，时尚未显，尤称其长者，与为莫逆交。在宁波有相识，母老不能具饘粥而妻复新产，巨源往贺，故遗金于地而去。其人送还，不受，曰："吾故无所失也。"里中有亲没而久不葬者，诘责之。告以贫，贷之金，受其券而焚之。盗发室取资，既知其人，转谢，遣之，更予以金，使为生计。其厚德类如此。子龙池，举人，另有传；炳交，监生，孝友有声。

王奇七　字凝苞，武举人。器识英卓，善于应剧。虽事如梦丝，付之理治，无不秩然。父芬露宰四川峨眉，随侍佐理，幕中人无敢为弊者。以父老劝，谢职归邑，修志乘，倡书院，联族建祠，多藉其力。凡邑中便族善举，一切有实际之事，经其提纲部署者，无不周洽。子峰，郡庠生；孙廷钧，举人。俱有传。廷钦，廪生。

赖怀琳　名秉珪，监生。以字行，为人长厚，质直好义，不苟取，予然诺。与人交，直举胸臆，不设城府。尤敦古道，有急而求贷者，叩其实，纤巨必有以应之。且周恤贫之里族，有宿负不能偿者，辄焚其券；或再假，仍应之。无施惠之念，人以为难。卒后，以子霁升援例州同，请赠儒林郎。

王　峰　字旭东，郡庠生。深中笃行。父奇七倡建书院，联族建祠，诸务猬集，峰虑父劳，禀请规画大纲，余皆悉力为办，井井有条。卒年三十六，人咸惜之。

赖际清　号念蓼，字宜健，监生，敕赠修职佐郎。生平孝友，倡议合建祠，撤己屋以拓祠基，又捐资增祀田。子篇，侯官学训导，署教渝；孙佐姬，邑庠生。

赖天香　字廷桂，监生，合溪人。敦善行，乐施予。建"培植家塾"以教育子弟，创同乡社课以鼓励后辈①，施舟渡以济行人，好义之事难以枚举。子八人，孙、曾内外百余口不分爨。康、强、逢吉，乡里称"三多"焉。卒年九十一。道光元年，以孙鉴辉由举人任馆陶县知县，覃恩敕赠文林郎。

廖　宏　字任兹，邑庠生。性孝友，能文，好行其德，增置祖烝，倡立儒田。五子三列胶庠，出自庭训。

郑熙观　字继离，邑庠生。读书颖悟，雅嗜古文。善岐黄术，所治病多效，不计利。父枢以入都会试，挑选教渝，归道卒。熙观迎榇归，居丧三年不出。母没，亦如之。有远代伯祖坟被其裔挖售，熙观觉之，邀族人维持保全，回葬郑姓。构造闽省试馆，熙观首捐勷成。闭门守分，著有《训子格言》一集。子之圃，邑增生；孙受裁，府学生。

郑任南　字杏村，监生。痛父早卒、弟亡，遂弃举业，专志事母。纯孝过人，晨夕蔬旨必自奉之，得欢心而后退。生平好义，总理义学，家增置祖烝，又偕其同族于省城建祖祠，以为文武乡试者作试馆。凡有公事，捐资不倦。子二：长上英，庠生；次上荣，武举，驻京福建提塘督水师千总。

郑命章　字泉堂，庠贡生，命新弟。四岁父卒，从兄学读《诗·蓼莪》章。兄与之解说，即泫然呜咽不成声。为人庄重，治家严明。倡建郑氏试馆于福州，乾隆辛亥董修文庙，远近见孚。子二：赐簪，监生，任直隶怀安县典史；赐兰，举人，任广西兴安知县。孙位调，增生。

---

①　"辈"字校补。

张吹埙　字伯怡。幼孤贫，克自振。笃志承先复远祖，书曰"拓三代烝祀"。慈祥接物，俭朴褆躬，操家政数十年，一室雍和，与其弟吹篪孝友见称于邑里。知县张君所受有匾嘉奖。卒年八十有八。吹篪，旧自有传。

赖宏达　字钦远，例贡生。持孝友，忠厚待人。少鬻财于粤西，然诺不苟，人多重之。晚而家居，不干外事。闻有义举，辄应之如响。

廖道清　字宜川，邑庠生。学优品粹，倡建家学，培养后进，族中士子咸利赖之。尤工书法，后学奉为模楷。

廖道明　字融上，例贡生。孝友睦族。营祖坟，设立祀田，造桥修路，赈乏恤贫，罔有吝惜。自乾隆戊子等岁及嘉庆丁巳，凡遇饥荒，无不减价平粜。子锦文，入监；次子尚贞，由邑庠例授都司。孙游庠者三人。咸以为行善之报云。

萧舍辉　字瑶囿，捐职布政司理问。家居事亲，敬谨无违。且乐善好施，凡修庙宇、堤防、桥、路，任劳不一。乾隆四十四年，见城北崩，露枯骨，心甚恻然，即捐东关大洲埔地呈县，倡建义冢。县令吴君嘉其善，为序以观同心者襄力成之，并置祀田焉。计埋枯骨一千有奇。年七十六卒，子孙列庠序者济济也。

赖　富　字赍田，例授按察司经历。生平孝友，乐善，创立烝业，为族党所称。

刘信梅　字冠林，布政司理问职。事母色养备至，人无间言。母没，丧葬尽礼。生平多义举，亲友有以责负忿争者，屡出己银偿之。客湖南荆州[①]，尝捐千金以成公事，后又捐资助建城南之寿山桥。丙戌饥，以金买粟，减价平粜，邑里称"善人"。年八十三卒，知县陈君泰青有挽词。子史光，兵马司正指挥；孙廷兰，任陕西洽阳县典史。

---

① 荆州，今属湖北省。

郑道三　字怀五，邑庠生。性孝友，达时务，邑宰梁南浦、杨序东俱极推重之。尝联同族于治北建宗祠。有族人利豪家金、欲挖其祖郑宽坟以售者，道三以闻其叔文溪，豪啖以金，不受，坟以得保，人所难也。子之麟，邑庠生。

郑焜观　钦赐翰林院检讨龙观胞兄也。父楷，庠生，笃志读书，才优干济，续娶江氏，焜事之甚孝。凡兄弟赴试，必预为筹备资用，生平刚直不挠。子纪堂，由监生捐职千总。

赖仕达　字宣昌，监生，州同腾千父也。立身勤俭，秉性和平。生平疏财睦族，常以医艺活人，为时所重。

廖礼忠　字捷光，例贡生。少孤无所倚，事樵薪以养母。母未饱，未尝敢先食。苦志力勤，晚遂丰裕。持躬俭约，好义守，先正格，言不敢少违尺寸。常与国学赖锦龙共建溪南大路、罗乾头拱①桥。念族伯祖晋锡无嗣，为修其一脉坟茔，并捐立烝田以祀之。亲邻贫乏，缓急多倚借之。和平宽厚，绝不与人为忤。通星命、日历、岐黄诸书，有请辄应之，不受馈遗。年八旬卒，邻族为之罢春。

马德盛　秉性孝友，谨厚质朴。生平好善乐施，恤困怜贫。年八十二卒。

马庆兹　少孤，孝事嬬母。凡事善体亲，心、言、色不违。生平好施予，修道路，乡里称善人。

马上襄　字佑行，邑庠生。性孝友。父病，亲侍汤药，不解带者数月。居丧哀毁。尤笃手足之谊。本邑建凤山书院，劝捐助田，不惜其力。凡乡里有义举，无不赞成之。乾隆年间，例举族长，中服其方正，多息争端。没后人咸恩之。

马殿洲　号恪斋，例赠文林郎。质直好义，事父母先意承志；亲没，居丧尽礼。教幼弟勤恳，遂为宿学。乾隆乙巳岁，合

---

①　拱，原文为"巩"。

同族于汀城建宗祠，屈己以全公事。复于祠左右建造房屋，为本邑试馆。迄今赴试者便之。生平恤困乏，有族某年老无子，没无殓具，洲与衣帽殓之。又有旧相识王某，老病将终，身无完衣，即为制服以备殓。居恒以读书、端品教子孙。年六十四，无疾而卒，邑编修巫宜福为撰墓志铭。子攸德，举人。

张国士　字魁垣，监生。性孝友。亲没，丧葬尽礼。昆季和怡。族有无赖子、挖孤坟献豪者，以金赂勿泄。国士却之，卒白于有司得直，将原骸归葬且设祭田。子从周、从高，监生。

张国才　字品完，监生。性严毅，言笑不苟。客粤、川，尝以所得财散兄弟及修上祖坟。乙卯岁饥，上流闭籴，出粟赈济。知县杨君秉铺尝奖以"大本克端，细行亦检"八字。子杰，监生；上音，庠生；熙敬，监生。

张化鹏　字锡鲲。忠厚诚笃。修祖坟，建祖祠。伯叔无嗣者，为之立义冢数处，聚骸瘗之，置田以祀。有借银者力不能偿，悯之，折其券。尝居货取值，权之，多百数，即使人反之。生平好施予，婚丧不举者，助之。遇事多所排解。教子孙惟以诚一无欺。卒年八十四。

刘阁英　字廉昌，例贡生。为祖立祭田。克敦孝友，周济贫乏，勷理劝捐凤山书院公田。

萧宪武　字奇范。性惇厚，举乡宾。好善乐施，设茶缸，置书田。

赖腾千　字广龙，援例州同。性耽儒雅，于汤湖乡学田塅溪岸筑临川书室，以栽培后裔。

王丹山　字凤瑞，例贡生。幼家贫，服劳奉养，从无少懈。待兄弟子侄友爱。创立烝尝，增崇祀典。乡邻有角口，即为解释，断不许人争讼。知县梁孔珍为作颂寿之。

陈奋庸　字晋亭，监生，居望龙乡。韶韶失怙，孝友有声。以子建纶援例州同加级，赠奉直大夫。

　　许冈梧　字安凤，监生，居珠园乡。少孤家贫，事母至孝，为人淳朴、谨愿。既事盐筴，家遂饶。乐义崇儒，尝出金六百余置产，息为本乡上下二水生童岁、科试费及乡试资斧。建塾延师，训其孙锡田补弟子员，人以为德报。子绥及绥，俱监生。

　　郑　升　字巽观，监生。幼贫，以淳厚起家。好行其德，立儒田，修道路，周恤贫困。知县梁君匾曰"乐善好施"。

　　郑光绪　字钟周，号大庵，贡生。性谨厚，然诺不欺，周贫恤孤，修桥砌路，捐资不吝。年七十六卒。子廷球，庠生。

　　郑廷儒　字登祁，监生。善事媚母，兄弟怡怡。好读书，日课子孙。年七十余卒。子五，俱监生；孙朝祖，庠生。

　　赖国香　字廷兰，例贡生，合溪人。性好诗书，情殷周恤。

　　赖周升　字佑堂，监生，合溪人。孝友正直，业医济人，捐资倡建本乡文馆。年八十七卒。

　　赖周岸　字佑先，监生，合溪人。制行朴实，仗义好施。

　　赖培元　字存亨，廪生，合溪人。品立行修，通经善教。

　　赖春辉　字恩龙，监生，合溪人。疏财重义，和睦乡邻。

　　赖裕茂　字学周，合溪人，由例贡加捐县丞。息争解纷，睦族和邻，乡里推重焉。

　　赖斗元　字振铨，监生，合溪人。急公仗义，创文会以培后进，施棺不倦。年至七十九。

　　赖炳煌　字振猷，监生，合溪人。醇良忠厚，和顺性成。年至七十七。

　　赖茂魁　字选贵，例贡生，合溪人。不靳资财以济贫乏。年七十。

　　张体仁　字元昌，例贡生。天性孝友。母没，庐墓。以诗书教子侄，门内蔼如，训次弟读书成名。弟没，抚遗孤如己子。慷慨好义，凡建桥修路，捐资不倦。乾隆乙卯米腾贵，上游遏籴，体仁赴江右贩米抵本邑平粜，知县杨以匾奖之。凡处己待人，不为虚伪。事关义举，侃侃言之。喜为诗，尝咏《玉簪花》，有"月明湘水谁遗佩？露冷巫山欲卸妆"之句，为人所称诵。

张锦仁　字翠芳，监生。事亲孝，交友信。性严重，言笑不苟，孳孳为善。亲族贫乏，周恤不倦。尤工书法。

刘文华　字书朗，监生。生平孝友，和睦乡里。为祖立祭田，并捐立书田。乐善好施，捐谷济饥；精通医艺，不受酬金。年八十六卒。

赖光砺　字翰标，号金曜，监生。事亲孝养，居家严谨。性乐琴书，义方教子课习儒业。三子凌，郡庠生。

赖鹏万　字履宏，监生。忠直公正，谦让和平。寿登耄耋，人咸钦之。

赖汝龙　字绍达。醇厚公正，善行可风。年八十六终。

赖经元　字振常，号纬亭，援例布政使司理问。孝友性成，严正自凛，敬宗睦族，尚义疏财，远近咸钦仰焉。

黄翘龙　字慕楚。为人宽厚笃实，事亲孝顺。与人交，谦让和平。乡邻称之。卒年九十一。子登元，监生。

王国英　字朝琇，监生。屡赴乡闱，抑而未遇。后以亲老待奉，罢试。居丧，读《礼》，不闻色笑。营修祖父坟茔，悉力自任。邻里争讼，善为劝释。子诒，监生；炳，邑增生。孙作霖，庠生。俱奉其教不失。

阚容光　字连佐，溪南人，监生。少孤。性孝友，事嫡母与生母，色养惟一。与弟容城笃友爱，终身同爨。乙卯岁大饥，米价一千二百文，在道署前减值平粜。

邱成光　字圣一，监生。性笃孝友，气度和平，友于[1]弥笃。精医术，游粤之翁源，多活人。贫者不受酬金，俱施药饵，人多德之。年六十二卒。子荣，监生；芬，县丞。

――――――――――――

①　友于，称兄弟间的友爱。

王国鸿　字南宾，例贡生。性笃孝友。为谋甘旨，贸易广东，不惮辛勤。同怀兄早故，择族人子与承祧。析爨，分半资给之，与子均焉。修先茔，立祀田。有义举，不惜捐资为助。筑栖凤家塾，延师教子，致敬不懈。

陈衍章　字尚经，监生。立心忠厚，制行直方，创祖烝田，才优干济，族人重之。

罗敏奇　字秀柱，监生。质直好义。邻村有盗挟众人，先与钱谷，始保无虞。乡人有从之者，奇曰："我等俱属良民，安用如此？倘有失物，则执贼送究耳！"贼闻之，不敢逞。又尝贩米，因腾贵而减价平粜。有守节堂嫂李氏继子被诱赌，家产将倾，氏日夜泣。敏奇呈县断还田亩，氏得存养。子沛霖、作霖，俱庠生。

陈治平　字禹功，书华村人。初，受业于副榜王梅调。王没后，家贫不能具葬礼，治平出厚资联同人共治葬，复独为筑坟合葬，然后酹酒哭拜而去。治平能诗，以处士终，年八十三。

陈奏诏　字宠西。康熙二十七年，由庠生授龙岩州训导。未满任，致仕，惓惓于课督子孙。子四人：长锡华，廪生；次锡魁，增生；三锡甲，庠生；四锡龙，监生。孙鹏南，岁贡生，官闽清训导。尝以读书明理勖后人，不沾沾以科名为荣。少遇异人，授以防患技掷三角布被于空中，能飞舞若鸢鸿。尝路遇伙盗截劫，乃出布被，与同行者共扑之，腾空飞起，盘旋不下，若相扑状。盗讶为神人，惊走。淮安府河务同知黄日焕特为作传。

范林寿　弘治间筑城督役，勤劳不懈。又同邑人捐资置王侯祠祀田，是知急公义者也。后其裔徙居蓝冈上村。

范衡芳　字南安，乡宾，上蓝冈人。乐善好施，秉公仗义，遇乡邻亲族婚丧不给者，悉出资力维持，以全其美。乡里有善人、君子之目。

谌元春　字育庵，乾隆己酉武举。性端厚，笃礼好文，家丰

尚义，能推解。事亲色养，虽触事故怒，闻亲至，立解。次弟命
仁随春会试，道卒。携榇归，即以长子龙彪为继嗣。余弟侄游
庠，多其教成。力方强，仕卒，壮志未展，人咸惜之。

廖灏寿　溪南人。忠厚谦和，乐善好施。尝栽树于东门梨子
凹道中，行人赖之。

廖仰瓒　溪南人。乐善不倦，捐建东门高枧下石桥，又捐田
于梨子凹庵内为施茶费。凡遇济人诸举，无不竭力。

沈孟修　字懋所，堂堡乡宾。孝友性成，制行醇正。

沈君召　字礼维，堂堡乡宾。正直纯悫，时训子孙曰："为
人须顾廉耻。"乡里有争讼，以理劝谕，乡人皆敬焉。

阙守贞　字回溪，马山堡人，举乡宾。公平纯实，谙练世
务。值草寇围乡，乡人惊走，守贞亲率乡勇御之。贼败去，合乡
安堵。岁饥，施香溪仓谷五百桶以济族人，不责其偿。又捐金以
扩学门，通邑义之。孙和衷、曾孙振，俱举人。

阙善良　字守积，上青坑人，举乡饮宾。秉性醇厚，受尚
文学。

吴绍勋　字九龄，卫千总，下湖雷人。乾隆乙卯岁饥，斗米
千钱，乡无米市。绍勋倡置公斗十六，与赖辉光等劝各族富户并
街上各米铺，每日平派米十石，减价平粜。乡人德之。

熊欲允　上湖雷人。力于善事，龙窟岭前后种树数百株于
路，以荫行人。县令吴公梁奖以匾曰"是可以风"。

熊光大　字侣圣，监生，上湖雷人。读书乐善，增置祖烝二
百桶以为生监资用，士人赖之。

熊光觐　字侣翰，上湖雷人，贡生。尚义乐施，捐资建万年
桥，岁歉施饥民粥，死无棺者殓之，终身不倦。

赖大宾　字敬堂，下湖雷人。质直尚义。距家数里有峰，名
秀才仞，路通金丰，高亘崎岖。大宾平治之，为植松木千余株，
灌溉培植，迄成浓荫。又倡捐构亭二所：一在半山，一在山麓。

行人便焉。马路旁有古骸露出，为建冢于铜鼓山之阳，鸠族人为置祀田。至设文课、修桥梁，善行尤著。族戚贫不能举丧者，皆捐资助之。道光元年举乡宾。

卢　文　字廷书，庠监生，龙潭人。善事继母。尚义好施，瘗枯骨，施茶亭，砌路，修桥，诸义举皆不靳题资。康熙年间，捐施东华山香灯田三处，载禾税秧一百把。嗣又捐银续置田亩，又捐置半天岩香灯田一百桶。乡里咸称之。

卢　骧　字宛卿，背头坪人，庠监，举乡饮正宾。不茹荤，行善好施，人咸称之。

卢　坤　字长源，庠生，大路下人。廉直公正，然诺不苟。长兄客浙江，遂往依之。从师肄业，与邑令吴公永潮为同窗至契。其后吴莅任，坤趋贺，悉陈永俗利弊，非公事未尝一至。乡有讼属托，悉屏斥之。吴公太夫人未就养来署，坤特代赍金若干至浙江奉太夫人，求亲书，官箴直规之。嗣后绝迹公庭，而令益重其人，固不但友事之已也。乡有贼被获素识坤者，愿受失主鞭挞，不愿坤知其名。其生平为人所敬惮如此。

赖席轩　字佑珍，例贡生，抚溪人。性好善，喜读书，课督诸孙，老而弥挚。尝训其子以轻财、积德为长久计。三子例贡生瑞每客归，凡修桥、砌路及拯救溺女诸举，或数百金或百数十金，皆出资独肩其事，历年不倦。乡里谓席轩能积善贻谋云。孙丹，邑廪生。

赖宾仪　字凤，监生，抚溪人。性醇悫，好读书，立书田，孙、曾承祖志。尚义急公，不靳题资以勤厥事，乡里称之。

赖　豪　字乃灏，庠贡生，抚溪人。公正好义，倡乡社文课以培后进，立乡规以擒盗贼。凡有义举，皆乐肩其事，乡里推重。

郑经中　字简轩，溪南人。急公尚义，尝捐抚溪镇龙庵五显堂灯油，按月支给。道光年间，里人重修佛殿，为父我泉公捐佛银三十圆，以弟经纶任浙江严州府知事，貤赠修职郎。

郑天裕　字居礼，监生，龙泉乡人。尚义好施，乾隆乙卯岁祲，捐资赈饥。又修龙凤庵及炉前桥路，不靳捐资。年七十七卒。属其子璋为兄居义继嗣，立曾、祖以下祀田。璋捐职理问。

陈诗礼　字兴柏，监生，溪南人。尚义好施，修祖坟、立祀田。每逢岁饥，量力赈济，族人重之。子命求、命龄，俱监生。

赖文公　字存资，例贡生，抚溪人。喜读书，倡捐文会并置书田。长孙例贡生斗钟，曾倡改治溪滩河，倡修龙窟岭以上官路十余里，倡置圆山茶田二十一桶，以及高枧下、石桥凹、门墩、檬树下以上道路，皆捐资总其事，人皆称为善循祖训。曾孙贞，邑庠生。

陈朝枢　字祐风，监生，丰田人。乐善不倦，拓大季烝，创建坛庙、桥、路诸义举，并置田亩以善其后。子之驹，壬子科举人，现任望江县知县。

卢显光　监生，丰田人。好习儒业，常以先贤格言自检束，并引翼子弟倡修祖坟，经祀田，族人敬之。

卢澄元　字熙臣，庠贡生，龙潭人。惇善不怠，拓增祀烝，建敬业家塾，并置书田千桶以培后进。施茶集场以及修造庙宇、桥、路诸举，不靳资财云。

陈成美　字朝玠，监生，丰田人。尚义好施，置书田。凡文庙、书院以及桥、路济人诸举，无不捐资以勷厥成。子十二，孙、曾内外百余口，选监、贡及游庠者三十余口。邑令李公治亮给以"岳峙渊涵"之额。

陈仕枢　字朝玕，监生，丰田人。温醇谨默，乐善好施。乾隆五十九年，倡建虞坑水口书室，重修镇龙庵。又马子岭道路、岭脚板桥、梅子潭长桥，皆捐资倡建，乡人赖之。

陈济时　字卓选，例贡生，丰田人。倡修铜锣坪往虞坑道路，又修九龙庵，拓建高阁以祀文昌，立郁文社，以课子弟，皆慷慨题重资为倡。乡人称之。

赖月溪　字延富，抚溪人。修德行善。所居右有乡社，溪水绕坛前，夜梦神告曰："锡女吉壤，吾他徙。"诘旦，群鸦衔血纸他往。乡人骇而尾之，始知神欲更诸山麓，遂移香火，即今墟埤之社坛也。嗣后，水冲坛废，月溪购建宗祠于此，水不复为患。故所居以社前名，子孙称盛焉。

卢双溪　字惟实。尚义有侠气。父枫林，所遗广有田亩。捐施粮米三十石于漳州开元寺。道光七年，捐修福省贡院银一百圆。裔传勿替。

陈懋功　字履宣，虞坑人。性质直，喜读书。嘉庆中，其孙承祖志建云岩家塾，并置田焉。

张正川　字以良，抚溪人。诚悫尚义，建造家塾并置书田以教子弟。邑令举为约正，冠带乡宾。

张调明　抚溪人。家贫业儒，屡困童试，往江右舌耕数年，积脩脯数百金旋里，倡立八世祖儒田以培后进。乾隆十六年岁歉，调明倾积资于本乡观音堂，日以麋粥济饥。适道宪单公德谟巡查经此地，见乡民络绎，廉其实，叹曰："贫士尚能如此。"于给以"存心利济"之额。

黄献龙　字抡弼，举乡宾，抚溪人。质直好义，建祠宇，立儒田，捐修文庙及本乡万寿寺香灯田。凡有义举，悉捐资佽助。邑令顾公炳文赠句云："祝者岂为多寿，太翁可谓乐全。"年七十二。曾孙如带，举人。

卢占晖　字翼堂，监生，东埔人。其祖生英客亡，旅榇数十年不返。嘉庆丙辰，占晖茧足数千里，负骸归葬。性质直好义，尝客滇南，有友人骤卒，独为殡殓，收行箧送归其家，分毫不苟，人羡称之。

卢庸中　字庸熙，丰田人。公正睦族，创祖烝，立儒田，兼善青乌克择之术。族有贫人停枢浮厝无力营葬者，倡捐资，购坟地三处，共瘗土余棺。族人德之，特立长生位以为报。

沈孟份　号冲宇。刚直尚义，好读书，延名师教子不惜金。长男之依、三学优、四学易、五之时，俱邑庠生。次之启，有孝行，《隐逸》有传。时人号为五桂。

赖光济　字承康，监生，合溪人。传家忠厚，好善乐施。

沈浪琦　字宗韩。敦孝友，和乡邻，端谨持躬，诗书训后。乐行善事，至老不倦。

沈君璇　号若玑。性俭朴，乐为善。修本乡山塘冈岭路，人咸德之。

阮良章　字孙明，上湖雷人，乡宾。忠信醇笃，乐善好施，捐资建草子湖石拱桥，阑龙凹凉亭。亲见子孙游庠者五人。当病革，遗嘱曰："愿吾子孙不妨被人欺，切不可欺人。"县令沈公在湄匾曰"含章可贞"。

阙翼远　字为燕，监生，增瑞乡人。纯朴，好读书，事亲必具甘旨。与伯兄、监生谋远皓首翕和，立烝田，置儒租，教家以"守礼义"、"存廉耻"、"读经书"、"交正士"四言。孙田玉，庠生；命良，郡庠生。

廖裕周　字瑞阳，尺度村人。有材智，笃孝行、睦兄弟，人无间言。修先代坟墓，建祠基，人咸重之。善排解，乡里信服。邑令吴君梁赠以匾曰"善行可风"。

赖盛川　字弈恒，溪东人。素性友爱，同胞四人，盛川贸易所获与兄弟均之，扩大祖烝，增置儒田。族人重之。

沈式济　字戬谷，堂堡人。勤俭持家，能增廓祀田。好义举，曾捐银倡修本乡天后宫，又捐田十桶为西缘山神灯之资。

沈利宾　字国光，堂堡人。性情古朴，同胞八兄弟，利宾出继其七人，俱往外。尝以己之业分给之，为子弟延师课读。年九十卒。长子兆亨，邑增生。

吴来瞻　湖雷人，例贡。少孤，行贾致富。乐善好施，曾捐田五十桶为凤山书院膏火，又创立乡中文会、本族家课。凡修桥、砌路、赈贷等事，皆不惜费。生平有诗癖，喜游览，所到之处，必留诗以志。所梓有《西湖集》、《游湖①草》、《金山稿》三卷。晚年于本乡铜鼓山筑高冈书馆三十余间，于馆旁石壁峭耸处筑魁星阁，为文以记。岁延名师以课孙、曾。子五，皆成名。孙绍祁登贤书，在庠者三人，曾、元在庠成名者十余人。年八十八。

阮题塔　字拔伍，上湖雷人，庠生。笃志读书，足不履公庭，兼精眼科。男昌绪，监生，世其业。

阙怀品　字禄园，上青坑人，监生。孝友诚笃，乐善好施。

张泰瑞　谨厚乐施。乡人临丧无资及路毙者，施棺葬之。

邱　荣　字自玉。性谨厚，笃友于。乡里有义举，无不极力经画，且不惜捐资以助。没后，乡人思之不忘。

罗受恩　字连先，监生。好行其德，为远祖无祀田者，极力劝族人捐租谷以备祭品，劝族人立书田为子弟读书之资。联合众姓于大院墟创建种玉茶亭，并置茶田。

郑应图　字廷瑜，监生。幼孤贫，竭力耕种以养其母，事事周至，且修祖坟，恤贫困。凡修筑建造有利于人者，辄捐资以助。年七十九卒。

罗光暵　字崧山。勤俭朴实，守正不阿。每逢义举，乐成其事。孙祖恩，监生。

张述中　号允堂，珠罗坑监生。自幼出嗣三叔。及壮，知大义。贸易所获，并为生父母置祭租，又尝倡修祖祠。同胞兄弟多贫苦，尝赒给之。

郑宗圣　字光泗，监生。题建东关外永新桥，并集同人醵金置产，为每年修桥费，亦有心人也。

---

①　湖，原文为"潮"。

沈世隆　字藕溪，监生，堂堡人。公平醇厚，凡有义举，无不身肩其任。长子揆熙，乾隆庚辰恩科举人；次子载熙，嘉庆庚午钦赐举人。

沈锡宝　字载光，监生，堂堡人。谦和温雅，虽精堪舆，不妄与人言祸福。矩言矱动，懿行足型。

沈清鉴　字镜堂，庠贡生，堂堡人。性磊落，善属文。勤于训迪，多所裁成。沈姓家祠在邑，因无烝田者，皆分祭，鉴联族人创置租粟，以为春秋祭奠之资。又善为排解息争，和睦乡党，人称其公直。

阙国桢　字如山，监生，即文之孙。守正道，嗜诗书。次子照峰，庠生。

阮荣光　字隆祐，上湖雷监生。敦孝友，严义方。服贾所获，悉付弟出纳，毫无计较。以任恤自勉，人有借贷，不计息，亦不亟于责偿，为乡里所称。子晋抢，邑庠生。

黄天民　字友达，郡增生，龙窟人。聪颖勤学。时当明之初年，田多荒莱。天民劝民垦植以裕国课，教授生徒以培后进，为一时杰出之士。裔孙日焕，登进士。

赖文进　字存先，监生，抚溪人。公平正直，遇事能断。乡人有争小利而彼此负气不下，文进诘其实，辄为代给，不以告。事既寝，其人偿与否，悉听之。平生排解，类多如此。乾隆五十年，倡建天后宫于乡内；五十四年，倡筑碧山坝河堤六十余丈，崭然巩固，永无洪水冲决患，民居、土田咸赖之。年七十有五，卒之日时午中，乡中数人遇于黄金坝途中，见其盛衣冠步行，询："何往？"曰："畔塘山。"俄闻文进死，骇不信。走视，果然。越日，知畔塘山众姓设立社坛，午刻升座，与文进亡日合符，遂相传往为彼处社神云。

赖允中　字步庸，优行，例贡生，抚溪人。性孝友，喜读书，乐善急公。联族人于郡中建祖祠，倡修詹忠节公坟域，赞修汀郡文庙，倡建食水窠、茶钟岭、高枧下三凉亭。又抚溪岭茶亭一，其祖良士曾捐粮田五十二桶为施茶费。他如杨梅坪倡建拱篷石桥，凳子岐倡收无主骸骨，以及建水口文峰，捐集成文会田，修东华山寺观，整滩河、道路诸美举，皆悉力倡义。明敏正大，为一乡之望。应庚子科乡试。嘉庆十三年，绅士金呈请加旌奖，学宪叶给"学优品粹"额。年七十卒。长子琴坛，候补训导；次剑坛，武庠生；三珊坛，例贡生。

吴武英　字思璘，例贡生，抚溪人。性淳谨，乐善好施。倡建宗文课，置田税一百八十余桶，厚赠试费。建造西茅岐路亭，捐重资为倡。同弟启英建立高冈崇文书室，以教育子弟。年八十七。子懋林，邑增生。

黄国绅　字恒佩，例贡生，抚溪人。好施济，独建华峰前板桥以济行人，并捐粮田十箩以备修整。贫人有丧，常施棺不倦。次子，监生汝雄，道光九年倡修茶钟岭路数里，捐重资以董其事，循父训也。

黄锡鹏　字笃辉，例贡生，楮树坪人。素尚义，独修同族无祀坟墓，捐粮田十箩以为递年祭扫之资。

张美皋　字乔鹤，例贡生，抚溪人。行贾湖广宜昌府。乾隆五十五年倡建全闽天后宫，又独至湄洲迎圣母神像。晚年归里颐养父母，俱九十有余。尤能广惠急公，乡里重之。年七十卒。

赖璋　字朝汉，监生，抚溪人。有至性，壮游滇、蜀，归省有余财，必分润于所亲。见义勇为，迨母近六旬，待养不离左右，谆谆孺慕，三十年如一日。尝语诸子曰："人不孝友于家，何以委赞于国？"子育千，援例文林郎，署天津长芦批验所盐大使；羽千，恩授理问。

赖际嘉　字喜肇，监生，抚溪人。诚悫务本，尝立家规以劝诫族人。或有纷争，辄以婉言解之。嘉庆十三年，倡修东坑路数里，独捐多金以总其成，人德之。

　　戴峄阳　字化斯，邑庠生，抚溪人。孝友正直，笃学不倦。父仰山，建崇文家塾于茶子冈，并置书资田二十四桶，以培养子弟。承父志，倡族人捐立文英家学于邑城内丛桂坊，倡立发祥宗祠于铁炉坑头，建义冢以恤无祀，复结季祭之，族人咸重之。年八十三卒。

　　苏正笏　字朝章，庠贡生，抚溪人。同监生正辉、正绥倡义于龙头山收无祀者百余骸，各裹以棕合瘗之，名"百缘冢"。乾隆四十八年，倡修万寿寺，与社前监生赖文进总其事，咸称公正焉。

　　戴晴山　字岳昭，登仕郎，抚溪人。言行不苟，好善乐施，独修铁炉坑长圳百余丈。凡书院、考棚、桥梁、道路、培养斯文诸义举，皆踊跃乐为。服贾于江南金坛县。嘉庆十九年岁歉议赈，其子监生文在，克继父志，独捐银五百两，设糜粥以济饥民。邑令张公鸿给"为善最乐"额，详宪咨部钦赐文在登仕郎。事载《金坛县志》。道光元年，次子监生文恭倡修镇江府天后宫。至七年，长孙、庠贡生士翘接理其事，共捐金五百有奇。为诸商劝急尚义，世济其美，人咸钦之。

　　赖贻远　字达近，职贡，石城人，有隐德。嘉庆十八年，独捐草子湖茶亭田税二十桶。二十三年，郡修龙山书院，独捐千金以增膏火。郡人立禄位，配祀文昌阁。又道光七年，捐修贡院洋银一百圆。公事皆能尚义。其后嗣昌炽。长子华馨，例贡生；次华琳，例授卫千总；三华球，例授州同。孙新，庠贡生。明邑①。

　　卢见田　字应龙，郡廪生，赖乾人。博通经史，以诗文教授生徒，类多成材。又精岐黄术，能以医德济人。倡捐深溪桥，增购桥田以备修造，行人赖之。

_____

　　①　此处疑有脱文。

严选英　字梅应，例贡生，枫林人。正直，善排解。倡修本乡观音桥，不靳重资以总其成，行人赖之。

卢炳魁　字德臣，监生，龙潭人。业医济人。生五子，六世同爨，丁男百数十人。家范肃穆，内外胥遵庭训。治家有法，有"义门郑氏"之风。

卢光莹　字行顺，职员，龙潭人。勤朴治家，内外百余口，胥听约束，六世同居共财，饶有张公艺风。又能增置书田，俾后进向学者有所资焉。

赖长照　字庚兴，例贡生，抚溪人。力行善事，晚年弥挚。邑令霍大光旌"龙冈硕望"匾，制宪赵慎畛给"为善最乐"额。邑令张维甲并赠联云："司马阴功脚踏实地，大程襟度人坐春风。"翰林院编修巫宜福为作传，见《艺文》。子奏鹤，庠贡生；奏龙、奏搏、奏中，俱监生。尚循其父训云。

阙道成　字凝和，庠生。孝友睦族，耄犹好学，士林敬仰。

张朝聘　号怀庵。好义举，一门雍睦，乡人称之。

陈世良　素行谨，无诈无贪。

熊　辀　字步嵩，上湖雷举人。好义，敦其厚，其师、庠生熊炳没后，子扬保被人拐卖漳州为奴。辀闻之，即往寻，捐资赎回。募众建阴桥，又创建天后宫，俱总理其事，不殚劳瘁。本乡设文社，合邑建书院，并慷慨勷事，士人仰之。

熊景应　字星仰，上湖雷增贡生。好义乐施，睦族修谱。溪口墟设茶缸、置渡船，俱乐捐资，行人利焉。

熊一春　字安善，监生。生平忠厚，与兄弟共财无私。教家有方，族党称为善良。子三：长曰楠，次曰朝纲，又次曰灿，俱庠生。

廖观化　字敦亭，家居尺度村，恩贡生。笃孝友，睦宗族。善排解，人皆感服，俾其族聚居百家无相构讼者。设帐训生徒，惟因其材质、成就，绝不以束脩厚薄异视，士咸重之。

　　赖周显　字仁声，州同。性醇，敦伦尚义，乡党共称。

　　沈掌纶　号广丝，堂堡岁贡生。博学强记，频年设帐，造就士多成名。性情刚正，人不敢以非礼相干，乡人式之。

　　沈更莹　字祥开，堂堡人，监生。家颇裕，轻财厚道。好读书，延师课子，人士重之。子宏模，邑庠生。

　　熊鲁伯　上湖雷人。刚直自好。时值明季，有暴徒横行为扰，鲁伯率众捍御，乡里赖以安静，人咸称之。

　　郑瑞躬　字复胜，庠生。少孤，孝事祖父。与兄复乾友爱甚挚，训迪生徒不倦。嘉庆十五年，钦赐副榜。

　　卢国顺　字和豫，监生。性孝友，家中食指百余，以身任之，终不分爨。遇公义事，不惜捐资倡助。族有构讼者，必竭力为劝解，无稍私曲，人咸德之。子侄多成立。

　　卢岳英　字淑士，龙潭人。修善不倦。乾隆五十一年岁饥，合高、曾以下计口给贷、施赈。构云从家塾，并置书田，以培后进。孙道衢，曾孙开鼎，俱选贡生。子孙殷盛。

　　戴齐光　字岳恒，抚溪人。忠厚诚朴，善良传家。乡有义举，无不乐捐佽助。

　　张燕宏　字荣诒，塘尾头人。通青乌术，为贫者卜葬不受谢。年六十五卒。乡里称之。

　　赖怀仁　字佑良，抚溪人。温厚朴诚，敦善不怠。子例贡生成展，凡有义举，皆乐为捐资以承父志，乡里称之。

　　戴京正　字育斯，乡宾，抚溪人。谨朴自持，友爱堪式。邻有缓急，倾囊相助。凡文庙、考棚以及桥路诸义举，乐为捐助，以勷厥事。

　　赖焕章　字进化，抚溪人。善解纷，每举古人忠孝大节以勉人，尤好培养文士。年至八十一。孙际升，庠生。

　　吴伟腾　字希宽，捐职理问，丰田人。端悫好义，倡联培文家课、奎聚乡课，并置课田以培后进。城乡两建宗祠，置祀田，经理扩大，以垂久远。乙卯岁歉，出粟平价。凡有义举，无不踊跃肩其事。卒八十七。孙曾四代，雍宫泮沼，蜚声不一人，乡里推重焉。

巫四九郎　庠生，抚溪人。弘治十六年，倡建本乡万寿寺。初因地属公埔，乡人利其吉，欲谋为己有。四九郎恐起争端，倡义建寺，为合乡祝禧之所，人心帖然。其善于和解如此。

卢抡升　名郁才，监生，西坪人。醇笃孝友，筑葬数代祖坟，独出己资。族贡生欣松赠句云："能将孝友恢先业，不失慈严启后昆。"戚党师之。

卢化熊　字如恒，西坪人。康熙己酉科武举，为永邑武科开先。时耿王召福省武举齐集谒见，爱其才艺超群，委用化熊。探知耿萌逆志，坚以亲老辞，耿以威胁欲害之。耿有戚属病剧，人有荐化熊擅岐黄术。诊视，果愈。耿喜，乘机以亲老归养恳请，遂获旋里。侄龙纪，亦举康熙甲子武榜。其生平正直，族党钦焉。

卢修文　字华清，廪生，西坪人。孝事孀母，诗书裕后。教授生徒多成材。

卢望澜　字秀如，庠生，西坪人。谨言慎行，廉直公平。乡里敬服。

张天衢　字瑞春，庠生，抚溪人。宽和孝友，笃学不倦。乡里称之。

赖可齐　字存恒，增生，抚溪人。诚悫务本，廉隅自饬。卒年七十余。乡里薰其德焉。

卢朝恩　字定衡，监生，苦竹人。乐善好施，因莲花石山路岖崎，病涉者二十余里，独捐资修砌，行人便之。康熙戊子、己丑岁祲，出粟济饥。捐凤山书院田五十桶，创祀田、延塾师，义举不一。乾隆乙亥举优行，邑令许君申详司、道、府宪，给"德懋行优"额。

陈缵高　字恒庄，监生，虞坑人。好义，有侠气。经商所得资财，悉以公胞兄弟十二人。内外百余口，俾无虞于俯仰。建塾延师以培养子弟。因所居当大路，每岁暮遣丁壮夜巡以卫商旅，又施渡于汲潭以济行人。凡捐助桥、路及利济诸举，乐善不倦，乡里称之。

卢韶功　字成猷，例贡，西坪人。扩立祖先数代祭租，倡捐义冢，并置祀田。又修高桥及本乡道路，并西竺山高桥庵，皆捐资为倡，尚义好施如此。

张文彪　字炳勋，监生，丰田人。孝友正直，擅喉科，施药济人。贸易湖北宜昌，途遇河涨，漂没①流尸，独施棺收瘗，计八十有奇。洎旋里，倡建宗祠，扩大祖茔，经理文会，延师督课，信义著闻。乡里皆钦式之。

卢中柱　字聚吉，背头坪人，职员，举乡宾。邑令邸君仲奖批"年迈杖朝，孝友真肫。仗义急公，布德行仁。诗书启后，燕翼贻孙"，给"积善贻谋"额。

卢崑良　号玉兴，例贡，东埔人。惇睦尚义，修祖坟，扩祖茔，抚孤侄必万业儒成名。每有排解，虽代出资财，不计偿。一切修桥、砌路诸义举，无不乐助云。

卢岐初　字穆垣，例贡，贝溪人。公平刚正，敦本重伦。里党称之。

赖华宇　字馥川，庠生，抚溪人。笃学自守，勤理文会以培后进。卒七十五。乡里重之。

赖览千　字乃翔，监生，抚溪人。素习儒业，兼通医学，施方辄效，不受人酬，是隐以医行其德者。

卢开甲　字灵锡，庠生，龙潭人。学通岐黄，医不计酬，公

---

①　没，原文为"殁"。

平①物。乡里思典型焉。

卢昂颢　字勿噩，增生，西坪人。嗜学，有望。六子：欣棣，乡宾；欣松，岁贡；欣椿，武举，任都阃；珑日、宏谟、欣槐，俱庠生。

卢望荣　字敏旃，邑廪生，西坪人。笃学，通经书，宗欧、赵。尝设帐于本乡及龙岩，善诱生徒，游庠及举贡者数十人。

卢良育　字达薰，岁贡，西坪人。经明行修，气度谦和。讲学有常规，从游多成材，后学尝宗仰焉。

郑维桥　字云峰，即旌表庐墓孝子郑懋官之父。义方教子，家立儒田，建茶亭于大阜岭并植路树，三举乡宾。年九十三卒。

郑　基　字萃南，例贡。好读诗书，善事继母。兄弟九人，同爨三代。子树清，监生；翔，庠职。

阙传桂　字东山，监生。性孝友，贸易所获，与兄均财，毫无私积。倡建东门外祀所，增置祭烝、儒田。垂暮家居，训读不入公庭。

阙容德　字辅佐，援例从九品②。幼习儒，长精岐黄。恂谨好施，岁自立夏至秋分，于东街施茶，至耄不懈。子监生位贤。

邹耀吾　下湖雷处士。以孝友传家，至今七世犹同居共爨。士读、农耕、商贩各执其业，男女无私财，内外遵祖训，一门雍睦，乡人式之。

张裕堂　字顺上。性友爱，兄弟四人，三人俱无出，惟顺上生四子，以三子分继三人为后，所创家业亦四分焉。

张湖村　笃孝行。亲没，近宅筑坟，朝夕祀奉。尝栽种鸭妈潭、罗陂岭路树，又倡捐前坊渡，行人利焉。

吴圣观　字龙峰。好读书，赴北闱二次，俱蒙房荐。家居吉

---

①　本句疑有脱文。
②　"品"字校补。

凶，必遵古礼。著有《家礼便览》，未梓。

张霄汉　字乔冲。严毅持正，好义急公。卒年九十。子三人，长子式，监生；次子光，捐职州同。

徐捷槐　字尚德，溪口监生。质直尚义。有族中某贫苦远徙，遗先世坟墓一十六穴。捷槐捐资代为立碑记，复捐田粟八桶为每年扫坟之资。又同户叔祖某传至八代绝嗣，为捐资筑一小宇以安香火，置田粟一十二桶以继祀事。族人义之。

沈端行　字慎先。事亲能色养，处兄弟敦礼让，遇事刚直不阿，人咸钦其丰采。

赖河清　字龙庵，州同。赋性孝友，母病数年，朝夕侍汤药，毫无倦色。胞弟瑞书性拙，分殚后，家用不给。河清尝以己之资财给之。待人公平正直，又精岐黄术，济人不受人酬，乡人推服。

沈鸣冈　字桐千，堂堡庠贡生。性和厚，谨言慎行，周济贫困，不履公庭，终其身无与人争忤之事。

沈接三　字锡蕃，堂堡增生。性正行醇，课生徒尽职，兼精医术济人，人咸德之。

卢任翔　字裕信，邑增生，龙潭人。敦儒行，为乡所敬惮。事无大小，悉倚其一言为重。倡修龙潭桥，成于不日。邑令龙公光辅特给"见义勇为"之额。

戴少川　字仕琥，抚溪人。尚义，喜读书，特建席珍家塾，置儒田以教育子孙。凡文庙、书院以及利济诸义，靡不捐资为助。

戴沾北　字维恩，抚溪人。性行醇笃，培养后进，厚立儒田，更造枫园家塾。邑令吕公坊之举乡宾，赠之匾额。子贡生品莲，倡修文祯宗祠，捐助卓坑庵水田一处，循父训也。

戴克丰　字翁斯。质直好义，修文庙、建尚义祠，各捐银五十圆。凡造桥、修路，皆皆不靳于题资。

赖克明　字竣昌，抚溪人。性行醇笃，年八十八。老而康健，忽一日巳刻无疾卒。昇至堂复苏，命移卧榻。箱箧启钥，捡借券数十纸，皆人负债未偿者，约数百金，语子孙付诸火。不应，瞿然呼曰："吾生平所未了者，特此耳。"悉焚之，时当午，属曰："汝曹须做好人，行好事，旗轿俟于门，吾去矣。"遂瞑目而逝。其他隐行，人未及知。父老述焚券事，亦足以见其生平矣。

赖锡予　字赉昌，抚溪人。孝友诚朴，服贾楚中，湘街拾银包，计五十两有奇。伺遗金者竟日，廉得其情，诘两数符合，悉还之，并却其谢。雅不喜揄扬，间有称者，悉以他词掩饰，其生平多隐德类如此。年至九十。后世昌炽，监生不一人。曾孙廷燮，乙酉科举人。

吴策先　字原舒。尝偕贝溪卢诚斯由吉安买舟往赣。途有附舟者，一二日旋舍去。至赣，卢启钥，失去三百金，始知为附舟者所窃，计无如何，嗒然先归。策先仍寓赣一日，见有携银至市易钱者，即附舟之人，擒送官，究出原银，仅短三两。策先取之归里以还卢。卢喜甚，分以酬金，却之曰："吾岂舍多而取少乎？"卢因此大兴家业，感谢策先同于再造。子焕奎，孙郡与锦，曾孙双桂，俱庠生。人皆称善人有后焉。

赖裕亭　字锦昌，抚溪人。宽和敦厚。康熙年间，邻人某与族众有宿怨，锦昌善遇之。邻人感激而怨平，并以示其子孙，至今犹念厚德不忘云。

张显光　字奎文，乡宾，塘尾头人。素有善行，尝于本乡要路植茂树百余株以荫行人，又建义冢以瘗无主骸骨。年七十。

吴世德　字宗举，金丰人。自宋世避乱卜居奥杳乡，因家焉。世德尝倡义急公，建保安堂诸庙。乡人思其德，因塑像于庙配祀，弗僭焉。

胡显通　觉坑人，乡宾。明末，寇贼猖獗，流毒乡里。显通父子十一人倡义捍御得安。遇灾祲、瘟疾，赈粥施药，全活无数。其十人①所传，犹蒸蒸见孝义之风焉。

李德梅 字元稺，奥杳乡崇祯时人。性情忠厚，与物无忤。尝戒子孙曰："人多欺我，我不可欺人；人多负我，我不可负人。"邑侯吴奖匾曰"善行可风"。

李永稠 字孟四，湖坑人。好义重文，自县乡培士义举，无不捐资成美。又尝立儒田贻子孙，临终时嘱曰："尔辈能世读诗书，则吾志遂矣。"

巫鼎川 字其彩。幼孤贫，无立锥。与兄鼎梅拾薪事母。一日，谓兄曰："弟兄坐困，非计也。兄出谋生，弟在家奉母。力给饔飧，兄可无内顾。"兄然之，遂赴福宁赁山种作。川三十余岁，母卒，殓葬毕，乃从兄于福宁山中。时鼎梅力作，所积数百金，悉与之，曰："任所为。"川乃航海至乍浦，生计渐裕，年已三十八矣。时黄氏有女，年十五择婿，因妻川。或曰："年不相当。"黄公曰："此人气宇不凡，笃亲信友，吾所素知，不易也。"居福宁山，生二子一女，乃谋于兄，挈家归里。又生二子，归家葬高祖以下。为子孙择师，尝戒之曰："我不读书，然尝闻'贫'字与'贪'字相似。尔辈认之，思之。"临终，取人所借券约一箱，尽焚之。人止之，曰："彼若充裕，自还我。否则，徒贻后人累耳。"后以孙官赠奉直大夫，今所称桂苑先生，即公之第四子也。有家传，载《艺文》。

黄朝元 字宜光，大水坑人。诚朴尚义。初，大水坑居民稀少，风气未开。康熙间，邑侯给朝元帖，为户首。遇事经理有方，故无攘窃争讼之事，人皆古处是敦焉。

曹必恭 下洋人。顺治六年，宪给官凭，录用守备，训练乡壮，防堵险隘，乡里赖之安全。

---

① 十人，指胡显通的十个儿子。

李参宜　字集时，湖坑人，举乡宾。谦恭敬士，自筑源远斋，延师教子弟，并集四乡之彦，其尊师重道类如此。邑侯吴君梁赠匾曰"隐君子"。今其裔书香甲于一里。

胡焯猷　字瑞铨，金丰忠坑例贡。慷慨好文，少时以家累弃儒业医。康熙年间，渡台至淡水寓，延其医者皆有效。初为糊口计，而卒以利济获报起家。乾隆时，在淡水北①创建西云岩招僧，主持筑无祀坛。施己所置田园于寺与坛，为香灯祭祀之费。凡恤庄佃、瘗朽骨、筑桥、修路，皆尽其力。淡北农商辐凑，弦诵未兴，焯猷以手创庄田税谷六百余石，佃户二十七户，并房屋、鱼池捐为义学，并备肄业膏火、经费之需。淡水同知胡君邦翰通详列宪，蒙制府、三韩杨公锡名为"明志书院"，并作序勒石，其末云："是举也，舍宅捐租，永定贡生、明胡焯猷功不可泯，书为来世者劝。"盖以数十年之经营，不私于己，创建义学，开台北之文风，足以不朽矣。尝作《浮生记》以自叙其生平云。

陈鼎一　字居性。贫弱，拮据安分不苟；敦本尚义，见善必为。虽作苦解②暇，力于乡界伯公凹等处沿途种树，以荫行人。外父母无后，肩其葬祭。督课子弟日耕夜读，深以无力培养为恨。卒后祭田不能数亩。邑建凤山书院，其裔竭力附益，以其名应捐，其志使然也。子三：盘日、如海、阗然，率其教，惇睦无间。邑侯吴举宾筵，奖曰"孝友可风"。邑先辈卢鲲浪重其家风，题赠云："可读可耕，士亦何求？公府辟同财同气，君殊不愧太邱贤。"

游旺选　字兴廷，乡宾，以孙捐封都司。笃宗睦族，尝效书百"忍"字以额门教子孙。邑侯伍奖曰"德邵裔荣"。后人登科筮仕者接踵，人称积善之庆云。

---

①　北，原文为"比"。

②　解，通"懈"。

游旺级　字武堂，金丰泰溪监生。乐善好施。乾隆己丑岁饥，请开仓平粜，不行，乃质田借资以济饿者。邑令张公嘉之，赠以"义隆推解"匾额。凡郡邑文庙、武庙、义学及里中寺观、桥梁，多所倡捐，创修尤力。子秉华，捐职登仕郎，亦善体亲心，襄举善事，乡里称之。

卢国桂　金丰人。天性纯厚。幼贫乏，以鱼盐为业。一日，市中有与贸易者遗其囊，内有金二百并书，盖为人代携自他州寄回者。国桂藏而俟之，旋见失金者仓皇失措。国桂向询，告以金尚存。其人大感，出数金相酬，坚辞不受。自后乡里以忠信闻，遂以起家。子开定，业医；开春，监生。四世同爨。

罗奕光　金丰人。忠厚乐善。广福寺、长演寺、下洋渡、大埔车上渡，皆施田亩。又捐修柳岭石茶亭。顺治十六年，公举乡宾。邑令岳君奖以"德冠一乡"匾。顺事继母，善待兄弟。子宏，孙万象、天进，俱庠生。

罗俊恩　字仰千，金丰人。创建增安桥，以便行人，平通衢并置田以备整修。六子皆成名。

李超林　字萃潭，例贡，湖坑人。家素封，慷慨而兼有风鉴，识广东张斗于穷乞之时，赠以金，使业贾，遂成巨富。后张谢以多金，却之。又行贾，台州曾救一小偷，亦赠金恤之。后于途中被劫，缚公见贼首即前所救之人也。贼赧然，释缚谢过。乃从容规以大义，贼亦旋悔归正。台州倡建全闽会馆，捐不资中倡建义塾租税一百余桶，悉出一手生息，后生赖之。卒年九十岁。五代一堂，一百三十余人，成名者四十余人。

巫应瑜　字怀瑾，以侄官貤赠文林郎。幼习儒，长学贾，薄游汉皋，稍裕即止。孝友敦笃，年八十余犹日与弟应秋如儿时怡怡言笑，教子侄无畛域，严而有法。闻读书子可造就者，虽未相识，亦嘉叹不去口。处世和而介，乡人重之，皆以为师法。孙宜春、珍，俱监生。

卢乃琏　字景文，金丰人，乡饮宾。幼失怙恃，抚训诸弟成立。创置祖烝，造修桥路，建书斋，增文课。孙引若，贡生。

胡怀棠　字廷爱，金丰人。淳朴[①]勤俭，尝自捐修赤坑大路，又善排难解纷。邑侯周两次奖以匾额。年七十七卒。

曾玉音　字振轩，太平寨人。家素贫寒。父明彰，当台湾初置彰化县治时，领给垦麻园头庄得田十余甲，早卒。母赖氏二十守节。玉音以兄子为继，随生父往来于台，克奋立为诸生，食廪饩，援例捐司训。生平好义，慷慨有气节。乾隆丙午，林爽文倡乱。挟母避难旅居，遭母丧，备极艰险。陈周之乱，流贼陷凤山、鹿港、彰化。玉音出金募乡勇助官兵恢复有功，全活难民无数，制宪奏赏八品衔。台民屡有械斗，或遇两家来避，必与排难解纷。虽隶台籍，不忘桑梓。尝还故家，增祖烝，置学田，公私义举，巨细不辞，在台亦然。好读书，敬士，有经济，精青乌术。著有《理台末议》、《庄规庄议》、《地理正宗》、《地理所见》集。五代同堂，同飧百口，卒年八十四。

胡国珍　字象玉，月流监生。宗党和睦。乾隆五十三年旱，倡义捐米，赈恤乡邻。

黄廷铣　字万季，金丰人，庠生。博学善教，资助寒士，建家祠，立里社，率多义举。

林静亭　字可山，金丰洪坑人。教育五弟，皆赖成立。凡所创业，悉以均分。修远祖坟，族人皆感焉。

林象中　字联嵩，金丰人。拓祖烝，建家塾，立书田，增乡课，生平多美举。子成榜、超榜、金榜，孙符龙，皆列胶庠。

黄金声　字豪升，金丰监生。奉亲孝谨，事必躬亲。善医济世，忠厚待人，增烝劝课，多善事。子香文，庠生。

林攀桂　字丕创，金丰洪坑监生。自勤苦，营家业，悉与兄

---

①　"朴"字校补。

弟共之。置祀田租一百六十桶。周人急，乡里爱之。子邦光、奎光，俱例贡；兰光、锡光，俱监生。

林崑桂 字玉枝，金丰洪坑人，候选布政司理问。顺亲睦邻，敬士恤孤，建茶亭以济渴，助修贡院不吝百金，生平多善举。卒年七十一。子锦光、蟾光，俱庠生；馠光、荣光，俱监生。

胡步泰 字荣秀，金丰月流监生。精于医，无力者资之，以活人甚多。乾隆乙卯饥，捐资平粜，又捐修月流大路。舅氏无嗣，收葬其所遗十余棺，置祭田。

罗赓成 字冀亭，增坑人，监生。为人正直，然诺不苟，解纷排难，乐善好施。两次董造广东大埔太宁乡福广桥，为汀、永、广、潮上下之通衢，并修石门凹渔洋塘大路，并有《碑记》。时值乾隆乙卯岁大祲，贫人多赴工作，钱不敷给，则倾己囊以继事，后人咸德之。子四，长志贤，次光辅，俱监生。孙垣，邑庠生。卒年八十有五，四代一堂，男妇六十余人。

罗赓化 字翊亭，增坑人。朴诚孝友，耕读自勤，不营世路。置祭田，立儒资，凡遇修造及族友借贷，无不尽力为之。嘉庆六年，学师林请邑侯奖乡宾。子四，孙、曾二十余人。年七十五卒。

李缵裕 字立廷，湖坑贡生。能恢祖业，立书田。凡建家塾、宗祠、梵宇，率赖董成。为修前志赞志，倡捐凤山书院。邑令伍君举为族正，复牒社长，经理数十年，赡贫民不能偿者数十石。观察蒋公予匾曰"衍昌介福"。年八十三卒。子四：德士，武举人；德元、德懋，俱庠生；德成，监生。

李中亭 字秉健，湖坑人，贡生，芳春之子。谦和乐岁，善①饥，内外赈济。资不给，借贷以益之。筑明经书室，置田为

---

① 善，通"膳"。

子弟课资。子达光，增生；上桃，庠生。孙梦花、梦兰、梦莲，俱庠生。

黄果兴　字福绵。少孤贫，事老母，待孀嫂，皆尽诚敬。立祭田若干亩，余多善举。子金兰，贡生。

江宏海　字孟周，高头乡东峰之曾孙也。性孝友，举饮宾。于汀郡城内塘湾建祠，乡邑赴试者多藉寓焉。遗裔蕃衍，列庠序、登科第、籍仕版者彬彬日起。

江绅考　字端谨，高头乡监生。性孝友，好读书。捐修文庙，督理本乡文馨课。尝为人排难解纷，乡里重之。子见田，庠生；桂兰，以优贡中乡魁。

江廷璋　字元度，金丰贡生。有治事才，生平倡捐庙宇、桥、亭，拯济亲朋困乏，多善举焉。

苏宗钦　金丰人。精医术，乐善好施，屡捐修汀郡文庙，捐助凤山书院学租。道光七年，省修贡院，独助银一百元。其余义行多类此。子硕庆，监生。

黄茂才　字迥群。膂力过人，厚重简默。国初，偕其子谦益为本邑城守，能以义勇捍卫居民。年九十有九，卒时子孙男丁八十余人，五代同堂。其三子魁，庠生。雍正元年，太守冯、教谕谢给匾奖其父曰"独当一面"，其子曰"世德箕裘"。

游上华　字友龙，例贡。家素封，乐善好施。乾隆乙卯岁饥，曾集资购米减价平粜，人咸德之。嘉庆七年，捐封都司。卒年九十六岁，子孙九十余口，簪缨称盛焉。

胡　陵　字志堂，候选卫守备。善交结，重然诺。处宗族乡党，能为人排难解纷。尝题修三层岭神寺、大埔闽汀会馆及河凹里鸭妈坑通衢，又施埔邑狮口渡船，藉藉人口，至今不衰。子扬芳，庠生；纯芳，监生。

徐登京　金丰庠生。乾隆三年，恩授八品冠带，举宾。自建书馆二所以训后人，又于永邑倡修祖祠。孙子嵩，庠生；曾孙海才，监生；元孙琼茂，监生。

罗赓南　字瑞亭，增坑人，附贡生。淳谨好学，知医不受人钱。善排难，恤贫惠邻，曾捐修乡南福广往来崎岖之路，捐山羊寠田税二石建岭顶石门凹茶亭。凡有义举，不吝心力。乡试三荐不第。夫妻年各八十余卒。子一，志亨，监生；孙二，绍祖、淑源，俱监。

苏组荣　字确亭，南溪人，苏介眉公之六子也。兄弟七人，男妇食指数百，和睦同爨。好诗书，见读书人必起爱敬。居常立文会友，自捐资以奖励子弟。里中或有小岔至其前，辄自释。乾隆乙卯岁大祲，组荣权计建书宅，不择老幼，悉令赴工。族人贫苦者，资以全活。尝诫子孙曰："人生俭以惜物，可祛病；让以待人，可消祸。"盖其身教然也。病笃，无他嘱，诫子联荨等曰："为人立志，当高而望不可奢。尔父母俱年迈古稀，使尔等名列胶庠，身厕仕版，得享太平之福者，皆先人建义冢，修崎路，阴德之报也。尔辈能善承先志，吾没无恨。"其立心如此。卒年七十九。长子联科，邑庠生；次子联镳，郡庠生；三子联荨，监生，即用县尉。孙怀筠，监生。

李哲亭　字秉德，湖坑人。醇谨退让，与物无忤。晚岁家业充裕，增祭田，恤孤贫，服属不能娶即资以金。尤爱敬读书，县学王奖匾，举宾筵。卒年七十四。子腾海，邑庠生。

李绍柱　字谨亭，湖坑人，监生。家素封。乾隆六十年岁大祲，米价腾贵，减价发粜，周济族人。训子监生俊元等有义方，惟以增资文课、拓充祭田为务。卒年八十六。

谢良材　洋背人。敦古处，善贻谋。偕子南华、金华隐居乐善。邑令李奖以"独弥尔性"匾额。孙猷恩、月恩，俱监生。

曾可文　字文珂，太平寨人。幼贫，往台湾，手创家业，悉为其父祭田，并置儒租为延师课读之费。凡修杨桥路，赈苦，善行不怠。

李传芳 字昂建，邑庠生，湖坑人。恂谨孝友，朔望至祠拜谒，终身不懈。执亲丧，寝苫三年，族邻罕得接面。月旦[①]惟重之尊师敬友，继志筑敬业轩以训子侄。晚年尤精医道，治病不受酬金，施药济人急。年七十卒。次子时英，孙畴任，俱庠生。

黄宾松 字占梅，金丰人。家贫，事母至老，色养不倦。知医，存济人之心，不受贫苦酬金。晚家道稍裕，立祭田、儒资。子志能，监生，世其医。

卢承亨 字光宏，陈东乡人，监生。好读书，亲老以家务，不卒业，倡建本乡天后宫，增阖乡文课，扩先代祭田。凡桥路、茶亭利物之事，必竭力为之。男妇七十余人同爨。子步阶、泮阶，俱监生。

林汉柱 字文岸，洪坑人。敦古处，善交与。尝以家寒薄游吴粤，往来文士皆乐延誉，至今犹慕之。晚年家道稍起，以读书贻谋，遗嘱诸子增祭田，恤孤寡。其岳父李无嗣，为筑坟安葬，皆孝心所推。生平义举多类此。子七，占攀，监生；鸣和，业儒。孙琼章，邑庠生。

林垂继 字珏传，洪坑人。孝养双亲，勤俭教子。三子俱列成均。

李灪光 字聘卢，湖坑人，监生。性孝敬。母老病，辗转床席者十余年。光晨夕不离，务求娱慰。及亲没，哀毁成疾逝。居恒与人不校，尝为亲筑坟，有持械阻毁者或劝伸理公庭，光曰："若涉讼，恐转贻父母忧也。"遂弃而别筑。其无争竞诸类此。爱敬读书，乡先辈咸重之。子锡畿，邑廪生。

李春英 字秀村，湖坑庠生[②]。好施乐善，乾隆辛亥春重修学宫，合邑公择为总理。其余襄成义举甚多。子朝荣、朝威，孙

---

① 月旦，指评品人物。

② "生"字校补。

允蓉，俱监生；允翘，庠生。卒年七十八，一堂四代。进士巫绳咸赞曰："盎然道貌，蔼然和气。性宅心之宽平，故形诸外者。若此博习文史，旁通诸技。信手拈来，具有条理。人服其多能，吾钦其品高。先生之风，永矢弗过。"

李春苑 号行毅，监生，湖坑人。正直好义。戚族有贫苦也，内外周济，或向借贷，辄与不计偿。人传诵之。生平义方训子，爱敬斯文。从堂侄李杜乡荐，乏京资。春苑特出己田典金为赠，并代筵待客。尝倡立文昌会，置税六十余桶。子朝杰，卫千，恪守家风；孙二，长逢开，监生。

卢鸿道 字正纯。幼失恃，孝奉继母，友爱兄弟。恤孤怜贫，立学舍，置书田以培后起。

曹敬洋 下洋人，乡宾。尝捐己力修本乡永济桥、馒头古渡，上通漳、泉，下达潮、惠。商旅通衢，人甚便之。

林京桂 字丕启，洪坑人，卫千。孝友醇谨，然诺不欺。

林声桂 字丕振，洪坑人，捐职州同。守正不阿，克恢先业，赈济贫乏。早亡。子郁光，监生。

林绍光 字芸园，洪坑人，贡生。增祖先祭田。生父母没，无后，为营葬、立嗣。子明德，监生；尚德，武庠。

胡奋超 字植槐，觉水人。父曾患痿疾，焚香默祝，愿减己算，增亲寿。后遇异人授以奇方，进服，父病顿愈。亲没，庐墓三年。尝建锄经斋，延师课邻里子弟。凡邑中修学宫，造桥梁，赈饥，皆力为倡义。子景翰，孙灿伸，曾孙绍光，俱监生。一堂五代。

江　本 字世渊，高头乡监生。敦本睦族，急公尚义，捐修文庙。乾隆乙卯岁大祲，斗米一千五百文，倡捐给米赈济，族人赖之。嘉庆戊辰倡建仰止亭于高头隰汀、漳交界处，以便行旅。自建朝峰、郁文两楼，以延师训子弟。年八十四卒。子廷珪、廷珊，俱监生。

苏朝宝　字忠健，监生，金丰人。性孝友，立书田训子孙，怜贫惜孤，乡里无间言。年七十五卒。

苏方鉴　号活川，金丰人，邑增生。纯谨孝友，善事继母，好学明辨。教授生徒，多所陶就。子图南、博南，俱庠生。

吴昌能　字明珊，金丰双管人，年七十八举宾筵。好书乐善，曾修本乡孤坟，建义冢，立烝。又收母族石牌前戴姓孤坟，立冢祭资，乡里称焉。孙步成，监生。

游旺标　字兴，泰溪人。父仲海病危，旺标剐股加药，父病寻愈。本族舜日楼遭火灾，旺标趋救，多受其推解恩及。年八十一，族人以其孝义呈请，学师柯给奖"齿德并高"匾额。邑人巫鞠坡为赞其像。

游高登　字魁芳，捐职县丞。正直孝友，乐善好施，增烝训子。子仁彪，庠生，捐职州同；文彪，郡庠；玉彪，监生；金彪，武庠，任千总。

游大登　字嗣徽，候选巡检。好读书，勤正业，教训子孙必择经明行修之师。子炳彪，例贡；吉安，庠生。

游联登　字白溪，由武庠捐授都司。好读书，循古道，轻财重义。乾隆间修西霖寺、文昌宫及修文庙，俱为首事。子缵彪，典史；绳彪，卫千；文藻，监生；道南，邑庠；道凝，戊寅恩科武举人。

李士英　字焕亭，监生，奥杳人。轻财仗义，凡修路、修庙，施棺济贫，捐资无吝。子举魁，援例经历，倡建文会，经理季烝，人推和厚；孙慕莲，庠生。

苏道岸　号登峰。慷慨好施，里有争端莫释者，尝捐资为之解纷。邑侯吴永潮、梁孔珍皆奖"堪为里正"。建塾、立租、捐谷会课。子美应、科应，俱乡宾，恩赏修职郎。科应现年九十。

周宗舜　字景华，苦竹人。性忠厚，好施予。修苦竹通乡大路，乡人称之。

　　游谦益　字习崇，泰溪人。性豁达，弱冠有志四方，往台治生，权智过人，遂豪于财。回家均财于兄弟，并营葬先代坟墓如礼。凡有义举，不吝捐资。年七十五卒，子孙游庠入监者数人。

　　卢宗善　字荣陂，云川乡人。魁伟豪爽，尚义轻财。明成化间，土寇钟七等寇乱劫掠，远近官司莫制。先是，宗善所辖田业延及贼境，每为贼阻据。宗善不与较，贼感其德。至是兵宪及邑令欲行招抚，贼扬言曰："此非得卢某要约不可。"乃议遣宗善惟与庄仆二人直抵贼所。贼闻其至，遂就抚。宪司论功行奖，宗善辞，乃锡以七品冠带。又尝捐资千金，倡建石桥于高陂深渡，行旅便之。子孙蕃衍至数千家，今云川一乡，皆其裔也。

　　阮福兴　湖雷乡人，急兵尚义。明正德七年，在保定府进马有功，钦赐散官正七品荣身。

　　简其元　字任芳，洪源乡人，增生捐监肄业，成功选广东盐课司提举。为人有才识，勇于为义。明嘉靖、万历间，流寇四起，饶平贼罗袍、李亚甫党荼毒城郭并及乡落。其元方弱冠，挺身见贼，譬喻百端。贼服其胆识，即避去。乡中不遭其害，因连结义社以捍之。子兆璜，儒学训导。

　　张文集　字思德。敦行孝义。元末避乱，奉老父迁居荣告，奉亲不遗余力。与乡耆温柏松、林继生友善。二人乏嗣，以身后为托，文集诺之。既老，属子孙曰："人子当务者，惟生事葬祭为要。尔辈勉之。温、林二老坟墓，吾受其托，不可忘也。后世祀吾，当并祭之。否则，吾不享也。"子孙守其教。

　　唐杏台　虎冈乡人。强干、多财，家资巨万。明季，流寇入乡，杏台自出钱米招众御。既而众力不支，贼恣劫掠，庐舍空。杏台复出财粟赈恤，全活邻近数百人。

　　林惟乔　字均乔，虎冈乡人。有才干，多义行。手创家业，教五子读书，入庠者二人。其五子瑞、琼、祥、禄、球分产以后，各建祠宇。惟乔命以城下水口至田背桥头租税千余桶为试资、课赏，及助捐义举之资。今子孙千余家，其散居广东、浙江者亦多盛族。

卢节斋 字景俭，云川乡人，宗善第四子。克敦古谊，处世和平。尝以利物为心，建世昌祠于邑中。子孙兴盛而隶籍于江右宁州者，仕宦尤显。

卢石崖 字金稳，云川乡人。敦行好义，所置富家山山林田亩一庄，计粮米三石六斗，拨为扶风家课，以培人文。督率儿孙力学，至老不倦。长子九经，庠贡生，淳安主簿[①]。四子九龄，大林驿丞。诸孙：士志，岁贡生，大田教渝；士彦，庠贡生。余游庠者八人。

卢九皋 字鹤野，邑廪生，云川乡人。笃志文学，立"培英家课"，作养后进。子五人：士举，岁贡生，兰溪训导；士元，廪生；士斗、士亮、士杰，俱诸生。时有"五子六头巾"之称。孙而煤，恩贡生；而焕、承诏，俱诸生。

阙凤起 字鸣岐，灌洋乡人。性直而行方，五代同堂。康熙二十五年，邑令徐君印祖行乡礼，邑人以凤起父子应之。凤起年九十一，长子维恩年七十一，孙、曾、元九十七人随凤起集县观礼。徐公见而喜之，匾其堂曰"瑞应德星"。后凤起以白金作杯，镌五代姓名于上，以献徐公。徐公受而宝之。

廖以惠 字泽泰，乡宾，田段乡人。天性诚笃，不校横逆。以忠厚起家巨万，立烝田以奉先，建书租以裕后。子觉，庠生，有声。

张大田 字养吾，邑宾，北山乡人。嗜好诗书，延师课督子侄。常于月夜听诵，不知凉露满襟。捐资设立文课，以培合族子弟，尝言："吾无厚产遗子孙，必立儒资千桶培养后学。"寿终七八。二子遵父遗言，以溪口田数百桶为庠生之资，以上洋坪寨大

① 簿，原文为"筑"。

税为业儒膏火，以本乡租谷为举贡生、监生①应试之费。迄今相继十余代，书田现在规矩依然。子凤仪，邑增生，善诗文，工书法，寿七十九；凤彩，以子贵赠文林郎，寿七十一。孙梦麟，监生，肄业国子监，寿八十八；梦说，幼习五经，十五岁入泮，寿九十一；宪章，庠生，寿八十二；成章，举人，万安县知县，寿八十五；紫章、汉章，俱业儒，勤学耄年；天章，善诗文，著《玉海文集》，未刊。一门耆寿，子孙蕃衍。

廖 觉 字民先，田段乡人，邑庠生。卓荦慷慨，见义敢为。上杭、永定城内廖氏皆有宗祠，国初为营兵所据。觉捐资独诣上台伸理，复还祠宇，族人诵德。又倡建田段廖氏合族祖祠。每为人排难解纷，周急拯危，乡里推重。子为东，例贡生。子、孙、曾列胶庠者十余人。元孙②审幾，举人。

廖家凤 字缵文，田段乡人。忠厚起家，望重乡闾，举乡饮大宾。五代同堂，寿九十五岁。

王世缨 字崧毓，悠湾乡人。好义轻财；喜为人排解息讼，咸称忠厚长者。康熙间，邑令曾君以"先德犹存"匾额奖之。

卢士奇 字正舒，增生，云川乡人。醇雅嗜学，培育后进，立书田数百桶。子孙列胶庠者众。孙震行，贡生，清流训导；元孙守道，举人。

林 默 字东屏，西坡乡人。天性朴茂，素敦孝友。赒恤闾里贫乏，略无靳意。每岁租入及诸贷者，多从宽假。庭训四子，悉以文学名。及卒，邑人沈孟化参政为作墓志。

林文仁 字近能，西坡乡人。雄杰而好义，五代同堂，百口合爨。卒年八十九。

林耀先 字辉堂，监生，虎冈乡人。与兄、监生辉清经商于

---

① "生"字校补。

② 元孙，即"玄孙"。

南康星子县。星子钱粮旧多逋欠，乡民至县完旧粮者，吏辄以欠新粮拘之，民因不敢至县。耀先居肆在乡，故与县令催粮公局相近，乡民粮米多托耀先代完。其积欠不能完者，耀先辄贷之，听其以豆、蔬杂物抵偿，因此官民相安，远近德之。年六十七归里，居民携男女送别河干，垂泪者二三百人。

卢怀冈　云川乡人。孝友方正，一门雍穆，五代同堂。

张　卓　字崖峰，恩贡生，北山乡人。宽栗和介，秉礼度义，谨言慎行。不事浮屠，执亲丧，三年不内寝。

邓元辅　字超五，庠生，悠湾乡人。性和厚，为邻里所重。乡有争竞将兴讼者，辄居间排解之，无不得当以去，人咸钦为长者。素善堪舆，其先代十余世坟墓悉皆修理，松楸郁然。

卢尔佑　字锡纯，监生，云川乡人。素行孝友，崇尚儒雅，倡立奎聚家塾，劝捐谷石数百桶，以为课文及津贴应试之费。敬宗睦族，急公尚义，凡乡邑诸义举，无不殚力倡导。为人排解，秉持公正，乡里信服。年八十有三。

卢子金　字康海，监生，云川乡人。性行诚朴，爱慕读书，为其父缵绪建双溪家塾，延师课教，并扩置书田四百余桶以培子弟。又为房族劝捐创立东序文课，经理生息，置书田数百桶，以为士子考课应试之资，后进咸沾惠焉。寿八十三岁。

卢子龙　字跃海，监生，云川乡人。素性磊落，才识练达。乾隆五十五年，合邑重修文庙。子龙为太平总理，握算勾稽，经营尽善。又为里中创立太平书院，劝捐义田祠以培文风。乙卯岁大饥，斗米千余文。汀郡沿河阻遏，子龙倡捐募人往汀采买，由陆路搬运接济，所活甚众。没时，进士廖怀清为文诔之。

卢青植　字斐兰，监生，云川乡人。质直好义，才堪理剧。创立祭田，捐修书院，善为乡里排解。亲族贫不能成室者，尝解囊赠之。嘉庆七年，会匪杜三妹等猖獗，青植协力平除，乡里得安。

卢士洪 字宏猷，监生，大园乡人。事亲孝养，友爱兄弟，性和而挚。为人排解，济困周急，一出以诚。经理历代烝田数十年，合族无间言。晚年精医术，存活者众，皆不受谢。年八十五岁。

卢道安 字志宁，大园乡人。少孤贫，稍长，每以不获养亲为憾。因发愤自立，家渐裕，援例入监。性慷慨，好行善事，乡中桥梁、道路及事有益于乡井者，无不乐为倡率，务期有成。尤雅重儒士，敬礼培植，由其中心好之也。

张志翔 字集芳，监生，北山乡人。素豁达，爱敬读书，慷慨好义。抚兄子鸾，延师课督，补邑廪生。凡乡中文课，诸义举有关名教者，无不竭力经理，乡里称焉。

张志伊 字任芳，监生，北山乡人。操履谨严，节俭有度，待亲属缓急相周，宗族咸钦仰之。

张鸣高 字自恩，监生，北山乡人。服贾，奉亲竭力承事。与人交，推诚相与。轻财好义，凡先代坟墓颓圮及祀典缺乏者，悉力修举。兄弟叔侄间分多润寡，恤困周贫，有族叔某艰衣食，谋鬻其子。高知之，如所鬻数予以数十金，事遂止。族党咸称颂之。

林锡三 字友槐，监生，西坡乡人。正直自持，动遵礼法。族内家规整肃，皆其所订。联结族姓，建宗祠于邑城内。里党有衅，辄和解之，人咸德焉。

林翘盛 字翠山，监生，西坡乡人。性诚悫，嫉恶好善。凡烝田、塾课、桥梁、道路，多美举焉。三子俱列胶庠。

陈文霄 字华升，上洋乡人，由监生例授州同。其父及诸伯叔经商岭南，起家巨万。文霄幼有干才，及长，益扩家业。好读史鉴，尝上下千古，名宿亦服其辨。兄弟六人。父卒后扶植诸弟，友爱弥笃。乐善好施，急公尚义，里党贫者恒赖以举火。乾隆乙卯岁大饥，煮粥以赈乡间。嘉庆甲子，淫雨数月，出谷减价平枭。先是壬戌岁，永定盗贼猖獗，结联潮、广、漳、龙，号"添弟会"，乡里无赖争附，白日抢劫数十处，又逞忿围平寨吴某之楼。吴某惧，与贼说和，于里中诸集场演戏谢贼。文霄弟梦莲时为诸生，赴集场斥阻。贼怒，聚众千余，揭帖将劫其家。文霄毅然曰："为桑梓除害，虽破产，不惜也。"遂与其弟及里中举人王起凤等招集乡勇攻之，获其渠魁杜三妹、张配昌等十余人，送官解省究办。余党逃散，乡邑以宁。所费甚剧，文霄前后捐资数千金，慨然不惜，邑里至今诵之。

赖见田　字世龙，白土乡人。乐善好施，救急扶危。族中子弟赖其栽培成立者不一，乡里称之。家传四十余口，内外肃穆，一门和顺，四代同堂。年九十八岁。

廖传万　字高鸿，监生，田段乡人。朴厚谦让。兄早卒，抚侄如子，拓兴家业。督修高陂桥、天后宫及二祖祠，公勤慷慨，乡里推重。

卢万椿　字灵囿，岁贡生，大园乡人。性孝友，其母年九十，万椿亦老，奉事孝谨，肫肫孺慕。兄弟雍睦，急公尚义。嘉庆壬戌，会匪恣肆，为乡里害。与举人王起凤、生员陈蔓莲等协同乡长约集壮勇擒送其渠魁，乡里以宁。制宪玉公临县，特开中门延见，给花红奖赏，书"义侠可风"匾额以旌之。晚年悉心岐黄，以医术著。年七十六岁。

卢　乾　字惕惥，监生，云川乡人。幼习儒业，善气迎人。一生谨小慎微，乡里矜式。尤研究术数，综集造福成书。凡砌路、修桥，皆乐为捐助。以孙九皋捐职，赠儒林郎。子及孙捐职、列胶庠者十九人。

卢九皋　字载堂，云川乡人，捐职州同。性严毅，应事公正。乡中诸义举，每乐为倡捐。友爱诸弟。次弟以南聪颖能文，游庠早逝。每一念及，辄深痛不已。佐其父建家塾，延师授餐，备极殷拳。年四十三卒，乡人惜之。

卢国圣　字周峨，监生，云川乡人。性惇厚，好读书。廉介自持，曾拾遗金数百，觅失主还之。其人愿分金以谢，固辞不受。又济急扶危，造桥修路，无不殚力。寿登耄耋，后嗣昌衍，人以为积德所致。

卢绍濂　字爱亭，监生，云川乡人。持躬醇谨，乐善好施。尝贸易蜀中。川河险恶。有舟楫①倾覆者，绍濂遇之，每不惜重金雇舟拯救。蜀中旅客死，多无祀者。濂每届岁节，必为祭扫。又于途次见有枯骨暴露，辄囊瘗之。至今商于蜀者，犹乐道其事云。

张惟政　字世德，孔夫乡人。忠厚端方，乡里推重。晚年举乡宾，五代同堂，一门雍睦，人无私积。惟政年九十七岁卒。

张华居　字文宇，孔夫乡人。忠厚传家，敬礼儒士，创立书资以培后人。子五、孙二十五、曾孙十八，男妇八十余口不分爨。邑令曾君延请至署，孙三十余人随之。曾君亲贲以酒，注册大宾，额其间曰"硕德昌后"。

张明居　字明宇，孔夫乡人。勤俭守分，忠厚待人，增置书田，培养后进。孙、曾蕃衍，乡里称之。

张际飞　字缵绪，乡宾，孔夫乡人。乐善好施，外舅乏嗣，为之终养、安葬，拨租立祀。恤贫佃，怜鳏寡。尤好文学，凡捐立义学，修建考棚，皆尽其力，无所吝惜。

张登泰　字可崇，孔夫乡人。温厚宽平，终身无疾言遽色。孙、曾蕃衍，男妇数十口不分爨。邑令许君奖匾云"达尊②有二"。年至八十五。

张新建　字式通，孔夫乡人。笃行孝友，老而不衰。好尚儒

---

①　楫，原文为"辑"。

②　达尊，指众所共尊。《孟子·公孙丑下》："天下有达尊三：爵一，齿一，德一。"这里指张登泰有"齿"、有"德"。

术，延师课教，厚置书田，子孙授职游庠序者济济也。年八十二卒。

张瑞清　字庚祥，监生，孔夫乡人。正直好义，爱重斯文。族中建崇文馆，设登云课，又合四乡立培风课，皆其倡率。又于乡中通衢倡建登瀛石桥，行人利赖。凡修理祠墓、桥梁、道路，屡肩其任。年至七十六岁。子廷魁，庠生。

林凤腾　字瑞堂，例贡生，孔夫乡人。温醇谦退，善气迎人。九岁而孤，事母以孝，承颜养志，孺慕肫肫。及家渐裕，立祭田、家塾。凡乡里诸义举，无不慷慨捐助。子国兴，捐职州同。孙、曾蕃衍，多隶胶庠。

林联兆　字尚斋，孔夫乡人。醇厚安分，爱慕诗书，遇文人必加敬礼。修筑祖父坟茔，皆独任之，不分责于兄弟。寿七十，无疾而卒。

张汝舟　字容睦，孔夫乡人。醇谨笃厚，有先进遗风。友爱兄弟，终身无间。

张和厚　字苞羽，孔夫乡人。安分守己，俭勤可风，敦崇孝友，乡里称之。

林恒先　字元普，虎冈乡人。素负才干，不苟合求容。先是，邑多溺女，恒先遇人，辄戒之。闻族有将产者，先往告戒。其贫者，或资助之。及卒，临葬之夜，觉有无数女童持灯烛环拜其墓。近前视之，即复不见。殆劝戒溺女之报。

张泰峰　字瑶光，孔夫乡人。刚毅而乐善，纯朴而好文。父母咸登耆龄，兄弟共成四皓。而孝友之意，终始不衰。立书资培子侄，和宗睦邻，人咸称之。乾隆二十八年八十一岁，夫妇齐眉，孙、曾绕膝。邑侯沈公匾其间曰"香由并重"。今后嗣蕃衍，列胶序者济济也。

杨志光　字照远，富坑乡人。性醇厚，语人如恐伤世。习堪舆而不以术炫，每遇林谷佳胜处，辄欣然忘返。所居之右，旧有卢姓数家，岁久不祀，祠宇颓塌，仅存遗址。志光捐资建立义冢，营筑一新。复命其侄孙、生员杨基，联乡人立季燕以作祀典。邑举乡宾，卒年九十四。其九十称觞，时妻王氏八十，白首齐眉。子以善，例贡生，年六十；婿邓联馨，年七十五。亦仅事也。

顾亮辉　字明发，监生，虎冈乡人。少失怙恃，食贫作苦，与弟监生耀辉承事祖母，锐志立家。中年渐裕，筑修祖父以上四代坟墓，创建祠堂，俱极完饬。兄弟同苦乐，六十年未尝忤色。然外无期功①，卒能成立，人称材干云。

简其文　字友穆，例贡生，洪源乡人。诚谨孝友，诗书启后。

简学思　字聘卿，庠生，洪源乡人。守贫读书，性严正。嘉庆六年，会匪窃发，抢劫白昼。学思倡义联结乡勇，擒其首一人，送县究治。又惊毙者二人，胁从遂鸟兽散，乡中获安靖。时捐资勷事者，又有简泗彬、陈朝华、简有晖等三人。

简瞻壁　洪源乡人。好义乐善，训六子俱成名。

简朝王　举乡宾，洪源乡人。天性醇厚，里党钦服。凡有争竞，遇之即释。寿跻九旬，邑令万君奖以"宾延首选"匾额。

简载光　洪源乡人。存心善良，积福贻后。

简居文　例贡生，洪源乡人。嘉庆六年会匪滋事，居文倡捐重资，连结义社。

陈嘉泰　字正亭，洪源乡人。好善不倦，正直无私。

陈　雁　字鸿卿，监生，洪源乡人。排难解纷，乡里敬服。教三子俱成名。

简恭裕　字庄亭，监生，洪源乡人。忠厚朴诚，人品端正，立祖燕，建书田，族党咸钦慕云。

---

①　期功，指关系比较近的亲属，亦用以指五服之内的宗亲。

陈端玉　字朝拱，长流乡人。正直无私，族党推重。

陈恒穆　字士心，长流乡人。少孤，事母以孝闻。力行节俭，重义好文，乡里见称。子应羹，庠生。

林蔚萼　字刚正，孔夫乡人。厚重严正，人多惮而敬之。偶为乡里排解是非可否，数言立决，人不敢争。其教家亦严饬，毫无宽假。其后人亦克自树立云。

张引鲲　字海腾，孔夫乡人。操履谨恪，孝友可风。遇贫寒可矜者，每乐为周济。子汝梅，庠生。

张骏飞　字良材，庠生，孔夫乡人。敦宗廉让，举止端方。经理众烝，公慎不苟。族人于其没后，犹深感之。年九十三岁。孙枝蕃衍，五代一堂，人以为厚德之报。

张汝祚　字奏安，监生，孔夫乡人。屏除浮靡，敦重实行，乡里钦之。每宽恤贫佃，周急为心。立书租以造士，乐善不倦，盖其性也。

张汝楫　字奏丰，监生，孔夫乡人。性质谦厚，视履谨恪。凡诸义举，每力为赞襄。尤笃意于培文造士，尝建清源□□，广设书资、试费焉。为乡里排解，守正不阿，族党称之。

陈宗广　长流乡人。笃友于之谊，乐善好施，乡邑义举，慷慨襄事。

陈宗惠　长流乡人。秉性醇厚，廉介自持，五世同居。

陈祖仲　长流乡人。慷慨好义，留意斯文。广子孙之书田，崇先人之祀典。

阮广兴　长流乡人。正直不阿，乡有纷争，得其一言而解。没后人犹感之。

宁文德　字中孚，孔夫乡人。忠厚和谨，乡里见称。训子有方，克兴家业。尝捐资独建乡中水口桥梁。子梧冈，亦乐善好施。邑侯霍公举为乡宾，奖其匾曰"齿德兼优"。孙世祺、世祯、世祎、世英，俱监生。

林永芳　字盘龙，贡生，西坡乡人。素行谨饬，言笑不苟。以义方教子弟，虽坐立不少假。子道谋，捐职主簿；道中、道能，俱监生。孙志魁，捐职州同。家食数十口，内外雍睦，人钦家法。

张文元　字纯亦，郡会增生，东安人。博通经史，正直持躬，邻服其公平。隐德裕后，孙、曾游庠联四代，登贡、监不一人。王介石太史题其遗像："贮心神素，物表亭亭。彦方直义，叔度温平。"盖实录也。

吴式斋　字楷汉，例贡生，石坑人。公直尚义，好读书，倡立崇文、集贤、萃文文课，并经理置课田各百余桶以培后进。乙卯岁祲，减价平粜以济饥民，乡里钦式。年八十五终，葬华峰岐群帕寨。子象贤，例贡生。孙仞千，邑庠生；翙千，例贡生。

张玉堂　字廷翰，敕员，抚溪人。明敏仗义，雅好诗书，建会文家塾，并置书田以培养子弟。凡亲党贫乏，恒赒恤乏。年终六十七。子致和，州同；致亨，卫千；致攀暨孙超其、采其，俱监生。

赖果庵　字康远，例贡生，高地人。公正诚朴，然诺无欺。族党有缓急，无靳①施予，人皆德之。年终八十。子国馨，孙朝斌，俱例贡生。

赖龙书　字佑安，抚溪人。敬慎笃实，惟以友爱训其三子。次、三子早卒，幼孙成群。其长子，监生，亦勤谨循父训，凡读书、经纪皆为，诸子侄课督有成。事关义举，尤善承先志，捐资以成其美焉。

赖肃睦　字乃雍，抚②溪人。好善廉直，中年拮据，借得数十金，与族某合本营生。某性好博，招集多人抽头，半年得数百

---

① 靳，吝惜。
② "抚"字校补。

金。肃睦规以勿取无义，不听，遂收资本分伙。某析与抽头数百金，斥不受，语家人曰："妄取一文钱，便折一分福。良心不死，虽贫何憾？"其生平耿介类如此。卒年七十三。子廷燮，举人。

阙梦丹　字贯一，例贡生，文长子①。温厚庄敬，性耽经史。因父习《戴记》，于《礼经》尤专业。生平治家有则，乡人称之。

阮燕伯　上湖雷人。为善自乐，有栏龙凹一路，乃丰田、金丰往来孔道也。燕伯自上湖山庵背至栏龙凹里许，种路树数百株。茂密成林，沿途庇荫，行人利焉。后委山僧掌管，善后之计亦周矣。

戴文顺　字发祥，抚溪人。修德行善，尝辑先哲格言为子孙训。于水美下建宗祠，立书田以培后进。道光七年，捐修福省贡院银一百圆。

陈缵韶　字恒熙，虞坑人。性忠厚，有族叔祖无祀，特为置祭田。凡济困扶危，知无不为。间有排解，人乐其诚恳，乡里推重焉。

卢怀峰　西坪人。尚义好施，乐育后进。建七峰书馆于本乡，又建义冢并置祀田。凡乡中有丧、贫不能殡殓者，施棺助之；枯骸无主者，出资瘗之。子孙弗替云。

卢昌宇　字廷璧，背头坪人。性孝顺，事继母如生母。尝施药济人，捐资修文庙。康熙五十二年，寿九十。邑令曾公给②"望重乡评"额。

卢坤椿　字景霞，背头坪人。服贾浙江，乐善好施，捐修五车堰至临山卫石板路十余里，并修整茶亭。寿登八旬，中军陈文瑞奖寿文二次。

---

① 阙梦丹，是阙文的长子。
② 给，原文为"路"。

王渠源 字镜塘，南坂人。性孝顺，老母在堂，伴恒寝席并躬亲为浣濯涤器。擅岐黄术，为人治病，及夕必归视母膳，孺慕终身。尝语其仲弟曰："吾暂睽母面，心即不安。"其克尽生事如此。

戴景堂 字晃斯，监生，抚溪人。公平正直，见义勇为。时殷户派籴仓谷，每苦于胥役之苛扰。晃斯倡义、陈情吁上宪永除派籴之弊，勒碑于署前，合邑钦之。

苏正绶 字纶章，监生，抚溪人。严正好义，继祖俊成志，捐义冢田四桶。先是，乡人在抚溪墟场聚赌为民害，正绶设乡规禁止，墟场赖以清肃。卒年八十一。一堂四代，乡里钦之。

严可登 字春茂，枫林人。乐善好施，康熙壬子捐资修砌本乡及通衢大路，行人赖之。子路成，岁贡生。

罗逢恒 字成斋，例贡。好义举，遇岁饥，赈贷周贫。尝捐田为远祖祀烝，捐东溪石潭阁渡田十九桶，行人便焉。子见田，监生；瑞凤，浙江湖州所领运千总；钦明，庠生。

苏凤仪 字裕庵，例贡，抚溪人。同弟英荣倡建义冢于本乡麻公凹，各捐祀田并募租谷，以为经久祭扫之费。

赖斐英 字秉莘，捐职州同，抚溪人。性宽，喜读书，偕其弟尔英、泮英同建家塾储英馆。尝语人曰："子孙虽愚，经书不可不读。构此延师，望子若孙知学以愈愚。"族有竹林文会，斐英拓置烝粟，与有劳勚。文庙、书院，皆捐重资为倡。

卢梅溪 字遴上，监生，贝溪人。性孝友，善事继母，和于兄弟。为贾楚南，尝购山场以瘗旅榇，施药饵以救疾病。晚年归里，人咸称之。

苏德良 字芹万，金丰里人。孝友敦厚，扶植兄弟子如子，敬礼师儒，和光接物。子绅，邑庠生。

范有昌 忠厚好施，增创祖父烝田，善为乡里排解。卒，得吉葬于兰冈下村果盒隔，人以为德报。

沈一垣　字慧香，堂堡乡宾。明崇祯末年，土寇横掠乡里，一垣父元轸被掠去。一垣携金数百至贼巢哀恳赎回，奉养备至。生平疏财重义，有借钱不能还者，即不催取，有焚券遗风。

吴开伍　字怀屺。孝事节母马氏，未尝远离。一日，奉母命往西洋坪问候外族，更深指痛，起谓其舅曰："母不安矣！"星夜数十里奔回，迫至家，母果有疾，人以为诚孝相感。及母没，尝执帚扫坟，以尽其志。

谢升华　字殿科，贡生。乐善好施，近地有炎枫凹岈，高数百丈，升华捐己资创建茶亭，置茶田，行人便焉。

乡　耆 附

沈先甲　生员。乡宾。

孔光裕　乡宾。

苏艮瑞　乡宾。

阮邦辉　乡宾。

赖成峨　乡宾。

谌昌琳　乡饮。

卢鼎岳　乡饮。

郑宗仁　乡宾。

陈绍春　监生。乡宾。

吴信予　乡饮。

张圣福　明时人，寿一百八岁。

卢国盛　明时人，寿一百岁。

熊含麟　乾隆二年百岁。恩旌竖坊，一百二岁卒。

苏廷儒　乾隆十六年百岁。恩旌竖坊，越一年卒。

以上俱见旧志。

赖碧端　字正轩，罗围人，乡宾。持躬俭朴，施予不倦。今其后人犹有其风。

何成祖 字奇美，乡宾，罗①围人。睦族和邻，有相友相助之风。

赖孟良 乡宾。处己接人，公平正直。

熊文彬 字康斋，上湖雷人。素性友爱，言动不苟，膺寿官冠带，屡与乡饮。

赖全峰 乡宾。性耽林泉，义训裕后。

谌　镇 乡宾。操行纯正，乡里倚重。

陈永奇 性敦厚。康熙五十年举乡宾，知县曾给匾奖之。

范源通 教友谨厚，举乡宾。四代同堂，年九十八卒。

萧梦锡 字龄九，诚谨孝友，举乡宾。年九十七卒，五代同堂。

王槐乔 字里林。乐善好施，乾隆五十七年举乡宾。卒年八十余。子凤翔，例贡生。

张　琏 字太二郎，塘尾头人。生子九人，岁臻百岁，五代同堂。

谌超镛 萧地人。冠带乡宾，寿臻百岁。

卢大如 字易显，抚溪人。五代同堂，寿九十七。

赖予良 字参云，合溪人。生平正直，持身忠厚待人，举乡宾。寿八十五。

黄壁燕 字烁然，例贡生，抚溪人。嗜文史，尝抄经籍以训子孙，年九十犹孜孜不倦。五代同堂。子南翔，例贡生；孙文焕、曾孙钟音，俱庠生。

胡京春 字东园，金丰人，监生。凤敦行谊，年逾九旬，五代同堂。乾隆四十九年，恭逢纯皇帝五代同堂，恩诏颁给"瑞应重熙"匾额，赏银二十两，缎四匹。载府志。

---

① "罗"字校补。

江朝卿　字忝书，金丰人。五代同堂，亲见七代。忠信诚笃，戚族奉为典型。嘉庆十五年旌曰"七叶衍祥"①，十六年建坊，寿一百有六岁。

游贡质　字登宏，泰溪人。乾隆间恭逢万寿，经县令梁详报，八十二岁咨部赏授修职郎顶带，恩赉棉、米、银、肉。嘉庆元年恩诏，又经县令李册报，八十八岁赉如前。子高，监生。

谢金华　洋背乡人，谢良材次子也。现年一百六岁，五代同堂。道光十年，经县令详请，建百岁坊。生平修路、施渡、排难解纷，多善举焉。邑侯方喜为升平人瑞，见之，赠以诗云："太和翔盛世，山色葆清修。雅政惭王畅，耆年见麦丘。性天真未散，气海暖常收。绕膝孙元蒲，争扶绿玉鸠。"

谢向明　字馨朝，洋背监生。生九子，五代同堂，同爨九十余口。知医，济人甚多。九十四岁卒。

卢云忠　字孙洪，陈东乡人。勤俭律己，忠信待人。与同族卢镇东、卢卓孙修无主坟墓，为置祭田，又砌修本乡山塘下一带陂圳，乡人德之。荐举宾筵。夫妇九十余岁，一堂四代，男妇四十余口。长子曾龄，监生。

苏向洋　字寅友，苦竹乡人。性孝友，精岐黄。壮游台湾，归经平湖，遭风舟坏。有同伴广东张某能水得脱，见公尸浮海边，遂权厝其处，告知其家。向洋长子正怀冒险寻父棺，归葬焉。正怀，监生；次正和，登仕郎。正怀后游台为经师，晚年归里。兄弟友恭，均年登九十余。创家塾，置书田。又尝遗嘱增祭田，设文会。孙超凤、超华、超英，俱监生。曾孙道文、辉文，贡生；经文、卿文、高文，元孙瀛登，俱监生。

---

①　七叶，即"七代"。"七叶衍祥"的由来与清王朝高度提倡敬老有关。乾隆曾下旨各地如有上见祖、父、下见曾孙、玄孙者，可具结呈报，经核实后给予奖赏。

苏毓坡　南溪人。年五十余，父病笃，衣不解带，侍汤药不假手家人。治家严肃，处事正直，尤敬爱读书。乾隆五年，县令周举乡宾，给匾优奖。卒年八十二。一堂五代，男妇八十九人。

江　泮　字友芹，乡宾，金丰人。夫妇年八十八，生九子。五代同堂，男女百余人。

苏映三　字次琼，金丰人。年八十七岁，四代同堂。道光元年，恩赏登仕郎。

罗必闻　字苣远，金丰人。乐善好施，睦族和里，处事正直，乡邻、绅士公举乡宾，呈学移县奖匾。现年一百有二岁，妻李氏，现年九十七，相敬如宾。生五子。

苏克孚　字建轩，金丰人，监生。建书斋、置田为子孙课资；捐义塾，倡义冢，多美举焉。以子文澄捐封儒林郎，年八十八卒，一堂五代。

胡　垣　字居莲，金丰人。治家严穆，处世和介。生平言行，人无间言。康熙五十年，亲见子、孙、曾、元一百三十六人，五代同堂。知县曾、教渝李、训导吴奖匾曰"寿荫五代"，复为作传。

胡乐天　字奎玉，金丰月流人。嘉庆元年八十六岁，恩赐修职郎。事父母，每跪劝加飧。乡邻有卖坟者，自以价直与之，所劝止保全者甚多。亲见七代，能为乡里排难解纷。子二，步泰，监生。

赖逊亭　字存学，抚溪人。好文士，族修奎聚书馆，捐重资为倡。合邑捐凤山书院田，事竣，逊亭始客归，特捐税十桶，诣县报册。邑令张公称曰长者。年至八十。乾隆二十年，恩赐绢帛。子遗爱，年亦八十。嘉庆元年，邑令李治亮给"庞眉袖领"额，恩授登仕郎。孙自英、曾孙允心，俱庠生。

郑文芝　字成恺，抚溪人。好行善，尝述格言劝人。乾隆十年、二十年，两次赏赐银币。年至九十七。

赖京吾　湖雷人，举宾。仗义睦族。每逢岁饥，辄出谷以赒贫乏。建祠宇，置祭田，立儒租。五代同堂。长子珪章，邑庠生。孙、曾、元八十余人。年九十四卒。

阙永祥　马山堡人，乡宾。急公尚义，年九十。

阙伯广　马山堡人，乡宾。忠厚纯实，年九十。

陈　凤　字翠岩，虞坑人。行修品立，举乡宾。抚军孙公给"旌异善良"额。

熊豫暲　字顺立，乡宾，上湖雷人。县令姚公士湖奖匾曰"当世仪型"。

陈绍春　字学伦，丰田人。重义好施。乾隆九年，邑令许君齐卓举乡饮正宾，申详制抚、学宪会题咨部，给"圣朝恩宠"之额。

陈兰月　字仰辉，上洋乡人。性谨厚，家素封。五代同堂，子五、孙十三，合曾、元计数十人。寿八十四。其父若殿，五代同堂。已载旧志。

阙镇崧　字岳甫，马山堡乡宾。醇朴勤俭，忠厚传家。亲见五代，寿一百岁。相传五世同爨云。

卢诏堂　字光显，东埔人。诚笃务本，倡建安济桥，联会置田，实有劳勚①。卒年九十七，四代一堂。

吴秀钦　字敬堂，赤径监生。勤俭信直，与人无忤。寿九十一。

林友文　字兴章，金丰人。业儒精医，每活人，不取酬金。天性敦笃、谦恭，乡里爱敬。卒年九十，四代同堂。

---

① 勚，原文为"勦"。

永定县志卷二十七

艺 术 传

《记》曰:"德成而上,艺成而下。"为其为下也,学士大夫或不屑为之。然精能之至技而进于道者,亦有之矣。郢人去垩、轮扁斫轮,扁鹊、淳于意以医显,司马季主、严君平以卜著,黄直陈君夫以相马立名,齐张仲曲成侯以击剑惊众,皆有高世绝人之风,固非浅闻小数所可及也。然则艺术又曷可少哉!传《艺术》。

张士英 伯龙子。由监生考授州判,效用河工,署江南沛县主簿,历任河南仪封、山东剡城、峄县县丞,四署沂州府同知。习父业,善画山水、禽鸟,绘各河道图极明晰,上官屡嘉之。

熊 绛 字少堂。精于青乌,为人造福。

廖 堂 字宽若。精于书,宗欧而兼王,第人能品,都人士仿之。每府院试,主文者并称永定字学之佳。援例捐衔千总,中年而卒。

赖 琼 字肇英。精岐黄术,兼工书法。心存利济,活人不计酬,不惮瘁,邑人利之。其子孙能以医世其家。

以上俱见旧志。

张汝霖 字达敷,庠生。善画,细致明晰,老而愈工。著有《诗法长源》四卷刊行。

张月川 庠生。志高逸,好吹洞箫,善画梅、兰、竹、菊、白菜,间用指头,着墨无多,自具萧然之趣。一夕,闻人说台湾风物，即襆被渡海去。久之，寄一函归与友人某。启视，惟画瓶梅一纸，余无一字。盖取"一片冰心在玉壶"意也。可以想其风致矣。

卢希圣　字裕楷，邑庠生，大路下人。工书法，得王、赵神髓。乡中字学，多所授受。随安徽学使叶毅庵先生校文，甚器重之。

赖玉璧　性孤介，善画，作山水，清远简澹，随意与人。有意求之，转不可得。署号"镜花道人"。衣冠袜履，皆自手制，不与俗谐。孙公全谋为提督，以其微时旧识招之，璧以傲诞不合而归。

赖匡用　监生。有奇巧，书画、鬃刻、锻冶、砻砑，无不精工。所制器物，皆有新意。又善丝竹、弈棋。生平踪迹未尝出乡里，不获见知当世，人皆惜之。

王邋遢　不知其何名，寓邑东街报恩祠，精儿医，有请辄应之。有酬以资者，即市香楮以奉神。终岁无事，人但见其莳花蓄石，长齐①绣佛而已。卒后，或传其托生潮州某郡守家云。

阮传义　上湖雷人。善医，广东潮州府林公杭学奖以匾曰"垂世圣手"。

阙华翰　字介衷，监生，文次子。制行廉介，精医济人，乡里推服。

陈琼鹿　字孔宴。幼失怙，事母尽孝，与兄弟处，皓首怡怡。精岐黄术，方便济人，到老不倦，人德之。儒学柯君辂赠以句曰："市老壶中传秘诀，飞仙海上有奇方。"年九十有二。

许士驹　字必昂，乡宾，深渡人。性聪颖，敦孝友，修先世坟墓、祠宇，资力俱竭。精岐黄术，以济人为念，不计利。游漳郡，问病者，悉应验如神护。交于当代名公，守正不阿，与谈不

---

①　齐，通"斋"。

及私，当事愈重之。汀漳道高公铎举为医官，额其门曰"龙冈隐君子"。县令顾君炳文匾其门曰"寿世济人"。

廖佩文　字雅轩，田段乡人。少业儒，继习岐黄术，精于脉理，屡奇效，名播乡邑。子周士、孙健鹏，世精其业。

赖上璞　字璧齐。性敦孝友，世传儒医，撰述奇方，多所应验，邑人推重。

廖惟铨　字潆文，溪南人。少习儒业，世传青乌之术，兼通历数。醇谨忠厚，都人士每为延誉。

吴仰虞　字怀岵。幼习儒业，以母多疾，乃专心医道，尤精外科。邑令梁君孔珍奖以"精习经方"之额，乡人咸感其德。有《详注心法要诀》，未刻。妻葛氏，早逝。其子梓荨，顺承父志，就养多方事父。年八十四卒，毫无怠志。乡里称其孝顺，谓其行善之报。

胡友廉　字福霖，月流人。精堪舆，有请辄应，漳人至今宗其言。著《教外别传》一册藏家。

沈俊文　字延广，堂堡监生。幼业儒，及壮，见病者被庸医误下药，往往不治。遂殚心遍阅诸医书，得其诀，所治病悉应效。历医六十余年，惟以济人为急，从不计利。著有《医书撮要》二卷，未梓。孙监生弈灿，世其业。

张济堂　字辉泰，东安村人。自幼肆力医书，更得堂叔祖舒咏诀，以精其术。凡治病不受酬，以医济人，其德甚厚。后世昌炽，四子皆有名秩，孙翘林，邑庠生。

胡锡厚　字载堂，忠坑人。世业医，有药室。尝以便人，诊视与药，无不立应。富者亦不责报取偿，今子孙犹守其遗训。

曾莲生　金丰人。业医，缓急呼之即往，不言财。里中称为良医。

曾达凤　监生，金丰人。专精医学，治病济急，不辞劳瘁，不计酬金，受惠者甚多。凡修桥道及乡邻称贷，俱无吝色。

林立三　字杏翘。精岐黄，立心济人，不计资财。遇贫乏家，施药全活甚众。殁后，上坪、长流各乡，感思其德，设座供祀，至今不废。

黄朴园　字淳东，监生，抚溪人。其父琬敦，精于幼科。朴园世承其业，习而益精，任有奇证①，无不施方立效。手著经验奇方甚多。生平绝不计厚谢，是能以医德济人者。子明茂，仍传其术。

赖敦章　字乃厚，监生，抚溪人。精眼科及疳积诸症，施以方药，多神效，绝不计较酬资。以医术济人，乡里称"厚德先生"。子鹤，邑廪生。

张舒咏　字纯颂，乡宾，东安人。精岐黄术，独具慧心，治病如神。遇贫病之家，尝施药饵不取值。全活者遍及于龙岩、漳州等处。时邑令有公子某病亟，几遍邑中医药无效，特迓舒咏，适诊视于危症之家，未遑趋署。问症施方而愈，众医咸服其精明。手著有《医案》及《应验奇方》，编成卷帙，未梓，惜被于回禄，业医家犹有奉其遗方者。子孙寖炽，人咸称医德之报。

---

①　证，通"症"。

永定县志卷二十八

隐　逸　传

　　凡物莫不以有用于世为贵，惟人亦然。离世而高蹈，非极轨也。然古多隐君子，清风亮节，闻者慕之，足以厉廉隅、淡名利、绝贪鄙之风，是即隐者之用已[①]。永定在万山中，昔有避地者，每乐居焉！其有非著籍而流寓者，不仕不民，亦隐士之流也。故作《隐逸传》，以《流寓》附焉。

　　张荣我　字叙三，孔夫乡人。谨厚而好文，居近燕子岩，前士大夫道展所至，必挈榼与偕。名山得此，可无寂寞之虞矣。旧志。

　　陈梅宗　宋人。举乡宾，不赴。隐居深山，不求闻达，躬耕稼穑，以乐天年。今邑中溪南陈氏，皆其裔也。

　　沈之启　字道子，堂堡人。性好静，幼读书有文名。弱冠，父为人诬讼，力白父冤，色养备至，不求名利。及二亲亡，哀毁骨立，庐墓数年。念时当末造，遂适意林泉，托家务于妻子，择本乡山畔云深谷隐处，诛茅结屋，每日焚香煮茶，吟咏自得，山居不见人。间有高洁之士访之，则相与谈经道古，无片语涉世务。明崇祯六年，邑令陈公天祐慕其行，造之，题其房，作楹联曰："姓名高士，传深壁幽泉林下，清风追五柳；身世少微，星青霞白月亭前，逸致印乔松。"尝有《山居诗》四首，有靖节遗

---

　　① 已，表示确定语气。

韵。读《白传集》，见乐天晚年持戒精严，遂终身不茹荤。尝嘱子孙曰：“吾齐①戒数十年，死后毋以牲仪祭，用蔬菜足矣。”年六十六卒，乡人名其所居曰“神仙寨”。其后嗣迄今惟以蔬果奉祀，不敢违也。

附　流　寓 二人

费　客　字此度，四川成都人。王渔洋尝赏其“大江流汉水，孤艇接残春”之句。詹天颜仕蜀尽节，客纪其事。后流寓至永。有诗一章，见《同吟录》。

孙全谋　长汀人。以父光策为在城汛驻防马兵，生于永。父死，不能归，贫无所依。王参戎金堂之父常赒恤之。既往漳州投营，官至广东水陆提督。

---

① 齐，通“斋”。

永定县志卷二十九

列 女 传

　　凡孝慈肃雍勤敏之行，纴织文咏之才能，皆妇人之美德也。所遇不幸，而乃以节烈著记。不云乎妇顺而后内和理，内和理而后家可长久也。此但言其常德，而所以淑世召祥者，已非浅鲜。若夫柏舟漆室之操、断臂劓鼻之勇，固可惊俗而立懦，而其人亦只守其立身之大纲，为所当为，无异于安常处顺也。今当名教昌明之世，比户可封，非魁崎绝特之行，不足以表见。而闺闱之内，率知以礼自持，不亏其节，棹楔之所未及旌者，一邑则有数百人，风俗之美盛如此。苟非志乘为之阐扬①，则幽芳或几乎泯矣！兹采录为《列女传》一卷，于旧志所存之外，增烈节妇及贞女若干人。其淑媛之风教，足以超出流俗。又有享期颐之寿，而无亏乎妇仪者，此所谓集邪和之休祥，以叶乎柔顺利贞者也，皆得登载于其篇云。

　　陈氏　吴来献妻。顺治丙戌城陷，兵执欲污之，投水而死。

　　郑氏　赖成德妻。夫死，郑年二十三。顺治丙戌城破，闻兵入城，即投水死。

　　苏氏　詹甘霖妻。霖为山寇所害，氏即自缢死。

　　张氏　赖绍宗妻。夫被贼害，氏痛哭不食，视夫殡殓毕，自缢死。

---

　　①　扬，原文为"杨"。

陈氏　赖心芊妻，孝子陈吉辅女。年二十，芊病革，谓氏曰："善事后人。"氏泣曰："君不讳，即相随地下。"截发以誓。芊卒，氏理丧事毕，卜日归葬，告诸姑嫂曰："氏愿同穴。"乃整衣而死，家人为之合葬。

江氏　郑士儒妻。儒客死外地，家甚贫，氏勤纺织以养姑。姑殁，殡葬毕，叹曰："吾事已尽，今亦无依。"遂入房潜缢而死。

郑氏　沈一旭妻。顺治戊①子，土寇破寨，氏率众御之，遇害死。

陈氏　王铨爵妻。顺治丙戌被兵掠，自缢而死。

吴氏　庠生邱与长妻。其长女吴文懋媳，次女庠生赖其昌妻。顺治丙戌，二女归宁，闻城陷。吴及二女俱投池而死，人称"邱门三烈"。

王氏　诸生吴懋中妻。顺治丙戌城陷，王氏登堂约诸媳曰："妇人临难，惟有死耳。"姑媳序立，互相结束，阖室雉经。从死诸媳：长曰熊氏，进士吴煌甲妻。次曰阙氏，诸生吴章甲妻。三曰廖氏，诸生吴人甲妻。四曰温氏，诸生吴晋甲妻。孙女贞姑，侍女兰娥、招娣俱殉。合葬东园，碑曰"吴门八烈之墓"。

熊氏　赖逢峻妻。康熙乙卯城陷，赴河死。越七日，尸浮水面，颜色如生。祀节孝祠。

卢卯姑　卢曰型女，受聘于谢龙官。年十四，父卒。执父葬，茹素一年。次年，龙官卒。卯姑闻，计即欲自尽，家人劝之，啮指血书"誓从地下"。伺防者稍疏，即拜辞父灵，潜缢死。

吴氏　邱与仲妻。夫卒，孀居。顺治丙戌，城破被执，诓②兵曰："池畔有窖。"兵挖窖，脱身跃入池死。

---

① 戊，原文为"戍"。
② 诓，原文为"谁"。

　　吴氏　武举郑道绍妻。归郑四载而夫亡。卒哭①，氏绝粒死。

　　吴氏　邱与长妻，氏名淑祥。幼就学，通文翰。康熙乙卯城陷，自缢死。前志丙戌之难"邱氏三烈"，与长前妻吴氏及二女也，淑祥继之，三烈可四矣。

　　熊氏　江应宾妻。康熙乙卯，城陷被执。义不受辱，自经死，年二十二。

　　吴氏　张衍昭妻。年十六，归张。夫卧病三年，知不起，治棺衾，氏令治双棺，曰："矢与夫同死，不忍独生。"夫卒，自经于尸床前，年甫十八。知县叶匾②曰"舍生取义"。

　　郑氏　名贞一，阙作翰妻。适阙甫月余而夫亡，投缳二次，救苏。越七日，夜半，焚香告夫灵，投水死，尸流至夫坟前而止。里人呈报，当道旌之。

　　戴③**氏**　张奋才妻，年十六，归张。明年，奋才客死滇南。讣至，哀号仆地。成服日，沐浴更衣，自经死，至殓，面如生。

　　郑氏　赖梦熊妻。佐夫业儒，贫辛无怨色。无何，夫死无子，念穷乏，无肯为继嗣者。经纪夫丧毕，自经死。

　　张氏　林登缙妻。年十八，登缙病革，怜其少，嘱勿守。氏泣曰："称未亡人尚耻，况事二姓乎？"夫死，姑密防之，竟伺隙自缢④死。

　　简氏　王赓臣妻。年十九，赓臣客死。榇归，氏大号恸，沐浴更衣，入室自经。祀节孝祠。

　　以上烈妇，俱见旧志。

---

　　① 古代丧礼，百日祭后，止无时之哭为朝夕一哭，名为卒哭。

　　② 匾，原文为"扁"。下同。

　　③ 戴，原文为"载"。

　　④ 缢，原文为"益"。

张氏　大溪巫震龙妻。顺治七年，遭山寇乱劫楼，震龙先自经，氏同媳黄氏俱自经死。

阙氏　上湖雷熊奋达妻。年三十三，夫亡，无子。氏哀恸，经营丧葬尽礼。越四十九日，即自经死。夫兄焕达，以一子嗣焉。

范氏　下湖雷张佛养妻。年十七，归张，仅三年而夫卒。氏朝夕悲号，营葬毕，遂投水死。

沈氏　下湖雷赖慎修妻。年二十二，夫病垂危，祝天愿以身代夫死，即投鱼池而殒。慎修病自此渐愈。

范氏　太平灌洋乡林振轫妻。年十八，夫死，无子。送葬甫毕，入室自经。既而长兄以次子盛源入嗣，现孙、曾八十余口，列庠序者四人。

林氏　奥杳李荜英妻。二十三岁，夫往台湾，遇海寇，被害。闻信，手执香纸在分手路大哭，归，将家中所有，清还夫债。二幼女已为人养媳，召回一见。自缢，从容就义如此。

吴氏　廖佩绅妻。随翁建勋任广州千总署，夫亡，恸不欲生。殓后，即自缢。佩绅同官某，为申详请旌建坊，入祀孝节祠。

刘氏　抚溪吴冠春妻。年十八，夫亡。守志孀居，因族匪戏言，忿不欲生，虑无后，隐忍。待翁自江右回，即恳求立嗣。甫告祖，自经死。翁以此鸣于官，邑令霍君大光，时摄篆武平，返县往验，距氏殁已半月，面如生，叹曰："节烈著矣。"遂正匪罪，为氏请旌。嘉庆二十一年，旌表建坊。

苏氏　抚溪吴辉功妻。年二十七，夫亡，无子，志不欲生。夫兄缵功，即日以第三子立嗣，斩衰主丧事，氏强忍殡殓。旋自楼窗跃下而殒。子美彰，太学生。

以上烈妇。

李氏　赖伯瑛妻。伯瑛被寇害时，长子玉以贡在南雍。氏驰书，命缓奔丧，急奏剿贼。玉如其言，仇得报。治家严而有礼，日课子孙勤学。子孙皆登仕籍。氏年一百四岁卒，漳南道旌曰："百岁慈帏天下少，七旬孝子世间稀。"

赖氏、郑氏　张门姑媳也。赖夫张召，二十一岁卒，子世宏周岁，族属逼嫁，赖割发自誓。世宏复早卒，媳郑氏与姑荼苦相依。后子僖成进士。

吴氏　陈昊妻。昊早卒，吴与姜张氏同心守节，事姑以孝闻。

简氏　赖守正妻。年十八，方有娠，而守正卒。生男灏，守节训孤，毁容去饰，虽子侄，罕见其面。卒年八十三。

郑氏　张化妻。年十八，化殁。誓志孀居，事姑尽孝。子一鸿甫周，抚养成立。

卢氏　赖舟士妻。年二十二而孀。孤麟振鬐年入泮，未几夭。卢同媳郑氏，抚遗孤孙，勤纺织以度日。卒年八十余。

郑氏　阙宠妻。青年守节，纺织事姑抚子。子①应桢，以明经授广东揭阳县学训导。

阙氏　吴炉妻。归三月而炉卒，遗腹生男，家甚贫。氏勤纺织以事舅姑。孀居七十八岁。

朱氏　林继先妻。归数月而继先卒，抚遗腹子遗庆成立。卒年七十五。

卢氏　王惟仁妻，卢一松女。松为光泽教谕，氏随父任。及笄，松召仁至署入赘，三月而仁卒。氏奉主回夫家，拜见舅姑，立后守节。

吴氏　王予召妻。年十八，孀居苦守，纺织养姑，虽亲子

---

①　原文缺"子"。

侄，鲜识其面。

邱氏　廖可化妻。化病革，嘱氏坚守，氏诺之。遗腹生男光祖，教育入庠。年八十九卒。

卢氏　吴茂榛妻。年十八，榛殁，断指誓志。族人为之立嗣，足不逾阃。

吴氏　张振纲妻。纲殁无子，立夫侄为嗣，励志苦节。

吴氏　阙锡爵妻。年少而寡，励志坚贞，以节终。

丁氏　赖乐野妻。野卒，家贫。抚二子及夫幼弟，日夕纺织供养。子长又殇，复抚其孙。族人称之。

郑氏　熊应师妻，廪生熊士熹母。苦志守节，课子读书，以耆寿终。

熊氏　赖锡福妻。福早卒，氏年二十三，无子，孀居。视嫂如母，视侄如子。足不越阃，言不苟出。寿八十终。

吴氏　邱与颜妻。十八孀居，抚育嗣子，孝以承先，勤以善后。终年七十七。

邱氏　王珍妻。守节事姑教子。子①腾龙，荐举；孙日中，恩贡。寿八十七终。

温氏　简叔赞妻。子周岁，夫从征卒，氏年二十。誓志苦节，勤俭教子。年六十卒。

张氏　吴尚本妻。青年守节，终身不移。

王氏　吴尚璘妻。苦志坚守，人无间言。

赖氏　卢贡妻。年二十三孀居，子幼，零丁孤苦。勤俭抚育，教同严父。后子自任食饩于庠，及曾孙七人并列黉序。终年七十三。

吴氏　张瑞上妻。夫为叛甲谢有元所害，氏匍匐申②诉，以

---

①　"子"字校补。

②　申，原文为"伸"。

雪夫冤。一志孀居，绩纻教子。里人推其冰洁，祀节孝祠。

赖氏　郑仲敏妻。年十九，夫死，事舅姑，育孤子，茹苦数十年。康熙乙卯城陷，孤被难，悲痛而卒。

吴氏　郑阆妻。年二十而阆卒，白首完操。子雄，登武科。乾隆十五年旌表。

汤氏　廖敏求妻。年十六，归敏求。甫一载而夫卒，抚遗腹子，孝事舅姑，苦节数十年。乾隆十六年旌表。

张氏　郑乃和妻。年十九，夫卒。立嗣，嗣复夭。与媳共守，足不逾阃。乾隆辛未年旌表建坊。乃和，上杭人，府志以张氏永人，载归永定，姑仍之。

严氏　卢崇任妻。年二十而崇任卒，上奉孀姑，下鞠嗣子，历五十九年，备尝荼苦。子效平，为邑诸生。乾隆十五年旌表。

廖氏　卢子冈妻。年二十一而寡，守节四十余年。

张氏　温桂攀妻。年十八夫死，冰操自凛，数十年如一日。

王氏　卢朝策妻。夫亡，立嗣，以节终。

罗氏　吴山进妻。年十九，夫卒。立嗣遇春，入庠。苦节四十余年。

郑氏　孔如承妻。年二十而寡，立嗣苦节，八十七岁终。

戴①氏　郑谦益妻。邱氏，郑淑志妻。邓氏，郑八一妻。三代孀居，同心守志，姑媳相依，抚遗腹孤子生伯成立。

郑氏　赖汉英妻。年二十六而汉英卒，孝事翁姑，教子光日、华日，食饩有声。

李氏　孔其钺妻。其钺②，庠生。丙戌之难，氏与夫冒死负祖姑以逃。已而其钺卒，氏年三十，抚孤成立。卒年九十余。

黎氏　赖日亨妻。中年丧夫，抚育幼子，邑令吴君梁奖曰

---

①　戴，原文为"载"。
②　"其钺"二字原缺。

"芳型可表"。

　　吴氏　廖文祖妻。中年夫卒，一子又夭，以寡居终。

　　赖氏　胡仲播妻。年二十三生子，仅弥月而夫亡，姑又老，氏上事下育，备极辛勤。越三年，姑殁，孤夭，立嗣自俊，完室。子媳相依者三十余年。已而自俊又死，无传。于是氏五十余岁矣，遂奋身坠楼而死。

　　张氏　郑其照妻。年十九，夫客死。力作养姑，育遗腹子。旋夭，姑继殁。只身贫困，几不能自存，血指靥糠，苦节五十六年卒。族人哀之，葬祖茔之旁，岁时祔祭，知县周奖之。

　　朱氏　张若颜妻。若颜年十七游庠，十八娶氏，数月而亡。氏亦年十八，无子，立继，抚之成立。既娶，复夭，遂无后。氏茹荼铢积，重为夫营坟，留旁穴自待。晚遘疾，却医药死。族人如其志，葬于所营之穴。

　　刘氏　郑伊人妻。年十七，夫亡。守节，四十四岁卒。

　　张氏　赖还初妻。年二十八，夫亡。八十三岁卒。

　　廖氏　赖晋卿妻。年二十二，夫亡。八十二岁卒。知县吴奖其门。

　　江氏　刘桢伯妻。年二十六，夫亡。七十四岁卒。

　　翁氏　苏与恺妻。年二十，夫亡。守节六十年卒。

　　江氏　苏奋九妻。年二十三，夫亡。守节四十七年卒。

　　吴氏　江三植妻。年二十四，夫亡。无子，守节，以夫兄子天瑞为嗣，训教为名诸生。事九旬之姑，敬养周笃。乾隆十七年旌表建坊，祀节孝祠。

　　谢氏　胡仕权妻。年十九，夫亡。无子，伯叔讽以贫寒，不给。氏矢志靡他，因为立后。抚嗣元英，难苦备尝。年五十四卒。

　　谢氏　廖瑞熊妻。年十九，夫亡。水浆不入口者三日，时姑刘卧病在床，泣慰之，乃强食。事姑甚孝，姑病笃，含哀忍痛，历十余昼夜未尝舒息。抚嗣完节，年七十八卒。

　　简氏　岁贡其文女，卢淑襄妻也。淑襄早亡无子，氏矢志立嗣，抚育之，二岁而殇，复继孙作霖，承祧养育成立。年七十二卒。

　　卢氏　林和薰妻。年二十，夫亡。家贫无子，姑亦寡居，氏矢志奉姑。夫弟成室生子，乃以子南棠为之后。氏爱不忘劳，延师课读勿少懈。南棠以缺养谋改业，氏弗听，曰："祖母①，我能事之，有无黾勉，惟我在，若何虑焉？"南棠后为诸生，氏七十二卒。

　　孔氏　张庆其妻。年十八，夫亡。无子守节。五年后，乃得夫兄子为嗣，督令力学。年五十四卒。

　　傅氏　卢云阁妻。年二十，夫亡。遗孤寻殇，矢志守节，抚嗣子搴为太学生。氏卒年八十七。

　　卢氏　赖挺之妻。年二十，夫亡，无子，抚继嗣，孝事公姑，以节孝著。年七十余卒。

　　卢氏　简兆对妻。年二十一，夫亡，无子，夫兄弟各一子嗣。守节三十余年卒。

　　江氏　余若福妻。及笄而若福病废，余家愿退婚，氏不从。迨年二十二矣，闻夫病剧，自赴余门，事夫病者五阅月。夫卒，请立后，翁姑以家贫难守辞，氏始终不二，乃立嗣，鞠训有成。今年逾七十，一堂四世。

　　林氏　廖观远妻。年二十，夫亡，无子，食贫，养翁姑，抚二小叔。俄而，相继皆逝，茕茕孀居，困顿万状。卒为夫立后，克全宗祧。现年五十二。

　　张氏　廖彬凡妻。年二十一，夫亡。贫而无子，舅姑劝令改适，氏曰："无论忘夫辱身，但忍舍舅姑即不孝。"以死自矢。迨

　　① 母，原文为"毌"。

舅姑没，终不易志。夫兄乃嗣以己子，氏饥寒鞠育之。现年六十
二岁。

赖氏　孔漳浪妻。年十九，夫亡，无子，孀居十载，始立从
子懋德为后。其翁，邑庠生陈畴夫妇俱遇难死，仓皇殡厝。氏女
红积资为卜吉筑葬。现年七十。

赖氏　熊宗远妻。归熊未一载而寡，数月嗣子，事八旬翁
姑，历今四十余年。

戴①氏　廖介安妻。年二十四，夫亡，遗一孤，寻殇；继
嗣，又夭；复抚继孙，氏为佣以活。历今年七十矣。

管氏　江维崇妻。年二十一，夫亡，遗腹子亦殇，守节抚嗣
子昭官。历四十余年，备极贫困。

饶氏　监生胡天亮妻。年二十八寡。孤汉才，娶媳苏氏，二
十二寡。氏择族子鸿远继夫，中武举。择嗣昌继汉才，例贡。饶
七十八，苏八十三。乾隆四十一年旌表建坊，祀节孝祠②。

卢氏　江在沱妻。年十六归江，甫一载而寡。抚嗣子楫舟，
为邑庠生。氏年六十四。

李氏　庠生吴华秀妻。年二十二，夫亡。守节，遗孤亦夭，
抚嗣子揩元。现年八十。

熊氏　林恒远妻。年二十三，夫亡。守节，抚嗣子连举，为
太学生。现年八十。

赖氏　卢逊岳妻。年二十，夫亡。无子，守节，闺门不逾，
抚嗣子德麟，为太学生。现年六十四。

阮氏　卢概羡妻。于归未逾年而寡。无子守节，抚嗣子毓
尅，为太学生。现年六十四。

李氏　江在立妻。在立客死台湾，氏年二十二，无子，守节

① 戴，原文为"载"。
② 祠，原为"嗣"。

立嗣。逾年，夫兄负在立遗骸归，氏悉力营葬，课嗣①子焕深，为邑诸生。公姑耄耋，与氏相依，夫兄弟异居，朝夕左右，氏一人力也。现年六十三。

廖氏　卢子冈妻。年二十四，夫亡。守节，遗孤又夭，立嗣子廷湄抚之。现年七十。

熊氏　王圣崑妻。年二十二，夫亡。遗腹生子，家无立锥，诸叔屡谋夺其志，诱逼多端。氏终不易操，抚孤成立。今叔氏四人皆无传，自圣崑父以下幸衍宗祀者，熊之遗也。年六十卒。

曾氏　熊在梅妻。年二十二，夫亡。阅六日，生子观觐，守志鞠训。历葬翁姑与夫，三丧备极经营。年六十六卒。

郑氏　刘郁成妻。年二十，夫亡。守节，抚遗腹子成立。中年，子、媳俱亡，下抚七龄遗孙，上奉九旬耄姑，艰苦万状。年八十卒。

张氏　廖然富妻。年十七归廖，十八夫亡，遗腹一子，负薪勤绩苦节五十年卒。知县曾匾曰"矢志松筠"。

陈氏　胡瞻麓妻。年二十，夫亡。遗娠生子锡贤，守节抚之。孝事耄亲，以哀毁成病，四十二而卒。锡贤，监生。

江氏　苏嶷震妻。年二十，夫亡守节，遗孕五月，生男洁。氏爱督兼至，洁两冠童子军，由庠入贡。氏现年七十四。

赖氏　萧绍宗妻。年二十二，夫亡。守节，遗腹生亮功。其夫弟绍显夫妇，年并三十相继死，幼孤七人，赖抚育成立，同于己子。现年七十。

廖氏　吴瑶妻。年十八方娠三月，而瑶省父官所。生子峄上，已而瑶卒。氏抚孤严克其慈。峄上食饩，邑庠生，力学有文名。氏现年六十一。

刘氏　江三连妻。年二十方娠，连出商中州。生子圣瑞，连

---

① 嗣，原文为"词"。

客死。抚孤全节，年八十二卒。

郑氏　熊逊芳妻。年二十三，夫亡。守节抚孤。长子从矩，入监。次子从云，遗腹所生也，亦获成立。氏现年七十。

吴氏　卢仲子妻。年二十，夫亡。守节抚孤。年七十六卒。长子成陆，庠生。次子成湘，监生。

严氏　庠生卢子文妻。子文赍志没，母老子幼，家又贫。氏年二十，仰视俯育，集蓼茹茶。姑没，躬披荆榛，操畚锸以葬。年七十六卒。

江氏　卢兰裔妻。年二十四，夫亡。翁以独子，哭之恸。氏忍泪劝慰，丧葬如仪。庶姑无出，早亡未窆，节缩口食，为之营葬。抚孤全节卒。

管氏　赖行敏妻。年二十一，夫亡。守节，抚育两孤。勤俭持家，增拓世业，事翁姑至耄，养生送死无遗憾。知县顾奖之。年八十五卒。

陈氏　张喜虞妻。生二子，喜虞死，氏年三十，守节抚孤。姑以哭子失明，盥栉起居，氏服勤数十年不懈。家贫，洁甘旨奉姑，虽幼子啼索，不与也。尝携子行仄径，遇虎，无可避。虎伏莽让氏行，乃咆哮去。人以为节孝所感。年八十一卒。

李氏　江映九妻。年二十三，夫亡。守节抚孤，爱不忘劳，敬养舅姑四十余年。年九十五卒。

王氏　卢永瑞妻。年二十四，夫亡。抚遗养姑，荼苦自甘，守节二十七年卒。

卢氏　赖宏宴妻。年二十六，夫亡。苦节抚孤，年七十卒。

郑氏　阙慎猷妻。年二十二，夫亡。守节，鞠训二孤，筑葬慎猷以上三世坟茔，广置祀田。次子圣宗，为诸生，有名。

饶氏　庠生萧澧有妻。澧有怀干济才，康熙乙卯率众卫城，城陷遇害。二子俱幼，氏年二十六，保卫卵育，辛苦备尝。念夫缙绅之后，赍志以没，严课子，以立身扬名其后。子廷玮，孙起凤，果相继科贡，州里欲请申奖，辞曰："未亡人不死，幸矣！敢邀旌乎？"年八十五卒。

张氏　戴①燕晨妻。年二十二，夫亡。守节抚孤，年六十七卒。子龙光，岁贡生。

王氏　张占三妻。年二十四，夫亡。茹苦守节，孝养公姑，隆师教子，年五十五卒。子国梁，举人。

葛氏　监生赖粹彦妻。年二十二，夫亡。守节抚孤成名，阅四十三卒。

卢氏　江龙宝妻。年十九，夫亡。守节，孤建岷甫三岁。逾年，舅姑继没，遗幼叔，亦三岁。氏悉心抚育，俱至成立。有司历赠匾额以奖之。年六十八卒。

陈氏　赖有仁妻。年三十，夫亡。守节抚孤，俭苦积资，创置田租三百余桶，为子孙耕读之计。年九十三卒。

赖氏　朱元宗妻。年二十六，夫亡。守节抚二孤，历四十余年。置田税四十桶，俾子孙童蒙者为就塾②资。年七十卒。

陈氏　黄茗竹妻。年十九，夫亡。苦志抚孤，年九十一卒。

张氏　邓良凤妻。年二十四，夫亡。抚二孤，年八十一卒。

廖氏　戴承秀妻。年二十七，夫亡。守节，食贫抚孤。年八十一卒。

沈氏　卢慎其妻。年二十，夫亡。苦志抚孤，孝事③二亲。年七十七卒。孙汝雯，庠生。

张氏　王功进妻。年十九，夫亡。守节抚孤，七十五卒。

邱氏　郑其华妻。年十九，夫亡。抚孤成立，守节十六载卒。署知县冯匾曰"劲节流芳"。

---

①　戴，原文为"载"。
②　塾，原文为"熟"。
③　事，原文为"妻"。

童氏　简绍征继室。年二十，夫亡。守节，抚前室子成立，娶妇赖氏，未几子妇俱亡，遗孤孙严赐方幼。氏恩勤闵鬵，以延一线。今年六十五，严赐抱孙矣。

卢氏　江在宪妻。年二十一，夫亡。两世尊嫜咸在，既无伯叔，终鲜兄弟，孝养重闱，苦志育孤，只身任其艰劬。现年六十五。

谌氏　江浪鲲妻。年二十四，夫亡。守节抚孤。姑卧病，为扶持栉沐，六年如一日。现年六十八。

张氏　阙天玖妻。年二十，夫亡。守节，抚三岁遗孤。翁年既老，天玖别无兄弟，氏以媳代子，孝养备至。现年六十四。

童氏　王德玉妻。年二十七，夫亡。守节，食贫抚孤。越三年，翁姑相继殁，氏负土以葬。现年五十九。

马氏　王思齐妻。年二十，夫亡。守节抚孤，事姑兼抚小叔。山、园、臼、井，躬任瘁苦。现年六十二。

邱氏　廖胜凡妻。年二十三，夫亡。守节抚二孤，负薪易粟，以养耄姑。现年六十五。

刘氏　张成茂妻。年二十二，夫亡，苦节抚孤。子汝席，入监读书。孝事翁姑，皆享高寿。丧葬以礼。氏现年六十五。

李氏　廖和鸣妻。年二十五，夫亡。守节，饥寒抚孤。现年五十七。

张氏　江鉴联妻。年二十一，夫亡，遗孤才二十日。守志抚之，殚备劬瘁。现年七十一。

陈氏　赖汉卿妻。年二十，夫亡，守节抚养孤子成立。既娶而亡，更抚幼孙。现年五十一。

童氏　萧赞功妻。年二十四，夫亡。守节，课孤先春。鬌年入泮。未几卒，复抚幼孙。尝分其家资，为夫长兄立后。现年五十二。

范氏　张章龄妻。年二十三，夫亡。守节，抚孤上腾，课督甚勤，为拔贡生。氏现年六十一。

沈氏　卢壎谟妻。年二十，夫亡。守节，抚孤一鸣，义方训迪，为邑庠生。氏现年七十五。

卢氏　熊德纯妻。年二十三，夫亡。守节抚孤，现年六十。知县伍匾曰"节惠储褒"。子轸，监生，有干才。

范氏　吴鼎奇妻。年二十七，夫亡。守节，鞠训四孤成立，捐田税为"义浆费"。现年七十六。孙拔，庠生。

邱氏　卢行长妻。年二十，夫亡。守节抚孤，现年七十四。

卢氏　胡人应妻。年二十，夫亡。守节抚孤，现年七十四。

严氏　卢某妻。年二十一，夫亡。抚孤守节五十年卒。子行先，监生。

阮氏　卢逊嵩妻。年二十五，夫亡。守节，色养公姑，训孤有成。现年六十二。子如光、导光，皆监生。

简氏　卢人应妻。年二十，夫亡。守节抚孤，现年七十一。

沈氏　卢博修妻。年十八，夫亡。守节，辛勤俭约，抚孤则虞入监。现年七十一。

邱氏　马庆良妻。年二十七，夫亡。守节抚孤，现年六十四。

邱氏　吴某妻。年十九，夫亡。守节，抚孤子应学成立。现年六十五。

赖氏　林潜仲妻。年二十二，夫亡。守节抚孤，现年六十二。

卢氏　庠生熊诏妻。年二十六，夫亡。守节抚孤，现年六十。子宸翰，监生。

张氏　卢真尚妻。年二十六，夫亡。守节抚孤，现年六十。

张氏　温攀桂妻。年十八，夫亡。守节抚孤，现年六十。

江氏　合江知县联辉女，卢子岷妻。年二十四，夫亡。守节抚孤，现年五十五。

吴氏　江浪韵妻。年二十二，夫亡。矢志抚孤，现年五十三。

张氏　大埔人翰林作舟女，永定熊永质妻。年二十一生子清干，二日而夫亡。坚志抚孤，现年五十一。

萧氏　江天熙妻。年二十一，夫亡。家素封，氏孀居抚孤，以礼自防，严恪备至。现年五十一。

卢氏　江士玉妻。年二十一，夫亡。守节抚孤。子锡笏，监生，亦早死。妻李氏，年二十四，遗一子尊萃。姑媳相依，贞确共矢，中更家难，支持门户者数十年。卢氏八十三卒。李事姑孝，姑没，哀毁成疾。明年相继卒，年五十六。

范氏　廖景亨妻。年二十生子奕昌，甫月余而夫亡。苦志守节。奕昌长，娶媳亦范氏。媳年二十五，兵破城，奕昌流落无存，遗一子藜光，六岁，姑媳共抚、教育，为邑庠生。其后，姑年八十一卒，媳年七十六卒。

张氏　王珍生妻。珍生客死粤东，无子，氏茕居八载，方得夫兄子子绍为嗣。娶媳郑氏，年二十八又寡。姑媳共抚一孤，皆以节著，知县许匾曰"两世冰霜"。张年八十一卒，郑现年六十三。

王氏　萧峻若妻。年二十八，夫亡。守节，抚孤纫佩，娶李氏，年二十又寡，无子，立嗣子廷瑮，矢志事姑。王年五十七卒，李年八十一卒。廷瑮，监生。

李氏　选贡生熊锡应继室。年二十而寡，抚孤子光勤、光烈成立。光烈亦早亡，妇孔氏年二十一，抚孤泗华。姑媳守节历数十年卒。光勤，例贡生；泗华，监生。

谢氏　翁万选妻。年二十三，夫亡。抚孤又廷成室，复夭，与媳李氏孀守抚遗孙。谢年七十五卒，李现年五十九。

吴氏　苏瑞龙妻。于归半载，夫亡。无子守节，立嗣弼良，长，娶李氏，李年二十又寡，姑媳共抚孤孙。吴现年八十四，李现年六十一。

陈氏　卢亶缘妻。年二十二，夫亡。无子守节，立嗣九龄，长，娶吴氏，吴年二十复寡，无子，继嗣亨泰。姑媳苦节。陈现年八十三，吴年六十二卒。

卢氏　庠生熊翼煌妻。年二十二，夫亡。鞠训孤子辂读书游庠，不幸亦夭。氏忍痛慰媳曰："吾昔所以不死者，为抚孤也。今儿死孙复幼，三代一线，惟此弱雏矣。"盖将以励其媳云。卢年六十。

阙氏　卢逊超妻。年二十，夫亡无子，誓以死殉，嫂熊氏委曲劝解。熊有二子，以长子为阙嗣，旋夭。又择本宗为嗣。熊夫逊姬，远商数十年，无音耗。阙、熊二人，妯娌相依四十余年。熊训次子德龙游庠。阙年六十三，熊年六十五，相继卒。

李氏　拔贡徐泰来妻。年二十六，夫亡。守节，孝事耄姑，课子及孙、曾，先后成名。年一百岁，知县顾區以奖之。

以上节妇，皆见旧志。

卢氏　抚溪赖翼化妻，邑庠生卢①长源胞姊。二十一夫亡，遗腹生子，守节抚孤。年七十一卒。

卢氏　抚溪监生吴天经妻。年二十九，夫亡。无子守节，以侄为嗣。俭苦积资，营葬二姑陈氏、卢氏，修治亡夫坟域。年六十八卒。子应泰、孙邦仕，俱太学生。

卢氏　抚溪黄恒襄妻。年二十六，夫亡。继侄为子，家贫励志。年五十八卒。

邓氏　抚溪张海棠妻，湖南石门邓宜兴女。棠随父客聘焉。氏年十九归棠，一年而夫亡，无子，矢志守节。继夫兄子翰辉为嗣，鞠训成立，娶媳邱氏，携子、媳扶夫榇归，并营葬公姑。翰

_____

① 卢，原文为"虑"。

辉亦早亡，邱氏亦守节抚孤，孝事孀姑。邓氏年八十一卒。孙启元，监生。

戴氏　抚溪黄梓春妻。年二十，夫亡。守节，抚孤成立。年七十一卒。

卢氏　抚溪赖思莪妻。年二十九，夫亡。鞠子奏玑成立。年七十九卒。孙初成、初春，俱庠生。道光十年，郡伯觉罗诚给以"柏节松龄"额。

赖氏　抚溪吴殿英妻。年二十八，夫亡。生二子，家贫守志，足不逾阈，抚孤成立。长子凌霄，监生；次子志超，郡增生。年五十一卒。

黄氏　抚溪赖乃昆妻。年十八，夫亡。孝事重闱，守节抚侄为子，娶媳生孙，甫六岁，子又亡，复抚其孙。氏励苦节六十八年。年八十五卒。

黄氏　抚溪戴赠斯妻。年十九，夫亡。遗腹四月生子，矢志不二，抚孤成立。年三十九卒。

卢氏　抚溪赖乃元妻。年二十九，夫亡。矢志抚孤，针黹自给，苦节数十年如一日。年七十六卒。

张氏　抚溪戴维襄妻。年二十七，夫亡。苦节自励，勤俭训子。年八十五卒，里人熊辀赠联云："半生苦节千秋仰，一片贞心百世宗。"

苏氏　抚溪赖乃宣妻。年十九，夫亡。孤又不育，苦节自守。年七十卒。

张氏　抚溪郡庠生吴凌江妻。年二十七生子，未周月，江赴乡试卒于福州。氏鞠孤成立，迎夫榇归葬，几历苦辛。年七十七卒。

简氏　抚溪貤赠儒林郎赖文行妻。年二十二，夫亡。守志抚孤。乾隆五十三年，以孙捐职貤赠安人，学使初公给以"人仰礼宗"额。

卢氏　抚溪俞兆宗妻。年二十一，夫亡。守节抚孤，卒年五十五。

周氏　抚溪苏玉人妻。年十八，夫亡。无子守节，抚侄鼎茂为嗣。卒年七十五。邑令曾君给以"操坚守正"额。

卢氏　抚溪戴龙川妻。年十八，夫亡。遗腹四月生子汉白，守节抚孤。性好诗书，特建家塾龙田馆，并置书田，以培养子弟。年八十卒。

陈氏　抚溪苏英荣妻，庠生陈仰思孙女。年二十六，夫亡。守节，抚二子。恸夫读书不售，赍志以殁，益课子勤读。营葬外父母，更为立嗣承祧，亲见二子成立。卒年六十六。

陈氏　抚溪戴光臣妻。年二十四，夫亡。无子，继族子汝金为嗣，守节五十四年卒。孙华泗，监生，邑令吴君永潮奖为"族正"。倡捐济阴季田，为寒食日祭"无祀"之资，悉遵慈训也。

卢氏　抚溪赖存用妻。年二十八，夫亡。矢志抚孤，守节六十三年，寿终九十一，四代同堂。长男聚川，例贡生；孙际元、曾孙立诚，俱庠生。

卢氏　抚溪赖凌云妻。年二十八，夫亡。矢志守节，抚侄为嗣，年七十五卒。孙贞，邑庠生。

曾氏　上屋窠卢泰岳妻。年二十二夫亡，无子，家贫守节。姑尝讽以再醮，氏曰："姑老无子，媳去，谁供养耶？"朝夕作苦，二十余年无少懈。迨姑没，营丧葬事毕，即闭门绝粒死。众乃知忍死励志，特为养姑计耳。其孝节，尤足钦矣。

黄氏　丰田卢习勋妻。青年守节，继族子为嗣。卒年六十五。

卢氏　抚溪戴岳霄妻。年十八，夫亡。无子，家贫守节。夫叔生员峄阳，矜其坚志，为继嗣恒显。早夭，又立嗣恒基，娶媳赖氏，年十九基亡，遗腹生子斗光。守节抚孤，子又夭，婆媳备历苦辛。卢氏卒年七十五，赖卒年五十九。

杨氏　龙潭卢行灿妻。年三十四，夫亡。守节抚孤，年七十三卒。子裕礼，监生。

姜氏　抚溪卢桂蒲妻。年三十，夫亡。无子，继侄为嗣，苦节二十七年卒。

陈氏　武生王嵩妻。年二十二，夫亡。无子，立嗣守节。孝事翁姑，人无间言。年七十六卒。

赖氏　溪南郑佩琳妻。年十六归琳，年二十二，夫亡。无子，矢志守节。继族子为嗣，茹苦六十余年。八十二岁卒。

曾氏　溪南陈建功妻。年二十八，夫亡。守节抚孤，家贫励志。卒年五十九。

童氏　溪南陈德元妻。年二十四，夫亡。守志不二，三继嗣子俱夭，历苦节数十年。八十三岁卒。

钟氏　贡生张体仁侧室。年二十九，夫亡。闭户自经，家人救之复活。体仁父尚存，谕以抚孤守节，勿遽轻生，氏泣从命。所生四子皆幼，教养成立，辛勤倍至。年四十余卒。长子树藩，邑庠生。

阙氏　堂堡沈玉振继妻。孝事翁姑，言动合礼。年二十二，夫亡。矢志不二，茶苦备尝，遗孤幼小，卒能鞠训成立。年八十二卒。次子孟伊，庠生。孙列胶庠者七人，皆氏所亲见。曾孙文楫，古田县教谕。

许氏　上湖雷熊云秀妻。年二十三，夫亡。遗腹一子林茂，抚养成立。孝事翁姑，苦志守节，年百岁终。其子林茂，亦已七十八矣。

郑氏　上湖雷熊崇理妻，县丞郑宗理女。年二十七，夫亡。遗孤方三岁，矢志守节，足不出闱，抚孤成立。卒年八十一。

廖氏　上湖[①]雷儒士熊燕桂妻。燕桂幼失怙，勤学不售，当

---

① 湖，原文为"潮"。

疾笃，属氏顺事衰姑，抱育嗣子，教之读书，以成己志。氏时年二十三，从誓自守。及夫没，丧葬毕，即禀命所尊，立夫族子鸣高为后，慈爱如己所生。逮姑没，事祖姑尤谨，和姒娌，勤纺绩，不逾阃阈，以俭自持。时举夫遗命，激励子孙勤读书志，族姻称为"贤淑"。卒年六十三。子鸣高，岁贡生；孙嗣升骏，邑庠生。

张氏　下湖雷吴达运妻。年十六未嫁，达运患重病，俗有"冲喜"之说，涓吉迎氏入门，甫七日而夫卒。舅姑以独子哭之恸，氏含哀劝慰。夫葬毕，日夕纺织，顺事舅姑，继嗣娶媳；舅姑殁，丧葬尽礼。卒年七十九。嘉庆九年，学宪恩公奖志其门曰"潜德幽光"。

谌氏　溪口沈道参妻。二十三，夫亡。家贫，纺绩抚孤，事姑孝谨。未几孤夭，而志终不易，食贫无怨。卒年七十五，

罗氏　莲塘张永全妻。永全客死江右，氏青年守节。家无立锥，惟力作勤绩以度日。抚遗孤琳昌成立，娶媳，生一孙。未几琳昌客死，媳改嫁，氏抚遗孙聪连，零丁孤苦，皓首完贞。卒年七十八。

江氏　上湖雷熊献纶妻。年十七于归，十八岁寡。抚夫兄子育恩为后，教以成立。敬事翁姑，恪守妇道，持勤俭，寡言笑。年七十八卒。

陈氏　上湖雷熊丰悦妻。年二十六，夫亡，遗孤生甫七十日。矢志不渝，终事衰姑，抚孤成立。其娣苦贫，欲鬻幼子，氏减己食，代为哺养数年。卒年六十九。

张氏　上湖雷陈楚琼妻。年二十六，夫亡。苦志守节，顺事翁姑，勤俭自持。育二孤子国光、国春，俱入太学，教诸孙从师读，殷勤尽礼。年八十三卒。

黄氏　上湖雷阮任和妻。年二十二，夫亡。敬事孀姑，苦志守节，抚幼孤成立。年八十四卒。

熊氏　下湖雷赖展纶妻。年二十五，夫亡，遗孤怡庸方二岁。矢志守节，敬事翁姑，抚孤娶媳，孙、曾林立。卒年八十三。

罗氏　下湖雷赖琦璋妻。年二十六，夫亡。无子，继伯仲子各一为嗣。母教克敦，节寿并茂。年九十六卒。

李氏　下湖雷赖裔放妻。年二十，裔放客死浙江，遗孤萃谦、腾清，尚在襁褓。氏毁容守义，孝养翁姑。萃谦年十六，即命往浙扶父榇归葬。二子均监生，孙游泮者一，食饩者二。年九十一卒。

张氏　下湖雷赖恒华妻。年二十五，恒华殁于岭南，无子。氏闻讣①之夕，投缳自经，姑辟户救之，良久始苏。立夫兄子为后，孝事嫡姑，慈育嗣子。年四十七卒。

赖氏　堂堡沈鸣盛妻。年二十八，夫亡。孝事翁姑，丧葬尽礼，抚孤成立，持家勤俭、严肃，为里党所钦。年七十二卒。孙作宾，邑庠生。

简氏　堂堡沈睦棠妻，年三十，夫亡。勤俭抚孤，尝谕"妇女勿往庵寺"，训督子孙读书植行，毋辱祖宗。年九十四卒。孙建中，邑庠生。

赖氏　采地沈振清妻。青年守志，抚孤有成，待诸侄慈爱如子。年八十卒，诸侄皆为之持丧三年。

孔氏　堂堡沈维苣妻。年二十一，夫亡。无子，继夫兄子为嗣，抚育辛勤，事姑克谨。年三十九卒。

赖氏　张绍光妻。年二十一，夫亡。守节抚孤，纺绩勤苦，族邻罕见其面。嘉庆九年，学使恩公奖以"潜德幽光"四字。年八十五卒。子理，监生。

孔氏　溪东廪生赖章妻。年二十八，夫亡。谨事翁姑，寡言

---

①　讣，原文为"计"。

笑，恪守妇道，训子有方。年七十七卒。次子黻，邑庠生。

江氏 下湖雷乡吴羽飏妻。少寡无子，立嗣苦守。羽飏侄有梅妻马氏，年十八归吴，未半载而夫殁，即欲以身殉。江氏劝之曰："门祚衰微，赖尔我代叔侄承家计，我遵翁姑命继嗣以延夫祀，尔徒以一死毕，乃事可乎？"乃请于姑，求族子为之嗣，相与昼夜纺绩，足不出户，人称"双节"。江氏卒年七十六，马氏年八十卒，孙、曾绕膝。事见《潜德幽光录》。

黄氏 下湖雷赖卓修妻。年十七，夫亡。无子，立嗣，抚之成立。年七十三卒。

马氏 下湖雷赖亨纶妻。年二十九，夫亡。抚二子，家贫守志，不逾阈外。族戚奉为闺范。年六十五卒。

黄氏 上湖雷阮德传妻。年二十三，夫亡。遗腹一子，不育。继立夫兄子连香为嗣，娶妇，生一孙。连香早世[1]，未几孙亦夭折。氏苦节自甘，年六十余卒。

陈氏 郑生五妻，年十九生子章侯，七月而夫死。坚贞自矢，育孤有成。康熙四十三年，邑令吴梁匾其堂曰"全节成家"。

阙氏 云川乡卢宜参妻。年十八于归，值夫病剧，事奉汤药，衣不解带，半月而夫亡。家贫，纺绩度日，母弟劝氏改适，氏冰霜自矢。卒年七十五。

赖氏 云川乡卢文谟妻。年二十七，夫亡。贞淑自持，抚幼子演、嗣子济俱成立。勤俭置田租四十余桶，以为子孙耕读之资。年七十五卒。孙、曾、元，多列胶庠者，学宪陈奖匾"台履怀清"。

黄氏 卢庆槐妻。年二十六，夫亡。守节抚孤，言不出闺，教子玉标成立，援例州同，四代一堂。卒年八十。

简氏 云川乡儒童卢鸣玉妻。年十五于归，不一载而夫逝。

---

① 早世，同"早逝"。

守靡他之志，继族子为嗣，以延夫祀。族年六十五岁。

陈氏　云川乡卢行玉妻。年二十二，夫亡。无子，守节不二，抚夫兄子为嗣。卒年五十八岁。

陈氏　云川乡监生卢廷上妻。年二十八，夫亡。孀居，苦志抚孤有成。子绣朝，援例受封。氏年八十四岁卒。

张氏　大园乡卢崇炳妻。年二十八，夫亡。家贫，苦节自守，纺绩以养二子，俱克成立。寿九十岁卒。

戴氏　大园乡卢廷参妻。年二十，夫亡。遗腹生一子，守节抚孤。六十二岁卒。

张氏　大园乡卢标云妻。年二十七，夫亡。生一子亦夭，家贫，不能继嗣，苦节自守。卒年六十岁。

王氏　田段乡监生廖都秦妻。都秦随父乡试，卒于福州，氏年十九，守节。都秦弟青伯之妻吴氏，年二十而夫亡。二氏姒娣相爱，共励柏舟之节，茹素终身，足不出户，各抚夫季弟之子为嗣。王氏年八十余岁卒，嗣子占揆，监生。吴氏年九十余岁卒，嗣子廷对，监生。

郑氏　田段乡廖丹诏妻。年二十一，夫亡。冰霜自励，抚遗腹子朝瑞，教训綦严。年六十余岁卒。朝瑞亦孝谨，监生。

陈氏　监生廖祖赍妻。年二十六，夫亡。与长娣郑氏共矢冰操，言笑不苟，抚侄隆秀为嗣。卒年七十一岁。

饶氏　富岭乡敕赠儒林郎王向日妻。年二十二，夫亡。秉性坚贞，苦志守节，孝事翁姑，教育子孙咸能成立。寿八十四岁卒。子步瀛，庠生，赠儒林郎；孙缵绪、绵绪，俱监生；丰绪，庠贡生；周绪，捐职州同；曾孙化醇，道光乙酉副榜。余列胶序者数人，咸以为节孝之报。

赖氏　王堂槐妻。年二十三，夫亡。家贫守节，八十四岁卒。

谢氏　王盛槐妻。年十八，夫亡。无子，立嗣，家贫守节。

六十岁卒。

赖氏　王嘉言妻。年二十五，夫亡。家贫守节，八十四岁卒。

陈氏　王映槐妻。年二十六，夫亡。苦志守节，四十五岁卒。

阮氏　王佑槐妻。年二十六，夫亡。苦志守节，六十五岁卒。

郑氏　王奋阶妻。年二十九，夫亡。家贫守节，五十八岁卒。

卢氏　王燕槐妻。年二十六，夫亡。守节，九十二岁卒。

廖氏　北山乡张贞任妻，副榜张采屏母。年二十八，夫亡。遗腹生采屏，教养成名，寿九十岁。嘉庆三年，督学初公匾其门曰"幽贞亮节"。

熊氏　北山乡儒士张奎应妻，郡廪生张健翎母也。早寡，遗腹生健翎，教养成名。娶廖氏，年未三十而健翎复丧。姑媳相依，冰霜共矢，鞠养遗孙二人。年甫逾冠，相继而没，只遗一曾孙。长，孙媳赖氏复守节抚孤。廖先亡，熊年八十余岁卒。赖氏现年五十余岁。三代苦节，为世所希[1]见。

赖氏　北山先张成琏妻。年二十八，夫亡。家贫守节，抚孤鸿标成立。寿九十二岁卒。

沈氏　灌洋乡郑成发妻。年十九而夫客死，氏闻讣[2]，哀痛仆地，绝而复苏。事媚姑，抚继嗣，松筠之操，人无间言。

阚氏　虎冈乡赖贵龙妻。年十八，夫亡。俭约自持，言笑不苟，孀居四十余年，始终一节。

邱氏　文溪乡监生李孙连妻。年三十而夫客死，氏贞静有

---

①　希，同"稀"。
②　讣，原文为"计"。

德，训子义方，七十九岁卒。次男之麒，邑庠生。

郭氏　文溪乡邑庠生饶秀三妻。年十九，夫亡。坚贞自矢，闺范肃然，继夫侄茂儒为嗣。八十一岁卒。茂儒，例贡生。

张氏　西陂乡林长福妻。年二十一，夫亡。无子，立嗣，矢志坚贞，言笑不苟。六十九岁卒。嗣子泰毓，监生。

沈氏　云川乡卢粹醇妻。年二十四，夫亡无子，痛不欲生，立以身殉。嫂简氏力救始苏，以次子为氏嗣，竟以哀痛成疾，年三十六卒。

黄氏　云川乡卢佩醇妻。年十八于归，未期年而夫亡。矢志贞静寡言，抚嗣子成立。年六十一卒。

廖氏　云川乡卢惕㛰妻。年二十，夫亡。励志守节，抚遗孤周干成立。八十二岁卒。周干，监生；孙步逵，庠生；步丹，职监。嘉庆九年，督学恩公旌以“潜德幽光”匾额。

李氏　云川乡卢辉承妻。年二十二，夫亡。守节，抚孤成立。八十八岁卒。

吴氏　西陂乡林斯绳妻。年十九，夫亡无子。茹荼甘守，孝事舅姑，抚夫兄子为嗣。年六十岁卒。

赖氏　虎冈乡林立元妻。年十九，夫亡。苦志守节，历四十二年。

陈氏　刘则恭妻。年二十一，夫亡。孝事公姑，守节抚孤。孤复亡，乃择嗣立之。年九十一卒。孙金章，庠生。

赖氏　刘济川妻。年二十四，夫亡。孝事公姑，抚幼孤，守节。年八十九卒。

张氏　萧馥远妻。年二十四，夫亡。守节，家贫，抚四岁孤容舒、遗腹子安舒，矢志守节。次子安舒 监生；孙彬，庠生。

江氏　范佳翰妻。年二十，夫亡。抚孤守节，孝事公姑。年七十卒。

江氏　张兰清妻。年二十四，夫亡，幼子三岁。家贫抚孤，孝事翁姑，勤于纺织。年七十九卒。子明扬，监生。

王氏　张杏彩妻。年二十二，夫亡。遗孤三岁，矢志守节，年七十五卒。子彦材，监生；孙鸣和，邑增生。

范氏　张德远妻。年二十八，夫游粤客亡。闻讣一痛几绝。长子四岁，次子生月余，抚二孤守节。夫弟欲夺其志，则以厉言责之。年八十三卒。孙九兰，邑增生。

曾氏　溪南王芹友妻。年二十二，夫亡。守节，抚孤子维岳成立。纺绩事姑，孀居茹苦。卒年八十五。孙接恩，例贡生。

罗氏　刘集昌妻。年十六归刘，仅二月，夫客游一载而亡。无子，立嗣。家贫，孝事公姑，苦志守节。年七十一卒。

邱氏　监生赖缵业妻。年二十，夫亡。抚遗腹子，苦志守节，年五十余卒。

梁氏　监生萧永祺妻。年二十一，夫亡。子甫弥月，家贫，抚孤守节，孝事翁姑，孀居三十二载。

李氏　罗秀钟妻，年十八，秀钟临卒，呼氏语曰："能为我守否？"氏矢志守节，无子，立嗣，孝事耄翁。年七十七，临终，语诸孙曰："吾今可对尔祖于地下矣。虽然，莫谓守节易也。妇人不克守节者，以念念有一夫耳。吾之守吾节者，亦念念有一夫耳。其间，正自有辨①！"语毕遂逝。

郑氏　儒士赖郁青妻。年十八，夫亡。不出闺门，矢志守节，孝事舅姑。年七十八卒。

郑氏　廖钦召妻。年二十四，夫亡。遗腹一子，矢志守节，纺绩课子。年七十四卒。子杨休，庠生。

陈氏　郑科伯妻。年十七归科，四月而夫亡，遗腹生一子。家贫，夫兄欲夺其志，氏矢志守节。

王氏　儒士戴佩玉妻。子文标妻陈氏，姑媳苦志守节。康

---

①　辨，原文为"办"。

熙三十九年，知县吴君梁奖以匾曰"节孝传芳"。

刘氏　郑钟材妻。年二十六，夫亡。矢志守节，抚育二孤，年七十六卒。长子廷俊，候选按察司照磨；次子廷儒，监生。

吴氏　郑俊益妻。夫亡守节。康熙三十八年，知县吴君梁匾其门曰"矢志松筠"，奖语曰："青年失①偶，矢志不移。孝敬公姑，代夫已终三年之服。勤劳抚育幼子，克尽体志之诚。冰霜自守，松筠其操。节行可表，旌庐以风。"邑教谕李基益赠联云："孀嫠不负夜台人，功在代终，妇节原同臣道；巾帼能为男子事，位虽正内，慈闱亦号严君。"

江氏　庠生郑建斗妻。年十六归郑，十八夫亡。事姑孝，无子，立嗣二，长政宏，次政伦。抚养成立，孀居七十载。政宏妻葛氏，年二十，政宏亡，从姑守节，年四十六卒。

江氏　张宝兰妻。年十八归张，数月夫亡，无子，立嗣。茹苦守节，孝事老姑，孀居五十余载。卒年六十八。

张氏　举人郑辉侧室。氏父世居扬②州，氏随父燕京，父藉辉名而妻之。三载，辉卒，氏年仅十九。志凛冰霜，含辛茹苦者四十余年，卒年六十五。子一，命文，孙三。

吴氏　谌命仁妻。年十六归命仁，三载，命仁随兄元春会试，赴京至山左而亡。遗榇旋里，氏痛不欲生，抚棺哭者五昼夜。笃孝，虽悲苦至极，闻翁姑至即止，恐伤其心也。元春哀其志，以长子龙彪嗣之。氏教以义方，矢志守节。子龙彪，邑庠生。

沈氏　王维藩妻。年二十四，夫亡，子生甫三月。抚孤守节，善事翁姑，卒年七十。

张氏　王乔嵩妻。届婚期，夫病笃，迨归七日，夫亡。氏年

---

①　失，原文为"矢"。

②　扬，原文为"杨"。

十七，无子，立嗣，矢志守节，色笑不形。卒年八十一。

赖氏　王华官妻。年二十一，夫亡。矢志冰霜，克尽妇道。督学恩公奖以匾"节孝延祺"。卒年九十三岁。孙深培，恩贡生；曾孙鼎鋐，郡庠生。

葛氏　邑增生王凌霄妻。年二十四，夫亡。无子，立嗣，苦志守节，善事衰①翁。卒年四十九。

许氏　庠生马文图妻，年二十八，夫亡。贞静娴《内则》，姑老能承欢养志。抚五岁孤，苦志守节，年六十卒。孙上襄，庠生；元孙攸德，举人。

廖氏　马则禹妻。年十九，夫亡。无子，立嗣，矢志守节。年六十六卒。子藩拱，监生。

江氏　儒士马贞康妻。年十八，夫亡。守节，无子，立堂兄子羲逢为嗣，娶刘氏，甫二载而羲亡，无子，刘亦矢志守节，姑媳相依。刘先卒，江抚幼孙苦节四十余年，六十四岁卒。

江氏　陈臣功妻。年二十四，夫亡。抚孤守节，寿登百岁卒。

范氏　监生张锦仁妻。年二十九，夫亡。抚孤守节，善事翁姑，义方课子，勤于纺织。卒年四十九。次子桐，庠生。

刘氏　张举廷妻。年十九，夫亡。无子，守节，立嗣懿文，既娶复夭，再立孙日照，苦节六十余年，足不逾闺，虽服属之亲，罕见其面。年八十五卒。嗣孙日照，性挚孝，因氏卒，哀毁成疾，遂至不起。

游氏　金丰陈有含妻。年二十六，夫亡守节。尝携孤子负夫骸往葬，狭道遇虎，虎不敢过，审视摇尾避去。五十二岁卒。嘉庆甲子，学使恩公表其门。事载《潜德幽光录》。

江氏　湖坑李秉华妻。年二十一，夫亡无子。欲身殉，妯娌

----

① 衰，原文为"哀"。

以翁姑年迈，大义劝止。立嗣子国光，抚之成立，入太学。长孙①梦双，郡庠生。年八十四卒。嘉庆二十三年，旌表建坊。

张氏　金丰苏如海妻。年二十八，夫亡。翁姑衰②老悲痛，氏茹苦孝养，抚二孤成立。长子步月，监生；次子有光，庠生。学使恩公表其门。载入《幽德潜光录》。

李氏　金丰曾和燕妻。年三十，夫亡。无子，立夫弟和烈子瑞辉为嗣。治家严肃，合族敬畏。晚年创立义冢。年八十八卒。

苏氏　湖坑李新涵妻。年二十四，夫亡无子。事孀姑以孝，葬夫尽礼，抚幼弟有恩，以弟子曾统为嗣。孙一，曾孙三人。卒年八十二。邑人巫编修宜福为之立传。

张氏　金丰卢云昌妻。年二十三，夫亡。初，云昌贫甚，贾于晋江，有张某妻以女，生一孤，甫三龄，氏请于张，挟孤奉主归其乡。家无瓶粟，张为置谷十余桶资之。氏依叔婶郑，食苦抚孤，足不逾阃者数十年。子腾远，稍长，遣往泉州负夫骨归葬。孙肇文，监生。八十七岁卒。

苏氏　湖坑李存古妻。年二十六，夫亡。抚孤阶平成立，为太学生。年六十九卒。

苏氏　金丰林庆余妻。年二十三，夫亡。守节抚孤，年六十九卒。孙五人，其四皆列弟子员。

曾氏　金丰监生林森妻。年二十二，夫亡。守节抚孤，年八十五卒。孙向荣，监生。

黄氏　金丰儒士李德休妻。年十九，夫亡。事姑抚孤及侄，慈训有方。年四十二卒。

苏氏　金丰李玉潜妻。年二十，夫亡。抚遗腹子成立。八十一岁卒。

---

① 孙，原文为"县"。

② 衰，原文为"哀"。

苏氏　金丰卢能才妻。年二十四，夫亡。食贫守节，孤子又殇，继育嗣孙成立。年七十一卒。

苏氏　金丰江应章妻。年二十二，夫亡。守节，抚遗孤成立，为太学生。年七十九卒。

苏氏　金丰江应昭妻。年二十三，夫亡。无子，以侄为嗣，教之成名，为邑庠生。孙某，监生。氏年八十二卒。

吴氏　金丰江士能妻。年二十二，夫亡。抚二子，艰①苦全节。年一百岁卒。五代同堂。

游氏　金丰卢光秀妻。年二十九，夫亡守节。孝事公姑，抚孤成立。年七十五卒。子引若，贡生。

刘氏　金丰卢成轩妻。年二十一，夫亡。守节抚孤，卒年八十二。

陈氏　金丰卢华五妻。年二十六，夫亡。守节抚孤，每值②夫忌日，陈设哀荐，殁身无间。

黄氏　金丰卢秀焕妻。年二十九，夫亡。守节，食贫，养姑。姑老病在床，夙夜不违左右。卒年七十一。

卢氏　金丰李映嵩妻。年二十三，夫亡。守节抚孤，年七十二卒。子南钦，举乡饮宾；孙粲田、曾孙宗莲、元孙登衢，俱监生；登瀛，郡庠生。

廖氏　金丰曾型雅妻。年十九，夫出外亡。家贫无子，苦志守节，连继四子俱亡。艰苦备尝，后继孙绎武成立。卒年六十九。

谢氏　金丰故儒童曾达升妻。年十九，夫亡。守节，抚夫幼弟及嗣子成立，孝慈兼至，七十五年如一日，闺门清肃，乡党咸钦。卒年九十三。

---

①　艰，原文为"监"。
②　值，原文为"植"。

曾氏　金丰胡连玉妻。年十八，夫亡。遗腹生子，殇；抚继孙，又殇。遂苦死，卒年六十九。族属为合葬而祀之。

李氏　金丰监生胡异三妻。年二十六，夫亡。守节抚孤，不与宴会，勤俭拓①业。年六十卒。子建勋，监生。

陈氏　金丰胡瑞彤妻。年二十六，夫亡。无子守节，立夫侄为嗣。年七十六卒。

邹氏　东洋增坑监生罗志亨继妻。年十七归罗，二十四夫亡。守节，抚遗腹子溆源及夫前妻曾氏子绍祖慈爱，俱监生。卒六十四岁。道光九年请旌。

张氏　金丰胡仰泮妻。年十九，夫亡。无子守节，抚侄玉振为嗣，苦节七十五载，母子俱亡，无嗣。其侄监生玉珍收其三骸，合葬于忠坑凹上祀之。

张氏　金丰曾文标妻。年二十六，夫出外亡。守节抚孤，以次子为夫亡弟嗣。九十一岁卒。

李氏　金丰江坎舍妻。年二十四，夫亡守节。一子殇，抚族侄为嗣。年六十七卒。

李氏　金丰故儒童江天培妻。年二十四，夫亡守节。一子殇，抚侄为嗣。年五十六卒。

张氏　东洋罗昌琏妻。年二十四，夫亡。守节，抚子卿盛成立。侍姑曹氏疾，亲奉汤药，朝暮不离。年五十卒。

胡氏　东洋罗开喜妻。年二十四，夫亡。无子，以族子接盛为嗣。年七十余卒，亲见五代。

陈氏　大溪巫怀渊妻。二十一岁，夫亡。家贫，人或劝改适，辄以大义斥之。抚子商贤成立，县举乡饮宾。氏卒年五十三。

卢氏　大溪处士巫缉咸妻。年二十二，夫亡。无子，以夫兄

---

① 拓，原文为"柘"。

少白次子宜耀为嗣，早亡。孙又殇。乃以夫弟绳咸次孙初订为嗣。七十七岁卒。嘉庆十四年旌，道光元年建坊。

陈氏　金丰李立夫妻。年二十六，夫亡。守节抚孤绳蓼读书，以承先志，名列成均。氏八十六岁卒。

胡氏　湖坑李康蕃妻。年二十五，夫亡。家无宿舂①，抚孤守志不改。夫兄庠生晖章，推己所收祖父书田税谷养之，以成其志。年七十岁卒。

王氏　江浪从妻。年十九，夫亡。遗孤子仰嘉，生仅五月，氏励志抚之，入成均。氏年七十五卒。

孔氏　赖世华妻。年二十六，夫亡。敬事翁姑，抚育四子。卒年六十八。乾隆五十三年，知县梁孔珍详请旌表建坊。

刘氏　江象孚妻，即贞女黄氏之长娣也。早寡，守节，有子游于外，为嗣一孙焉。闭户荼苦，姒娌同趣，年俱八十余卒。

卢氏　枫林严岳柏妻。年二十八，夫亡。守节，抚三子任昌、任荣、任华成立，以寿终。康熙三十九年，邑令吴君梁给"母慈子孝"额。

林氏　黎袍山贡生赖行拔妻。年十八，夫亡。坚贞励节，继嗣承祧。年七十九卒。子懋传，监生。

林氏　孔夫乡儒士张开春妻。年十七，夫亡。无子守节，抚夫兄子为嗣。孝奉公姑，和睦姒娌，勤育孤幼，人无间言。年七十二卒。

简氏　孔夫乡儒士张联魁妻。年十八，夫赴试殁于汀郡。氏无子守节，抚夫兄子为嗣，冰霜自励，足不逾阈。嗣子成立，孙曾蕃衍。年七十二卒。

林氏　孔夫乡张佳尧妻。年二十二，夫亡。无子，遗一孤女，氏矢志守节。越四年，女夭，氏子身无依，无力继嗣，乃尽

---

① 舂，原文为"春"。

出其夫所遗衣物焚之。旋闭户自经。

张氏　孔夫乡林绍溶妻，年二十二，夫亡。氏矢志抚孤，家贫，忍饥采薪，易米市衣以鞠孤子。冰霜之操，困而益坚[①]，人称难焉。年八十九卒。子世俊、文秀，以贸易致富，能孝养体亲，志力行善事，为人所称。

马氏　溪南监生郑绪芳妻，南澳总兵马琳之妹也。年二十四，夫亡。安贫守节，鞠训孤子成立。卒年九十。

张氏　溪南庠生郑鹏程妻，年十八于归。鹏程聪颖能文，县试冠军。未售，欲弃儒业，氏婉劝乃止。寻冠府试军，游庠第一，为名诸生。氏年二十二，而鹏程亡。矢志守节，继夫兄子为嗣。年四十卒。子彩，庠生。

吴氏　富坑杨日赞妻。二十三岁，夫亡。矢志守节，七十三岁卒。元孙基，庠生。

阮氏　田段乡庠生廖长庚妻。年二十八，夫亡。守志抚二子成立。长之豸，庠生；次之獬。氏六十余岁卒。

阙氏　上洋乡庠生陈昂升妻。年二十九，夫亡。守节抚孤，事翁姑克代子职，家贫食力，不辞劳瘁。卒年七十九。子箕畴，邑庠生。

林氏　洪源乡陈周昌妻。年二十四，夫亡。贞洁自持，贫且益坚，惟以义方训子。七十七岁卒。子秦超，捐职州同。

郑氏　监生张连升妻，年二十八，夫亡。抚育一子，贫无立锥，有劝以改适者。氏誓不移，竟以饿死。子亦旋夭[②]，志可哀矣。

王氏　溪南郑琇莹妻，年十九，夫亡。遗孤甫四月，鞠育成立，慈训有方。卒年七十六。子上鸣，监生。

---

① 坚，原文为"监"。
② 夭，原文为"矢"。

罗氏　溪南郑大经妻。年十九，夫亡。守节抚孤成立，足不逾阃。卒年七十。

王氏　溪南陈昌胡妻。年二十二，夫亡，矢志守节。继子兰春，娶媳范氏，年二十，子早夭，范守节。继孙元曾，娶媳邱氏，年十九，孙又夭。邱守节，抚孤翘龙。三世孀居，丁传一线。王氏，年九十一卒；范，现年七十一；邱，现年五十二。

陈氏　下湖雷廖逢泰妻。年二十六，夫亡。谨事翁姑，持家勤俭。抚孤钦和，监生。

张氏　生员王思宁妻，夫妇皆有孝称。年二十四，夫亡。继嗣复夭，终身纺绩，不出闺门。稍有余钱，则分惠妯娌。人劝改适，答曰：“何以对亡人于地下耶？”年七十二卒。

陈氏　洪源乡儒士简岐苏妻。年二十七，夫亡。励志守节，食贫，贞静寡言，足不逾阃。其时公姑俱亡，逮事大翁，曲尽承欢。晚年课孙夜读，机杼之声犹与书声相断续也。年八十卒。孙潜德，举人。

谢氏　洪源乡简慕能妻，上杭举人谢光缙孙女。年十七，夫亡。励志守节，年五十七卒。嗣子承谟，监生。

卢氏　洪源乡简灿辰妻。年十七于归，四月夫亡。贞性天生，毁容敛迹，继嗣一子。年五十四卒。

吴氏　洪源乡简懋昭妻。年十七于归，九月夫亡。坚贞自[①]矢，数十年如一日。年七十四卒。

张氏　洪源乡儒士简周仕妻。年二十三，夫亡。孀居食贫，冰霜励志，年九十卒。子庆霖，监生。

邱氏　洪源乡陈克振妻。二十四，夫亡。励志守节，卒年七十七。

林氏　洪源简雍观妻。年十九，夫亡。继嗣一子，年八十

---

① 自，原文为“目”。

八卒。

黄氏　东洋儒士罗京兰妻。年二十，夫故。抚①子监生罗攀云成人。乾隆四十五年，县主鲁详请旌表。卒年九十七岁。

卢氏　洪源乡庠生简子益妻。年二十七，夫亡。矢志守节，孝事公姑，誓为夫训子续书香。后子、孙、曾、元，皆入泮。氏八十一岁卒。其后媳谢氏，以贞烈著；孙媳卢氏，以节孝称。

廖氏　直隶按察司经历郑命功妻，浙江秀水县知县廖连三女。年二十六，夫以赴选卒于京师。氏矢志守节，夫榇归，竭力营葬。继夫兄子为嗣，早夭，复择族侄为子。年七十一卒。子赐熊，监生。

曾氏　塘尾头张德宪妻。年十八，夫亡。无子，家贫守节，继侄为子，抚育成立。卒年六十五。

戴氏　塘尾头张恒春妻。年二十，夫亡。无子，守节不移。抚侄为嗣，备历艰苦。卒年六十。

曾氏　增瑞乡阙绍裕妻。年二十四，夫亡。无子守节，继夫兄子为嗣，抚养成立。年七十四卒。

郑氏　庠生江金门妻。年二十六，夫亡，抚孤守节。时姑早逝，氏上奉耄翁，下抚夫弟，孝谨雍睦，淑慎娴礼度，寡语言。卒年七十余。

郑氏　陈永吉妻。年二十六，夫亡无子。矢志守节，继族人子为嗣。贞确淑慎，和于姒娌。卒年七十八。

余氏　监贡熊启春妻。年二十五，夫亡守节。事衰姑，抚孤子，纺绩课读，寒暑不倦。年六十四。

阙氏　儒童吴炳初妻。年二十夫亡，守节。无子，立嗣为夫后。励节七十载，九十岁卒。

翁氏　大溪游宽元妻，监生翁九鹏女。年二十六，夫亡。奉

_____

①　抚，原文为"无"。

公姑，抚孤道彪，监生。卒年四十六。

林氏　大溪游华生妻。二十八岁，夫亡。抚二孤，蒙学使恩奖"潜德幽光"匾。四代一堂，年七十八卒。子焕彪，例贡。

黄氏　高头江亨仲妻。二十六岁，夫亡。二孤早卒，家贫守志，艰苦备尝，抚夫兄弟子犹己子。夫前代未葬者，竭力营葬，并葬夫曰："未亡人日后得与同穴，幸矣。"卒年八十三。乡人敬之。

张氏　忠坑州同胡骏妻。二十岁寡，孙、曾、元出仕成名者十余人。九十五岁卒。

卢氏　金丰监生苏步高妻。十七归苏而夫亡。抚夫兄子为嗣，纳监。及老，子孙欲照例陈报，氏辞曰："吾岂以此邀名哉？"不果。年七十二卒。

阮氏　金丰故儒士苏宏量妻。二十二岁寡，贫极无怨，曰："为士人妻，困穷应尔也。"抚子祥联成立。卒年四十八。

刘氏　瑶厦李瓒芳妻。年二十二寡，六十九岁卒。孙国材，监生。曾孙堂，廪生；常，监生。

刘氏　高头江始英妻。十七岁归江，三月而寡，夫兄私议其必嫁。氏闻之，语人曰："彼利吾嫁也，吾终不易。"后极贫，至衣食不给，无悔言。众悯其苦，岁时尝周恤之。七十二岁卒。以侄为嗣。

谢氏　岐岭陈直义妻。二十六岁寡，家如悬磬。抚二孤，佣耕食力。八十六岁卒。

游氏　湖坑李和溪妻。年二十五寡，一生笑不露齿。八十一岁卒。

江氏　金丰苏华应妻。二十四岁，夫病临危谓曰："上事重堂，下抚儿女，今付汝矣。"氏苦志励节，子经升、孙心传，俱入监。道光元年，请旌建坊，巫太史赠联云："节本安贞，一心茹苦邀天鉴；孝惟若性，千载留馨付史书。"七十二岁卒。

曾氏　金丰胡光远妻，。年二十三，夫亡。立嗣子谦。孙，监生。四代一堂。嘉庆九年，闽学使恩采入《潜德幽光录》。八十六岁卒

江氏　湖坑李芳裔妻。年二十一寡，嗣子复夭，抚遗孙长寿。曾孙畴丰，庠生。年七十卒。

曾氏　月流胡拔玉妻。年二十四寡，家贫守志。孝奉公姑，抚嗣子进秀成立。卒八十。

谢氏　忠坑胡湖中妻。年二十七寡。孝事公姑，立夫兄子廷元为嗣，监生。年七十八卒。

陈氏　长岭下曾伦川妻。年十九寡，守节奉亲，人无间言。六十五岁卒。子孔麟，监生。

黄氏　思贤吴瑞天妻。二十岁寡，抚孤集宪娶胡氏，年二十一生子崇其，越一年，寡。婆媳孀居，孝事九旬翁姑，慈抚周岁孙子。黄年六十四卒，胡年五十二卒。

赖氏　监生廖希圣妻。年二十五而夫亡，守节至七十五卒。

童氏　监生吴昌期妻。年二十三，夫亡。矢志不渝，继夫侄为嗣。年五十一卒。

沈氏　堂堡赖信成妻。年十六归赖，二十岁，夫亡。矢志守节，谨事老姑，继夫亲兄子恩盛为嗣，教以成立。七十一岁卒。

温氏　藕丝村张世政妻。年十七归张，二十六岁，夫客死粤西。家贫无子，氏父温振元以己田税二十桶助之。氏不受，自勤纺绩，抚夫族子鼎兆为嗣，教育成立。年八十卒。

张氏　上湖雷陈盛清妻。年十六归陈，二十三岁，夫亡。遗孤拔升才九月，抚养成立。事翁姑克谨，务勤俭。年七十三卒。

张氏　阙协和妻。年二十二，夫亡。家贫守节，终身不易其操。年五十四卒。

傅氏　上湖雷陈盛立妻。盛立随父贸易浙江，氏年十七归陈。氏二十从夫旋里，二十一岁，夫亡。遗腹生一男拔珍，抚养

成立。谨事翁姑，勤纺绩，与嫂张氏，俱苦节自守，人称"一门双节"。卒年七十五。

江氏　奥杳李和扬妻。年十九，夫往光泽，死。闻信，即卖业请夫兄前往扶枢归。氏虑①衣衾有缺，到家亲自开看，筑坟，立嗣。卒年七十。

苏氏　西坪卢著旒妻。年二十二，夫亡。守节，鞠训孤子。贫不能具饘粥，亲族递年抽祖烝内谷二十桶赒之。卒年七十九。

林氏　丰田监生张炳蔚妻。年二十八，夫亡。守节，抚子成立。淑慎温惠，终身不闻诟谇声。卒年八十六。

谢氏　西坪卢奏勋妻。年十八，夫亡。家贫守节，继子为嗣，鞠训备历苦辛。所居楼堡，被回禄延烧，至氏处，反风而火熄。人以为贞节所感。卒年八十。子修文，廪生。孙阳开、曾孙经，俱廪生。

王氏　上寨卢定南妻。年二十，夫亡。励志守节，娴于妇职，内外无间言。卒年八十八。五代同堂。子魁春，监生。孙、曾繁盛，游庠及捐贡、监。胥征氏德焉。

苏氏　上寨卢揆正妻。年十八，夫亡。守节，抚侄永昌、永蕃为嗣，教之成立。卒年五十一。

严氏　上寨卢恒春妻。年二十一，夫亡。遗腹生次子，守节抚二孤子成立。卒年八十九。五代同堂。

江氏　龙磜乡儒童王伯献妻。年二十二生子兆良，未周月，夫亡。守节抚孤。孤长，使受学。督婢仆农耕，增立儒烝田。孙子林立。卒年七十五。知县卫克堉奖以匾曰"节孝古稀"。

吴氏　太平寨曾震兰妻。年二十五，夫亡。守志奉姑，得其欢心。抚孤二十四岁，又亡，继立嗣孙继林成立。卒年五十七。

赖氏　沈觉达妻。二十八岁，夫亡。抚孤守节，卒年九十

---

①　虑，原文为"卢"。

一岁。

　　以上节妇，俱已故。

　　曾氏　思贤乡吴淳其妻。年①二十一，夫亡。家贫，无出，以夫兄子为嗣。简默厚重，妯娌爱敬，族党贤之。现年五十九岁。

　　古氏　思贤处士吴钦其妻。年②二十八，夫亡。清贫守节，抚孤玉衡、玉玑，俱国学。氏现年九十七。子姓③二十余人，五代同堂。

　　许氏　陈恒玉妻。年二十六，夫亡。上事下育，守节坚心。现年五十八岁。

　　苏氏　金丰卢恒桐妻。年二十五，夫亡。抚二子成立。现年六十八。

　　江氏　金丰余诒堂妻。年二十五，夫亡。守节。现年七十八。

　　张氏　金丰胡丰骏妻。年二十九，夫亡。守节抚孤，现年七十三。子绍仁、绍章，皆监生。

　　唐氏　金丰吴集靖妻。年二十一，夫亡。守节，抚孤子之基、之怀成立。现年六十九。

　　胡氏　东洋张庆乾妻。年二十，夫亡。无子，守节，抚立嗣子元光、元琨。现年六十。

　　江氏　金丰庠生李大鹏妻。年二十三，夫亡。守节，抚孤成立。卒年七十三。

　　苏氏　金丰李万成妻。年十六，夫亡。抚遗腹男开玉，矢节

---

　　① 原文缺"年"字。
　　② 原文缺"年"字。
　　③ 子姓，同"子孙"。

不移。现年四十八。

　　李氏　金丰苏显兆妻。年二十一，夫亡。无子，守节，抚侄为嗣。孝养舅姑，又能兼恤外家。现年七十八，一堂四代。

　　黄氏　金丰张宗瑞妻。年二十二，夫亡。守节抚孤，孤又亡，立族子为嗣。现年六十九。

　　罗氏　金丰故儒士吴集芳妻。年二十三，夫亡。守节抚孤，现年六十五。

　　黄氏　金丰故儒童吴集思妻。年二十二，夫亡。无子守节，抚侄庭辉为嗣。现年七十岁，四代同堂。道光九年，请旌建坊。

　　曾氏　金丰胡三阳妻。年十六归胡，数月夫亡。哀哭失明，嗣子继丧，更嗣孙德继成立。现年五十一。

　　徐氏　金丰故儒童胡科秀妻。年十六，夫亡。无子守节，孝养重亲，抚育夫弟，以侄为嗣。现年六十八。

　　谢氏　金丰故儒童曾文谦妻。年二十九，夫亡。无子，守节奉姑。继一子，幼亡。复嗣孙映林成立。现年七十。

　　曾氏　金丰胡朗元妻。年二十四，夫亡。守节抚孤成立。现年七十二。

　　曹氏　东洋罗国盛妻。年二十六，夫亡。守节，抚子发成立。现年六十二。

　　戴氏　大溪巫良荣妻。年二十，夫亡。无子守节，家极贫，坚操不改。以弟善荣子为嗣，现年四十二岁。

　　郑氏　胜运赖捷贵妻。年十九，夫亡。守节，鞠训孤子成立。现年八十。

　　姜氏　丰田陈恒嘉妻。年二十四，夫亡。矢志靡他，继族子为嗣，纳监，早夭。抚幼孙成立，四代同堂。现年七十二。

　　谢氏　丰田陈恒翠妻。年二十一，夫亡。守节，继嗣纳监，早夭。抚幼孙艰辛鞠训，得以成立。现年七十四。

　　刘氏　赖璨熙妻。年二十三，夫亡。遗二子，长四岁，次甫周，堂有八旬祖母，六旬翁姑，氏仰事俯育，簪髻辛勤。及祖母、舅姑终养，丧葬如礼。现年七十岁。二子俱受室，有孙三人。

赵氏　江敦亨妻。年十九，夫亡。无子，家贫守节，事姑孝谨。立夫侄为嗣，旋夭，孑然一身，荼①苦备至。现年七十六岁。

卢氏　抚溪庠生张瑞春妻。年三十，夫亡。守节，教二子慈训有方。现年五十四。长子凤翔，邑庠生；次凤翔，监生。

林氏　黎袍山赖宗建妻。年二十六，夫亡。矢志守节，鞠训子孙。现年六十九。子茂享，监生。

邱氏　上洋乡陈国香妻。年二十九，夫亡。苦志守节，现年五十四岁。子鹏起，监生。

张氏　上洋乡廖远扬妻。年二十六，夫亡。冰霜自励，节俭成家，孙、曾林立。现年八十三岁。

谢氏　云川乡卢殿臣妻。年二十九，夫亡。抚孤事翁，备尝艰苦。子早夭，终以冰霜自励。现年六十九。

翁氏　游暹上妻。年二十，夫亡。矢志守节，孝事翁姑，抚子成立。现年八十八岁。

沈氏　增瑞坑儒士阙宗才妻，堂堡增生沈接三之女。年二十一，夫亡。毁容守节，奉事衰姑。会夫兄嫂亦俱卒，家无长丁，抚遗腹孤子及诸侄，皆得成名。现年七十三岁。子度良，监生。

孔氏　溪东赖西兆妻。年二十二，夫亡。家贫无子，矢志不移，勤种植以自活。现年六十岁。

黄氏　儒士赖北园妻。年二十七，夫亡。守节抚孤，孝事翁姑，家极贫，上事下育，尽出女红，艰辛备至，乡里共称其贤。现年八十有六。子益图，监生。

---

① 荼，原文为"茶"。

卢氏 洪源乡处士简佩和妻。年二十一，夫亡。誓志不二，自言代夫事母。夫兄监生邦俊，怜而敬之，以己子嗣焉。现年六十七岁，四代一堂。子腾骧，邑庠生。

戴氏 洪源乡简炳宜妻。年二十，夫亡。继嗣一子，坚贞守节，孝事公姑。现年七十三岁。

廖氏 洪源乡陈黉妻。年二十六，夫亡。贞操洁白，训子有方。现年七十三岁。嗣子云峰，监生。

林氏 洪源乡陈宏卿妻。年二十八，夫亡。坚贞自矢。现年六十六岁。

卢氏 洪源乡陈朝光妻。年二十一，夫亡。无子，家贫守节，立嗣以抚之。现年六十岁。

陈氏 孔夫乡张遇兆妻。年十九，夫亡。无子，矢志守节，冰霜自励。现年六十三岁。夫弟监生龙兆，亦只生一子，遂承二祧，即监生庆龄。

郑氏 溪南阙凤佐妻。年二十七，夫亡。守节，抚二子成立。勤俭持家，孝奉老姑，孀居四十余年，内外无间言。现年七十一。

郑氏 溪南范魁元妻。年二十，夫亡。矢志守节，继族子为嗣，饮冰茹蘗，乡里无间言。现年六十四。

黄氏 溪南郑玉龙妻。年二十二，夫亡。励志守节，奉孀姑马氏，克尽妇职。现年八十。

曾氏 东安张旺千妻。年二十二，夫亡。无子，矢志守节，夫兄弟三人，各继一子为嗣。次子、三子，俱监生。氏现年七十。

卢氏 抚溪赖步兰妻，廪生卢奎晖妹。年二十四，夫亡。守节抚孤，鞠训成立。为娶媳卢氏，子又早死，遗腹八月生孙敏肇，卢氏年方十九，矢志靡他。婆媳冰操，课孙业儒，乡里钦其双节。氏现年六十二，媳现年四十三。

沈氏　抚溪赖步扬妻。年十六①于归，步扬已病。合卺止二夕，日夜侍汤药，衣襦不解，一月而夫亡。矢志守节，足不逾阃，继夫兄允飘三子雍谦为嗣，卜葬夫坟，训课子孙，乡里重之。现年五十一。

吴氏　抚溪赖奏豪妻。年二十七，夫亡。守贞一之志，训子成立。现年七十。

卢氏　抚溪黄恒芳妻。年二十二，夫亡。无子，继侄承祧，又早卒。作苦励操，矢志不二。现年七十五。

程氏　抚溪赖容兹妻。年二十三，夫亡。无子，守节，继夫兄子为嗣，又夭，媳卢氏无出，再立侄景明子以承祧。卢氏亦励贞操，侍姑勤孝。程氏现年六十，卢氏现年若干。

张氏　抚溪赖贯材妻。年二十八，夫亡。守节。现年六十五。

卢氏　抚溪监生赖成秀妻。年三十，夫亡。守节，鞠育三子，延师督课，慈训有方。长试廷、三伟才，皆庠生；次表才，监生。氏现年五十三。

张氏　监生王广观妻。年十九，夫亡。矢志守节，抚嗣子凤鸣，监生。道光九年，学宪陈奖以"贞松慈竹"四字。现六十二岁。

陈氏　张元凤妻。年十九，夫亡。守节，抚育孤子，勤瘁过人。捐书院田谷十桶，人推为"闺阁尚义"之举。现年六十八岁。子炳奎，邑庠生。

邓氏　监生范怡阁妻。职员金兰之母也。年二十八，夫亡。守节抚孤，事舅姑能尽其力。现年七十一岁。

阙氏　范怡颜妻。年二十六，夫亡。守节抚孤，现年五十八岁。

---

①　十六，原文为"六十"。

葛氏　适贡生熊道亨子，儒童熊良玉妻①。二十一岁而寡，子生方晬，矢志抚孤，孝勤不怠。现年四十八岁。

曾氏　上湖雷熊捷升妻。年十六归升，时升疾已笃，旬余而殁。氏贞心守节，事翁姑尽职，抚夫兄子鼎兰为嗣，教以读书。未几，子妇俱亡，抚一孤孙。自咎命薄，勤俭无怨。现年七十三。

戴氏　上湖雷庠生熊殿荣妻。年二十二，夫亡。无子，谨事翁姑，立族子为嗣，复夭折。氏苦节愈励。现年七十五岁。

熊氏　上湖雷阮增旺妻。年二十五，夫亡。无子。孝养翁姑，抚夫族子为嗣。现年六十二岁。

戴氏　增瑞坑阙伟芳妻。年②二十六，夫亡。无子，以夫兄子立元为嗣。苦志守节，母教严备，亲族重之。现年六十一岁。

吴氏　下湖雷张财上妻。年二十八，夫亡。家贫勤绩，上事下育。未几孤殇，继嗣又殇。氏矢志不二，更抚夫弟之子，训之成立。现年七十一岁。

赖氏　下湖雷张春发妻。年二十，夫亡。家极贫，敬顺翁姑，抚遗腹孤子成立，备极艰苦。现年五十八岁。

卢氏　堂堡沈蕴辉妻。年二十九，夫亡。孝奉翁姑，毁容守节，勤绩抚孤，劬劳甚至。现年五十九岁。

张氏　潘坑监生沈楫川妻。年三十，夫亡。孝养翁姑，训孤勤读，节行为闾里式。现年六十岁。

吴氏　下湖雷监生张怡惠妻。年二十三，夫亡。抚遗腹孤子成立，现年六十岁。乡人称其苦节。

廖氏　下湖雷吴汉洪妻。年二十八，夫亡。二子皆幼，贫甚，以女红度日，贞苦训孤。现年七十六岁。

---

①　原文缺"妻"字。
②　原文缺"年"字。

张氏　下湖雷儒士邹永刚妻。年二十三，夫亡。抚二孤成立。道光九年，其孙庠生用舟呈报，学宪陈赠以匾曰"清闺懿范"。现年七十八岁。

温氏　溪东庠生赖黻妻。年二十二，夫亡，无子。苦志守节，顺事舅姑。以夫兄子继元为嗣，教诲勤劬，不坠先志。现年五十一岁。

葛氏　云川乡卢先志妻，江苏江都县葛子昌之女也。年十六适先志，二十六岁而寡，生一子二女。子幼亡，家贫如洗，无期功之亲可倚，惟姑一人在堂，且有废疾。氏矢志守节，以针指营生。会岁饥，常减己食以奉姑。时邻人有无赖者，欲诱之嫁，稍以言语餂之。氏詈不绝口，永不过其门。有一女适张氏，生二子而寡，家贫，欲改嫁。氏屡止之，谓："我无子而贫，尚在守节，尔虽贫，有二子，将来可望。"女不听，遂改嫁。婿请过门，不往。他日，女来，氏斥之曰："尔不似我，非我女也。"并所奉物挥诸门外，绝不相往来。姑九旬而终，氏以累黍之积毕其丧葬，人咸敬之。幼曾读书，略晓文义，于古人传记，每举其节孝者自勖，兼以勖人。斯诚无愧节孝矣。现年七十有二，无子无力，未曾请旌。

林氏　云川乡卢斐筠妻。年二十五，夫亡。无子守节，抚族人子为嗣，坚贞励志[1]，人无间言。现年七十五。

张氏　云川乡卢羡槐妻，职监卢得攀母也。二十三岁，夫往粤，卒于中途。氏闻讣[2]，痛不欲生，因念翁姑在堂，孤儿在乳，勉供妇职，孝养无怠。孀居四十余年，虽子侄，罕睹其面。现年六十六岁。

熊氏　云川乡卢遵诏妻。年二十四，夫亡。闺门不逾，孝事

---

① 坚，原文为"监"；原文缺"志"字。
② 讣，原文为"计"。

公姑，抚子鏐成立。孙、曾绕膝，现年八十二岁。鏐，监生。

郭氏　云川乡卢青植侧室。年二十三，夫亡。守节，事亲训子，克尽其职。现年五十一岁。子克业，监生。

吴氏　云川乡卢章龙继妻。年二十五，夫亡。守节抚孤，现年六十有四。

王氏　云川乡儒童卢怀奏①妻。年十六归怀奏，秉性贞淑，家贫，勤针黹以佐夫读。十九岁夫亡，氏痛不欲生，念翁姑无人奉养，因节哀，恳为夫立嗣。嗣子既冠而夭，氏哀恸成病，坚苦尤甚。现年五十八岁。

简氏　富岭乡王瑞兆妻。年二十三，夫亡。苦志守节。现年六十六岁。

卢氏　监生王青云妻。年二十四，夫亡。守节，教养子孙。现年七十二岁。

郑氏　上洋乡陈步霄妻，年二十九，夫亡。苦志守节。现年六十岁。

林氏　上洋乡陈明霄妻。年二十九，夫亡。苦志守节。现年七十四岁。子安理，监生。

林氏　灌洋乡郑春兰妻。年十九，夫亡。昼薪夜绩以抚遗孤。及长，复陨②。氏坚守不二，茹苦铢积，经理舅姑及夫坟墓，莫不完善。现年七十有三。

林氏　文溪乡李本成妻。年十七，夫亡。无子，矢志守节，抚嗣子成立。现年六十有三。

卢氏　文溪乡李子通妻。年二十一而夫客死。氏守节，抚遗腹子成立。现年五十有五。

温氏　云川乡卢皋瑾妻。年二十四，夫亡。贞静自守，足不

----

① 奏，原文为"秦"。

② 陨，通"殒"。

逾阃，邻近罕识其面。抚嗣子建英为太学生。曾孙七人。现年七十有五。

许氏　云川乡卢瑞新妻。年十九，夫亡。矢志守节，孝事舅姑，人无间言。现年六十有五。

廖氏　儒士赖恩凤妻。年二十二，夫亡。顺事重闱，抚育二子，辛勤茹苦，门内一切经纪井如。现年五十三。长子瑞廷，业儒。

黄氏　儒士王安范妻。年十八，夫亡。守节，不苟言笑，敬事翁姑。现年六十四岁。子树勋早卒，媳张氏能承姑志，两代苦节，人咸敬之。张氏现年五十一。

张氏　王柏绍妻。年十八，夫亡。抚孤守节。现年七十一。

陈氏　王遐福妻。年二十四，夫亡。抚孤守节。现年五十八。

马氏　庠生郑廷纶妻。年二十九，夫亡。抚孤守节。媳温氏，发庆妻，年二十一夫亡，矢志守节。姑媳相依，孀居数十载。马，年六十一卒；温，现年六十八。

马氏　刘昺朗妻。年三十，夫亡。家贫乏，孝事公姑，抚育二孤，苦志守节。现年八十九岁。

赖氏　监生刘梦龄妻。年二十九，夫亡。足不出闺，抚孤守节。现年六十六。

郑氏　张成昭妻。年十七，夫亡。无子，立嗣，守节五十余载。现年七十三岁。

黄氏　赖观发妻。年十九，夫亡。无子，立嗣，矢志守节。现年六十六。

饶氏　儒士萧缓侯妻。年二十七，夫亡。抚孤守节，家贫，绩纺以事翁姑，勖孤继父读书。现年五十一。

陈氏　儒士郑九楼之妻，位垣之母也。位垣生十日而九楼卒，氏年二十一。矢志抚孤，勤绩纺，孝翁姑。现年七十二岁。

位垣，四川候补未入流，署重庆府照磨。

邱氏　郑旭楼妻。年二十，夫亡。家贫，氏矢志守节，绩纺以养翁姑。现年六十六。

邱氏　溪南儒士郑锦斋妻。年十五归郑，二十二岁夫亡。家贫，抚孤嘉兰，苦志守节，以女红养姑。现年五十八岁。

赖氏　儒士郑大申妻。年十六归郑，二载夫亡。茹涕衔哀，誓志不二，以兄子为嗣，鞠育备至。尝执儿书而训曰："是汝家传之宝，未亡人所以不死者，欲汝读书成名，慰汝父于地下耳。"事翁姑尤孝，屏①簪饰，勤纫织，足不逾阃二十余载。现年四十有三。

葛氏　庠生郑赐铭妻。年十六于归，二十夫亡。氏痛不欲生，水浆不入口者三日。翁姑止之，遂专志守节。性纯孝，以纺织佐甘旨。子位镛，以贫故，欲废学，氏喻之曰："尔家五世书香，汝欲坠之乎？吾之茹苦如甘者，冀汝能继其先耳！"愈加督之，位镛弱冠游庠，秉母教也。现年五十七岁。

王氏　马廷柱妻。年二十二，夫亡。抚孤，守节，凡言语举止，俱堪为闺门式。现年八十二。

邱氏　王淑宗妻。年十九，淑宗客死。无子，守节，立嗣，善事姑，备极辛勤。越八年，姑没，嗣复夭，只身贫困，几难自存。氏茹荼铢积，为姑营葬。现年六十七岁。

范氏　马斗保妻，年二十，夫亡。抚孤守节，孝事翁姑，现年七十。

张氏　月流胡超凤妻。年二十六，夫亡。守节抚孤，家贫，与姑茹苦。其外祖郑某，年老无子，来投，氏分食奉之，终其天年。姑亡，丧葬尽礼。又以父母无嗣，迎养于家，历十余年，诚孝罔怠。殁后，又弟姨辈共置祭田。现年八十二。子一人，孙三

---

①　屏，同"摒"。

人，曾孙二人。知①者皆以为节孝之报云。

胡氏　湖坑廪生李若妻。年二十一，夫亡。孤方二岁，生将死，与氏诀曰："家徒壁立，奈何？"氏泣曰："天不可知，人可自勉。"及生卒，茹苦养孤。稍长，遣之读，膏火衣食，悉出女工。现年五十六岁。子烜，庠生。

苏氏　湖坑李清建妻。年二十九，夫亡。抚孤成立。现年六十七。其娣江氏，庠生李魁林妻也，年二十二亦寡，集蓼茹茶，立嗣承祧。现年五十，同守苦节。

苏氏　湖坑李存素妻。年二十九，夫亡。抚孤至三十岁又亡，与媳苏氏孀居，抚二孙。现年六十七。

江氏　湖坑李秉福妻。年二十，夫亡。抚孤守节。现年八十一。嗣子钦翰，监生；孙高飞，庠生。

余氏　金丰黄干璇妻。年二十一，夫亡。孝事舅姑，抚孤尚珍成立，为太学生。现年八十四，四代同堂。

翁氏　金丰游作达妻。年十七归作达，十年而夫亡。抚孤守节七十年，现年九十七岁。四代同堂。

范氏　胜运监生赖受薪妻。年十八，夫亡。守从一之志，教子事姑。继二子为嗣，鞠训有方。现年四十一岁。

胡氏　上湖雷熊殿钟妻。年二十九，夫亡。立志抚孤，未几其子复死，氏孀居，忧戚，双目丧明。乡里咸服其苦节。现年七十六。继一孙，以嗣夫后。

张氏　上湖雷熊成昆妻。年二十八，夫亡。孤子楚求方六岁，抚养成立，孝翁姑。现年七十一岁。

谌氏　上湖雷熊成万妻。年二十四，夫亡。无子守节。继夫弟之子楚英为嗣，抚养成立。现年七十五岁。

许氏　溪东赖开增妻。年二十一岁，夫亡。无子守节，继夫

---

①　知，原文为"如"。

族子文传为后。现年四十二岁。

孔氏 溪南吴永成妻。三岁抱养吴门，十八岁，夫亡。时成婚甫二年，外家逼令改嫁，氏坚守不移，遂绝往来。二十岁，公姑相继没，家事皆氏独力支持，勤苦备至。现年五十八岁。

卢氏秀娘 赖祝昌妻。年十八，夫亡。无子，即闭户自经，家人救之。越七日，氏乘间出，欲投水。翁姑觉之，乃救免，且勉以仰事俯育之任。氏起，遂勤劳力作，代夫奉亲敬养，数十年不懈，能得翁姑心，抚继嗣利增成立。现年五十一岁。

苏氏 监生游仕中妻。三十岁，夫亡。守节抚孤。二孙。现年五十五。

沈氏 上洋乡监生陈国亨妻。年二十八夫亡，守节，抚二子成立。现年五十八岁。

廖氏 上洋乡陈发昌妻。年二十四夫亡，守节，抚侄鸿谟为嗣。现年五十六岁。

邱氏 上洋乡陈步贤妻。年二十六，夫亡。抚孤里麟，娶媳王氏，年二十六亦寡，继堂侄耀曾为嗣。姑媳孀居数十年，昼薪夜绩，自力衣食，冰霜两节，人无间言。邱氏，卒年八十一；王氏，现年六十四岁。

赖氏 上洋乡监生陈世雄妻。年二十九，夫亡。守节抚孤，现年五十六岁。子国业，监生。

陈氏 田段乡监生廖搏万妻。年二十八，夫亡。守节抚孤，冰霜自励。现年六十七岁。子起光，监生。

邱氏 湖坑监生李朝亮继妻。二十二岁，夫亡。事姑惟谨。以夫兄朝珍子曾粲为嗣，监生；孙二：克基、克俊。现年四十七岁。

李氏 洪坑林朗潭妻。十九岁寡。抚夫弟子馥桂为嗣，成立。现年六十七岁。

苏氏 湖坑李生喜妻。二十七岁寡。抚嗣子，辛苦备尝。现年四十八岁。

陈氏 高头江湍川妻。十七岁归江，数月而寡。纺绩以事孀姑，始终唯谨。抚夫兄贡生江奠川次子成名。现年八十岁。

苏氏 高头江云龙妻。年①二十四寡。抚孤教曰："不读书，难为人，毋以家贫废学也。"现年六十一岁。子二，长名沱，邑增生。

张氏 高头江星垣妻。二十岁寡。抱抚二侄。次，鸿升，庠生。现年八十有三。

林氏 高头江健纯妻。年②二十九寡。抚孤子文涛，庠生。现年六十九岁。

苏氏 高头江淋球妻。二十八岁寡。现年七十一岁，四代一堂，男女三十六人，生、监六人。

苏氏 高头江辉湖妻。年二十八寡，抱养侄豹文，监生。现年八十有四岁。

江氏 金丰邑庠生苏联科妻。年二十六寡。抚夫堂兄子怀筠，监生。现年六十七岁。

江氏 金丰李闰华妻。十五岁适李，夫亡，抚嗣有方。现年四十岁。

江氏 金丰苏旦馨妻。年二十四寡。抚孤邦俊、濬文皆监生。现年七十有一。

郑氏 金丰故儒士朱福进妻。年二十寡。抚遗腹子基生成人。现年七十四岁。

张氏 岐岭陈玉中妻。十八岁生一女，夫亡。茹苦奉舅姑，抚孤成立。

苏氏 金丰林福兰妻。年二十八寡。抚孤焕文，监生。现年

---

① 原文缺"年"字。
② 原文缺"年"字。

七十六岁。

余氏　金丰监生林潜厚妻。年二十一寡，生一子，旋亡，继立嗣子起岳。现年四十五。

苏氏　金丰江宜史妻。年二十五寡。家贫，纺绩养姑，育孤子观隆。现年五十五岁。

李氏　林仁锦妻。年二十七寡。抚嗣子喜龙。现年七十有七。

江氏　金丰从九苏有章妻。年二十寡。抚遗孤。现年六十一岁。

林氏　金丰监生苏有为妻。年二十四寡。抚孤毓芹。现年五十六岁。

陈氏　泰溪巫康荣妻，漳州人也，康荣幼在漳州娶之。氏年二十八，夫亡。人告以夫家无立锥之地，诱其改适。氏谓："妇无二夫。"遂携孤子漳福还夫家守节，冻饿滨①死，处之夷然。现年五十二岁。

游氏　湖坑故儒士李翰卿妻。年二十七，夫亡。守志持家，能晓大义，抚孤曾贤成立。现年七十岁。

胡氏　太平寨曾叠凤妻。年二十一，夫往台，五年卒于外。氏哭殒②复苏者数四。媚居自励，不逾闺阃，尤能孝养公姑，抚子克明成立。现年四十六。

张氏　东洋罗祯远妻。年二十一生子佑曾，甫四月，夫亡。勤俭守节。现年五十九。

张氏　吴涵举妻。年十九，夫亡。家贫守节，现年七十六岁。

赖氏　儒士吴才彰妻。年二十，夫亡。现年六十一岁。

---

① 滨，通"濒"。
② 殒，当为"晕"。

阮氏　赖福昌妻。年二十五岁，夫亡。抚孤守节，现年五十七岁。

许氏　监生邓云观之妻。年二十八，夫亡。敬事翁姑，抚孤成立。现年八十一岁。

陈氏　上青坑监生阙国栋妻。年二十八，夫亡。谨事翁姑，持家严肃，抚孤鹏超，纳监。现年七十三岁。

陈氏　苏端庆妻。年二十一，夫亡。无子，抚夫兄子为嗣。娶媳李氏，年二十二生一子又寡。陈氏偕媳，茹苦抚孤。现年六十二岁。

赖氏　阙开元妻。二十七岁，夫亡。抚养孤子。现年六十三岁。

许氏　长岭陈恒玉妻。年二十五寡。生子已殇，复立夫弟之子为嗣，抚孤守节，敬事翁姑。现年五十六岁。

以上节妇。

萧氏　赖希禹未婚妻。希禹卒，闻讣奔丧，为夫立后。乾隆十五年旌表。

吴氏　江浪辰未婚妻。年十七，夫死。闻讣奔丧，舅怜其幼，且家贫，不忍留。氏曰："饿死事小，失节事大。志已决矣，舍此何之？"遂纺织育嗣孤，苦节四十余年。乾隆二十九年，旌表建坊。编修巫宜福作《吴氏贞节传》，载《艺文》。

以上贞女，俱见旧志。

陈氏　抚溪黄绍宗妻。年十三，童养于黄。时宗客粤东，寻以病卒，氏怮绝。公姑喻以子死家贫，他适不汝留。氏泣曰："未见夫面作未亡人，奚忍再醮？膝下无他儿，愿代子职，惟悴服勤。"公姑怜其少，再三谕之，志卒不可夺。继从侄为嗣。年六十一卒。

赖氏　张绎存妻。童养于张，未成婚而夫亡，氏年止十六。坚志守贞，其姑劝其改适，誓死不从。年三十九卒。

廖氏　西坡乡林世和未婚妻。将嫁，而夫往外，无踪。氏待至二十七岁，亟请于父，愿归林家守节。父许之，乃托媒送归。夫家房族悯其贫，公给田十二箩。与侄合餐，足不逾阃。冰霜苦节，人无间言。现年七十五岁。

沈氏　马山堡阙宗兆未婚妻。宗兆年十五卒，氏登门守节。家贫甚，至死不易其操。

陈氏　林魁未婚妻。年八岁童养于林，魁年十二而亡。氏长，矢志守节，且孝于姑，无子立嗣。家贫，以采薪卖柴度日，孀守七十余年。现年八十三岁。

简氏　云川乡卢应熊未婚妻。年十六，夫亡。氏闻讣奔丧，矢志守节。三十九岁卒。

王氏　虞坑陈辛龙妻。童养于陈，夫髫龄客于外。氏年及笄而夫亡，未见夫面也。家贫姑老，守节，艰辛以供朝夕。父母以他适强之，号泣请死，乃止。继族子为嗣。历苦节三十余年卒。

张氏　罗敷远妻。年十二归罗门，夫客于蜀，至十八而夫客死。无子立嗣，孝养衰姑，矢志守节。卒年七十。孙彰，庠生。

吴氏　郑学源未婚妻也。年十三，闻夫死，含泪不食。至夫家，抱柩而哭。翁姑怜其少，语氏父母引归其家。氏矢志不移，曰："吾无所归矣。"日事纺织，不出闺门，以夫兄子为嗣。后，儿、媳、孙俱亡，复立夫兄孙为嗣。氏一生苦节，经督学恩公采入《闽中贞女传》，给"潜德幽光"四字匾。年七十四卒。

萧氏　溪南郑健圣妻，监生萧怀勋女。幼字健圣，未归而圣卒。氏年十四，矢从一之义，往夫门守节。勤纺绩以孝奉翁姑，继夫弟子为嗣。未几复殇，悲痛成疾，卒年五十六。

吴氏　溪南郑书舍妻。幼抱养郑门，年十四，未合卺而夫亡。矢志守节，继子鼎茂为嗣，娶媳，逾年卒。复继孙承桃，缩食积资，为夫营葬，并修祖父母茔域。卒年七十四。

游氏 金丰陈泰福未婚妻，贡生游大光女也。童养陈门，夫亡，氏年甫十六。奉公姑，守贞不嫁。现年六十二岁。知县陈奖以匾曰"松筠比操"。

张氏 金丰卢士纯妻。士纯幼往外谋生，氏十三岁至卢门，未见夫面。士纯卒于外，矢志靡他以养姑。贫甚，无肯为继子者，苦守六十余年卒。

张氏 金丰胡开品未婚妻。开品未冠而卒，氏闻讣，恸哭不欲生。其父母再三劝慰，请往夫家泣奠，谒见公姑，询夫死所，闭门哭泣，水浆不入口三日。婢劝其回，氏矢志守义，之死靡他。夫兄庠生胡涛以次子其太为其嗣，家贫，出外习艺身故。氏悲恸得病而卒，年五十九。

谢氏 金丰胡柏林未婚妻。年十六，闻夫讣至，即适夫家，守节如礼。以兄子继，未冠而亡，氏纺绩奉养，不茹荤。苦节七十四年，无嗣卒。

黄氏 江象谦妻。以童媳归江门，柔顺端淑，得姑之欢。未毕婚，而象谦客粤，继以凶闻①归。氏矢志无他，家徒四壁，终岁藉糊纸锭为糊口计。嗣夫兄一子，又早夭，凄寂孤零，历六十余年。言未尝彻阃，足未尝逾阈。年八十余卒。

江氏 大溪游郡彩未婚妻。童养于游，夫客蜀故，氏十六岁。闻凶耗，誓以死从，翁姑止之。择夫兄子承泰为嗣，勤俭宽厚。孙二，长五兴，为夫弟之嗣。氏筑生坟，长孙请葬其嗣祖与之葬，遂改卜于泰溪乡水口。现年近九旬，神明犹弗衰焉。

戴氏 黄砂邓周俊未婚妻。周俊客死暹罗，氏年十六。闻信，自赴邓门。矢志守节，不苟言笑，不出闺门，松柏之操历六十年如一日。继夫兄子炳龙为嗣。现年七十有七。

---

① 闻，原文为"问"。

林氏　金丰苏瑞玉妻。幼养于林，年十四，未成婚夫亡。矢义不移操，勤纺绩以养公姑。抱族人幼子为嗣，亲族无往来，终身缟素，以全其志。

张氏　思贤乡吴集榛妻。年十三，夫往外国。越十二年，卒于外。氏茹苦自守，抚族子为嗣。既娶，二十余岁又亡，复立孙承元成立。卒年六十有六。

以上贞女。

余氏　金丰庠生黄廷铣妻。生二子，预决其不成立，为夫纳妾陈氏，生一子，余曰："此可以承祀矣。"后果然，能逮下而兼有智，乡里推贤媛云。

黄氏　太溪巫鼎川妻。性慈厚，年十五适巫，言不出阃，足不逾阈，荆钗布裙，菜羹疏食①，以勤俭身率子妇，婢仆和壹而肃敬。邻人有向籴②者，必于升、斗外溢量与之，并减时值，不令子妇知。晚年，每岁暮，代邻妇缝纫稚子衣履，日夜不倦。子妇等谏，乃曰："彼日间作劳，谋食不暇给，我无以赒之，代为针黹，使省些倩人费，得稍从容度年。我自乐为之，无苦也。"其用情惠爱率类此。卒之日，远近邻妇痛哭如亲丧，传诵不衰焉。以孙贵，覃恩赠宜人。

江氏　大溪巫少白妻。恭静孝慈，逮事公姑、祖姑得欢心，中馈勤劳，啜菽饮水，尝忍饥充藜藿不令人知。邻人罕有闻其声者。教子慈而闲以礼法，朝夕必遣至公姑前问安，而后已读书，出入有常则喜。尝随夫任内署，晨夕焚香，以"不负百姓"，以"培我子孙"为祝，不及其他。平生事继姑曲尽爱敬，继姑临终，氏已随夫任，亹亹以"不见我孝妇为憾"等语。闻讣，氏不食者

①　疏食，即粗食。
②　籴，原文为"糶"。

屡日，布衣疏食，虽贵，无异常时。后以子宜福、宜禩官京师迎养，卒于京，年七十六。覃恩封四品恭人，奉旨归葬。四川学政编修莆田郭尚先为志墓。

卢氏　抚溪举人赖廷燮生母。性孝谨，夫客江右几二十年未归。老翁在堂，艰于朝夕。氏勤针黹，克尽孝养，尤爱廷燮勤学，督责辄倍寻常。迨游泮，始语燮曰："人以家贫改业，屡聒胡卢应之。转加策励者，恐负母志耳！宜益勉旃。"寿终六十四。廷燮领乡荐，咸称氏德云。

苏氏　抚溪赠职监士赖良生妻。性贞淑，喜赒恤，每解衣给贫寒，未及更造，虽隆冬服夏布，无介意。外侄孤苦，特为授室，并营葬外父母。乾隆五十二年，岁歉。氏八十一为寿，语子斐英等曰："能予穷人一日饱，不较胜烹燔速宾耶。"每米一升分给，数日几遍。乡里之贫者，咸称慈惠焉。寿终八十四。以子斐英捐职，封安人。

卢氏　抚溪捐职州同赖奎玉之母。夫升云早丧，氏年三十二，窘甚，鞠育奎玉兄弟，作苦以赡饘粥。尝语其子曰："尔父前娶巫氏，尔嫡母。东坑路崎岖，采樵日由此，尔曹克家谨志之。"氏年六十六殁。后奎玉资稍裕，嘉庆十三年，修东坑路助五十金，又捐尚义祠三十金。道光四年，奎玉捐职，并嫡母巫氏封安人，循慈训也。

张氏　贝溪庠生卢瑞溪妻。瑞溪教授生徒，脩金仅给饘粥。氏固忘贫转喜，夫子学业有成，不但能缩衣食使有余，故瑞溪数十年无内顾忧。馆谷课子，手不停披，从学多成材。长子苞文，恩贡生；四子①蔚文，戊辰科举人。竞称妇德云。

郭氏　龙潭卢怀潭继妻。性嗜读，爱前子正芳如己出。就傅授书，日以勤学督责。迨正芳游庠，为名诸生，犹惇惇不少宽

---

①　原文缺"子"字。

假。咸称慈母有严训云。

王氏 龙潭卢清潭妻。家素裕，勤勤内治，不靳资以赒贫困。龙潭陂①圳崩废，粮田就荒。氏独捐修计六里有奇，费数百金，资灌溉者不下数千亩。春耕夏耘，咸诵慈惠焉。

卢氏 抚溪贡生赖允中妻，岁贡卢声抡女，廪贡赖琴坛母也。幼遵父训，读书娴《内则》。于归后，敬舅姑，和妯娌。夫允中善计然术，氏勉以循先哲懿言善行，有所资益。允中为乡里推重，公举优行，内助之力为多。年五十卒，临终以惇惇不能终事两姑为憾，勉夫以行善不忘。殁后，进士汤志尧、巫绳咸、罗宸谋之曰"孝勤足式"。

沈氏 太平里大园乡卢廷华妻。于归数年生一子。夫性狂荡，不合其妻，逼使离居，不与同爨。翁早卒，姑亦以子见弃，不爱其媳。氏洁身独苦，食力无怨，每晨先至姑所，视薪米有无，为之备。姑或时加鞭挞，顺受无忤，且常以所余私积，易甘旨奉姑。其后，夫染恶疾，家人避不敢近，氏不以见弃怀恨，亲为调洗，服劳至夫卒。姑已后以疾终。年五十四。

沈氏 云川乡监生卢金峻妻，儒士沈亮彩女。赋性孝顺，幼侍母疾，备历忧勤。及归金峻，相夫和顺，敬事翁姑。亮彩惟一子亡，夫妇生事死葬，氏以女代子职，更为继嗣，并立祭田。现年七十九。

谢氏 龙潭卢毓寰妻。好善乐施。顺治五年，捐东华山庵内香灯田载禾税一秤，秋粮一斗。碑记犹存。

江氏 苏鹤来妻，孝廉龙池女也。通书、史大义，佐鹤来事亲无缺礼，课子、妇职、业经纪，内外悉有法度。晚年，孙、曾四代，一爨四十余口，肃穆礼让，不闻有诟谇声。卒年八十余。至今称"家范"者，以氏为最。子见三、胜三，俱庠生；步峰，

---

① 陂，原文为"坡"。

监生。孙南金，嘉庆戊午副举人，充觉罗官学教习，以知县用。余孙、曾，游庠者五。

江氏　卢祖价妻。性淑慎，祖价客蜀，氏方怀妊，未举子也。既而举女，堂上潏灦，一付于氏。氏勤针黹，为奉女，长择嫁士族。既闻祖价在蜀别娶，无归志，氏无怨恕。后以丧归，氏营葬如礼。卒年八十八，三党贤之。

刘氏　监生马殿洲妻，浦城教谕攸德母也。于归后，重庆在堂，具得欢心。殿洲凡有善举，得内助焉。和妯娌，训子侄，宽严有度。年七十余，乡里推为"闺范"。

赖氏　马建行妻。建行家贫远游，耄姑在堂，氏勤顺事，饭食不给，常行乞以养之。无子，年七十，将卒，以房屋、田产微业，托夫族归上祖炁，为祭夫祖、公姑之费。

以上淑媛。

吴氏　卢合礼妻。年百岁，知县曾匾曰"熙朝人瑞，百岁之祝"。子二人，年皆近耄矣。

曾氏　吴惟一妻。年一百岁，其孙信予，年八十八。府志列入乡宾。

张氏　岁贡胡震生妻，即乡贤逢亨之媳也。家本素封，氏勤约自持。乾隆十七年，百岁，恩旌竖坊。五子耄而齐眉，孙、曾、玄百数十人，衣青紫者数十，庶乎三多之祝。

以上寿妇，见旧志。

吴氏　赠文林郎赖履祥妻。闺帏严肃，礼教无愆。乾隆四十一年，寿登百龄加一，五代同堂。经知县姚士湖申请旌表，钦赐帛缎，给金建坊。卒年一百三岁。子世芳，举人；世膺，拔贡；世平，优贡。四十六年，世平官乐平县知县。恭遇覃恩，赠七品太孺人。

许氏　刘二赞妻，廪生选青之祖母也。五代同堂，岁登百龄加一。子、孙、曾入成均、游郡邑庠者，彬彬称盛焉。

谢氏　监生卢见龙、起龙母也。道光十年百岁，旌表建坊。

余氏　贡生郑光绪妻。年一百岁，五代同堂。子廷璋，州同。余多游乡国学者。

杨氏　泰溪游茝甫妻。雍正十一年生，十六岁适游。现年九十八，五代同堂。

魏氏　高头监生江升妻。寿登百龄加一，五世同堂，七代亲见，子、孙、曾、玄百人。嘉庆三年，旌表"贞寿之门"，建坊，恩赏上用缎一匹，银十两。

林氏　高头江恭翼妻。寿九十有七，五代同堂，男女一百余五人。子孙有列胶庠、成均、登科者。

黄氏　高头监生江缵考妻。逮事祖姑、公姑，享寿期颐，四代一堂。本县学师王题赠匾额。

谢氏　田段乡省祭廖黄中之妻。五代同堂，寿九十八岁。子三：廷策、廷藩，俱庠生；廷葵，乡宾。

张氏　上洋乡赠文林郎陈映雪之妻。勤劳贤淑，五代同堂，现年九十岁。子文霄，州同；梦熊，庠贡生；梦莲，优贡生，现任长武知县。余子及孙、曾，列胶庠者济济也。

张氏　湖坑故儒童李舒化妻，九十九岁，五代同堂。家本素封，氏尤能勤俭自持。道光九年，学使陈公奖匾曰"春晖久照"。子孙四十二人。孙承高、□高、□高，俱监生；曾孙天衢，庠生。

谢氏　金丰卢标兰妻，谢金华胞妹。现寿百龄。兄妹皆登期颐，得天之厚，钟于一门，诚为世瑞矣。一堂五代数十人，敦睦共爨。

张氏　金丰李焕湖妻。道光十年，氏年九十有三。五代同堂，孙、曾四十余人。

　　刘氏　金丰江良鹏妻。生雍正丁未十月十九日，卒于道光九年正月，寿一百有三岁。一堂四代。

　　黄氏　金丰登仕郎吴能时妻。孝顺慈惠。道光十年，寿登百岁，五代同堂。长子怀爵，监生；次国贤，庠生。孙、曾、玄十有二人。

　　陈氏　金丰监生游旺级妻。性慈和，有妇仪，孙、曾林立，成名者数人，一年连举三元。孙，年逾八旬，五代同堂。嘉庆丙子卒，年一百有三。

　　谢氏　阙玉琳妻。柔静勤俭，寿一百岁卒。

　　许氏　抚溪乡宾戴仰山妻，庠生峄阳之母。寿臻百岁，五代同堂。乾隆五十五年，旌表建坊。恭逢皇上万寿，加恩，赐上用大缎一匹，纹银十两。

　　王氏　虞坑监生陈国琏妻。现年百岁，五代同堂。

　　王氏　抚溪乡宾赖皆和妻。五代同堂，亲见七子合孙、曾丁男八十余人。寿九十七。

　　苏氏　抚溪乡宾黄献龙妻。五代同堂，寿九十一。

　　杨氏　抚溪乡宾赖春台妻。五代同堂，寿九十五。

　　陈氏　抚溪赖庸轩妻。五代同堂，寿八十七。

　　赖氏　贝溪监生卢起凤妻。五代同堂，寿九十七。

　　熊氏　抚溪郡增生赖际升母。五代同堂，现年八十八。

　　童氏　石坑吴良玉妻。五代同堂，寿逾百岁。

　　赖氏　石坑吴庆祥妻。五代同堂，现年九十。

　　罗氏　张耀云妻。年一百岁，知县吴公梁匾曰"百寿令仪"。

　　陈氏　西坡乡庠生林与京妻。五代同堂，寿一百零二岁。子基，寿百岁。

　　邱氏　上洋陈玉训妻。寿一百零三岁。

　　邓氏　上洋陈良望妻。现年一百零二岁。

　　曹氏　悠湾王翼持妻。寿一百零一岁。

黄氏　虎冈赖宽全妻。五代同堂，寿百岁。

李氏　田段乡监生廖达容妻。五代同堂，寿八十七岁。孙、曾二十余人。

以上寿妇。

永定县志卷三十

方　外　传

史肇龙门，不传方外，而《封禅》一书，于文成五利之属，祀灶却老之方，载之綦详。斯即《方外传》之滥觞欤！佛氏之盛，在魏、晋、梁、隋之间，提唱[1]附和，踵事增华，纪载之册，不能略矣。夫律门宗派，有讲经、坐禅之分；正乙全真，有符箓炼气之别。源流既异，师承遂殊。况夫吞针盈钵，罗什之神通；掷米成珠，麻姑之狡猾。群史所纪，搜罗靡遗。郡邑志乘，史之遗则也。永定地僻民淳，非如通都大邑，方外云集，其有寂灭守真、澹泊养生者，亦不可不志也。作《方外传》。

宁顺和　太平里孔夫乡人。早失父母，长斋不娶，口遇腥血辄呕。以樵为业。年二十五，积薪于佛堂山下，趺坐自焚，左手作诀，右手抚膝，面目如生。村人即其地建庵，漆其身祀之，名曰"东和堂"。有祷辄应。病者或采食其庵前后之草亦愈，因名其坑曰"可采坑"。雍正十三年，村人瘗其原身，塑像以祀，称"顺和佛"云。

潘了拳[2]　潘了拳者，唐时人也，生于永定之天德乡山羊窠。幼随母居于天德水口外大埔车上村。稍长，结茅庵于所居之山顶赤蕨岭。晚更结庵于嘉应州之阴那山，清修得道，自号"惭

---

① 唱，通"倡"。
② "潘了拳"三字校补。

愧"。手植柏树二株，至今犹存。今三处寺所，奉为惭愧祖师者
是也。凡祈晴祷雨，禳灾求福，亦见应验。

　　此事见旧省志。县志驳去，具见有识，但省志亦必有所依。
余意此事所误，只在"唐"字。按：永定、大埔、嘉应，皆明时
所置，此僧必明时人也。今姑存之，以待博考之士。

　　僧寂尚　居邑沙墩阁①。康熙十四年城陷，男女遭杀戮者数
千人。寂尚收其骸骨五十余担，与巡检刘杰、邑人郑孙绥②、卢
鸿馨、郑九畴、吴兆华、赖麟玉、黄森柏、吴渤坤等，择西郊官
地，筑塔葬之。每岁春秋，僧仍具蔬纸致祭。寂尚可谓能得慈氏
本心者矣。

　　僧惟元　字涵白，不知其何姓。少出家于万寿寺之后殿，洁
修三昧，不染一尘。师死，泣杖披麻，庐墓三年。知县吴君梁奖
以"释门儒行"匾额。进士萧熙桢、御史熊兴麟，俱与之游。化
后，塑像于后殿。小儿患麻痘者，多往祷之。

　　僧大智　河南人。云游至抚溪，兀坐屠傍③四十九日。或与
之金，不受。屠子曰："僧不受金，岂受吾刀乎？"乃怀刀而去。
屠子感悟，乃披④剃，建庵于鲤潭之上。募铜铸观音像，跃冶不
成，师曰："午当成像。"日午，果有陈商携金二锭投之，像成，
见金锭于衣袖间。届期，示寂作偈而去。

　　沈龙湖　学道于青草湖。吏部尚书蒋德馨求嗣有验，撰诗及
碑记其事。

　　黄华音　沈龙湖弟子也。开建东华山。黄庭自课，预言祸
福，无不灵验。凡儿童麻痘及惊风等症，经其手，不药而愈。先

---

　　①　沙墩阁，原文为"沙璬阁"。
　　②　郑孙绥，原文为"郑逊绥"。
　　③　傍，通"旁"。
　　④　披，原文为"坡"。披剃，指出家为僧尼。

是东华山密林深箐，巉岩峻峭，虎踞其穴，人迹不到。华音挂杖独往，虎见驯伏，如家犬恋其主人，喝以他徙，始扬尾而去。斩荆披棘，遂建庵场。龙岩刑部侍郎王命璿厚施之。华音归真后，其徒塑像以祀。

按：乾隆十三年奉禁白莲教，知县潘汝龙毁其藏经，拆①藏骨之塔，毁华音像，驱除羽流。缘李和尚谋占山场，诬陷其实。华音，非邪教也，故今招僧人主持，犹设其主祀之。

---

① 拆，原文为"折"。

永定县志卷三十一

志　余

管子云：“蜚蓬之间，不在所宾，以其无度也。”若夫直以情贵，曲以指喻，则所言亦足为范世训俗之助。故杯酒咒柱石可戢，良箴山谷名愚公。因修善政，先民有言：“询于刍荛。”著《志余》。

掷鱼潭　旧传惭愧师幼牧牛饲以鱼，不食，掷潭中。至今，所产鱼犹半焦半润。见通志。

永定一少妇夜行，为强暴所匿。其家缉甚急，强暴知不能隐，遂转而置之卢生日新读书之外舍。少妇抱愧自经，官司收其婢拷①之，遂厚诬卢生。生年少能文，当事咸欲直之，无能也。适有一少年恤刑，阅案泚笔大书其牍曰：“女子宵行，岂无桑间之约？书生夜遇，难免柳下之怀。”承问者益不敢翻成案，卢生坐狴犴②几二十年。后有司理李公心疑是狱，令听审于城隍庙。先系卢生与婢两犯于神座下，传令不许一役得近，而李公先已隐人于神帐中听所语。卢生见婢极骂曰：“我与若何仇，致我死地？”婢曰：“不得已也，前已招承，今何敢改口？”李公得其情，一鞫而白。问官乘兴一时批牍之词，遂使无辜滞二十年之冤狱。可不慎哉！可不慎哉！卢生晚犹得贡，出仕为教官。黎愧曾《仁

---

①　拷，原文为“栲”。
②　狴犴，原文为“犴狴”。

恕堂笔记》，载府志。

　　永定县西二十里金沙村，不下千余烟。旧有社坛甚灵赫，秋社必杀人以祀，不则祸丛至。适邱某直①年，止②一子，计无复之，尽鬻家产，矢求九鲤仙法。九鲤仙者，昔有兄弟九人，避新莽乱，至兴化境，俱得仙。其地有湖，至今号"九鲤湖"，立庙祀仙，有求辄应。邱不知其处，遂往潮州而南，将近广州，途次小憩，有人向前叩曰："恓恓者有何事？将何之？"觉其言异，具以情告，则曰："距此不远，能随我行乎？"邱即不疑。导之入深山，指山塘宽广可二三丈，水清而波，曰："就此是矣。"跃而入之，顿开异境，茅屋数间。导者止邱于门，先入启师。顷召入，拜于堂前，乞为弟子，许之。方欲启陈，遽曰："无烦言，已知汝心中事，勿忧也。"令日樵采供厨，无他异。居久，窃计秋社将迫，心神恍惚。忽闻呼"上堂"，佩以一剑、一印、一鞭，曰："归矣！汝乡社神乃五狗妖耳。身带印、剑，手执鞭鞭之，当现本形，鞭令服便止，不必决杀。"邱曰："此食人多矣，不杀何为？"曰："杀之，固不辜。第人间此等不一，若杀此妖，则鞭不堪再用矣。"仍令原导者送出。才下山里许，送者曰："但瞑目。"向背一推，倏至潮州界。疾忙走回，适见其子已就缚至坛，抽鞭直前，大骂。众骇愕，以为发狂也。须臾，见大小五狗咆哮相敌，鞭之辄中。邱愤极，忘师言，遂连毙四狗。其一俯伏哀求，乞食猪羊，不许；乞三牲，不许。良久，与约曰："此后但能保护，以功赎罪，则仍有以处汝。"狗曰："唯令。"乃赦之。夷其社，迁坛于村之水口，为镇界小神。社日，但供酒一壶，鸡子一对，鱼虾一碟，香楮一分。村中帖然，亦不见灵矣。邱之曾孙与吾弟远齐同窗，为言之"鞭及剑、印尚存，印非铜非铁，剑不可

————————
①　直，同"值"，值当。
②　止，只；仅。

拔，鞭亦不辨何物，皆世间所未见”云。此与郭代公未显时诛乌将军事略同。一藉仙法，一恃我法，皆称快人心者也。可知苟能为人除害，即是神仙，有大力者，何惮而不为耶？

乾隆间，有吴生读书一室，地近詹忠节公坟。夜梦人衣冠甚伟，谓曰：“明早，当烦君助我。我詹某也，葬骨某处，有欲挖而他卖者，君在门首伺之，有荷锄而过者即是。后数人尾之，乃买主也。君向荷锄者沮之，不听，驰诉县，犹可及止。”惊而醒。黎明，启门立路旁①。果有负锄来者，问所事，力止之，挥臂而去。尾之者，果有数人，生扬声曰：“此事我当驰告县。”遂急奔至县。适县主坐堂事，见生，忙赴案前曰：“尔非某生乎？”曰：“然。”曰：“汝为詹公坟事来乎？”曰：“然。”曰：“不必多言，我已派役，付与朱谕，汝可亟带同该役持谕止之。若不听，即拿人来。”挥之行。生不解其故，且不敢复询。缘是夜詹公亦见梦于县主，备言其事，故有此凑合也。迨生带役至，坟如故。究问之，则买主闻生言诉县，惧而反②。挖坟者候久不至，亦即止也。忠灵之不泯如是。丰田友人亹亹能道之。

乡邻某秀才，母亡父病，秀才馆于外，妇中馈每罥舅。舅素嗜韭菜粄，思食之，付妇米及钱，嘱买韭，如法作食。匿其韭，炊未熟，手取一粄，口方吃，忽霹雳一声，邻共趋视，则手中之粄俨然在焉，而妇背粘壁上不得脱。因扶其舅起，诘得其故。妇哀求，乃祷天乞贷得脱，凶悖顿减，但面为雷火灼烧，终身焦黑。余及见之。

邻乡苏姓有夫妇樵采度日，年五十余始生子，惟畜一母鸡，杀而烹之。夫出拾柴，妇置儿在床，诣溪潮濯。适邻妇失鸡，寻之，遇一妇诉曰：“瞥见某杀母鸡，彼贫，何以有此？必偷也。”

----

① 旁，原文为“傍”。

② 反，同“返”。

邻妇往视，则锅方煮鸡，曰："此真吾鸡也。"因抱其子入沸汤中，攫鸡而去。妇归见之，缢。樵夫继至，持刀自割其喉，晕绝于地。时雷电交作，摄失鸡及①诉者至门前震死，分尸数段，樵夫顿活。冥冥之鉴察不爽矣。因思：天心仁爱，使邻往取鸡时，便摄二妇震跪于前，既保全樵妇子母，而二凶妇不必死，亦足以警矣，乃必俟恶成而并诛之？二凶妇死有余辜，彼樵妇子母何罪而同归于尽？岂不哀哉！或曰，雷之行刑，亦只按律科，罪如王法，必等日直功曹奏上，奉得玉旨，然后行事。故不得擅发以救樵妇子母也。呜呼②！岂非数乎？乾隆丙午年事。

　乡邻翁姓，楼居临小溪，高山对峙。畜一犬，日卧门前溪上石盘，目对崖，从不吠。主人曰："此豢犬也，鬻之。"既议价，犬闻，跪伏且流涕。斥之，起而走。尾之，先至社坛，次之翁祖祠，仍归向主，皆③伏如前。益恶之。须臾，人携值牵犬而去，遂烹之。越数日，夜半，对崖崩声如雷，瓮溪口，山腰涌水直冲其楼。顷刻间，荡为沙碛。人乃悟，山有伏蛟，赖犬制之。犬亡，乃今得出也。夫犬，一物耳，勇能制妖，智复知变，仁又不忍其主，物之灵过于人矣。而先不能自免于祸，殆剖心不悔鼎镬如饴也乎？或曰，此亦适然之数耳！能料人而不能料己，郭璞、刘基前事可睹矣，何疑于犬？嗟呼！立仗之马，一鸣辄斥；守家之犬，不吠而烹。可慨也夫！亨叔曰："此是雍正年间事。翁姓，余继母族也。事颇怪，然却真实，非寓言。"末④段议论感慨，直可作二十三史总论。

　郑某，有雇工与俱之田。忽大雷电绕阡陌，掷雇工出林表，

---

① 及，原文为"乃"。
② 呼，原文为"乎"。
③ 皆，民国志作"跪"。
④ 末，原文为"未"。

下而复上者十数次，身为齑粉，而郑惊倒田畔。越时而霁，家中人往视，郑嚅不能语。扶归，灌以姜汁，始醒。言其故，急遣告雇工亲属，皆曰："此天诛也。"导去人视其厕，堆骸罐数具，指云："伊祖父也。"并数其诸逆恶事甚悉。郑病甚，流涎，悉苦求方于先祖，予以温胆汤服之而愈。乾隆甲寅年事。

闻予友赖逊齐言，明有勘舆师，江右人廖厚，来永，所言奇验。太平里水车潭余姓，最崇敬之。求为卜吉，廖曰："惜尔居不得地。聊鉴尔诚，为造一家祠。"茅其屋，泥其壁，门前凿双井，嘱曰："十二年内必发科，慎毋更造也。"既有二青衿乃嫌草草者不雅观，易茅以瓦，垩壁以灰，井旋涸，而青衿死。十二年后，廖复至，骇曰："属不更造而必更造，何也？此莲叶盖龟形势，用灰涂饰而龟死，不能久居矣。"余姓悔无及，力再恳拯救。沉吟久之，乃曰："必不能去者，可于溪岸叠石为神坛祀之，保尔三十余口，人亦不能占尔居而已。"遂如法立神坛。每溪水陡涨，坛尽没，而坛前三茶钟与水俱浮，水退仍还原处，石终不动。至今三百余年，无稍异也。乾隆间，里中螟螣伤稼，使二人往求江右张真人符。真人曰："尔归路必由水车潭，彼处有神坛，不准过也。奈何？"人曰："闻众神皆由真人给凭，得受香烟。彼何能为？"真人曰："此坛乃天上之星，非我所位置也。无已，汝可一人前行，多买楮帛，默默焚烧；一人携符，俟楮焰薰烛时，疾趋而过，庶几得济耳。"夫相阴阳，观流泉，维王办方，周公卜宅，圣贤原不必讳言。形势，即自青乌家法行，而郭璞《葬经》诸书，不过教人趋吉避凶而已。如廖师之化凶为吉，役使星宿，虽甚神奇，不可为训。况廖师不世出，今之堪舆，大抵指鹿为马耳，奚乃过惑于渺茫之说？诡谋侵占，以致争讼斗殴，破家荡产而不知悔。噫！亦岂尽地师之罪也哉？以上皆巫宜福《无可恃斋偶笔》。

永定湖坑李嶙唐，偕邑人某往台湾。船坏，同舟惟余李某二人，匍匐登小岛。山有鸟如番鸭，黑色，见人至，竞附人身。因有所携小斧，杀鸟而吮其血，得不死。岛上有磁碗片类，曾有人至者。环岛约五六里，产松竹，不甚高。每有大龟于草际伏卵，取而食之，精神顿健。于沙际掘得淡水，惟苦无火，烈日烁石，破龟卵曝干，并脯鸟以果腹。二人素能为竹①器，遂编竹作篷以避风雨。见有木棉，因取花捻线织为毯。不知时日，惟见月圆已二十七回矣。忽一日，有小舟飘至，无人，惟载黄蜡甚多。计居此终无了期，去则或冀一生。乃修补小舟，伐木为桨橹，以蜡作缸，载淡水，取平日所储鸟脯、卵脯为粮，登舟任风所之。已而飘至安南地界，安南巡海人执以见王，语不能达，取纸笔命写来历。王问："尔同舟皆死，二人何独得生？"李献上天后小神像一颗，曰："此出海时所奉香火也。"王留神像及所织棉毯，资之路费，命附船从广东回。抵家，家中人向闻坏舟之信，已招魂祀之矣。及是见之，群骇为鬼也。其人居岛生食日久，回家亦喜食生物。南溪江君孚蔚为予言。江与李某，至戚也，亲见其人，故详悉如此。予惟岛上情事，即太古"茹毛饮血"之象也。其遇险得生，则或天后之默相助②也。为足以广异闻，故志之。廖审幾《记事》。

　　吾族叔祖太巫仲爵，生明嘉靖间，居住今西霖寺山后。一夕将晓，妇起炊爨，闻屋后津津有声。往视，一白马俯槽渴饮，即之，则化一花缸盛白银。归告叔祖太，起收银至半，有字纸中隔，云："上一半永定巫仲爵之银，下一半平和曾九鲢之银。"看毕，银忽不见。心奇之，遂往平和遍访曾九鲢，无其人。时有曾姓生子遇渔者，携九鲢鱼至其家，因名其子为"九鲢"。甫弥月，访得之，具告以故，其嫂适于同日在园中掘得此银。及归九鲢之父，以一锞持赠路费。行至渡口，见舟子贫苦，将此锞与之。转

---

① "竹"字补缺。
② "助"字校补。

籴米于九鲢家，其父曰："此系吾前日赠巫仲爵之银，安得在伊手？"特遣人来询，始释其疑。两家子孙俱志此事。载吾家旧族谱。

嘉庆年间，金丰黄龙坪翁姓造楼起址，掘得一罐。工者以为枯骨也，告之主人，主人翁自携改葬之。提起罐，穿出散银百余，众工各分之。其日，有一工以事不得与，次日来曰："吾亦自掘得之。"应声得银，若如众工所分之数。其罐内，仍留银半，归之主人翁。此芹英先生，吾破蒙师也，言之凿凿，语曰："财有定分若此者，抑鬼神设施其间，亦云巧矣。"巫廷弼《求慊斋偶笔》。

凡有生于天地者，并育而不相害，惟其无相害也，故无伤于并育。此自然之理也。今有人焉，曰："是物之能害人，无生之理。"其言亦近。是日者，吾母舅胡桐生过予，谈其村人尝有见大蛇者，盘曲田间，腰如碗，长数尺，遂呼其侣击杀而啖之。即夕，击蛇者与啖蛇者三人同梦异人来告曰："尔击我，吾已诉①诸阴司矣。"次日，三人皆得病。两击蛇者死，其啖蛇者，仅得活而病不已也。此事甚异，可解欤，不可解欤？余应之曰："吁！蛇与人，皆天地之所生也。蛇蠢而人灵者也，蛇能害人而人能制蛇者也。乃蛇死人手而人亦死，人制蛇乎？蛇制人乎？此其不可解者也。且夫天地之间，何奇不有？深山大泽，实产蛇龙。上古之世，驱兽教兽，豢龙为氏。后代蔑闻，则曰"远之"，或放之菹。此制之将有道也。纪传所见，妖由人兴，则不可以力制。贤人君子，惕然有惧相，在尔室履道坦，不以为富而不仁，不以居贫而斯滥。深山大泽，龙蛇与居，淡焉，漠焉，固不相为害也。今击蛇者，以勇死；啖蛇者，以贪病。孟氏所谓"世裕好饮斗狠之徒，特蠢然而人貌者耳"。其不可以制蛇也，此又无不可解者

---

①　诉，原文为"訢"。

也。是以天地之性，人为贵，全其性则生，失其性则亡。习于物者，化之。故昔人戒画马者曰："尔终日习马之状，形神俱化，当易业而画龙。"凡事皆然也。吾乡有业渔者，老而皮肤皆成鱼鳞，其子亦然。又有食颠①犬而濒死者，方诊脉，向医生作颠吠状，医生仆地而死。皆同物也。因作《蛇异解》并记之，以见性之自然，而习之不可不惧也如是。巫廷弼《蛇异解》。

张舍人僖为童子时，偶从书塾折花归，路遇赖太守先，遂缩手，笼入袖②底。太守戏命以对曰："白面书生，袖里暗藏春色。"舍人接口答曰："黄堂太守，眼中明察秋毫。"太守赏其工敏，为妻以女。前辈尝传道之。

溪南锦峰乡有野呼神者云：昔十二人，造五日龙舟，竞渡溺于五郎滩。越数日，于赤石岭下涌出击鼓一人，呼曰："祀我祀我，否将为厉。"乡人不为意。其年，人物夭札③，年谷不登。因急祀之，不设坛壝庙貌，每岁正朔夜，迎神于草莽间。阳年，自滩迎归岭；阴年，则自岭迎归滩。不施舆案，止凭一炉，递接捧之，历一日夜而遍祀。时有《神祝朗歌》旧词一阕，词中隐隐述竞渡事，喃喃不可解。王畜斋太史作《野呼神记》，谓盖南唐时事，相沿至今不改云。

友人赖君凌，爽朗有气概④，言尝于城隍庙祀神烧冥镪，例于堂廊每所各置一箔。时庙新塑二隶，持银铛签票于堂檐侧。焚镪时，偶未遑计，遗之。其夜饭后晚浴，突见一人，由地起，牵其足，惊斥之。嗣复起一人，由后揽之，不觉颠踣。急起，以浴凳掷击之，掩然不见。猛省其貌，似庙中新塑二隶像，念鬼隶何

---

① 颠，通"癫"。下同。
② 袖，原文为"福"。
③ 夭札，遭疫病而早死。
④ 概，原文为"慨"。

物，敢为祟乃尔！遂即夜具香楮诉于城隍。既诉，随脱所着履，连捆二隶像而归，无异。不旬日，邑宰张埒诣庙谒神，见二隶像，谓不应设于堂檐间，因徙仪门外，人以为神阴斥之使然。夫以一镪之故，顿为祟害。由是观之，若辈之可恶，不独人世为然矣。然神知而遣逐之，今之望如夜叉①者，惜未有为之诉者也。以上江清照《茗香余话》。

―――――――

① 叉，原文为"又"。

永定县志卷三十二

叙　传

　　八制成象，九野分星。万物本原，诸生根菀。块圠无垠，磅礴罔测。有圣人者出，五才掌运，万国棋布，表提类而分区宇，判山河而考疆域。因其大而为名，因其平而正政。自炎帝分八节以始农功，轩辕纪三纲而阐书契，布其物宜，条其风俗，明德乡，治本约，虽立教不易其俗，齐政不易其宜。状而六合怡怡，比屋为仁。一天下之众异，齐品汇之万殊。参差同量，坏①冶一陶，所谓九州为家，八薮为囿，际天地接，咸尽宾服。

　　不其然与，我圣朝之御宇也，践承翼之位，以与神皇合德，元泽洽与宇内，惠风被于区外，正朔所不加，冕绅所不暨。毡裘皮服，山栖河窜，莫不含欢革面，感和重泽②。钦惟执中养化，放准循绳。内持以维，外纽以纲，列地而守，分民而部。披为图之新意，则皆裴秀之创六体也；考成赋之古经，则皆倚相之读《九丘》也。文德经纶，良才光赞。育青衿而敷典式，养黄耉以询格言。纂综沦芜，搜腾委逸。枢机周密，品式备具。开东观，拔英俊，校定图录，斟酌典要，固已兼总条贯。金声玉振，仍复诏内外郡邑。搜获旧闻，推表山川。比事属辞，以媲史氏之劝惩，以极为治之经纬。

　　夫善《春秋》者，如观山水，徒涉而形势。不同习传者，如

---

　　①　坏，同"坏"。

　　②　泽，原文为"译"。

内日光，开户而窗牖不废。《周官》诵训掌道，方志以诏观事。道方匿以诏辟忌，以知地俗。职方氏掌道四方之政事，与其上下之志，胥是道也。

永定开自明朝成化十四年，福抚高公明疏称"山多田少，民稀而贫窘"。迄今道光十年，三百五十有二年。启山川之灵秀，洗风声之顽陋。学额之分，跻于大县。弹丸之地，蔚为名区。其间名人杰士，节义文儒，幽光隐德，遗闻逸事，多可记述者。履篯自道光己丑摄篆此邦，周览民物之繁，披阅纪载之阙，慨然有整理修举之思。适都人士以修志请，因忻然吁于上官，延致文士，分路采访，以备取择。

谨按，邑建于成化戊戌，越七年甲辰，知县王公环、教谕谢公弼始辑为志。谢序略曰：

县新成而为之志者，所以纪载一邑之事。盖肇于钦差提调学校佥宪任公之檄，成于邑令王侯环之点画也。书凡四卷，首纪县治之建置，次纪邑居之制作。诸君子之功，若都宪高公明治^①谋而邑之也，方伯陈公渤、宪长刘公城协谋以营之也，邑令王侯环莅治以成之也。功在生民，人所共睹。他如纪山川、古迹，则可见一邑之胜概；纪土贡、财赋，则可见一邑之物产；若学校，若科贡，若词翰，纪焉则又可见一邑之文献也。於戏！永定本溪南草莽之墟，险衅之地，闽之绝域耳。今县治一建，居民如是其庶富，宫室如是其庄严，物产如是其蕃殖，衣冠礼乐如是其丕变。五六年来，王化渐被，翕然与诸大域同风，是固我皇明治化一统之盛也。然诸君子图治保安之功，亦有不可泯者。故辑而志其事，使与邑相为悠久云。

嗣越七十六年，为嘉靖三十八年己未，知县许公文献重修，自为序曰：

① 治，乾隆志作"始"。

凡邑相沿皆有志，而《永定志》肇于知县王公、教谕谢公实为之。凡开县始末，志载已详。所未载者，以时移物改，不能尽载之耳。自后八十余年，屡有欲修之者而不果。余以嘉靖乙卯承乏是邑，乃因旧志而增辑焉。皆前人之遗意也。

又越十七年，为万历三年乙亥，知县何公守成续①修，亦自为序曰：

凡书之成，卷帙既定，则自为一集。后人即或补、或续、或广，亦自为一集，以附其后，毋敢掇前人之有而以为新编者。惟志乘之作，日积则事增，事增则重修，重修则取前人之纪载，与添入之事迹同条共贯。凡昔之讹者正之，今之有者增之，事之更革者改之。及新编告成，则旧刻渐废，不闻以"掠人之美"、"窜古之章"为嫌也。《永定县志》创于成化甲辰王公环，修于嘉靖己未许公文献。据事直书，条分缕晰，固无复有讹之时正。而历今十有七年，宜更改而续增者，亦不少也。其大者，户口之核减，条鞭之均输，驿站之改编，学泮之迁移，非事之更改者乎？官师之继至，科贡之洊登，幽潜之表彰，词翰之发扬，非后有续增者乎？爰是与都人士取前籍考订附益而为此篇。凡区区之所得，请命于上而通变于下者，亦缀述焉。谨详典章之纪，俾不忘不脱而已。

又越九十八年，至国朝康熙十一年壬子，知县潘公翊清，以兵火之余，典籍散亡，毅然重修。邑人前监察御史熊兴麟、进士萧熙桢各为序。萧序略曰：

今天子圣神御宇，允阁臣请，俾天下省、郡、州、县，举夫山川之疆域，贡赋之上中，人材之德造，词翰之绣锦，刊为一书，所以大一统宏至治甚盛典也。永虽僻邑乎，体国经野则有书，用兵征伐则有书，循良节孝则有书。至于科第之蝉联、人文

---

① 续，原文为"绩"。

之鹊起，士吐金薤琳琅之句，家藏玉杯繁露之章，纪在典册，章可考矣。恭遇皇清鼎革之后，旧志荒残，或略而未详，详而未备。惟我邑侯潘公，毅然以文教为己任，爰檄邑①中英特之士，共襄是举，仍其信而正其讹，薙其冗而增其阙②，煌煌乎永观厥成矣。

　　是举也，一事而三善备焉。夫天下之弊，莫大乎因循，使际物阜民殷之日，不克力为纂③辑，是以嘉言失记，潜德无光，良可悼也。兹者纲经目纬，观者无不醇不备之憾，而吾永于是有良史矣。况邑志之修，迄今百年，幸兹故典犹存，老成尚在，吾永于是有真史矣。然吾犹虑繁而不整，俗而不典，书不实录，贞良节义，文学儒行，或出自仁人孝子之思，利纸笔为私书，称扬过谀，甚则以荒诞④不经之谈，混诸真珉，识者等之秽史。兹之怨仇不避，情面不徇，浮蔓之辞必删，匪类之人必削，而吾永于是有信史矣。故曰三善也。

　　虽然是志也，其⑤功不仅一时已也。后之宰吾邑者，见夫名宦去思之迹，则跂然慕；见夫赋税、徭役之繁，则惕然忧。因之，宣天子德意，助流政教，嘉惠元元，则永民世沐膏泽矣。即吾邑之后生小子读是编也，济美者惟恐弗类于先人，迈德者共期砥砺于君子，学业日醇，人才益广。上之黼黻皇猷，下之荣光乡梓，则斯志之有功于吾邑也，岂仅一时已哉？

　　熊序大略相同。

　　又越二十五年，为康熙三十六年丁丑，知县赵公良生，即潘

----

　　①　檄邑，原文为"邑檄"。
　　②　其阙，原文为"共闑"。
　　③　纂，原文为"篹"。
　　④　荒诞，原文为"荒芜"。
　　⑤　其，原文为"共"。

公所辑而增补之。序曰：

今所传县志，岁在万历乙亥。迄今时经两代，世阅百年，乃观是编，搜访详备，考核维严。其间纪城郭山川、岁时风物，典核精详，条理明备。他如人文甲第既已炳耀于生前，而苦节淑贞亦表彰于身后。余于丁丑摄篆此邦，首检篇帙，见《赋役》、《艺文》，仅有其目。窃思赋役为军储所系，民命攸关，倘不纪其纲，不详其目，恐胥吏得以此盈彼亏，图里不无移甲而换乙矣。至若人杰能令地灵，性情发于歌咏，此艺文之所以尚也。倘任其蠹食，听之覆瓿，则此日已见缺文，他年奚以征信耶？况乎境图缺略，名胜无传，匪仅山川之险易难辨，道里之迂迹莫稽，抑且歌颂无以发其揄扬，幽潜何所寄其凭吊乎？睹兹挂漏之虞，实深守土之责，用是谋诸闾邑，搜辑增补，以成全书。

自是又越五十七年，为乾隆十八年癸酉，知县伍公炜复加搜辑。邑人王明府见川，为之序，略曰：

永志创于成化甲辰，书凡四卷。开邑之初，首勤纪载，知所重矣。今虽不可得见，读谢公所为序，规模盖可想已。越嘉靖己未，知县许公重修，今亦不可得见。然就何公守成续修者观之，而许志可知也。盖何公续于万历乙亥，距嘉靖己未十有七年耳。序自云："取前人之纪载与添入之事，同条共贯。"则大体固无改于其旧也。其书十二卷，以地理、食货、公署、学校、兵制、秩官、选举、人物、宫室、恤典、杂异、文翰为十二纲，为目凡七十。纲首各为引言，不无门类繁复之嫌。然辞朴而事核，于人物特严，于文翰特广。

又康熙壬子，知县潘公翊清重修，为书十卷，以封域、营建、学校、赋役、秩官、选举、人物、兵制、丘垄、艺文为十纲，凡八十四目。视前志，益细碎焉。删前志每纲之引首，而每目之后或按或论各一，各为十数语以缀之。又或含数目而共论之，骙骙乎有张饰之意。是故道里务欲广润而未免抵牾，山川务夸灵奇而未免附会，人物务尽流品而未免滥竽，文艺务备体制而未免假借。至于赋役则但举人数，选举则多误年分。惟叙事属辞，去支就简，易俚为雅，差胜前志耳。

若赵公良生续增，但自壬子后二十六年，秩官、选举、人物，备附诸卷末而已。自序谓旧志赋役、艺文仅有其目，爰搜辑增补以成全书。今按志中户口、田产，犹是万历之旧；岁征、起存，犹是国初之额。康熙壬子以后，丁丑以前，加征、裁解停止，酌复之款甚多，并无一语及之者，未见其搜补也。艺文亦仅增赵公所自为，及教谕李基益诗文数篇。前此何至仅有其目乎？意者，邑遭康熙十四年乙卯之变，赋役、艺文脱去其板乎？自康熙丁丑迄乾隆癸酉，邑侯江西安福进士伍公炜，念时事之日积、章典之久湮，禀请各宪，谋诸通邑士夫，为重修之举。延江西安福举人邹公赆善于内署，总裁人物之去取，招邑人士为分校，而立例纂次，则以委之不佞。见川癸酉冬开局，越二年乙亥季夏乃克完稿，极知渺闻浅见，无当大雅。但期纪之核，叙之明，支辞芜议，尚赖后修者之删订也。

自乾隆乙亥，越今道光庚寅，又七十六年矣。履钱业承世德，清诵先芬，高、曾以来，驰骋古今之事，兼擅马、班之长，入典秘籍，出垂治谱。履钱忝守遗经，握符名邑，虽未获窥一代之盛典，而窃有期于述者之自名，爰汇都人士之所搜采，纂次而编辑之，并访延邑之翰编、告养在籍巫君宜福，寻绎商榷，务求赡而不秽，详而有体。自己丑冬至志事始举，越明年立秋而毕，付之梓人。又明年春仲，其工告竣。凡为书三十二卷，乃为之叙曰：

琳琅发声，云汉其复。迷正先儒，旨开古圣。帝敕时几，玉铭衣镜。懿此天章，后先辉映。臣履钱、臣宜福，谨述《圣制》第一。

鄞汀之南，田心是邑。水驶山高，灵钟秀集。邻漳界广，险防孔亟。题朱作缋，一寸所及。述县境第一。

层崖北来，形势兼赅。方之九华，半臂新裁。述《全境山图》第二。

源发域内，藻网荇文。舟方机挽，派引脉分。述《全境水图》第三。

由杭达漳，塘因驿设。平和旧途，龙岩新辙。述《驿馆、塘汛图》第四。

五里城，七里郭。北依麓，南临壑。凭险阻，无陋恶。蔽汀杭，谨管钥。述《城内图》第五。

丙丁之位，山高溪肆。珠玉辉媚，云雨攸致。述《城外图》第六。

兴化旧乡，城厢近附。壤接丰田，山水错互。述《溪南里图》第七。

县治东出，山叠林丛。芦凹佛隘，漳匪交讧。述《金丰里图》第八。

适境之中，路多亭堠。水陆通商，四方延袤。述《丰田里图》第九。

四顾迤逦[1]，龙杭相接。腴壤奥区，鱼鳞稠叠。述《太平里图》第十。

析里图，十之二。崖谷间，人烟萃。述《胜运里图》第十一。

数仞宫墙，凤岫恢拓。崇化厉贤，诗书羽龠。述《学宫图》第十二。

神庙翼翼，刮楹达乡[2]矣。降雨兴云，景福胖奓矣。无曰不显，惟影响矣。五衢肃祗，同瞻仰矣。述《武庙图》第十三。

---

① 迤逦，原文为"逦迤"。

② 乡，原文作"响"。

北斗载筐，实为文昌。晏湖之上，肃将祼豳。启佑斯文，多士如云。述《文昌庙图》第十四。

天子之命，有那其居。岂曰传舍，岈庇比闾。任力任人，具瞻琴阁。式象悬辰，万民是若。述《县署图》第十五。

唐开山峒，始置新罗。隶福属汀，迁徙实多。龙岩上杭，鞭长奈何。兵火屡扰，祥祲殊科。析置兹邑，委曲缕视。述《纪事沿革表》第一。

分域物土，料功简良。王凫辟治，谢铎用襄。簿尉赞佐，职要职详。规画其图，矩竭其方。述《职官表》第二。

贵峰文塔，元气氤氲。沉鳞归网，飞翮摩云。三百余载，俊杰著闻。述《选举表》第二。

杭北永南，溪流为界。周方五都，朝发夕届。山巅水湄，聚落如画。述《疆域志》第一。

芒砀之洋，龙冈所自。笔架遥映，榜山前峙。左右中条，大溪小沟。为田壤利，为西南流。述《山川志》第二。

成化戊戌，析杭置永。坛庙治堂，环侯簿领。越弘治间，始建城池。吴守创议，十载成之。陂渡桥梁，以时修举。附郭六乡，悉平险阻。述《建置志》第三。

稻麦禾黍，芥苋瓜匏。谷蔬之殖，贫富弗殊。松杉竹箭，及淡巴菇。山农之利，远贾之图。果贱桃李，花尚桂兰。地瘠民勤，物力艰难。述《物产志》第四。

图中声开，王何所履。薄征纾困，民谣著美。迨明末季，以粮坐丁。加徭增饷，几不聊生。际兹盛朝，时使薄敛。苛政蠲除，家给人赡。述《赋役志》第五。

开邑之初，永为中学。国朝升之，誉髦超卓。世宗核实，唐侯申请。士气蒸蒸，希贤希圣。述《学校志》第六。

环侯治，祀事修。神鬼飨，福禄遒。礼有制，乐有章。无怨恶，不愆忘。述①《祠祀志》第七。

神道设教，达于乡曲。保赛春秋，里衎相逐。走蜮駈厉，俾尔谷周。浃旁皇淫，淫祀弗黩。述《祠庙志》第八。

圆岭山亭故垒迹，云龙桥畔系舟石。城南溪堤许公泽，挂榜山尾绿筠辟。忠义政教地增重，我思古人心实获。述《古迹志》第九。

家敦耕读，士饬廉隅。城狐社鼠，饰智惊愚。井里质朴，闺门清洁。颇惑堪舆，于今为烈。述《风俗志》第十。

营弁汛兵，邑资守戍。终明之季，永无定赋。国初耆乱，始有专员。千百防协，城守乡分。道有拨塘，诘奸为号。潮漳交驰，庶几平暴。述《营汛志》第十一。

永守闽学，困于挦撦。讲义考证，并称作者。星学堪舆，杂技片牍。各著所传，用标其目。述《艺文志上》第十二。

分杭五里，邑属外剧。疏陈源流，记定赋役。或访薜萝，偶吟屐迹。游目骋怀，都为一册。述《艺文志下》第十三。

王、何爱民，许、唐培士。莫、赵侮御，吴、潘讼止。廉正惠民，后师前轨。标厥政劳，尸祝曷已。述《良吏传》第一。

伯启观瀛，中官是抑。舍人凤山，严相是劾。詹公殉乱，蜀道之星。行其所学，名照汗青。出钦桢干，处重俊逸。经师人师，亟登弗失。述《名贤传》第二。

累累若若，永多甄饬。才器各殊，簠簋必饰。次第厥功，为后起式。述《宦迹传》第三。

龙冈钟毓，山水清明。修辞居业，先民是程。衿肘不完，弦歌自得。美秀而文，后生之则。述《文学传》第四。

文举陷阵，振伊死敌。江拒饶贼，王童奋击。致命损躯，勇

---

① "述"字校补。

毅之的。推表扦①御，用昭茂绩。述《忠义传》第五。

庐墓驯虎，舐盲复明。剖冰然掌，异事同情。让产劝学，友爱相成。求之载籍，姜被田荆。毁肤刲股，乡曲愚诚。古亦有是，用予荣名。述《孝友传》第六。

十室忠信，实惟令闻。永邑瘠区，向善者奋。施义济困，多寿含醇。罗致行谊，以征朴淳。述《惇行传》第七。

青乌技进，丹灶巧良。传神顾陆，书法钟王。家传师授，一得堪扬。述《艺术传》第八。

渔钓栖迟壑与丘，唐尧圣世巢与由，名教之外有风猷。述《隐逸传》第九。

共曹遗轨，守义保终。桓韩芳躅，挽鹿丸熊。节烈之操，幽闲之淑。昭我管彤，心神俱服。述《列女传》第十。

深入善权，广化众生。文殊弟子，三昧道成。述《方外传》第十一。

雪冤惰，褫隐慝。阴阳愆，人事忒。广咫闻，极仅侧。述《志余》第十二。

典章致详，论辨为美。世道之经，人伦之纪。彰显阐幽，涤瑕录是。事必核实，明殊兼视。讥正得失，长才予跂。述《序传》第十三。

---

① 扦，同"捍"。

后　记

2001 年开始，经福建省人民政府批准，福建省地方志编纂委员会从历代所修旧地方志书中选择一部分点校整理，组成福建旧方志丛书分期分批出版。罗健、江荣全、方清、吕秋心、李升荣、刘祖陛、陈立矜等负责本书整理与出版的组织、协调、编审工作。本书的点校工作系由永定县地方志编纂委员会具体组织，由俞乃康、廖永茂、郑宝禄、郑慕岳点校，刘增晶审校。

福建省地方志编纂委员会

2012 年 3 月 30 日

图书在版编目(CIP)数据

(道光)永定县志/(清)方履篯,(清)巫宜福修纂;福建省地方志编纂委员会整理. —厦门:厦门大学出版社,2012.8
(福建旧方志丛书)
ISBN 978-7-5615-4356-6

Ⅰ.①道…　Ⅱ.①方…②巫…③福…　Ⅲ.①永定县－地方志－清代　Ⅳ.①K295.74

中国版本图书馆 CIP 数据核字(2012)第 175574 号

责任编辑:薛鹏志　董兴艳
特约编辑:黄友良
封面设计:力　人

厦门大学出版社出版发行
(地址:厦门市软件园二期望海路 39 号 邮编:361008)
http://www.xmupress.com
xmup@xmupress.com
福州力人彩印有限公司印刷
2012 年 8 月第 1 版　2012 年 8 月第 1 次印刷
开本:880×1230　1/32　印张:20.25　插页:2
字数:510 千字　定价:220.00 元
本书如有印装质量问题请直接寄承印厂调换